U0592213

精品课程配套教材

21世纪应用型人才培养"十三五"规划教材

"双创"型人才培养优秀教材

统计学：方法与应用

——以Excel为分析工具

TONGJIXUE FANGFA YU YINGYONG

主　编　郭思亮　盛亦工　刘瑞娟　潘风广

副主编　张立柱　周　琳　傅齐蕾　吕素昌

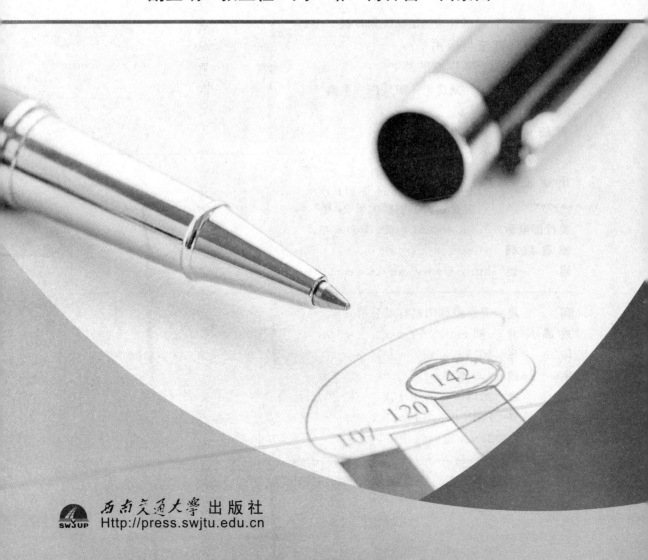

西南交通大学出版社

Http://press.swjtu.edu.cn

图书在版编目（CIP）数据

统计学：方法与应用：以 Excel 为分析工具/郭
思亮，盛亦工，刘瑞娟，潘风广主编. —成都：西
南交通大学出版社，2017.8
　普通高等教育经济管理类精品规划教材
　ISBN 978-7-5643-3205-1

　Ⅰ. ①统… Ⅱ. ①郭…②盛…③刘…④潘… Ⅲ. ①
统计学-高等学校-教材 Ⅳ. ①C8

中国版本图书馆 CIP 数据核字（2014）第 161446 号

普通高等教育经济管理类精品规划教材

统计学：方法与应用
　——以 Excel 为分析工具

郭思亮　盛亦工　刘瑞娟　潘风广　主编

责 任 编 辑　张宝华

出 版 发 行	西南交通大学出版社 （四川省成都市二环路 111 号 西南交通大学创新大厦 21 楼）
发行部电话	028-87600564　028-87600533
邮 政 编 码	610031
网　　　址	http：//www.xnjdcbs.com
印　　　刷	北京俊林印刷有限公司
成 品 尺 寸	185 mm×260 mm
印　　　张	20.5
字　　　数	499 千字
印　　　次	2017 年 8 月第 1 次
书　　　号	ISBN 978-7-5643-3205-1
定　　　价	38.00 元

精品课程配套教材 "双创"型人才培养优秀教材 编写委员会

前　言

2011 年国务院学位办颁布了新的学科目录，学科的第一层次是门类，依次包括哲学、经济学、法学、教育学、文学、历史学、理学、工学、农学、医学、军事学、管理学、艺术学，共 13 个。每个门类之下，分一级学科；一级学科可以再往下细分。其中第七大门类是理学，共有 14 个一级学科，第一个是数学，第十四个是统计学。调整后的统计学一级学科将原属应用经济学和数学下与统计相关的学科进行了整合，并在一级学科下设有数理统计、社会经济统计、生物卫生统计、金融统计与风险管理和精算、应用统计等 5 个二级学科，各校可以根据实际情况授予经济学学位或者理学学位。

2012 教育部颁布了新的高校本科专业目录，分设哲学、经济学、法学、教育学、文学、历史学、理学、工学、农学、医学、管理学、艺术学等 12 个学科门类。其中在经济学门类下设经济学（0201）等 4 个专业类，在经济学专业类下设经济统计学（020102）等 17 种专业；在理学门类下设统计学（0712）等 12 个专业类，在统计学专业类下设统计学（071201）、应用统计学（071202）等 36 个专业。

为适应这些新变化，更好地满足读者需求，更优质地服务于读者，我们本着"创优质课程、建优质教材、育优质人才"的宗旨，组织相关老师编写了这本统计学读物。该著作具有以下几个特点：

一、框架体系结构合理，体现了统计工作过程。我们按照一个完整的统计工作过程：统计设计、统计调查、统计整理和统计分析，设计了十章内容（第一章：总论、第二章：统计设计、第三章：统计资料的搜集、第四章：统计数据的整理与显示、第五章：平均分析、第六章：抽样推断、第七章：相关与回归分析、第八章：时间序列分析、第九章：指数与因素分析、第十章：统计分析报告）。

二、开辟了"统计知识 ABC"专栏，增加了统计常识知识。为了提高读者学习兴趣，增加信息量，弥补非统计专业不开设专业统计的不足，在每一章开头，开设了"统计知识 ABC"专栏。

三、与计算机紧密结合，充分体现了统计学方法论和应用性强的学科属性。对于较复杂的数据处理和计算，我们给出了 Excel 的实现步骤，以提高效率和实际应用能力。

四、每章都设计了思考与练习题栏目，具备了教科书的特点。它很好地满足了读者练习的需要，对于全面、深入地掌握和巩固统计学的理论和方法奠定了坚实的基础。

本书适用于高等院校相关专业开设统计学或应用统计学的教科书或参考书，也可作为政府和企事业单位从事统计工作或进行统计分析的重要参考书。

由郭思亮、盛亦工、刘瑞娟、潘凤广担任主编并负责编写了第一章至第六章的内容，由张立柱、周琳、傅齐蕾、吕素昌、刘智勇、吴让军担任副主编并负责编写了第七章至第十章的内容，全书由郭思亮进行了修改和总纂定稿。

本书在编写过程中，参考了国内外出版的大量教材和专著，敬列于参考文献中。并对编写这些著作的学界前辈、专家和同行们，表示崇高的敬意和衷心的感谢！

由于水平所限，加之时间紧迫，书中不足之处在所难免，衷心希望使用本教材的广大师生和统计工作者不吝批评指正。如有问题或建议可发电子邮件至120763152@qq.com。对于特殊性问题，我们将给予个别答复；对于具有普遍性的问题，我们将再版时进行更正和说明。在此一并表示衷心地感谢！

编　者
2017 年 8 月

申明：本教材中所涉及的单位、地址、电话、以及人名等纯属虚构，仅供教学使用，若与实际中有雷同或有部分出入，纯属巧合！

目 录

第一章 统计学总论 ……………………………………………………… (1)
第一节 统计的含义 ……………………………………………… (3)
第二节 统计学的研究对象和方法 ……………………………… (5)
第三节 统计研究过程 …………………………………………… (6)
第四节 统计学的基本概念 ……………………………………… (7)
第五节 统计应用软件简介 ……………………………………… (13)
思考与练习 ……………………………………………………… (15)
第二章 统计设计 ……………………………………………………… (16)
第一节 统计设计的含义 ………………………………………… (17)
第二节 统计指标设计 …………………………………………… (19)
第三节 统计指标体系设计 ……………………………………… (31)
第四节 常用统计分类标准 ……………………………………… (34)
思考与练习 ……………………………………………………… (42)
第三章 统计调查 ……………………………………………………… (44)
第一节 统计数据的来源 ………………………………………… (48)
第二节 抽样调查 ………………………………………………… (52)
第三节 调查方案设计 …………………………………………… (55)
第四节 调查问卷设计 …………………………………………… (58)
第五节 调查方案与问卷案例 …………………………………… (64)
思考与练习 ……………………………………………………… (76)
第四章 统计整理 ……………………………………………………… (77)
第一节 统计数据的预处理 ……………………………………… (78)
第二节 统计数据分组的整理 …………………………………… (83)
第三节 统计表 …………………………………………………… (87)
第四节 统计图 …………………………………………………… (89)
第五节 数据整理与显示的 Excel 实现 ………………………… (98)
思考与练习题 …………………………………………………… (117)
第五章 平均分析 ……………………………………………………… (121)
第一节 平均分析概述 …………………………………………… (123)
第二节 静态平均分析 …………………………………………… (125)
第三节 标志变异分析 …………………………………………… (136)

第四节　偏态与峰度分析 ···（145）
　　第五节　利用 Excel 计算描述统计量 ·····················（147）
　　思考与练习 ···（150）

第六章　抽样推断分析 ···（153）
　　第一节　参数估计 ···（154）
　　第二节　假设检验 ···（161）
　　第三节　方差分析 ···（169）
　　第四节　样本容量的确定 ···（173）
　　第五节　Excel 在抽样推断中的应用 ·····················（175）
　　思考与练习 ···（178）

第七章　相关与回归分析 ···（182）
　　第一节　相关与回归分析的基本问题 ·····················（183）
　　第二节　相关分析 ···（185）
　　第三节　线性回归分析 ···（188）
　　第四节　非线性回归分析 ···（196）
　　第五节　Excel 在相关回归分析中的应用 ···············（201）
　　思考与练习 ···（204）

第八章　时间序列分析 ···（206）
　　第一节　时间序列分析的基本问题 ·························（208）
　　第二节　时间序列的水平分析 ···································（211）
　　第三节　时间序列的速度分析 ···································（216）
　　第四节　时间序列的趋势分析 ···································（223）
　　第五节　时间序列的季节变动分析 ·························（232）
　　第六节　Excel 的应用 ···（239）
　　思考与练习 ···（244）

第九章　统计指数与因素分析 ···（247）
　　第一节　统计指数概述 ···（249）
　　第二节　综合指数 ···（250）
　　第三节　平均指数 ···（254）
　　第四节　指数体系与因素分析 ···································（256）
　　第五节　常用的经济指数 ···（262）
　　思考与练习 ···（267）

第十章　统计分析报告 ···（270）
　　第一节　统计分析报告概述 ·······································（272）
　　第二节　统计学分析报告的撰写 ·······························（277）
　　第三节　统计分析报告的举例 ···································（284）
　　思考与练习 ···（318）

参考文献 ···（319）

第一章 统计学总论

【统计知识 ABC】

［A］GDP

GDP（国内生产总值）是指一个国家（或地区）所有常住单位在一定时期内生产活动的最终成果。国内生产总值有三种表现形态，即价值形态、收入形态和产品形态。从价值形态看，它是所有常住单位在一定时期内生产的全部货物和服务价值超过同期中间投入的全部非固定资产货物和服务价值的差额，即所有常住单位的增加值之和；从收入形态看，它是所有常住单位在一定时期内创造并分配给常住单位和非常住单位的初次收入分配之和；从产品形态看，它是所有常住单位在一定时期内最终使用的货物和服务价值与货物和服务净出口价值之和。在实际核算中，国内生产总值有三种计算方法，即生产法、收入法和支出法。三种方法分别从不同的方面反映国内生产总值及其构成。

支出法国内生产总值指一个国家（或地区）所有常住单位在一定时期内用于最终消费、资本形成总额，以及货物和服务的净出口总额，它反映本期生产的国内生产总值的使用及构成。**最终消费**指常住单位在一定时期内对于货物和服务的全部最终消费支出，也就是常住单位为满足物质、文化和精神生活的需要，从本国经济领土和国外购买的货物和服务的支出；不包括非常住单位在本国经济领土内的消费支出。最终消费分为居民消费和政府消费。**居民消费**指常住住户对货物和服务的全部最终消费支出。居民消费按市场价格计算，即按居民支付的购买者价格计算。购买者价格是购买者取得货物所支付的价格，包括购买者支付的运输和商业费用。居民消费除了直接以货币形式购买货物和服务的消费之外，还包括以其他方式获得的货物和服务的消费支出，即所谓的虚拟消费支出。居民虚拟消费支出包括以下几种类型：单位以实物报酬及实物转移的形式提供给劳动者的货物和服务；住户生产并由本住户消费了的货物和服务，其中的服务仅指住户的自有住房服务；金融机构提供的金融媒介服务；保险公司提供的保险服务。**政府消费**指政府部门为全社会提供公共服务的消费支出和免费或以较低价格向住户提供的货物和服务的净支出。前者等于政府服务的产出价值减去政府单位所获得的经营收入的价值，政府服务的产出价值等于它的经常性业务支出加上固定资产折旧；后者等于政府部门免费或以较低价格向住户提供的货物和服务的市场价值减去向住户收取的价值。**资本形成总额**指常住单位在一定时期内获得的减去处置的固定资产加存货的变动，包括固定资本形成总额和存货增加。**固定资本形成总额**指常住单位购置、转入和自产自用的固定资产，扣除固定资产的销售和转出后的价值，分有形固定资产形成总额和无形固定资产形成总额。有形固定资产形成总额包括一定时期内完成的建筑工程、安装工程和设备工器具购置(减处置)价值,以及土地改良、新增役、种、奶、毛、娱乐用牲畜和新增经济林木价值。无形固定资产形成总额包括矿藏的勘探、计算机软件、娱乐和文学艺术品原件等获得减处置。**存货增加**指常住单位存货实物量变动的市场价值,即期末价值减期初价值的差额。存货增加可以是正值,也可以是负值;正值表示存货上升,负值表示存货下降。它包括生产单位购进的原材料、燃料和储备物资等存货,以及生产单位生产的产成品、在制品等存货等。**货物和服务净出口**指货物和服务出口减货物和服务进口的差额。出口包括常住单位向非常住单位出售或无偿转让的各种货物和服务的价值;进口包括常住单位从非常住单位购买或无偿得到的各种货物和服务的价值。由于服务活动的提供与使用同时发生,因此服务的进出口业务并不发生出入境现象,一般把常住单位从国外得到的服务作为进口,非常住单位从本国得到的服务作为出口。货物的出口和进口都按离岸价格计算。

　　收入法国内生产总值包括劳动者报酬、生产税净额、固定资产折旧、营业盈余。**劳动者报酬**指劳动者因从事生产活动所获得的全部报酬。包括劳动者获得的各种形式的工资、奖金和津贴,既包括货币形式的,也包括实物形式的;还包括劳动者所享受的公费医疗和医药卫生费、上下班交通补贴和单位支付的社会保险费等。对于个体经济来说,其所有者所获得的劳动报酬和经营利润不易区分,这两部分统一作为劳动者报酬处理。**生产税净额**指生产税减生产补贴后的余额。生产税指政府对生产单位生产、销售和从事经营活动以及因从事生产活动使用某些生产要素(如固定资产、土地、劳动力)所征收的各种税、附加费和规费。生产补贴与生产税相反,指政府对生产单位的单方面收入转移,因此视为负生产税,包括政策亏损补贴、粮食系统价格补贴、外贸企业出口退税收入等。**固定资产折旧**指一定时期内为弥补固定资产损耗按照核定的固定资产折旧率提取的固定资产折旧,或按国民经济核算统一规定的折旧率虚拟计算的固定资产折旧。它反映了固定资产在当期生产中的转移价值。各类企业和企业化管理的事业单位的固定资产折旧是指实际计提并计入成本费中的折旧费;不计提折旧的政府机关、非企业化管理的事业单位和居民住房的固定资产折旧是按照统一规定的折旧率和固定资产原值计算的虚拟折旧。原则上,固定资产折旧应按固定资产的重置价值计算,但是目前我国尚不具备对全社会固定资产进行重估价的基础,所以暂时只能采用上述办法。**营业盈余**指常住单位创造的增加值扣除劳动者报酬、生产税净额和固定资产折旧后的余额。它相当于企业的营业利润加上生产补贴,但要扣除从利润中开支的工资和福利等。

　　生产法国内生产总值是指各行业增加值之和。其计算公式为:

$$\text{生产法国内生产总值} = \sum(\text{总产出} - \text{中间投入}) = \sum \text{各行业增加值}$$

　　(资料来源:http://www.stats.gov.cn/tjzd/tjzbjs/t20020327_14293.htm)

[B]GNP 或 GNI

　　国民生产总值(GNP)又称国民总收入(Gross National Income,GNI),指一个国家(或地区)所有常住单位在一定时期内收入初次分配的最终结果。一国常住单位从事生产活动所创造的增加值在初次分配中主要分配给该国的常住单位,但也有一部分以生产税及进口税(扣除生产和进口补贴)、劳动者报酬和财产收入等形式分配给非常住单位；同时，国外生产所创造的增加值也有一部分以生产税及进口税(扣除生产和进口补贴)、劳动者报酬和财产收入等形式分配给该国的常住单位，从而产生了国民生产总值的概念。它等于国内生产总值加上来自国外的净要素收入。与国内生产总值不同，国民生产总值是个收入概念，而国内生产总值是个生产概念。两者之间的数量关系为：

国民生产总值＝国内生产总值＋来自国外的要素收入净额

＝ 国内生产总值＋来自国外的要素收入—支付给国外的要素收入

(资料来源：http://www.stats.gov.cn/tjzd/tjzbjs/t20020327_14293.htm)

[C]社会消费品零售总额

社会消费品零售总额指国民经济各行业直接售给城乡居民和社会集团的消费品总额。它是反映各行业通过多种商品流通渠道向居民和社会集团供应的生活消费品总量，是研究国内零售市场变动情况、反映经济景气程度的重要指标。

社会消费品零售总额包括：①售给城乡居民作为生活用的商品和修建房屋用的建筑材料；②售给社会集团的各种办公用品和公用消费品；③售给机关、团体、学校、部队、企业、事业单位的职工食堂和旅店(招待所)附设专门供本店旅客食用，不对外营业的食堂的各种食品、燃料；企业、单位和国营农场直接售给本单位职工和职工食堂的自己生产的产品；④售给部队干部、战士生活用的粮食、副食品、衣着品、日用品、燃料；⑤售给来中国大陆的外国人、华侨、我国港澳台同胞的消费品；⑥居民自费购买的中、西药品、中药材及医疗用品；⑦报社、出版社直接售给居民和社会集团的报纸、图书、杂志，集邮公司出售的新、旧纪念邮票、特种邮票、首日封、集邮册、集邮工具等；⑧旧货寄售商店自购、自销部分的商品；⑨煤气公司、液化石油气站售给居民和社会集团的煤气灶具和罐装液化石油气；⑩农民售给非农业居民和社会集团的商品。不包括售给国民经济各部门企业、事业单位(包括国有经济的农场)生产经营用的各种原材料、燃料、设备、工具等和售给批发零售贸易业、餐饮业作为转卖用的商品，旧货寄售商店受托寄售卖出的商品，服务业的营业收入，邮局出售邮票的收入，自来水、电力、煤气生产(供应)单位的产品供应收入，也不包括农民之间的商品销售。

(资料来源：http://www.stats.gov.cn/tjzd/tjzbjs/t20020327_14281.htm)

第一节　统计的含义

一、统计的含义

"统计"一词在各种实践活动和科学研究领域中经常出现。然而，不同的人或在不同的场合，对其理解是有差异的。比较公认的看法是，统计有三种含义，即统计活动、统计数据和统计学。

1.统计活动

统计活动又称统计工作,是指收集、整理和分析统计数据,并探索数据的内在数量规律性的活动过程。

2.统计资料

统计资料或称统计数据,即统计活动过程所获得的各种数字资料和其他资料的总称。表现为各种反映社会经济现象数量特征的原始记录、统计台账、统计表、统计图、统计分析报告、政府统计公报、统计年鉴等各种数字和文字资料。

3.统计学

统计学是指阐述统计工作基本理论和基本方法的科学,是对统计工作实践的理论概括和经验总结。它以现象总体的数量方面为研究对象,阐明统计设计、统计调查、统计整理和统计分析的理论与方法,是一门方法论科学。

《不列颠百科全书》的定义:统计学是收集、分析、表述和解释数据的科学。

《中国百科全书·数学卷》的定义:统计学是一门科学,它研究怎样以有效的方式收集、整理、分析带随机性的数据,并在此基础上对所研究的问题作出统计性推断,直至对可作出的决策提供依据或建议。

统计学的英文是"statistics"。以单数形式出现时,表示一门科学即统计学;以复数形式出现时,表示统计数据或统计资料。

统计工作、统计资料和统计学之间有着密切联系。统计工作同统计资料之间是过程同成果之间的关系,统计资料是统计工作的直接成果。就统计工作和统计学的关系来说,统计工作属于实践的范畴,统计学属于理论的范畴,统计学是统计工作实践的理论概括和科学总结,它来源于统计实践,又高于统计实践,反过来又指导统计实践,统计工作的现代化同统计科学研究的支持是分不开的。

统计工作、统计资料和统计学相互依存、相互联系,共同构成了一个完整的整体,这就是通常我们所说的统计。

二、统计的职能

统计是适应国家管理的客观需要而逐步产生和发展起来的。现代化国家管理系统,包括决策系统、执行系统、信息系统、咨询系统、监督系统五个组成部分。国家统计兼有信息、咨询、监督三种系统的职能。

1.信息职能

信息职能是指国家统计部门根据科学的统计指标体系和统计调查方法,灵敏、系统地采集、处理、传递、存贮和提供大量的以数量描述为基本特征的社会经济信息。因而,要不断拓展统计信息的内容,保证统计信息的可靠性,完善统计信息的自动化建设,实现统计信息生产和使用的社会化程度。

2.咨询职能

咨询职能是指利用已经掌握的丰富的统计信息资料,运用科学的分析方法和先进的技术手段,深入开展综合分析和专题研究,为科学决策和管理提供可供选择的咨询建议和对策方案。

3. 监督职能

监督职能是指根据统计调查和分析，及时、准确地从总体反映经济、社会和科技运行的实际状况，并对其实行全面、系统地定量检查、监测和预警，以促进国民经济持续、稳定、协调地发展。

上述三种职能是相互联系、相辅相成的。首先，采集和提供信息是统计最基本的职能，统计的信息职能是保证统计咨询和监督职能的基础和前提；统计咨询职能是统计信息职能的延续和深化，它使采集的信息得以在科学决策、经营管理以及社会实践中发挥作用；统计监督职能则是对信息和监督职能的进一步拓展，统计监督职能的强化，又必然要对信息与咨询职能提出更高的要求，从而促进统计信息与咨询职能的优化。总之，统计的信息、咨询、监督职能彼此依存、相互联系、共同构成了一个完整的有机整体。在发挥各自职能的基础上，对三种职能进行优化和整合，形成合力，就能充分发挥统计在国家现代化管理过程中的作用。

三、统计的任务

统计的基本任务是对国民经济和社会发展情况进行统计调查、统计分析，提供统计资料和统计咨询意见，实行统计监督。国家机关、社会团体、企业事业组织和个体工商户等，必须如实提供统计资料，不得虚报、瞒报、拒报、迟报，不得伪造、篡改。基层群众性自治组织和公民有义务如实提供国家统计调查所需要的情况。

第二节   统计学的研究对象和方法

一、统计学的研究对象

通过统计学的含义可以看出，统计学的研究对象是现象总体的数量方面，包括数量表现、数量关系和数量界限。

统计学的研究对象具有以下特点：

（1）总体性，统计是研究总体的，即群体现象；

（2）数量性，事物能用数量表现的方面和能用数量表现的事物都可以进行统计研究；

（3）差异性，统计所研究的总体内部是有差异的；

（4）具体性，统计研究的不是抽象的量，而是有一定质的规定性的量。

二、统计学的研究方法

统计学的研究方法主要有：大量观察法、试验设计法、统计描述法、统计推断法、统计模型法。

（1）大量观察法。是对所研究现象总体的全部或足够多的单位进行调查并加以综合研究的方法。

(2)试验设计法。是通过设计实验取得所要研究的数据的方法。试验设计要遵循的原则:①重复性原则,在相同条件下重复多次试验;②随机化原则,在实验中对实验对象的分配和试验次序是随机安排的;③区组化原则,组内差异大,组间差异小。

(3)统计描述法。是用综合指标、统计表、统计图等形式描述研究总体现象的数量特征的方法。包括统计分组法和综合指标法。

(4)统计推断法。指在一定的置信标准要求下,由样本信息推断总体数量特征的归纳推理方法。包括参数估计、假设检验、方差分析等方法。

(5)统计模型法。是根据统计资料,运用统计方法,对研究现象的结构或过程建立一种统计表达式,进行有关分析的方法。统计模型一般包括四个基本因素:变量、关系式、模型参数、随机项。

第三节 统计研究过程

和人类其他所有认识活动一样,统计研究也要经过一个由现象到本质、由矛盾的特殊性到矛盾的普遍性、由感性认识到理性认识的不断深化的过程。从具体的统计认识活动来看,统计工作是由统计设计、统计调查、统计整理、统计分析和统计资料的积累开发与应用等环节组成。

一、统计设计

统计设计是指根据统计研究对象的性质和研究目的,对统计工作的各个方面和各个环节所作的全面部署和安排。统计设计的最终结果表现为各种标准、规定、制度、方案和办法,如统计分类标准、目录、统计指标体系、统计报表制度、统计调查方案、普查办法、统计整理或汇总方案等等。

统计工作是一项高度集中统一和科学性很强的工作,无论是统计总体范围、统计指标的口径和计算方法,还是统计分类和分组的标准,都必须统一,不能各行其是。只有科学地进行统计设计,才能做到统一认识、统一步骤、统一行动,使整个统计工作有秩序地、协调地进行,从而从根本上保证统计工作和统计资料的质量。因此,统计设计是统计工作的先导。

统计设计的主要内容有:统计指标和指标体系的设计、统计分类和统计分组的设计、统计表的设计、统计资料搜集方法的设计、统计工作各个部门和各个阶段的协调与联系、统计力量的组织与安排等等。

二、统计调查

统计调查是根据统计方案的要求,采用各种调查组织形式和调查方法,有组织、有计划地对所研究总体的各个单位进行观察、登记,准确、及时、系统、完整地搜集统计原始资料的过程。

统计调查是统计认识活动由定性认识过渡到定量认识的阶段,这个阶段所搜集的资料是否客观、周密、系统、及时,直接影响到统计整理的好坏,关系到统计分析结论的正确性,决定着整个统计工作的质量。所以,统计调查是整个统计工作的基础。

三、统计整理

统计整理是根据统计研究的目的和任务,对统计调查阶段所取得的原始资料进行审核、分组和汇总,将分散的、零星的反映总体单位特征的资料转化为反映各组和总体数量特征的综合资料的过程。

统计整理是将对总体单位特征的认识过渡到对总体数量特征的认识的桥梁和纽带,它既是统计调查的继续,又是统计分析的必要前提,在统计工作中,处于中间环节,起着承上启下的作用,是沟通统计调查和统计分析的纽带和桥梁。

四、统计分析

统计分析是指在统计调查和统计整理的基础上,用科学的分析方法,对所研究的现象总体进行全面、系统的数量分析,认识和揭示事物的本质和规律性,进而向有关单位和部门提出咨询建议以及进行必要的分析、预测的统计工作过程。统计分析是统计工作的最后阶段,也是统计发挥信息、咨询和监督职能的关键阶段。

从认识论的角度来说,统计设计属于对社会经济现象进行的定性认识;统计调查和统计整理,是实现对事物个体特征过渡到对总体数量特征认识的关键环节,属于定量认识的范畴;统计分析则是运用统计方法对资料进行比较、判断、推理和评价,揭示社会经济现象的本质和规律性的重要阶段。统计设计、统计调查、统计整理和统计分析的有机统一,体现了统计要在质与量的辩证统一中研究社会经济现象总体数量特征的原则要求。

第四节 统计学的基本概念

在论述统计学的理论与方法的过程中,要运用一些专门的概念,熟悉这些概念是掌握统计学的基础。

一、总体与样本

1.总体

凡是客观存在、在某一共同性质基础上结合起来的许多个别事物的整体,叫做统计总体(简称总体)。例如,要研究某地区非公有制工业企业的生产经营情况,那么该地区全部非公有制工业企业就构成了一个总体,统计设计、统计调查、统计整理和统计分析则都要围绕这一对象来进行;再如,要研究我国的人口状况,则全国人口就构成了一个统计总体,从设计普查方案、普查登记、资料汇总到最后公布普查数据等等,也都要围绕这一对象来进行。

需要注意的是,在统计研究过程中,统计研究的目的和任务居于支配和主导地位,是我们考虑一切问题的出发点。一方面,统计总体取决于统计研究的目的和任务,有什么样的研究目的就要求有什么样的统计总体与之相适应;另一方面,统计研究方法、步骤等也要体现统计研究的目的要求。

统计总体分为有限总体和无限总体两种类型。有限总体是指总体中的总体单位数可以计数或穷尽的总体。例如一个企业的全体职工、一个国家的全部人口等都是有限总体。如果总体中的单位数是一个无穷大量,或准确地度量它的单位数是不经济或没有必要的,这样的总体称为无限总体。例如在连续生产的生产线上产出的全部零件数,一片树林中生长的林木数,江河湖海中生长的鱼的尾数等等。

划分有限总体和无限总体对于统计工作的意义在于可以帮助我们进行统计调查方法设计。在统计调查方法体系中,全面调查是对调查对象(总体)的全部单位无一遗漏地进行的调查,而非全面调查则是对调查对象中的一部分单位进行调查,然后再估计总体指标的方法。很显然,对于有限总体,我们既可以使用全面调查,也可以使用非全面调查,但对于无限总体就只能使用非全面调查。

统计总体具有同质性、大量性和变异性三个特点。

(1)同质性。所谓同质性是指构成统计总体的各个单位必须在某些方面而且至少在一个方面具备某种共同的性质。同质性是构成统计总体的前提。

(2)大量性。大量性是指统计总体是由总体的全部单位组成,只有一个单位的统计总体是不存在的。当然,研究目的不同,统计总体就不一样,总体中所包含的总体单位的数量也就不同,一个统计总体究竟包含多少总体单位,最终取决于统计研究的目的。

统计总体具有大量性的特点,这是由统计研究对象决定的。如前所述,社会经济统计学的研究对象是大量社会经济现象总体的数量特征,因此,我们只能而且必须将多个具有某种共同性质的单位组合成一个完整的整体,作为统计研究的具体对象。

(3)变异性。简言之,变异就是事物之间的差别或不同。从统计研究的角度来说,变异性是指构成统计总体的各个单位之间存在的差别。例如,工人的性别具体表现为男、女,工人家庭人口数表现为 1 人、2 人、3 人、4 人、5 人,工人的月工资表现为 600 元、700 元、780 元、890 元、970 元、1050 元、1130 元,等等。

在此,有三个问题需要特别说明:首先,变异是客观的,没有变异的事物是不存在的;其次,变异对于统计非常重要,没有变异就没有统计,这是因为,如果总体单位之间不存在变异,我们只需要了解一个总体单位的资料就可以推断总体情况了;第三,变异性和同质性之间相互联系、相互补充,是辩证统一的关系。用同质性否定变异性或用变异性否定同质性都是错误的。

2.样本

统计研究最终是要确定总体的数量特征,但是有时总体的单位数很多,甚至无限,不可能或无必要对每个总体单位都做调查。这时,就要借助样本来研究总体了。所谓样本就是按照一定的概率从总体中抽取并作为总体代表的一部分总体单位的集合体。也有学者称总体为母体,样本为子样。但是,不宜将统计总体叫做"全及总体",样本叫做"样本总体",因为这类叫法不规范。

样本是统计学中非常重要的概念,对这一概念的理解要注意三方面问题:其一,构成某一样本的每一单位都必须取自某一特定的统计总体,不允许该总体之外的单位介入该总体的样本。其二,样本单位的抽取应是按一定的概率进行的,而具体样本的产生应是随机的,因此必须排除人的主观因素对样本单位抽取和样本生成的干扰。其三,样本是母体的代表,带有母体的信息,因而能够推断母体;然而,样本只是母体的一个子集,且具有随机性,故由样本去推断总体会产生代表性误差。其实,如何从母体中抽取子样,怎样控制样本对总体的代表性误差,是推断统计学研究的主要问题。

二、总体单位与标志

1.总体单位

构成统计总体的个别单位称为统计总体单位,简称总体单位。如上例,全部工业企业中的每个企业、全国人口中的每个人也是总体单位。

总体和总体单位的关系是整体同个体、集合同元素的关系,两者相互依存、相互联系,不存在没有总体的总体单位,也不存在没有总体单位的统计总体。

总体和总体单位的具体形式随着统计研究目的的不同而不同,可以是人、也可以是物,还可以是组织(企业或家庭)或时间、空间、行为等。

总体和总体单位的关系不是一成不变的,随着研究目的的变动,两者可以相互转化。在一定研究目的下,一个事物可以作为总体而存在,然而当研究目的发生变化后,这个事物可能就成为总体单位了。例如,研究我国电子工业的发展情况,那么电子工业行业的所有企业就是一个统计总体,每个企业就是一个总体单位;而要研究一个企业的生产经营情况,那么一个企业就构成了统计总体了;如果要研究整个国民经济的发展情况,国民经济所有行业组成统计总体,而其中的电子工业行业又变成总体单位了。

2.标志

统计是从对个体的观察开始,逐步过渡到对总体数量特征的认识的。标志是指说明总体单位特征的名称。例如,一个企业作为总体单位,这个企业的"所有制类型"、"生产能力"、"年产量"、"销售收入"、"职工人数"、"工资总额"等都是标志。

标志分为品质标志和数量标志两种类型。品质标志是说明总体单位属性特征的名称,如工人的"性别"、"民族"、"工种"等,品质标志只能用文字而不能用数值表示。数量标志是说明总体单位数量特征的名称,如工人的"工资额"、"工龄"、"年龄"等,数量标志可以用数值表示。

统计中反映总体单位特征的标志很多,如果按总体单位在标志上的具体表现是否存在差异来看,可分为不变标志和可变标志。当各个总体单位在某一标志上的具体表现都相同时,则为不变标志。不变标志体现总体的同质性。组成一个总体的各个总体单位必须有一个或几个不变标志,不变标志是使许多个别单位组合成为总体的前提。例如,以全国国有大中型机械工业企业为总体,这里的各工业企业均有所有制、企业规模、工业部门这三个不变标志。一个企业如果不具备这三者任何一个方面特征的话,就不能成为这个总体的一个单位。可变标志是指具体表现在总体各个单位上不相同或不完全相同的那些标志。一般来说，组成总体的各个总体单位具有许多可变标志。例如，把全部国有大型机械工业企业作为一个统计总体，那么厂址、隶属关系、职工人数、资金额、生产能力、工业增加值、工业总产值、劳动生产率、平均工资、利税额等就是可变标志。和标志相联系的另外一个概念是标志表现。所谓标志表现，是指总体单位特征在某一标志上的具体体现。如一个人的性别是"男"、年龄"50 岁"、民族"汉族"；某企业是"股份制公司"、年产值"10 亿元"。同标志一样，标志表现也分为品质标志表现和数量标志表现两种类型。

在引入标志表现这一概念之后，变异也可以表述为：统计总体单位之间在某一标志上具有不同标志表现的现象。

三、指标与变量

1. 指标

指标（统计指标）是说明现象总体数量特征的概念或范畴。例如，要表明某地区全部工业企业这个总体的数量特征，其数量表现可以有：该地区 2012 年年末工业企业单位数 1.2 万个，全年工业总产值 100 亿元，职工人数 200 万人，人均产值 5000 元，总产值比上年增长 10% 等。这些都是统计指标。

标志和指标是两个既有区别又有联系统计学概念。

两者的主要区别是：①标志是说明总体单位特征的，而指标是说明总体特征的；②标志中的数量标志可以用数值表示，而品质标志不能用数值表示。所有的统计指标都是用数值表示的，不存在不能用数值表示的统计指标。

两者的联系表现在：①有些统计指标的数值是在总体单位的数量标志值基础上直接汇总得到的。如一个县的粮食总产量是所属各乡村粮食产量的合计数。②在一定条件下（研究目的的调整），指标和标志之间可以相互转化。当研究目的发生变化以后，原来的总体转化为总体单位，统计指标也就当然地变为数量标志了，反之亦然。

2. 变量

在统计中，一般把表示现象某种特征的概念称为变量。这样，统计标志和指标都可以称为变量。变量的具体表现称为变量值；统计标志的标志表现和指标数值都是变量值。

如果一个变量的变量值由品质数据来记录，该变量就是品质变量，如"性别"就是个品质变量，其变量值是"男"或"女"；"产品等级"也是个品质变量，它可以表现为"一等品"、"二等品"、"三等品"、"次品"等。如果一个变量的变量值由数量数据来记录，该变量就是数量变量或称数字变量，如"产品产量"、"商品销售额"、"零件尺寸"、"年龄"、"时间"等都是数量变量，它们可以表现为不同的数值。

数量变量还可以细分为离散变量和连续变量。离散变量的取值是有限的，所有取值都以整位数断开，且可一一列举，如"企业数"、"产品数量"等就是离散变量。而连续变量的取值是无穷的，连续不断的，不能一一列举，如"年龄"、"温度"、"零件尺寸"等都是连续变量。

另外，应该注意，多数情况下我们所说的变量是指数量变量，统计标志中的数量标志和所有的统计指标就是这种变量，大多数统计方法所处理的也都是数量变量，因此有时就把数量变量简称为变量。

四、参数与统计量

1.参数

用来描述总体特征的概括性数字度量,称为参数。如总体平均数(μ)、总体标准差(σ)、总体比例(π)。总体数据通常是不知道的,所以参数是一个未知的常数。正因为如此,我们才进行抽样,并根据样本统计量去估计总体参数。

2.统计量

用来描述样本特征的概括性数字度量,称为统计量。如样本平均数(X)、样本标准差(S)、样本比例(p)。一旦有了具体的样本,统计量就是已知的了,我们就可以根据样本统计量去估计总体参数了。如用样本平均数(X)去估计总体平均数(μ);用样本标准差(S)去估计总体标准差(σ);用样本比例(p)去估计总体比例(π),等等。

五、统计数据

(一)数据的计量尺度

在计量学的一般分类方法中,依据对事物计量的精确程度,可将所采用的计量尺度由低级到高级、由粗略到精确分为四个层次,即名类尺度、顺序尺度、区间尺度和比尺度。

1.名类尺度

名类尺度(亦称分类尺度、列名尺度等)是这样一种品质标志,按照它可对研究客体进行平行的分类或分组,使同类同质,异类异质。例如,按照性别将人口分为男、女两类;按照经济性质将企业分为国有、集体、私营、混合制企业等。这里的"性别"和"经济性质"就是两种名类尺度。名类尺度是最粗略、计量层次最低的计量尺度,利用它只可测度事物之间的类别差,而不能了解各类之间的其他差别。名类尺度计量的结果表现为某种类别,但为了便于统计处理,例如为了计算和识别,也可用不同数字或编码表示不同类别。比如用 1 表示男,0 表示女;用 1 表示国有企业,2 表示集体企业,3 表示私营企业,等等。这些数字只是不同类别的代码,并不意味着它区分了大小,更不能进行任何数学运算。名类尺度能对事物做最基本的测度,是其他计量尺度的基础。

2.顺序尺度

顺序尺度(亦称序数尺度、顺位尺度等)是这样一种品质标志,利用它不仅能将事物分成不同的类别,还可确定这些类别的等级差别或序列差别。例如"产品等级"就是一种测度产品质量好坏的顺序尺度,它可将产品分为一等品、二等品、三等品、次品等;"考试成绩"也是一种顺序尺度,它可将成绩分为优、良、中、及格、不及格等;"对某一事物的态度"作为一种顺序尺度,可将人们的态度分为非常同意、同意、保持中立、不同意、非常不同意,等等。显然,顺序尺度对事物的计量要比名类尺度精确些,但它至多测度了类别之间的顺序,而未测量出类别之间的准确差值。因此,顺序尺度的计量结果只能比较大小,不能进行加、减、乘、除等数学运算。

3.区间尺度

区间尺度(亦称间隔尺度、等距尺度、定距尺度等)是能测度事物类别或次序之间间距的数量标志,具体些说,区间尺度是可将事物区分为不同类别,对这些类别进行排序,并较准确地度量类别之间数量差距的一种计量尺度。该尺度通常使用自然或物理单位作为度量单位,如收入用人民币"元"度量,考试成绩用"百分制"度量,温度用摄氏或华氏的"度"来度量,重量用"克"度量,长度用"米"度量等。区间尺度的计量结果表现为数值。区间尺度的数值可做加、减法运算,例如,考试成绩 80 分与 90 分之间相差 10 分,一个地区的温度 20 ℃与另一个地区的 25 ℃相差 5 ℃,等等。但不能做乘、除法运算。而且,区间尺度没有绝对零点。

4.比尺度

比尺度(亦称为比率尺度)的计量结果也表示为数值,跟区间尺度属同一层次,有时对两者可不作区分。比尺度这种数量标志不仅能测度各类别的大小和多少,还有一个绝对零点作为起点。这个绝对零点是它跟区间尺度的明显差别,就是说,区间尺度中没有绝对零点,即使其计量值为"0",这个"0"也是有客观内容的数值,即"0"水平,而不表示"没有"或"不存在"。例如,某个学生统计学的考试成绩为"0"分,这个"0"分是他的统计学的客观成绩,并不表示他没有考试成绩或没有任何统计学知识;一个地区的温度为0 ℃,这表示一种温度的水平,并不是说没有温度。而比尺度中绝对零点的"0",表示"没有"或"不存在"。例如,一个人的身高为"0"米,表示这个人不存在;一个人的收入为"0",表示这个人没有收入;一个产品的产量为"0",表示没有这种产品;等等。现实中,大多数场合人们使用的都是比尺度。

比尺度与上述三种计量尺度相比还有一个特性,就是可以计算数值之间的比值。例如,一个人的月工资收入为 600 元,另一个人的收入为 300 元,可以得出一个人的收入是另一个的两倍。但区间尺度由于不存在绝对零点,就只能比较数值差,而不能计算比值。比如,可以说 30 ℃与 15 ℃之差为 15 ℃,而不能说 30 ℃比 15 ℃热一倍。可见,比尺度可以做加、减、乘、除法运算。

上述四种计量尺度对事物的计量层次是由低级到高级、由粗略到精确,逐步递进的。高层次的计量尺度可以计量低层次计量尺度能够计量的事物,但不能反过来。显然,可以很容易地将高层次计量尺度的计量结果转化为低层次计量尺度的计量结果;将考试成绩的百分制转化为五等级分制就是一例。

(二)数据的类型

1.按计量尺度分

按照所采用的计量尺度不同,可以将统计数据分为分类数据、顺序数据、区间数据和比数据。统计数据是采用某些计量尺度对事物进行计量的结果,但采用不同的计量尺度会得到不同类型的统计数据。就上述四种计量尺度计量的结果来看,我们可以大体上将统计数据分为两种类型:定性的数据和定量的数据。定性数据(亦称品质数据)是说明事物的品质特征表现的具体类别,不能用数值表示;因这类数据由名类尺度和顺序尺度计量形成,故又可细分为分类数据和顺序数据。定量数据(亦称数量数据或数值型数据)是说明现象数量特征表现的,能够甚至必须用数值来表现;因这类数据由区间尺度和比尺度计量形成,故又可细分为区间数据和比数据。对不同类型的数据,可采用不同的统计方法来处理和分析。比如,对定性数据一般只采用分组法计算,分析各组的频数或频率,而对定量数据则可用更多的统计方法去处理,计算、分析更多的统计指标或统计量。

2.按数据的收集方法分

按数据的收集方法分类,可将统计数据分为观测数据和实验数据。观测数据是通过调查或观测而收集到的数据,这类数据是在没有对事物人为控制的条件下而得到的,社会经济现象的统计数据几乎都是观测数据。实验数据是在实验中控制实验对象而收集到的数据。如医药研究试验数据、动植物杂交品种试验数据等等。自然科学领域的大多数据都是试验数据。

3.按数据的时间关系分

按照被描述对象与时间的关系,可以将统计数据分为截面数据和时间数据。截面数据是指同一时间不同空间上的数据。时间数据是指同一空间不同时间上的数据。

第五节 统计应用软件简介

统计应用软件很多,如 Excel、SPSS(Statistical Package for Social Sciences)、SAS(Statistical Analysis System)、Eviews(Econometrics Views)、Stata、Minitab、S－Plus、Statistica、R 语言、马克威软件等,其功能各有千秋。其中 Excel 应用最为广泛。

Excel 这一单词汉语的意思是优秀,胜过他人。Excel 软件是美国微软公司开发的 Windows 环境下运行的电子表格系统,它具有制表功能、数据计算功能、统计图表功能、统计分析功能。微软公司先后推出了 Excel97、Excel2000、Excel2002、Excel2003、Excel2007、Excel2010 等不同版本。随着版本的不断提高,Excel 的数据处理功能和操作的简易性不断加强。

由于 Excel 集数据的编辑整理、统计分析、图表绘制于一身,因此计算机只要安装了 Office 软件,就有了 Excel,也就能使用 Excel 了。目前,大学生都学习计算机应用基础,已经有了 Excel 的操作基础,加之 Excel 的统计功能能够满足现有统计学的学习要求,故本教材选择了易获得、普及率较高、操作简单的 Excel 应用软件。

本教材主要使用 Excel 的数据分析功能(见图 1-1)、函数计算功能(见图 1-2)和制图功能(见图 1-3),来完成数据处理和统计计算。

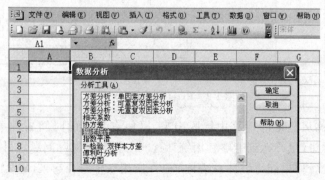

图 1-1　Excel 数据分析功能

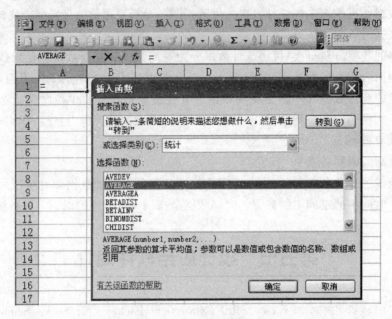

图 1-2　Excel 函数计算功能

图 1-3　Excel 统计制图功能

我们试图把你从复杂的计算中解脱出来，以便有足够的时间去理解统计方法的机理，并把握统计思想，最终达到能够利用统计这一工具解决实际问题之目的。

我们坚信：读者如果能将统计方法与 Excel 应用软件结合起来，定会收到事半功倍的效果。

思考与练习

一、思考题

1. 统计一词的三个含义及其相互关系。

2. 统计学的研究对象。

3. 统计学的研究方法。

4. 统计的职能和任务。

5. 统计研究过程。

6. 举例说明总体、总体单位、标志、指标之间的关系。

7. 区分四种计量尺度。

二、练习题

2012 年某市统计部门提供的一份统计分析报告中有如下内容:"我市国有工业企业 2600 个,职工总人数 150 万人,工业总产值 360 亿元,人均实现产值 6 万元。其中,永达电气有限公司实现总产值 4200 万元,职工人数 1300 人。"

根据上述资料,回答下列问题:

(1)指出该报告所反映的统计总体、总体单位分别是什么?

(2)报告中涉及的统计标志有哪些?分别说明其性质;

(3)报告中涉及的统计指标有哪些?

第二章 统计设计

【统计知识 ABC】

[A]三驾马车

三驾马车的经济学意义指投资需求、消费需求、净出口(外部需求)三大需求,称之为拉动国民经济增长的"三驾马车"。统计学意义是指按支出法计算的国内生产总值中的最终消费、资本形成总额,以及货物和服务的净出口总额三大部分。

[B] 三次产业

三次产业是根据社会生产活动历史发展的顺序对产业结构的划分,产品直接取自自然界的部门称为第一产业,对初级产品进行再加工的部门称为第二产业,为生产和消费提供各种服务的部门称为第三产业。它是世界上较为通用的产业结构分类,但各国的划分不尽一致。

我国的三次产业划分是:

第一产业:农业(包括种植业、林业、牧业和渔业)。

第二产业:工业(包括采掘业,制造业,电力、煤气及水的生产和供应业)和建筑业。

第三产业:除第一、第二产业以外的其他各业。由于第三产业包括的行业多、范围广,根据我国的实际情况,第三产业可分为两大部分:一是流通部门,二是服务部门。具体又可分为四个层次:

第一层次:流通部门,包括交通运输、仓储及邮电通信业,批发和零售贸易、餐饮业。

第二层次:为生产和生活服务的部门,包括金融、保险业,地质勘查业、水利管理业,房地产业,社会服务业,农、林、牧、渔服务业,交通运输辅助业,综合技术服务业等。

第三层次:为提高科学文化水平和居民素质服务的部门,包括教育、文化艺术及广播电影电视业,卫生、体育和社会福利业,科学研究业等。

第四层次:为社会公共需要服务的部门,包括国家机关、政党机关和社会团体以及军队、警察等。

(资料来源:http://www.stats.gov.cn/tjzd/tjzbjs/t20020327_14293.htm)

[C]三上企业

四大工程(2010 年 12 月,在全国统计工作会议上,国家统计局马建堂局长提出了四大工程概念),包括建设基本单位名录库、企业一套表制度、数据采集处理软件系统和联网直报系统等。

分步建设"三上"企业调查单位库和"三下"企业及非企业单位名录库,最终建成一个全国统一完整、不重不漏、真实准确、及时更新的基本单位名录库。

三上企业是指规模以上工业企业,限额以上批发、零售、住宿、餐饮企业、资质以内的建筑业企业。其中:规模以上工业企业是指年主营业务收入 2000 万元以上的企业;限额以上批发企业是指主营业务收入 2000 万元以上的企业;限额以上零售、住宿、餐饮企业是指主营业务收入 200 万元以上的企业;资质以内的建筑业企业是指领取过建设部门颁发的《建筑业企业资质证书》(特级、一级、二级、三级和不分等级)的企业。

(资料来源:http://www.stats.gov.cn/tjzs/tjsdgc.pdf;http://fsh.bjstats.gov.cn/zsyd/27075.htm)

第一节　统计设计的含义

一、统计设计的概念

统计设计是统计工作的第一步,是指在做某项具体统计工作之前,根据统计研究目的,结合研究现象(事物)的性质特点,对统计工作的各个方面、各个环节进行的打算(计划)和通盘考虑安排,制定的各种实施方案,如指标设计、指标体系、分类目录、报表制度、调查方案、整理方案、分析方案等等。

所谓各个方面,是指统计研究现象(事物)的各个组成部分,是统计工作的横向方面。对于微观企业统计来说,就是人、财、物、产、供、销等方面;对于宏观统计来说,就是社会、人口、经济、军事、政治、文化、教育、科技、卫生、体育、生产、分配、流通、消费,结构、比例、速度、效益等方面。

所谓各个环节,是指统计工作的各个阶段,是统计工作纵的方面。即统计设计、统计调查、统计整理、统计分析以及统计资料的提供、保存、公布等环节。

二、统计设计的分类

1.整体设计和专项设计

从统计设计所包括的研究对象的范围看,统计设计分为整体设计和专项设计。

如果从统计研究对象的整体出发,对整个统计工作进行的全面设计,就称为整体设计。如一个企业、一个省、一个国家整个统计工作的设计。

专项设计,是从统计研究对象的某一组成部分出发,对其某一项具体统计工作所作的设计。一个企业统计中的一个方面的设计,如人、财、物、产、供、销某一方面的统计设计,就属于专项设计。

2.全阶段设计和单阶段设计

从统计设计所包括的统计研究工作阶段看,统计设计分为全阶段设计和单阶段设计。

全阶段设计是对统计工作各个阶段的全过程设计。从统计的目的、内容、指标到调查、整理、分析、资料提供、公布全过程的设计。

单阶段设计是指对统计工作全过程的某一阶段进行的设计。如仅对调查环节进行的设计。

3. 长期设计和短期设计

从统计设计所考虑的时间长短看,统计设计分为长期设计和短期设计。

长期设计是指对较长时期统计工作的设计。如"十二五"期间的统计工作设计。

短期设计是指对较短时期统计工作的设计。如2012年的统计工作设计。

三、统计设计的内容

1. 明确统计研究目的

明确统计研究目的,是统计设计的首要环节。目的决定了研究对象和研究方法。根据统计研究目的并结合研究现象(事物)的性质特点,才能对统计工作的各个方面、各个环节进行打算(计划)和通盘考虑安排。

2. 确定统计指标和指标体系

在明确统计研究目的的基础上,有针对性地、全面地从不同角度和方面设计出反映事物的统计指标和指标体系。

3. 制订调查方案

制订调查方案就是制定如何去收集资料的方案。包括向谁调查、调查哪些项目、调查时间、调查组织形式、调查方法等。

4. 制定统计整理方案

制定统计整理方案就是制定如何对调查数据进行整理步骤和方法。包括数据的审核与插补;统计分组、分类;分布数列的编制;统计资料的显示方法等。

5. 制定统计分析方案

制定统计分析方案就是制定如何进行统计分析的方案。包括选择分析的题目和方法;分析报告的撰写等。

6. 安排各阶段工作进度

对各阶段所用的时间及整体进度进行安排。

7. 协调各部门关系

协调统计工作所涉及的各部门之间的关系,保障统计工作顺利进行。

8. 统计组织实施计划

包括机构的成立、人员的配备与培训、经费的筹措与使用等。

四、统计设计的原则

统计设计必须坚持以马克思列宁主义、毛泽东思想、邓小平理论、"三个代表"重要思想和科学发展观为指导,立足我国,放眼世界,吸收国内外先进的统计科研成果,按照客观规律,适应我国社会主义经济建设的需要。具体来说,进行统计设计应遵循下列原则。

1.目的性

紧急围绕统计研究目的和研究事物的特点进行统计设计。

2.整体性

要站在一定高度上,整体把握,通盘考虑。

3.客观性

统计设计一定要结合研究事物的特点,按照客观规律进行。

4.具体性

也就是可操作性。一项统计设计要具体、可操作,便于实施。

第二节 统计指标设计

一、统计指标的概念

指标(统计指标)是说明现象总体数量特征的概念或范畴。它有三大特点:数量性,所有统计指标都能用数量来表示;综合性,统计指标都是用来说明总体的;质的规定性,统计指标都是具有一定经济内容的。

统计指标,一般情况下是指指标名称或名称加数值。例如,国内生产总值或2010年中国国内生产总值(GDP)397983亿元;全国财政收入达到83080亿元,比上年增长21.3%都是统计指标。

统计指标的构成因素有:指标的名称、指标的概念、指标的内容、指标的计算方法、指标的计量单位、指标的空间范围、指标的时间范围、指标的数值等八大因素。

二、统计指标的设计原则

设计一个统计指标,要遵循下列原则:

(1)指标结构(要素)要完整。包括指标名称、指标数值、时间范围、空间范围、计量单位。如2010年中国国内生产总值(GDP)397983亿元。当然在设计阶段,指标数值是没有的。提供指标时,就应该包括指标数值。

(2)指标的名称要有科学的理论依据,要做到名称和内容统一。让人们看到名称就大体上知道指标所反映的内容。

居民消费者物价指数(Consumer Price Index,英文缩写为CPI)反映居民生活中的产品和劳务价格所统计出来的物价变动指标,通常是作为观察通货膨胀水平的重要指标。

(3)定义指标的概念。用确切的语言,界定指标的内涵。

(4)确定指标的外延或指标的内容。确定哪些现象数值计入那些不计入。

(5)要有科学的计算方法和统计口径。

例如,工业总产值指标。工业总产值是以货币表现的工业企业在一定时期内生产的已出售或可供出售工业产品总量,它反映一定时间内工业生产的总规模和总水平。它包括：在本企业内不再进行加工，经检验、包装入库（规定了需包装的产品除外）的成品价值，工业性作业价值，自制半成品、在产品期末期初差额价值（生产周期较长的企业计算）。工业总产值采用"工厂法"计算，即以工业企业作为一个整体，按企业工业生产活动的最终成果来计算，企业内部不允许重复计算，不能把企业内部各个车间（分厂）生产的成果相加。但在企业之间、行业之间、地区之间存在着重复计算。

三、统计指标的分类

（一）总量指标、相对指标和平均指标

统计指标按其所反映的内容或其数值表现形式，可以分为总量指标、相对指标和平均指标三种。

（1）总量指标是反映总体规模的统计指标，通常以绝对数形式表现，故又称其为绝对数。如人口总数、国内生产总值等。

（2）相对指标是两个统计指标之比，称为相对数。如性别比例、第三产业所占比重、计划完成程度、经济增长率、股票价格指数等。

（3）平均指标又称为平均数或均值，它所反映的是现象在某一空间或时间上的平均数量状况。如人均消费水平、某种股票一周平均价格、某班级统计学的平均成绩、单价、单产等。

广义上的相对数包括平均数。统计指标从表现形式上又分绝对数和相对数两种。所以统计分析一般要从绝对数和相对数两个方面进行。

（二）数量指标和质量指标

统计指标按其所反映的数量特点或性质不同，分为数量指标和质量指标。

（1）数量指标是指反映事物的规模大小或数量多少的统计指标，包括总体总规模、总水平或工作总量等方面的统计指标。如总人口、粮食总产量、工资总额、销售收入等。由于它反映的是事物总量，因此又称为总量指标。

（2）质量指标是指反映事物数量关系、数量界限等质量方面的统计指标，包括总体内部数量关系、一般水平或工作质量，表明事物的结构、比例、速度、效益、强度、计划完成程度和一般水平。一般用相对数或平均数的形式表现。如人口性别比例、人口自然增长率、平均工资、居民消费价格指数等。

（三）实体指标和行为指标

统计指标按其所反映的客观实在和行为特征分为实体指标和行为指标。

（1）实体指标是指反映客观存在的具有实物形态的统计指标。如钢铁产量、固定资产原值、劳动力人数等等。

（2）行为指标是指反映某种行为数量的统计指标；如交通事故次数、犯罪率等。

（四）客观指标和主观指标

统计指标按其数据取值依据不同，分为客观指标和主观指标。

（1）客观指标是指其取值是通过实际度量或计数取得的，具有客观性。如产品产量、劳动生产率、GDP 等。

（2）主观指标是指凭借人们的感觉得到数据的统计指标。如民意调查中政府执政的满意度等。

（五）描述指标、评价（考核）指标、监测（预警）指标

统计指标按其功能（作用）不同，分为描述指标、评价（考核）指标、监测（预警）指标。

（1）描述指标是指描述客观现象的数量方面（数量表现、数量关系和数量界限）的统计指标。如统计报表指标。

（2）评价（考核）指标是指对某一事物起到评价考核作用的统计指标，这些指标具有导向作用。如经济效益评价指标。

（3）监测（预警）指标是指对经济运行过程和结果进行追踪，看其是否偏离既定目标，起到预先警示之作用的统计指标。如房地产价格调控指标、通货膨胀率等。

四、总量指标

（一）总量指标的概念

总量指标又称绝对指标或绝对数，是反映社会经济现象在一定时间、地点和条件下总规模或总水平的统计指标。总量指标通常是用绝对数来表现的，如 2010 年全国财政收入达到 83080 亿元。

（二）总量指标的作用

总量指标是社会经济统计中最基本的统计综合指标，在实际工作中应用十分广泛。主要有以下几方面的作用：

（1）总量指标是对社会经济现象总体认识的起点。例如，一个国家的土地面积、国内生产总值（GDP）、财政收入、粮食总产量、钢铁总产量等总量指标，反映了该国生产力发展水平和经济实力；一个地区的社会商品零售额、零售商业网点数等总量指标，标志着该地区的消费水平；一个企业的固定资产总值、工业增加值、商品产值、利税总额、职工人数等指标，则可反映该企业的人、财、物力的基本状况和生产经营活动成果。

（2）总量指标是制定政策、编制计划、进行经济管理的重要依据。无论是宏观管理还是微观管理，都要从客观实际出发，而总量指标是最具体、最实际的客观数字。比如，制订国家经济发展战略和计划，就必须掌握国家的自然资源总量、人口数、主要产品产量等方面的总量指标，为编制计划和检查计划执行情况，做好经济管理提供依据。

（3）总量指标是计算相对指标和平均指标的基础。总量指标是基础指标，相对指标和平均指标都是由两个有联系的总量指标对比计算出来的，是总量指标的派生指标。因此，总量指标的计算是否科学、合理必将直接影响相对指标和平均指标的准确性。

（三）总量指标的分类

按照不同的标准，可以将总量指标分为以下几种类型：

1. 按总量指标反映的内容不同，分为总体单位总量和总体标志总量

总体单位总量表示一个总体中所包含的总体单位总数，表示总体本身的规模大小，简称单位总量；总体标志总量是反映统计总体中各单位某一数量标志值的总和，表示总体某一数量特征的总量，简称标志总量。就特定的统计总体来说，一定存在总体单位总

量和总体标志总量两个基本的总量指标,两者相互联系、相辅相成。例如,研究某个工业企业职工的基本状况,该企业全体职工构成统计总体,职工人数是这个总体的单位总量,而工资总额就是这个统计总体的标志总量。一般来说,对于一个固定的总体,总体单位总量只有一个,而总体标志总量却有许多个。

2.按总量指标反映社会经济现象的时间状况不同,分为时期指标与时点指标

时期指标是表明现象在一段时期内发展过程的总量指标。例如,一定时期的产品产量、工资总额、商品销售额等都是时期指标。时点指标是表明现象在某一时刻(瞬间)上发展状况的总量指标。例如,人口数、设备台数、商品库存量、储蓄存款余额等都是时点指标。

时期指标与时点指标相比各有不同特点:

(1)时期指标的数值是连续计数的,即可以通过连续登记取得数据。它的每个数值都表示社会经济现象在这一时期内发生的总量;而时点指标的数值是间断计数的,即每隔一定时间登记一次,它的每个数值都表示社会经济现象发展到一定时点上所处的水平。

(2)时期指标具有可加性,其相加累计的结果具有实际意义。例如,某企业1月份产量是该月每天产量的总和,全年产量是12个月产量的总和。而时点指标不能累加,累加的结果没有独立的经济意义。例如,企业年末职工人数不等于各月末人数之和,各月末人数相加是没有意义的。

(3)时期指标是流量指标,其数值大小与所属时期长短有直接关系,时期越长,数值越大,反之数值越小。例如,一个企业一年的销售额必然大于一个季度的销售额。时点指标是存量指标,其数值大小与时间长短没有直接关系。比如,企业年末职工人数不一定大于某月末的职工人数。

3.按总量指标采用的计量单位不同,分为实物量、价值量、劳动量和统计分

(1)实物量指标。

实物指标是以实物单位计量的总量指标。实物指标最大特点是它直接反映现象的使用价值和经济内容,能够具体表明事物的规模或水平。因而能广泛用来反映国民经济的基本情况,制定和检查计划,研究各种产品对生产和生活的满足程度等。

实物单位,是根据事物的自然属性和特点而采用的计量单位。主要有:自然单位、度量衡单位、标准实物单位、复合单位和双重或多重单位等。

自然单位,是指按照被研究现象的自然状态计量的单位,通常用于可数现象的计量。如人口按"人"、汽车按"辆"、鞋子按"双"、设备按"台"为单位。

度量衡单位,是指根据国内或国际上通行的度量衡制度对现象进行计量的单位,通常用于不可数现象的计量。如粮食以"千克"或"吨"为单位,布匹长度用"米"为单位、天然气以"米^3"为计量单位等。

标准实物单位,是按照统一的折算标准来度量被研究现象数量的一种计量单位。在很多情况下,同类现象之间往往存在大小或品质方面的差异,如拖拉机的牵引能力、煤的发热量等等,对这些现象不加区别、直接汇总,就不能客观反映这些现象的实际使用价值,所以必须对其按规定的标准进行计量。如拖拉机折合标准台,不同含量的化肥折合

为100%的含量计算,各种不同发热量的煤折合为7000大卡/千克的标准煤等。

复合单位,是将两种计量单位结合在一起对研究现象进行计量的单位。当用一种计量单位无法准确地反映现象的总规模和水平时,往往采用复合单位进行计量。如运输企业核算货运量,只用载重量或运输距离均不能准确反映运输结果,故采用载重量乘运输距离的方法,以"吨公里"为计量单位。又比如,发电量用"千瓦时"表示等等。

双重或多重单位,是同时采用两种或两种以上计量单位对被研究现象进行计量的单位。例如,发动机的数量可以用台,也可以用千瓦表示,同时用台和千瓦表示即"台/千瓦"就是双重计量单位。又如船舶同时用艘/马力/吨位三种单位表示,就属于多重计量单位。复合单位、双重或多重单位可以更有效地反映出现象的使用价值或经济内容。

实物量指标又进一步分为混合实物量和标准实物量。

混合实物量是指把名称相同、用途相同但规格或成分不同的同类事物的实物量直接加总所得到的总量。如产品的混合量可以粗略地说明某类产品的使用价值量。

标准实物量是指把不同规格或成分的同类事物的实物量,按照一定的折算系数折算成某一标准规格或含量的实物总量。其计算公式为:

$$标准实物量 = \sum (实物量 \times 折算系数)$$

$$折算系数 = \frac{实际规格或含量}{标准规格或含量}$$

例如,某企业六月份生产32支纱100吨;生产18支纱100吨;生产54支纱100吨。则该企业六月份纺纱混合产量为$100+100+100=300$吨;标准产量(32支纱)为$100+100*18/32+100*54/32=325$吨。

(2)价值量指标。

价值指标是以货币为单位来计量的总量指标,反映社会经济现象价值量,如国内生产总值、工业增加值、销售收入、产品成本等。

与实物量指标相比,价值量指标具有最广泛的综合性和较强的概括力。它可以把那些不能直接加总的产品或商品数量过渡到可以直接加总,进而综合说明不同使用价值的产品或商品的总水平、总规模或总速度等。但是,价值量指标脱离了具体的物质内容,比较抽象,不能确切地反映实际情况。因此,价值指标应该与实物指标结合使用,以便全面说明问题。由于价格和价值时常背离,如果用价值量指标反映生产发展速度时,必须剔除价格变动的影响。

(3)劳动量指标。

劳动指标是以劳动单位为计量单位的总量指标。劳动单位是由劳动和工作时间组合而成的复合单位,如"工时"、"工日"等。如一个工人工作一小时称为一个工时、工作一天为一个工日。例如,某车间有50个工人,生产某种产品各工作了8小时,则该车间共工作了400个工时。对于多种产品产量,可用定额工时来计量,表现为定额工时产量。其计算公式为:

$$定额工时产量 = \sum (工时定额 \times 合格产品产量)$$

如,某车间在一天内生产了甲、乙、丙、丁、戊五种产品,其产量分别为 24、12、40、4、8,其单位产品工时定额分别为 0.4、0.5、0.8、1.5、1.0,则该车间完成的定额工时产量为 61.6(24×0.4+12×0.5+40×0.8+4×1.5+8×1.0)。

以劳动单位计算的劳动总消耗量指标,主要用于企业内部管理,反映劳动总成果、评价劳动时间利用程度和计算劳动生产率等,可用于劳务工资的核算,也可以用来编制生产作业计划并检查生产计划执行情况等。劳动指标在基层生产企业中应用最普遍。

(4)统计分数。

有些行业或项目统计,往往以统计分数作为统计计量单位。如产品质量打分;体育行业的体操项目打分、篮球项目计分;文娱行业演唱比赛打分;学生考试成绩得分等等。

统计分还可进一步分为一般统计分和换算标准分。标准分的换算见平均分析和差异分析章节。

(四)总量指标的计算

1.总量指标的计算方法

总量指标的计算方法,是对所研究的现象进行计数、测量的方法。它是大量个体绝对数据汇总的结果。有简单加法和加权加法两种。其计算公式分别为:

简单加法:

$$M = x_1 + x_2 + \cdots + x_n = \sum x$$

加权加法:

$$M = x_1 f_1 + x_2 f_2 + \cdots + x_n f_n = \sum xf$$

式中,M 表示总量指标;x 表示变量值;f 表示权数。

在未分组资料条件下,用简单加法公式;在分组资料条件下,用加权法公式。标准实物量和定额工时产量的计算公式可归并到加权法公式之中。

2.总量指标的计算要求

(1)必须注意现象的同质性。同质性是由现象的性质和用途决定的,不同性质的事物是不能直接计算其总量的。但是,对一些具体形式不同但使用价值相同的产品,可以折算为标准品产量。如原煤、柴油、汽油、天然气、电等产品,可以折算成吨标准煤产量。

(2)明确总量指标的涵义、范围和计算方法。任何一个总量指标,都是一定经济范畴的具体数量表现,有一定质的规定性。它的计算不是单纯的汇总问题,必须对总量指标的含义、包括的范围和计算方法作出严谨的、科学的界定后才能计算。例如,在计算工业总产值指标时,首先要明确什么是工业和工业产品,否则,就不可能准确地对工业总产值指标进行统计。再比如,国内生产总值可以采用支出法、生产法和收入法三种计算方法,计算方法不同,结果就不一样。因此,一定要根据研究目的,统一规定指标的涵义,确定科学的统计方法。

(3)要使用统一的计量单位。为便于进行统计比较和综合分析,同一总量指标在不同时间、地点和单位进行统计时,计量单位应当一致,如果存在不一致的情况,应采用一定的方法进行换算。

五、相对指标

（一）相对指标的概念

相对指标又称相对数，是两个有联系的统计指标的比值，用以说明社会经济现象之间的数量对比关系。用来对比的两个数，既可以是绝对数，也可以是平均数和相对数。比如，2006 年我国国内生产总值指数为 111.1％、人口自然增长率为 5.28‰、居民消费价格指数 101.5％，城镇居民家庭平均每百户拥有移动电话 153 部等，这些都是相对指标。

（二）相对指标的作用

（1）相对指标可以综合反映现象的相互关系、内部结构、实现的程度、强度和速度等，从而说明总量指标不能充分表达的问题。社会经济现象之间是相互联系、相互依存的，不论是从时间上、空间上以及事物内部结构上都是如此。因此，要分析某一社会经济现象，仅利用总量指标是远远不够的，必须计算相对指标，全面地反映现象总体的内部结构、比例关系、现象的普遍程度、普及程度和发展速度。同总量指标相比，相对指标揭示了现象内涵方面的特征，它对现象总体数量特征的描述和反映是动态的、深入的。

（2）相对指标可以使某些利用总量指标不能直接进行对比的社会经济现象，取得可以比较的基础。总量指标数值容易受总体范围的影响，总体范围大，指标数值也就越大，反之就越小。为了消除由于总体范围不同给统计对比分析带来的影响，就要使用相对指标。例如，某企业甲班组某月生产时出现废品 60 件，乙班组出现废品 50 件，我们不能简单地认为甲班组的质量比乙班组差，因为还要考虑两个班组生产产品总量和劳动效率等因素。如果甲班组的总产量为 1200 件，乙班组的总产量为 800 件，则甲班组的废品率为 5％（60÷1200），乙班组的废品率为 6.25％（50÷800），即利用相对指标可以确切地表明甲班组的废品率要低于乙班组。显然，甲班组的质量好。

（三）相对指标的表现形式

相对指标的数值，通常有两种表现形式：有名数和无名数。

1.有名数表示的相对指标

有名数表示的相对指标，主要用以表现事物的强度、密度和普遍程度。将分子指标和分母指标的计算单位同时使用，即采用复合单位计量。如人口密度用"人/平方公里"表示，城市人口拥有公共汽车用"辆/万人"表示，人均粮食产量用"千克/人"表示等。

2.无名数表示的相对指标

无名数是一种抽象化的数值，常以系数、倍数、成数、百分数、千分数或翻番数等表示。

（1）系数和倍数，是将对比基数抽象化为 1 而计算的相对数。当分子数值和分母数值比较接近时，常用系数表示；如果子项特别大而母项特别小时，常用倍数表示。

（2）成数，是将对比的基数抽象化为 10 而计算出来的相对数。如某地区 2007 年粮食产量比 2006 年增长两成，即增产十分之二。

（3）百分数，是将对比的基数抽象化为 100 而计算的相对数。

（4）千分数，是将对比的基数抽象化为 1000 而计算的相对数，适用于分母数值特别大而分子特别小的情形。如人口出生率、死亡率、自然增长率等。

（5）翻番数，是指两个相比较的数值中，一个数是另一个数的"2^m"倍，其中，m 是番数。例如，我国"十七"大报告提出全面建设小康社会新的更高要求，"实现人均国内生产总值到 2020 年比 2000 年翻两番"。2000 年我国人均国内生产总值为 7858 亿元，则 2020年的人均国内生产总值应达到 31432(7858×2²)亿元。

（四）相对指标的种类和计算方法

在社会经济统计中，常用的相对数指标可分为计划完成相对数、结构相对数、比例相对数、比较相对数、动态相对数和强度相对数六种。

1.计划完成相对数

计划完成相对数也称计划完成百分比，它是现象在某一时期的实际完成数与其计划任务数的比值，用来检查、监督计划的执行情况，通常用百分数（％）的形式来表示。其基本计算公式为：

$$计划完成相对数（\%）=\frac{实际完成数}{同期计划数}\times100\%$$

式中，子项实际完成数是根据实际完成情况进行统计而得到的数据，母项则是下达的计划指标，子项和母项在指标涵义、计算方法、计量单位以及时间长度等方面应完全一致。同时，分子、分母不允许互换。

实际工作中，由于计划数可表现为绝对数（总量指标）、相对数（相对指标）、平均数（平均指标）等多种形式，因此计算计划完成相对数的方法也不尽相同。

（1）计划数为绝对数。

当计划任务数为绝对数即总量指标时，它一般适合于考核社会经济现象的规模或水平的计划完成情况。

①短期计划检查。

可直接用实际完成数与计划完成数对比求得计划完成程度指标。计算公式为：

$$计划完成相对数=\frac{实际完成数}{计划完成数}\times100\%$$

②中长期计划检查

在检查中长期计划（如五年计划）任务的完成情况时，根据计划指标的性质不同，分为水平法和累计法两种。

（i）水平法，适用于反映生产能力的经济指标。如钢产量、煤产量、发电量、粮食产量等指标的计划完成情况检查。它是以计划期末（即最后一年）应达到的水平为对象考核的。计算公式为：

$$计划完成相对数=\frac{计划期末（最后一年）实际达到的水平}{计划规定期末应达到的水平}\times100\%$$

按水平法计算提前完成计划的时间，是按照连续一年（可以不在一个自然年度，只要是连续 12 个月即可）的实际数值，与长期计划规定最后一年的计划任务数对比，若两者相等，说明完成了长期计划，剩余的时间即为提前完成长期计划的时间。

例如，"十一五"计划规定在最后一年（2010 年）某种产品产量达到 200 万辆，实际为

220 万辆,则"十一五"计划完成程度为:220/200＝110％。

假定从 2009 年 7 月份至 2010 年 6 月份该产品产量刚好达到了 200 万辆,则提前了半年完成了"十一五"计划。

(ii)累计法,它是以计划期内各年计划数量的累计总和为对象考核的,适用于检查计划期内构成国民财产存量的经济指标。如基本建设投资额、造林面积、住宅建设、开垦荒地等计划完成情况。计算公式为:

$$计划完成相对数 = \frac{计划期间实际累计完成数}{计划期间规定的累计数} \times 100\%$$

按累计法计算提前完成计划的时间,是用整个计划期的时间减去自计划执行之日起到累计实际完成数刚好达到计划任务数为止的时间求得。

例如,"十一五"计划规定基本建设投资额 500 亿元,实际完成了 550 亿元,则"十一五"计划完成程度为:550/500＝110％。

假定从 2006 年 1 月 1 号起,到 2010 年 6 月 30 日累计实际完成基本建设投资额达到了 500 亿元,则提前半年完成了"十一五"计划。

③进度计划检查。

在检查计划执行情况时,为了分析计划执行进度,预计计划执行结果,在期中需计算计划执行进度指标。其计算公式为:

$$进度计划完成程度 = \frac{自报告期初止累计完成数}{全期计划任务数} \times 100\%$$

例如,某公司全年计划实现利润 1000 万元,上半年实际完成了 600 万元,则该公司上半年就完成了全年计划的 60％(600/1000)。

计划进度与计划执行要和时间流逝相一致,即时间过半,任务也要过半,否则全期计划的完成就没有了时间的保证,应及时分析其原因,以便提出可行的对策,确保计划的完成。

(2)计划数为相对数。

当计划任务数为相对数,而且以提高(或降低)百分数表示时,则不能以实际提高(或降低)百分数与计划提高(或降低)百分数直接对比,应在原有基数 100％的基础上提高(或降低),才能对比。其计算公式为:

$$计划完成相对数(\%) = \frac{实际达到的百分数}{计划规定的百分数} \times 100\%$$

$$= \frac{1 \pm 实际提高(降低)百分数}{1 \pm 计划提高(降低)百分数}$$

例如,某企业产量计划提高 10％,实际提高 15％,则:

$$产量计划完成相对数 = \frac{1+15\%}{1+10\%} \times 100\% = 104.55\%$$

计算结果表明,该企业产量超额 4.55％ 完成计划。

若计划为相对数时,可以用相减的方法来检查计划完成情况。如上例,15％ － 10％ ＝5％。计算结果表明,该企业产量比计划提高 5 个百分点。百分点是百分数中相当于 1％的单位,它与百分数不同。专用于表示同一内容在不同时期或不同地点的指标百分数的变化。

(3)计划数为平均数。

当计划任务数为平均数时,计划完成程度的计算公式为:

$$计划完成相对数(\%)=\frac{实际完成的平均数}{计划规定的平均数}\times 100\%$$

例如,某企业计划要求劳动生产率达到 5000 元/人,某种产品单位成本计划为 100元。该企业实际劳动生产率达到 6000 元/人,实际单位成本为 90 元,则计划完成程度指标为:

$$劳动生产率计划完成相对数=\frac{6000}{5000}\times 100\%=120\%$$

$$单位成本计划完成相对数=\frac{90}{100}\times 100\%=90\%$$

计算结果表明,该企业劳动生产率超额 20%完成了计划任务,单位成本也超额 10%完成计划任务。

需要说明的是,在分析计划完成情况时,要注意计划任务数的性质差异。凡是计划指标是以最低限额规定的,如产品产量、利润、销售额等指标,计划完成相对数等于或大于 100%,才算完成或超额完成计划。反之,凡是计划完成相对数是以最高限额规定的,如原材料消耗、单位成本、流通费等,其计划完成相对数等于或小于 100%,才算完成或超额完成计划。

2.结构相对数

结构相对数是表明总体内部各个组成部分在总体中所占比重的相对指标,也称比重相对数,一般用百分数表示。结构相对数是描述总体特征的重要指标,它可以说明总体内部构成,是分析总体分布的基础。计算公式为:

$$结构相对数(\%)=\frac{总体中某一部分数值}{总体全部数值}\times 100\%$$

由于结构相对数是根据同一总体资料计算的,其分子只能是总体的一部分,因此个别结构相对数是一个大于 0 小于 1 的数值,而总体中各部分比重之和等于 100%或 1。

结构相对数是描述总体特征的重要指标,它可以说明总体内部构成,分析总体内部构成的变化,反映事物发展变化的过程及趋势。如第三产业结构及其变化。

3.比例相对数

比例相对数是反映一个统计总体内部各个组成部分之间数量对比关系的相对指标,常用系数和倍数表示。

$$比例相对数=\frac{总体中某一部分数值}{总体中另一部分数值}$$

例如,2010 年我国男性人口为 6.869 亿人,占总人口的 51.27%;女性人口为 6.529亿人,占 48.73%,则人口性别比为 118.06。

比例相对数的计算基数单位通常为 1、100、1000 等。例如我国计算农民和非农民的消费比例关系就是以农民消费水平为1计算的。在比例相对数的计算过程中,子项和母项可以互相颠倒,当然,分子和分母颠倒后,指标数值所说明的问题也正好反过来了。

比例相对数也有反映总体结构的作用,与结构相对数有着密切的联系,它是属于一种结构性的比例,两者作用相同,只是使用的方法不同,侧重点有所区别。计算比例相对指标对于分析研究国民经济的平衡比例关系、保持国民经济稳定协调发展具有重要意义。国民经济中客观存在着各种各样的比例关系,如物质生产部门和非物质生产部门的关系;积累和消费的比例关系;社会再生产中生产、流通、分配的比例关系等。

4. 比较相对数

比较相对数是反映同一时期的同类现象在不同地区、部门和单位之间数量对比关系的相对指标。其结果可以用百分数表示,也可以用倍数表示。计算公式为:

$$比较相对数 = \frac{某地区(单位)某期某类指标数值}{另一地区(单位)同期同类指标数值}$$

例如,2010 年 GDP 美国为 14624184 百万美元,中国为 5745133 百万美元。则:

2010 年 GDP 美国与中国的比较相对指标 = 14624184 ÷ 5745133 = 2.546。

计算结果说明,2010 年 GDP 美国是中国的 2.546 倍。

运用比较相对数,可以揭示同类现象在不同空间条件下的差异程度。根据研究目的和方式不同,比较相对指标的分子指标和分母指标可以互换位置。它既可用于不同国家、地区、部门或单位之间的比较,也可用于先进与落后的比较,还可用于和标准水平或平均水平的比较。通过对比可以找出差距和不足,为管理决策提供参考依据。

计算比较相对指标,可以用绝对数,也可以用相对数或平均数,但不管用何种指标计算,都必须考虑是否具有可比性。

5. 动态相对数

动态相对数又称发展速度,它是把同一现象在不同时间上的指标数值进行对比的比值,用以说明现象发展变化的方向和程度。通常用百分数表示,也可用倍数或翻番表示。其计算公式为:

$$动态相对数 = \frac{某一现象报告期数值}{同一现象基期数值} \times 100\%$$

例如,中国粮食总产量 2010 年为 54641 万吨,2009 年为 53082 万吨,则我国粮食产量的发展速度为 54641/53082 = 102.9%。

动态相对指标的表现形式有多种,本书将在时间序列中详细介绍。

6. 强度相对数

强度相对数是两个性质不同但又相互联系的总量指标进行对比的比值,可以反映现象的强度、密度或普遍程度。计算公式为:

$$强度相对指标 = \frac{某一总量指标的数值}{另一有联系但性质不同的总量指标数值}$$

强度相对数的表现形式一般是复名数,由分子指标和分母指标的计算单位组成。如人均国民生产总值"元/人",人口密度"人/平方公里"等等。有的强度相对数用次数、倍数、系数、百分数或千分数表示,如高炉利用系数、资金周转次数、流通费用率、人口出生率等等。

例如,2010 年我国人口总数为 133972 万人,国土面积为 960 万平方公里。则:

我国人口密度＝133972/960＝139.5542(人/平方公里)

大多数用复名数为单位的强度相对指标,其分子指标和分母指标可以互换,因此,派生出正指标和逆指标两种形式。正指标是指标数值大小与现象的发展程度或密度成正向变化的强度相对指标,即指标数值越大,现象的发展程度或密度越高,反之就越低;逆指标是数值大小与现象的发展程度或密度成反向变化的强度相对指标,即指标数值越大,现象的发展程度或密度越低,反之就越高。

例如,某地区 2011 年总人口为 1200 万人,有 60000 个零售商业机构,则该地区零售商业网点密度指标是多少?

零售商业网点密度指标是衡量一个国家或地区商业发展水平的统计综合指标,可以用两种方法计算:

$$正指标:零售商业网点密度=\frac{某地区零售商业机构数}{该地区人口数}=\frac{60000}{1200}=50(个/万人)$$

即平均每万人拥有 50 个零售商业机构为他们服务。

$$逆指标:零售商业网点密度=\frac{某地区人口数}{该地区零售商业机构数}=\frac{1200}{60000}=200(人/个)$$

即每个零售商业机构为 200 人服务。

正指标越大,说明商业网点密度越高,反之,就越低。逆指标越大,说明商业网点密度越低,反之,就越高。

需要指出,计算强度相对指标必须注意社会经济现象之间客观上要存在一定的经济或技术上的联系,这样,两个指标对比才有现实意义。

7.平均数

平均指标又称平均数,是同质总体内某一数量标志在一定时间、地点条件下达到的一般水平,即总体内各单位参差不齐的标志值的代表值。平均指标的特点是对数量标志在总体单位之间的数值差异抽象化,它并不代表某一总体单位的具体水平,而是一个用来反映总体综合数量特征的典型水平或者代表水平。例如,用职工平均工资代表职工收入的一般水平,用平均亩产代表粮食生产的一般水平等等。

平均数的基本计算公式为:

$$平均数(算术平均)=\frac{总体标志总量}{总体单位总量}$$

例如,职工平均工资＝工资总额/职工人数;平均亩产量＝粮食总产量/播种面积。

(五)计算和运用相对指标的原则

相对指标种类较多,各有自己的意义和作用,在计算和应用上也有一些不同的要求和特点,但从总体上说,计算和应用相对指标,要坚持以下几个方面的原则:

第一,可比性原则。遵从可比性是计算相对指标应把握的总原则。两个对比的指标是否具有可比性,是计算结果能否正确反映现象之间数量对比关系的重要条件。可比性是指相互对比的两个统计指标,在经济内容、计算范围、计算方法和计量单位等方面保持一致,如果不可比,就需要进行调整。

第二、正确选择对比基数的原则。基数是相对指标对比的依据或标准,基数选择不当,就会失去相对指标的作用,对同一现象、同一问题,采用不同的对比基数就会有不同的结果。因此,基数的选择必须从统计研究的目的和任务出发,结合研究对象的性质和特点,选择能最大限度反映现象内在联系和本质特征的指标作为对比基数。

第三,多种相对指标结合运用的原则。因为客观经济现象是复杂的,而每一种相对指标只是反映经济现象的某一个侧面。在分析研究复杂的现象时,应该将多种相对指标结合起来使用,多角度、多侧面地分析研究经济现象,有助于深入、全面地分析问题和认识问题。

第四、相对指标与总量指标结合运用的原则。总量指标能够反映事物发展的总规模和总水平,却不易看清事物差别的程度;相对指标反映了现象之间的数量对比关系和差异程度,却又将现象的具体规模和水平抽象化了,而无法说明现象之间的绝对量差异。因此,只有将相对指标同总量指标结合起来使用,才能克服认识上的片面性,实现对客观事物全面、正确的认识。

第三节　统计指标体系设计

一、统计指标体系的含义

统计指标体系是指由若干相互联系的统计指标构成的有机整体。一个统计指标仅仅从一个侧面反映了社会经济现象,而社会经济现象是多方面的、复杂的,要全面、系统地反映社会经济现象,就必须建立统计指标体系。

例如,盲人摸象的寓言故事,告诉我们看问题要全面,要防止片面性的马克思主义哲学思想,就是建立指标体系的理论基础。机械制图中用到的三视图,说明对于一个立体物体,至少要从三个方面(主视、左视和俯视)进行观察或反映。"横看成岭侧成峰,远近高低各不同,不识庐山正面目,只缘身在此山中"的诗句,也折射出建立指标体系的缘由。

二、统计指标体系的设计原则

设计指标体系的基本要求是:

(1)科学性,即指标体系的设计要符合事物的特点,每一指标的设计都符合统计指标的设计要求。

(2)目的性,即指标体系的设计要考虑管理的要求或研究目的。

(3)全面性,即指标体系的设计要全面,要从不同侧面反映事物。

(4)统一性,即指标体系的设计要保证三大核算统一。

(5)可比性,即指标体系的设计要不同空间、不同时期可比。

(6)核心性,即指标体系的设计要确定核心指标。

(7)可行性,即指标体系的设计要保证每一指标都能取得。

(8)互斥性,即指标体系的设计要使指标之间相关程度弱,注重指标的代表性。

三、统计指标体系的形式

社会经济总体现象的构成往往是复杂多样的,其间的联系形式是多种多样的,因而构成统计指标体系的各项指标之间的联系也有多种不同的形式,归纳起来主要有两种:

(1)一类是内容衔接结构式统计指标体系。是用一系列统计指标所构成的从不同侧面、不同角度、不同环节、不同层次来反映研究对象不同数量特征的指标体系。如,反映一个企业从人、财、物,产、供、销等方面设计的指标体系。

(2)另一类是恒等式数量关系指标体系。是由三个及三个以上的统计指标所形成的具有一定数量对等关系的指标体系。这类指标是建立统计指数体系的基础,也是进行因素分析的基本依据。如,原材料消耗额、产品产量、单位产品原材料消耗量、单位原材料价格。

四、统计指标体系的种类

1. 描述性指标体系、评价性指标体系、监测性指标体系

按统计指标体系的功能层次来分,有描述性统计指标体系、评价性统计指标体系、监测性统计指标体系三种。其中,描述性统计指标体系是基础,它的任务是尽量全面、详细描述研究现象总体各方面数量特征,因此指标数量多,指标形式不一,指标之间重叠交叉现象普遍。评价性统计指标体系则是在描述性统计指标体系中根据评价任务精选出来的若干指标,或称"指标样本",其指标数量相对少而精,在不失全面的情况下突出重点,指标形式一般比较统一,指标之间重叠交叉现象一般尽量避免。监测性或决策性指标体系则更加精炼,一般是由少数几个精干的指标构成,甚至于只由一些高度综合的指标构成。

2. 社会统计指标体系、经济统计指标体系、科技统计指标体系

按指标体系反映的内容不同分为社会统计指标体系、经济统计指标体系和科技统计指标体系。

3. 宏观统计指标体系和微观统计指标体系

按指标体系反映现象的范围不同分为宏观统计指标体系和微观统计指标体系。

4. 基本统计指标体系和专题统计指标体系

按指标体系反映现象的方面侧重点不同分为基本统计指标体系和专题统计指标体系。

基本统计指标体系是由反映社会经济发展基本情况的统计指标构成。专题统计指标体系是针对某一专门问题而设计的指标体系,如经济效益指标体系。

五、微观（企业）统计指标体系

企业的生产过程是企业劳动力运用劳动资料作用于劳动对象创造出劳动成果的过程，所以我们要从劳动成果、劳动力、劳动资料、劳动对象四个方面反映生产环节。生产不是目的，最终目的是满足人们的需要，通过销售的实现，获取经济效益。

1. 企业投入指标体系

（1）劳动力指标体系。主要包括劳动力人数、劳动力素质（身体素质、文化技术素质、政治思想素质）、劳动工资、劳动时间利用等指标。

（2）劳动手段指标体系。主要包括设备拥有量、使用利用（数量、时间、能力）、磨损（折旧）、保养等方面的指标。

（3）劳动对象统计指标。主要包括购进、领用、消耗、库存等方面指标。

（4）资金来源与使用统计指标。主要包括资产、负债、所有者权益；货币资金、生产资金、成品资金；生产成本、期间费用等指标。

（5）科技投入统计指标。

2. 企业产出指标体系

（1）生产成果指标体系。主要包括产量、产值、品种、质量、速度等指标。

（2）生产成果实现指标体系。主要包括销售收入、税金、利息、利润等指标。

3. 企业经济效益指标体系

（1）活劳动投入经济效益指标。

（2）物化劳动投入经济效益指标。

（3）资金投入经济效益指标。

（4）科技投入经济效益指标。

（5）综合投入经济效益指标。

（6）适销对路经济效益指标。

六、宏观（国民经济）统计指标体系

1. 国民经济生产指标体系

包括实物量（主要工业产品产量、主要农产品产量、能源生产总量、交通运输业务量、建筑产品产量等）和价值量（国民生产总值、国内生产总值、国民收入等）。

2. 国民经济分配指标体系

包括初次分配指标（劳动者报酬、生产单位纯收入和固定资产折旧）、再分配指标（生产单位上缴利税、财政拨款、转移支出和社会救济）和最终收入指标（再分配后各部门的可支配收入扣除银行存款和手存现金增加额）。

3. 国民经济使用指标体系

包括消费（居民个人消费支出、社会集团消费支出）、积累（储备增加额、固定资产投资增加额）和出口净额。

4. 国民经济分析指标体系

包括结构、速度、效益等方面的指标。

第四节　常用统计分类标准

一、经济成分的划分

经济成分分为：公有经济（包括国有经济和集体经济）和非公有经济（包括私有经济、港澳台经济、外商经济）。

（1）国有经济单位，指生产资料归国家所有的各种企业、事业单位，以及各级国家机关、人民团体等单位。

（2）集体经济单位，指生产资料归公民集体所有的各种企业、事业单位。包括农村各种经济组织经营的农、林、牧、副、渔业，乡、村经营的企业、事业单位；城市、县、镇以及街道举办的集体经济性质的企业、事业单位。

（3）私营经济单位，指生产资料归公民私人所有的单位。包括私营独资企业、私营合伙企业和私营有限责任公司。

（4）联营经济单位，指不同所有制性质的企业之间或者企业、事业单位之间共同投资组成新的经济实体。包括紧密型联营企业、半紧密型联营企业和松散型联营企业。

（5）股份制经济单位，指全部注册资本由全体股东共同出资，并以股份形式投资举办企业。主要包括股份有限公司和有限责任公司。

（6）外商投资经济单位，指外国投资者根据中华人民共和国有关涉外经济的法律、法规，以合资、合作或独资的形式在中国大陆境内开办企业。包括中外合资经营企业、中外合作经营企业和外资企业。

（7）港、澳、台投资经济单位，指我国港、澳、台地区投资者参照中华人民共和国有关涉外经济的法律、法规，以合资、合作或独资的形式在大陆举办企业。包括合资经营企业、合作经营企业和独资企业。

二、三次产业的划分

三次产业是根据社会生产活动历史发展的顺序对产业结构的划分，产品直接取自自然界的部门称为第一产业；对初级产品进行再加工的部门称为第二产业；为生产和消费提供各种服务的部门称为第三产业。它是世界上较为通用的产业结构分类，但各国的划分不尽一致。

我国的三次产业划分（表2-1）是：

第一产业：农业（包括种植业、林业、牧业和渔业）。

第二产业：工业（包括采掘业，制造业，电力、煤气及水的生产和供应业）和建筑业。

第三产业：除第一、第二产业以外的其他各业。由于第三产业包括的行业多、范围广，根据我国的实际情况，第三产业可分为两大部分：一是流通部门，二是服务部门。具体又可分为四个层次：

第一层次:流通部门,包括交通运输、仓储及邮电通信业,批发和零售贸易、餐饮业。

第二层次:为生产和生活服务的部门,包括金融、保险业,地质勘查业、水利管理业,房地产业,社会服务业,农、林、牧、渔服务业,交通运输辅助业,综合技术服务业等。

第三层次:为提高科学文化水平和居民素质服务的部门,包括教育、文化艺术及广播电影电视业,卫生、体育和社会福利业,科学研究业等。

第四层次:为社会公共需要服务的部门,包括国家机关、政党机关和社会团体以及军队、警察等。

表 2-1　三次产业分类

三次产业分类 类　别	《国民经济行业分类》(GB/T 4754—2002) 类别名称及代码		
	门类	大类	类别名称
第一产业	A		**农、林、牧、渔业**
		01	农业
		02	林业
		03	畜牧业
		04	渔业
		05	农、林、牧、渔服务业
第二产业	B		**采矿业**
		06	煤炭开采和洗选业
		07	石油和天然气开采业
		08	黑色金属矿采选业
		09	有色金属矿采选业
		10	非金属矿采选业
		11	其他采矿业
	C		**制造业**
		13	农副食品加工业
		14	食品制造业
		15	饮料制造业
		16	烟草制品业
		17	纺织业
		18	纺织服装、鞋、帽制造业
		19	皮革、毛皮、羽毛(绒)及其制品业
		20	木材加工及木、竹、藤、棕、草制品业
		21	家具制造业

续表 2-1

三次产业分类 类 别	《国民经济行业分类》(GB/T 4754—2002) 类别名称及代码		
	门类	大类	类别名称
第二产业		22	造纸及纸制品业
		23	印刷业和记录媒介的复制
		24	文教体育用品制造业
		25	石油加工、炼焦及核燃料加工业
		26	化学原料及化学制品制造业
		27	医药制造业
		28	化学纤维制造业
		29	橡胶制品业
		30	塑料制品业
		31	非金属矿物制品业
		32	黑色金属冶炼及压延加工业
		33	有色金属冶炼及压延加工业
		34	金属制品业
		35	通用设备制造业
		36	专用设备制造业
		37	交通运输设备制造业
		39	电气机械及器材制造业
		40	通信设备、计算机及其他电子设备制造业
		41	仪器仪表及文化、办公用机械制造业
		42	工艺品及其他制造业
		43	废弃资源和废旧材料回收加工业
	D		**电力、燃气及水的生产和供应业**
		44	电力、热力的生产和供应业
		45	燃气生产和供应业
		46	水的生产和供应业
	E		**建筑业**
		47	房屋和土木工程建筑业
		48	建筑安装业
		49	建筑装饰业
		50	其他建筑业

续表 2-1

三次产业分类 类　别	《国民经济行业分类》(GB/T 4754—2002) 类 别 名 称 及 代 码		
	门类	大类	类 别 名 称
第三产业	F		**交通运输、仓储和邮政业**
		51	铁路运输业
		52	道路运输业
		53	城市公共交通业
		54	水上运输业
		55	航空运输业
		56	管道运输业
		57	装卸搬运和其他运输服务业
		58	仓储业
		59	邮政业
	G		**信息传输、计算机服务和软件业**
		60	电信和其他信息传输服务业
		61	计算机服务业
		62	软件业
	H		**批发和零售业**
		63	批发业
		65	零售业
	I		**住宿和餐饮业**
		66	住宿业
		67	餐饮业
	J		**金融业**
		68	银行业
		69	证券业
		70	保险业
		71	其他金融活动

三次产业分类类别	《国民经济行业分类》(GB/T 4754—2002) 类别名称及代码		
	门类	大类	类别名称
第三产业	K		**房地产业**
		72	房地产业
	L		**租赁和商务服务业**
		73	租赁业
		74	商务服务业
	M		**科学研究、技术服务和地质勘查业**
		75	研究与试验发展
		76	专业技术服务业
		77	科技交流和推广服务业
		78	地质勘查业
	N		**水利、环境和公共设施管理业**
		79	水利管理业
		80	环境管理业
		81	公共设施管理业
	O		**居民服务和其他服务业**
		82	居民服务业
		83	其他服务业
	P		**教育**
		84	教育
	Q		**卫生、社会保障和社会福利业**
		85	卫生
		86	社会保障业
		87	社会福利业
	R		**文化、体育和娱乐业**
		88	新闻出版业
		89	广播、电视、电影和音像业
		90	文化艺术业
		91	体育
		92	娱乐业

三次产业分类类别	《国民经济行业分类》(GB/T 4754—2002) 类别名称及代码		
	门类	大类	类 别 名 称
第三产业	S		**公共管理和社会组织**
		93	中国共产党机关
		94	国家机构
		95	人民政协和民主党派
		96	群众团体、社会团体和宗教组织
		97	基层群众自治组织
	T		**国际组织**
		98	国际组织

三、大、中、小型企业的划分

统计上大、中、小型企业划分办法(暂行):

(1)根据国家经贸委、国家计委、财政部、国家统计局《关于印发中小企业标准暂行规定的通知》(国经贸中小企[2003]143号),结合统计工作的实际情况,特制定本办法(表2-2)。

(2)本办法适用于统计上对工业(采矿业,制造业,电力、燃气及水的生产和供应业)、建筑业、交通运输、仓储和邮政业、批发和零售业、住宿和餐饮业的企业划分规模。

(3)本办法以法人企业或单位作为对企业规模的划分对象,以从业人员数、销售额和资产总额三项指标为划分依据。

(4)企业规模由政府综合统计部门根据上年统计年报每年划分一次。企业规模一经确认,月度统计原则上不进行调整。

表 2-2 统计上大中小型企业划分标准

行业名称	指标名称	计算单位	大 型	中 型	小 型
工业企业	从业人员数 销售额 资产总额	人 万元 万元	2000 及以上 30000 及以上 40000 及以上	300~2000 以下 3000~30000 以下 4000~40000 以下	300 以下 3000 以下 4000 以下
建筑业企业	从业人员数 销售额 资产总额	人 万元 万元	3000 及以上 30000 及以上 40000 及以上	600~3000 以下 3000~30000 以下 4000~40000 以下	600 以下 3000 以下 4000 以下
批发业企业	从业人员数 销售额	人 万元	200 及以上 30000 及以上	100~200 以下 3000~30000 以下	100 以下 3000 以下

行业 名称	指标名称	计算 单位	大 型	中 型	小 型
零售业企业	从业人员数 销售额	人 万元	500 及以上 15000 及以上	100～500 以下 1000～15000 以下	100 以下 1000 以下
交通运输业企业	从业人员数 销售额	人 万元	3000 及以上 30000 及以上	500～3000 以下 3000～30000 以下	500 以下 3000 以下
邮政业企业	从业人员数 销售额	人 万元	1000 及以上 30000 及以上	400～1000 以下 3000～30000 以下	400 以下 3000 以下
住宿和餐馆业企业	从业人员数 销售额	人 万元	800 及以上 15000 及以上	400～800 以下 3000～15000 以下	400 以下 3000 以下

说明:

(1)表中的"工业企业"包括采矿业、制造业、电力、燃气及水的生产和供应业三个行业的企业。

(2)工业企业的销售额以现行统计制度中的年产品销售收入代替;建筑业企业的销售额以现行统计制度中的年工程结算收入代替;批发和零售业的销售额以现行报表制度中的年销售额代替;交通运输和邮政业、住宿和餐饮业企业的销售额以现行统计制度中的年营业收入代替;资产总额以现行统计制度中的资产合计代替。

(3)大型和中型企业须同时满足所列各项条件的下限指标,否则下划一档。

四、城乡的划分

以国务院关于市镇建制的规定和我国的行政区划为基础,以民政部门确认的居民委员会和村民委员会为最小划分单元,将我国的地域划分为城镇和乡村。

城镇是指在我国市镇建制和行政区划的基础上,划定的区域。城镇包括城区和镇区。

城区是指在市辖区和不设区的市中,划定的区域。城区包括:街道办事处所辖的居民委员会地域;城市公共设施、居住设施等连接到的其他居民委员会地域和村民委员会地域。

镇区是指在城区以外的镇和其他区域中,划定的区域。镇区包括:镇所辖的居民委员会地域;镇的公共设施、居住设施等连接到的村民委员会地域;常住人口在 3000 人以上独立的工矿区、开发区、科研单位、大专院校、农场、林场等特殊区域。

乡村是指本规定划定的城镇以外的其他区域。

五、高技术产业统计分类(表 2-3)

表 2-3 高技术产业统计分类目录

行业代码	行业名称	行业代码	行业名称
253	核燃料加工	**405**	**电子器件制造**
2665	**信息化学品制造**	4051	电子真空器件制造
27	**医药制造业**	4052	半导体分立器件制造
2710	化学药品原药制造	4053	集成电路制造
2720	化学药品制剂制造	4059	光电子器件及其他电子器件制造
2730	中药饮片加工	**406**	**电子元件制造**
2740	中成药制造	4061	电子元件及组件制造
2750	兽用药品制造	4062	印制电路板制造
2760	生物、生化制品的制造	**407**	**家用视听设备制造**
2770	卫生材料及医药用品制造	4071	家用影视设备制造
368	**医疗仪器设备及器械制造**	4072	家用音响设备制造
3681	医疗诊断、监护及治疗设备制造	**409**	**其他电子设备制造**
3682	口腔科用设备及器具制造	**411**	**通用仪器仪表制造**
3683	实验室及医用消毒设备和器具的制造	4111	工业自动控制系统装置制造
3684	医疗、外科及兽医用器械制造	4112	电工仪器仪表制造
3685	机械治疗及病房护理设备制造	4113	绘图、计算及测量仪器制造
3686	假肢、人工器官及植(介)入器械制造	4114	实验分析仪器制造
3689	其他医疗设备及器械制造	4115	试验机制造
376	**航空航天器制造**	4119	供应用仪表及其他通用仪器制造
3761	飞机制造及修理	**412**	**专用仪器仪表制造**
3762	航天器制造	4121	环境监测专用仪器仪表制造
3769	其他飞行器制造	4122	汽车及其他用计数仪表制造
40	**通信设备、计算机及其他电子设备制造业**	4123	导航、气象及海洋专用仪器制造
401	**通信设备制造**	4124	农林牧渔专用仪器仪表制造
4011	通信传输设备制造	4125	地质勘探和地震专用仪器制造
4012	通信交换设备制造	4126	教学专用仪器制造
4013	通信终端设备制造	4127	核子及核辐射测量仪器制造
4014	移动通信及终端设备制造	4128	电子测量仪器制造
4019	其他通信设备制造	4129	其他专用仪器制造

行业代码	行业名称	行业代码	行业名称
402	**雷达及配套设备制造**	4141	光学仪器制造
403	**广播电视设备制造**	4154	复印和胶印设备制造
4031	广播电视节目制作及发射设备制造	4155	计算器及货币专用设备制造
4032	广播电视接收设备及器材制造	4190	其他仪器仪表的制造及修理
4039	应用电视设备及其他广播电视设备制造	**621**	**公共软件服务**
404	**电子计算机制造**	6211	基础软件服务
4041	电子计算机整机制造	6212	应用软件服务
4042	计算机网络设备制造		
4043	电子计算机外部设备制造		

思考与练习

一、思考题

1. 统计设计的含义、内容及其设计原则。

2. 统计指标、指标体系的含义和设计原则。

3. 经济成分分类、三次产业分类。

4. 简述工业总产值、增加值、销售产值、国内生产总值、劳动生产率、经济效益、恩格尔系数、基尼系数。

5. 对你熟悉的领域或事物设计一套指标体系。例如,大学生在学期间综合评价指标体系等。

6. 总量指标及其分类。

7. 相对指标及其计算。

二、练习题

1. 认真阅读下列统计分析报告,指出报告中使用的统计指标的类型:

2012 年,我市实现工业增加值 120 亿元,比上年增长 8.9%。其中,国有工业企业及年销售收入 500 万元以上的非国有工业企业实现工业增加值 79 亿元,比上年增长 8.8%;国有及国有控股企业实现工业增加值 56 亿元,占 70.9%;三个城区的工业增加值之比为 1:1.6:2;职工总人数 20 万人,其中,女职工 7 万人,占 35%;工资总额为 14.4 亿元,职工平均工资 7200 元/人,比上一年的提高 20%。

2. 某总公司所属三个子公司,2012 年产值计划完成情况如下表所示。

子公司	第一季度实际产值（万元）	第二季度						第二季度为第一季度（%）
		计划产值		实际产值		计划完成（%）	
		产值	比重	产值	比重		
甲	105	110		116			
乙	125	135			100		
丙	162			195	95.1	105	
合计	392						

要求：计算并填上表中空格数值。

3. 某纺织公司，2012年棉纱产量如下表所示。要求计算标准（32 支纱）产量。

棉纱支数	产量（千克）	千锭时产量（千克）	折算系数	标准实物产量（千克）
10	10274	46.4		
18	45670	36.9		
20	53286	32.0		
32	23540	16.9		
36	22300	14.3		
40	33765	12.6		
合计	188835	—	—	

第三章　统计调查

【统计知识 ABC】

[A]人口统计指标

一、人口数

指一定时点、一定地区范围内的有生命的个体的总和。

年度统计的年末人口数指每年 12 月 31 日 24 时的人口数。年度统计的全国人口总数内未包括我国台湾省和港澳同胞以及海外华侨人数。

二、市镇总人口和乡村总人口

其定义有两种口径:第一种口径(按行政建制),市人口:市管辖区域内的全部人口(含市辖镇,不含市辖区县);镇人口:县辖镇的全部人口(不含市辖镇);县人口:县辖乡人口。第二种口径(按常住人口划分),市人口:设区的市的区人口和不设区的市所辖的街道人口;镇人口:不设区的市所辖镇的居民委员会人口和县辖镇的居民委员会人口;县人口:除上述两种人口以外的全部人口。

1952—1980 年数据为第一种口径的数据,1982 年以后的数据为第二种口径的数据。

三、出生率(又称粗出生率)

指在一定时期内(通常为一年)平均每千人所出生的人数的比率,一般用千分率表示。计算公式为:

$$出生率＝年出生人数/年平均人数×1000‰$$

式中:出生人数指活产婴儿,即胎儿脱离母体时(不管怀孕月数),有过呼吸或其他生命现象。年平均人数指年初、年底人口数的平均数,也可用年中人口数代替。

四、死亡率(又称粗死亡率)

指在一定时期内(通常为一年)一定地区的死亡人数与同期平均人数(或期中人数)之比,一般用千分率表示。计算公式为:

$$死亡率＝年死亡人数/年平均人数×1000‰$$

五、人口自然增长率

指在一定时期内(通常为一年)人口自然增加数(出生人数减死亡人数)与该时期内平均人数(或期中人数)之比,一般用千分率表示。计算公式为:

$$人口自然增长率＝(本年出生人数－本年死亡人数)/年平均人数×1000‰$$
$$＝人口出生率－人口死亡率$$

六、在业人口(又称就业人口)

指十五周岁及十五周岁以上人口中从事一定的社会劳动并取得劳动报酬或经营收

入的人口。

七、不在业人口

指十五周岁及十五周岁以上人口中未从事社会劳动的人口,包括在校学生、料理家务、待升学、市镇待业、离退休、退职、丧失劳动能力等非在业人口。

八、总负担系数

指被抚养人口(0~14岁和65岁以上人口)与15~64岁人口的比例。计算公式为:

$$总负担系数=被抚养人口/15\sim64\ 岁人口\times100\%$$

九、负担老年系数

指老年人口(65岁以上人口)与15~64岁人口的比例。计算公式为:

$$负担老年系数=老年人口/15\sim64\ 岁人口\times100\%$$

十、负担少年系数

指少年儿童与15~64岁人口的比例。计算公式为:

$$负担少年系数=少年儿童人口/15\sim64\ 岁人口\times100\%$$

(资料来源:http://www.stats.gov.cn/tjzd/tjzbjs/t20020327_14300.htm)

[B]第六次人口普查数据公布

一、人口总量

这次人口普查登记的全国总人口为1339724852人,与2000年第五次全国人口普查相比,十年增加7390万人,增长5.84%,年平均增长0.57%,比1990年到2000年的年平均增长率1.07%下降0.5个百分点。数据表明,十年来我国人口增长处于低生育水平阶段。

二、家庭户规模

这次人口普查,31个省、自治区、直辖市共有家庭户40152万户,家庭户人口124461万人,平均每个家庭户的人口为3.10人,比2000年人口普查的3.44人减少0.34人。家庭户规模继续缩小,主要是由于我国生育水平不断下降、迁移流动人口增加、年轻人婚后独立居住等因素的影响。

三、性别构成

这次人口普查,男性人口占51.27%,女性人口占48.73%,总人口性别比由2000年人口普查的106.74下降为105.20(以女性人口为100.00)。

四、年龄构成

这次人口普查,0~14岁人口占16.60%,比2000年人口普查下降6.29个百分点;60岁及以上人口占13.26%,比2000年人口普查上升2.93个百分点,其中65岁及以上人口占8.87%,比2000年人口普查上升1.91个百分点。我国人口年龄结构的变化,说明随着我国经济社会快速发展,人民生活水平和医疗卫生保健事业的巨大改善,生育率持续保持较低水平,老龄化进程逐步加快。

五、民族构成

这次人口普查,汉族人口占91.51%,比2000年人口普查的91.59%下降0.08个百分点;少数民族人口占8.49%,比2000年人口普查的8.41%上升0.08个百分点。少数民族人口十年年均增长0.67%,高于汉族0.11个百分点。

六、各种受教育程度人口

这次人口普查,与 2000 年人口普查相比,每十万人中具有大学文化程度的由 3611 人上升为 8930 人,具有高中文化程度的由 11146 人上升为 14032 人;具有初中文化程度的由 33961 人上升为 38788 人;具有小学文化程度的由 35701 人下降为 26779 人。

文盲率(15 岁及以上不识字的人口占总人口的比重)为 4.08%,比 2000 年人口普查的 6.72% 下降 2.64 个百分点。

各种受教育程度人口和文盲率的变化,反映了十年来我国普及九年制义务教育、大力发展高等教育以及扫除青壮年文盲等措施取得了积极成效。

七、城乡构成

这次人口普查,居住在城镇的人口为 66557 万人,占总人口的 49.68%,居住在乡村的人口为 67415 万人,占 50.32%。同 2000 年人口普查相比,城镇人口比重上升 13.46 个百分点。这表明 2000 年以来我国经济社会的快速发展极大地促进了城镇化水平的提高。

八、地区分布

这次人口普查,东部地区人口占 31 个省(区、市)常住人口的 37.98%,中部地区占 26.76%,西部地区占 27.04%,东北地区占 8.22%。

与 2000 年人口普查相比,东部地区的人口比重上升 2.41 个百分点,中部、西部、东北地区的比重都在下降,其中西部地区下降幅度最大,下降 1.11 个百分点;其次是中部地区,下降 1.08 个百分点;东北地区下降 0.22 个百分点。

按常住人口分,排在前五位的是广东省、山东省、河南省、四川省和江苏省。2000 年人口普查排在前五位的是河南省、山东省、广东省、四川省、江苏省。

九、人口流动

这次人口普查,居住地与户口登记地所在的乡镇街道不一致且离开户口登记地半年以上的人口为 26139 万人,其中市辖区内人户分离的人口为 3996 万人,不包括市辖区内人户分离的人口为 22143 万人。同 2000 年人口普查相比,居住地与户口登记地所在的乡镇街道不一致且离开户口登记地半年以上的人口增加 11700 万人,增长 81.03%;其中不包括市辖区内人户分离的人口增加 10036 万人,增长 82.89%。这主要是多年来我国农村劳动力加速转移和经济快速发展促进了流动人口大量增加。

人口普查现场登记结束后,在全国随机抽取了 402 个普查小区进行事后质量抽查,通过与现场登记结果比对,这次普查的漏登率为 0.12%。

(资料来源:http://www.stats.gov.cn/zgrkpc/dlc/yw/t20110428_402722384.htm)

[C]人口平均预期寿命

人口平均预期寿命,指同时出生的一批人若按照某一时期各个年龄死亡率水平度过一生平均能够存活的年数,是综合反映人们健康水平的基本指标。

2010 年第六次全国人口普查资料表明,随着我国社会经济的快速发展,人民生活水平的不断提高以及医疗卫生保障体系的逐步完善,我国人口平均预期寿命继续延长,婴儿死亡率进一步下降,国民整体健康水平有较大幅度的提高。

一、平均预期寿命比 2000 年提高 3.43 岁

根据 2010 年第六次全国人口普查详细汇总资料计算，我国人口平均预期寿命达到 74.83 岁（表1），比 2000 年的 71.40 岁提高 3.43 岁。分性别看，男性为 72.38 岁，比 2000 年提高 2.75 岁；女性为 77.37 岁，比 2000 年提高 4.04 岁。男女平均预期寿命之差与十年前相比，由 3.70 岁扩大到 4.99 岁。这表明，在我国人口平均预期寿命不断提高的过程中，女性提高速度快于男性，并且两者之差也进一步扩大。这与世界其他国家平均预期寿命的变化规律是一致的。

表1 平均预期寿命变化 单位：岁

年份	合计	男	女	男女之差
1981	67.77	66.28	69.27	−2.99
1990	68.55	66.84	70.47	−3.63
2000	71.40	69.63	73.33	−3.70
2010	74.83	72.38	77.37	−4.99

2010 年世界人口的平均预期寿命为 69.6 岁，其中高收入国家及地区为 79.8 岁，中等收入国家及地区为 69.1 岁。可见，我国人口平均预期寿命不仅明显高于中等收入国家及地区，也大大高于世界平均水平，但比高收入国家及地区平均水平低 5 岁左右。从提高幅度看，2000−2010 年我国人口平均预期寿命提高 3.43 岁，比世界平均提高 2.4 岁快 1 岁左右。一般说来，平均预期寿命越高，提高速度越慢。但随着医药技术的发展和改善，一些平均预期寿命已处于较高水平的国家同期提高的速度也比较快，比如韩国提高 4.9 岁、新加坡 3.6 岁、巴西 3.0 岁、越南 2.9 岁、英国 2.7 岁、法国 2.4 岁、澳大利亚 2.5 岁、德国 2.1 岁等。

二、婴儿死亡率继续呈下降趋势

人口平均预期寿命的提高，是各年龄死亡率水平下降综合作用的结果，而婴儿死亡率（指同时出生的一批婴儿未能存活到 1 岁的比例）的下降起着尤为重要的作用。

2010 年我国婴儿死亡率为 13.93‰（表2），比 2000 年的 28.38‰ 下降 14.45 个千分点，平均每年下降 1.45 个千分点。而 1990−2000 年十年间，我国婴儿死亡率下降 4.51 个千分点，平均每年下降 0.45 个千分点。可见，随着我国经济的发展，人民生活水平和妇幼保健服务水平的提高，我国的婴儿死亡率不仅继续呈下降趋势，而且下降速度加快。

表2 婴儿死亡率变化 单位：‰

年份	合计	男	女	男女之差
1990	32.89	32.36	33.48	−1.12
2000	28.38	23.92	33.75	−9.83
2010	13.93	13.62	14.30	−0.68

（资料来源：http://www.stats.gov.cn/tjgb/rkpcgb/qgrkpcgb/t20120921_402838652.htm）

第一节 统计数据的来源

统计数据的来源渠道很多。在做一项研究时,可以查阅报纸书刊、查阅统计年鉴、也可以通过计算机联网查阅数据库。如果这些数据仍不能满足我们的研究需要,还可以委托调查公司或者自己组织调查,以获得必要的统计数据。概括起来说,统计数据或者来源于直接的调查和科学试验,我们称为第一手统计数据;或者来源于别人的调查和科学试验,我们称为间接的数据或第二手统计数据。第二手统计数据主要是公开出版的统计数据。当然,我们有时也通过一些渠道设法使用一些尚未公开的数据。本节从使用者的角度讲述统计数据的收集方法。

一、统计数据的间接来源

在科学研究和管理决策中,要善于利用各种现成的数据。这种数据既可以从报纸、图书、杂志、统计年鉴、网络等渠道获得,也可以从调查公司或数据库公司购买。近年来,互联网已经成为数据来源的重要渠道,几乎所有的政府机构和大公司都有自己的网站并提供公共访问端口,访问者可以从中获得有用的数据,对使用者来说这些称为二手数据。

表 3-1 国内部分提供统计数据信息的网站

名称	网址	数据内容
国家统计局	www.stats.gov.cn	统计年鉴、统计月报等
山东统计信息网	www.stats-sd.gov.cn	统计年鉴、统计月报等
中国经济信息网	www.cei.gov.cn	经济信息及各类网站
华通数据中心	www.data.acmr.com.cn	国家统计局授权的数据中心
中国决策信息网	www.china-policy.com	决策知识及案例
中国统计网	www.8sta.com	统计基本知识、统计论坛
人大经济论坛	www.pinggu.org/bbs	经济理论、论坛
调研在线	www.mrpad.com	调查研究理论方法

利用二手数据对使用者来说既经济又方便,但使用时应注意统计数据的含义、计算口径和计算方法,以避免误用或滥用。同时,在引用二手数据时,一定要注明数据的来源,一方面体现严谨性,另一方面体现尊重他人的劳动。

二、统计数据的直接来源

统计数据的直接来源主要有两个渠道:一是调查或观察;二是实验。调查是取得社会经济数据的重要手段,其中有统计部门进行的统计调查,也有其他部门或机构为特定目的而进行的调查,如市场调查等;实验是取得自然科学数据的主要手段。在本节中,着重讲授取得社会经济数据的主要方式和方法。

(一)统计调查的组织方式

实际中常用的统计调查组织方式主要有普查、抽样调查、统计报表、重点调查和典型调查等。

1. 普查(census)

普查是为某一特定目的而专门组织的一次性全面调查方式,如人口普查、工业普查、农业普查等,见表 3-2 国内大型普查一览表。世界各国一般都定期进行各种普查。普查适用于特定目的、特定对象,旨在搜集有关国情国力的基本统计数据,为国家制定有关政策或措施提供依据。它主要用于搜集处于某一时点状态上的社会经济现象的数据。普查作为一种特殊的调查组织方式有以下几个特点:①普查通常是一次性或周期性的;②需要规定统一的标准时点;③普查数据较准确,规范化程度比较高,可作为抽样调查和其他调查的依据;④适用范围较窄,只能调查一些最基本或特定的现象。

表 3-2 国内大型普查一览表

编号	普查名称	调查年份	标准时期/时点
1	第一次人口普查*	1953	1953 年 7 月 1 日 0 时
2	第二次人口普查	1964	1964 年 7 月 1 日 0 时
3	第三次人口普查	1982	1982 年 7 月 1 日 0 时
4	第四次人口普查	1990	1990 年 7 月 1 日 0 时
5	第五次人口普查	2000	2000 年 11 月 1 日 0 时
6	第六次人口普查	2010	2010 年 11 月 1 日 0 时
7	第一次工业普查	1950	标准时点:1949 年 12 月 31 日 24 时 标准时期:1949 年 1 月 1 日到 1949 年 12 月 31 日
8	第二次工业普查	1986	标准时点:1985 年 12 月 31 日 24 时 标准时期:1985 年 1 月 1 日到 1985 年 12 月 31 日
9	第三次工业普查	1995	标准时点:1995 年 12 月 31 日 24 时 标准时期:1995 年 1 月 1 日到 1995 年 12 月 31 日
10	第一次基本单位普查	1996	1996 年 12 月 31 日 24 时
11	第二次基本单位普查	2001	2001 年 12 月 31 日 24 时
12	第一次农业普查	1997	标准时点:1996 年 12 月 31 日 24 时 标准时期:1996 年 1 月 1 日到 1996 年 12 月 31 日
13	第二次农业普查	2006	标准时点:2006 年 12 月 31 日 24 时 标准时期:2006 年 1 月 1 日到 2006 年 12 月 31 日
14	第一次第三产业普查	1993	普查年度为 1991 年和 1992 年

续表

编号	普查名称	调查年份	标准时期/时点
15	第一次经济普查	2004	标准时点：2004 年 12 月 31 日 24 时 标准时期：2004 年 1 月 1 日到 2004 年 12 月 31 日
16	第二次经济普查	2008	标准时点：2008 年 12 月 31 日 24 时 标准时期：2008 年 1 月 1 日到 2008 年 12 月 31 日
17	第三次经济普查	2013	标准时点：2013 年 12 月 31 日 24 时 标准时期：2013 年 1 月 1 日到 2013 年 12 月 31 日

* 注释：人口普查是唯一写入《中华人民共和国宪法》的普查。

2. 抽样调查(survey sampling)

抽样调查是按照一定的程序从总体中抽取一部分单位构成样本，并根据样本信息推断总体数量特征的一种非全面调查。这是一种应用最为广泛的调查组织方式。抽样调查的内容将在下一节专门讨论。

3. 统计报表

统计报表是按照国家有关法规规定，自上而下统一布置，自下而上逐级填报的一种调查组织方式。这种调查组织方式在我国政府统计工作中，经过几十年的改进和完善，已形成了一套比较完备的统计报告制度，它要求以原始数据为基础，按照统一的表式、指标、报送时间和报送程序填报，已成为国家和地方政府部门获取统计数据的主要统计调查组织方式。

统计报表类型多样。统计报表按调查范围可分为全面报表和非全面报表；按报送时间可分为日报、月报、季报和年报等；按报送受体可分为国家、部门、地方统计报表。

4. 重点调查

重点调查是这样一种调查组织方式，它只从全部总体单位中选择少数重点单位进行调查，这些重点单位尽管在全部总体单位中出现的频数极少，但其某一数量标志却在所要研究的数量标志值总量中占有很大的比重。例如，要了解全国的钢铁生产总量，只要对产量很大的少数几个钢铁企业，如鞍钢、宝钢、首钢等进行调查，就可对全国的钢铁生产总量有个大致的认识。这几个产量很大的企业，构成了这次全国钢产量调查的重点单位，因为它们的钢铁产量在全国的钢铁生产总量中占有很大比重。

5. 典型调查

典型调查是从全部总体单位中选择一个或几个有代表性的单位进行深入细致调查的一种调查组织方式。典型调查的目的是通过典型单位具体生动、形象的资料来描述或揭示事物的本质或规律，因此所选择的典型单位应能反映所研究问题的本质属性或特征。例如，要研究工业企业的经济效益问题，可以在同行业中选择一个或几个经济效益突出的单位做深入细致的调查，从中找出经济效益好的原因和经验。典型调查主要用于定性研究，调查结果一般不能推断总体。

(二)数据搜集方法

不论采用哪种方式组织调查，都要运用具体的数据搜集方法去采集统计数据。归纳起来,数据搜集方法有询问调查和观察实验两大类。

1. 询问调查

询问调查是调查者与被调查者直接或间接接触以获得数据的一种方法。具体包括面访调查、邮寄调查、电话调查、电脑辅助调查、网络调查、小组座谈会、个别深度访问等。

(1)面访调查。面访调查又称派员调查,是调查者与被调查者通过面对面交谈从而得到所需资料的调查方法。这又可分为标准式访问和非标准式访问两种。标准式访问又称结构式访问,是按照调查人员事先设计好的,有固定格式的标准化问卷或表格,有顺序地依次提问,并由受访者做出回答。其优点是能够对调查过程加以控制,从而获得比较可靠的调查结果。非标准式访问又称非结构式访问,它事先不制作统一的问卷或表格,没有统一的提问顺序,调查人员只是给一个题目或提纲,由调查人员和受访者自由交谈,从中获得所需资料。询问调查在市场和社会调查中常被采用。

(2)邮寄调查。邮寄调查是通过邮寄、宣传媒体和专门场所等将调查表或问卷送至被调查者手中,由被调查者填写,然后将调查表寄回或投放到收集点的一种调查方法。这是一种标准化调查,其特点是,调查人员和受调查者没有直接的语言交流,信息的传递完全依赖于调查表。邮寄调查在统计部门进行的统计报表及市场调查机构进行的问卷调查中经常使用。

(3)电话调查。电话调查是调查人员利用电话同受访者进行语言交流,从而获得信息的一种调查方法。该方法具有时效快、费用低等特点。随着电话的普及,电话调查也越来越广泛。电话调查可以按照事先设计好的问卷进行,也可以针对某一专门问题进行电话采访。电话调查所提问题要明确,且数量不宜过多。

(4)电脑辅助调查。这种调查也叫做电脑辅助电话调查,就是在电话调查时,调查的问卷、答案都由计算机显示,整个调查过程,包括电话拨号、调查记录、数据处理等也都借助于计算机来完成的一种调查方法。目前,电脑辅助调查已在一些发达国家和地区广泛应用,并已开发出了各种电脑辅助电话调查系统。

(5)网络调查。网络调查是利用 Internet 进行调查。网上调查有两种形式:一是利用互联网直接进行问卷方式收集一手资料;二是利用互联网的媒体功能,从互联网上收集二手资料。

(6)小组座谈会。小组座谈会也称为集体访谈法,是将一组被调查者集中在调查现场,让他们对调查的主题发表意见,从而获取资料的方法。参加座谈会的受访者应是所调查问题的专家或有经验者,人数不宜太多,通常为 6～10 人,研究人员应对受访者进行严格的甄别、筛选。讨论方式主要看主持人的习惯和爱好。这种方法能获取其他方法无法取得的资料,因为在彼此交流的环境里,受访者相互影响、启发、补充,不断修正自己的观点,这就有利于研究者从中获得较为广泛深入的想法和意见。而且座谈会不会因为问卷过长而遭到拒访。

(7)个别深度访问。深度访问是一种一次只要一名受访者参加的特殊的定性研究。"深访"暗示着要不断深入到受访者的思想中,努力发掘其行为的真实动机。深访是一种无结构的个人访问,调查者运用大量的追问技巧,尽可能让受访者自由发挥,表达他的想法和感受。深度访问常用于动机研究,如消费者购买某种产品的动机等,以发掘受访者非表面化的深层意见。这一方法最适用于研究隐私的问题，如个人隐私问题，或敏感问题，如政治性问题。对于那些不同人之间观点差异极大的问题，用小组讨论可能会把问题弄糟，这时也可采用深度访问法。

小组座谈会和个别深访法属于定性方法，通常围绕一个特定的主题取得有关定性资料。此类方法和定量方法不同。定量方法是从总体中按随机方式抽取样本获得资料，其研究结果或结论可以进行推论。但定性研究着重于问题的性质和对未来趋势的把握，而不是对研究总体数量特征的推断。座谈会和个别深度访问主要用于市场调查和研究。

2. 观察与实验

观察与实验是调查者通过直接的观察或实验获得数据的一种方法。

(1)观察法。这是指就调查对象的行动和意识，调查人员边观察边记录的收集信息的方法。这是一种可替代直接发问的方法。运用这种方法，训练有素的观察员或调查员到重要地点，利用感觉器官或设置一定的仪器，观测和记录人们的行为和举动。采用观察方法，由于调查人员不是强行介入，受访者无须任何反应，因而常常能在被观测者不察觉的情况下获得信息资料。

(2)实验法。这是一种特殊的观察调查方法。实验法是在所设定的特殊实验场所、特殊状态下，对调查对象进行实验以取得所需资料的一种调查方法。根据场所不同，实验法可分为在室内进行的室内实验法和在市场或外部进行的市场实验法。室内实验法可用于广告认知的实验等，例如，在同日的同种报纸上，版面大小相同，分别刊登 A、B 两种广告，然后将其散发给读者，以测定其反应结果。市场实验法可用于消费者需求调查等，例如，企业让消费者免费使用一种新产品，以得到消费者对新产品看法的资料。

第二节　抽样调查

一、抽样调查概述

抽样调查实施集中应用最广泛的一种调查方法，这里指的是概率抽样(随机抽样)。抽样分放回抽样(抽样总体不变)和不放回抽样(抽样总体减小)两种，这里我们主要研究不放回抽样。

1. 抽样调查的概念

抽样调查(survey sampling)也称样本调查(sample survey)，是非全面调查中的一种重要方法，它是按一定程序从所研究对象的全体(总体)中抽取一部分(样本)进行调查或观察，获取数据，并以此对总体的一定目标量(参数)做出推断(例如估计)。

2. 目标总体与抽样总体

目标总体也可简称为总体，是指所要研究对象的全体，它由研究对象中所有性质相同的个体组成，组成总体的各个个体成为总体单元或单位。例如，我们要研究山东省个体商业情况，目标总体就是山东省所有从事商业活动的个体经营单位。

抽样总体是指从中抽取样本的总体。按理,抽样总体与目标总体完全一致,但实践中两者不一致的情况时常发生,这就有可能造成抽样框误差。

3.抽样框与抽样单元

抽样总体的具体表现是抽样框。通常,抽样框是一份包含所有抽样单元的名单或目录,给每一个抽样单元编上一个号,就可以按一定的随机化程序进行抽样。对抽样框的基本要求是,抽样框中应该具有抽样单元名称和地理位置的信息,以便调查人员能够找到被选中的单元。

抽样单元是构成抽样框的基本要素。在大规模抽样调查中,当总体包含个体数量非常庞大时,直接对个体抽样在操作上往往是不方便的。为使概率抽样能够实施,同时也为了具体抽样便利,通常将总体划分成互不重叠且又穷尽的若干部分,每个部分称为一个抽样单元,每个抽样单元都是由若干个体组成的集合。如果抽样单元只由一个个体组成就称为最小抽样单元。抽样单元的划分应视具体情况而定,它可以是自然形成的,也可以是人为划定的。例如,在人口变动抽样调查中可将县(区)、乡(街道)或村(居)民委员会作为抽样单元;在农产量抽样调查中可将人为分割的等面积的地块作为抽样单元。

4.抽样误差

抽样误差是抽取样本的随机性造成的样本值与总体值之间的差异,只要采用抽样调查,抽样误差就不可避免。它可以用不同的指标表示:均方误差 $MSE(\hat{\theta})$、方差 $V(\hat{\theta})$、偏倚 $B(\hat{\theta})$,三者如同直角三角形的三条边长。三者之间的关系:$MSE(\hat{\theta})=V(\hat{\theta})+B^2(\hat{\theta})$,如图 3-1 所示。

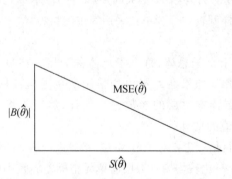

图 3-1　均方差、方差、偏倚之间的关系

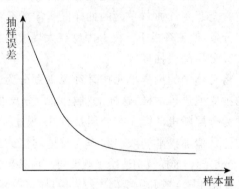

图 3-2 抽样误差与样本量关系

在抽样调查中,抽样误差虽无法消除,但可以对其进行计量并加以控制。控制其大小的根本方法是改变样本量。在其他条件相同的情况下,样本量大小与抽样误差成反比,但经过一定阶段趋于稳定,如图 3-2 所示。

二、抽样调查的地位及作用

我国现行的统计法明确规定:统计调查应当以周期性的普查为基础,以经常性抽样调查为主体,以必要的统计报表、重点调查、综合分析等为补充,搜集、整理基本统计资料。抽样调查与普查的关系是一种相互补充、相辅相成的关系。

抽样调查的作用:①经济性强。当总体较大时,应用抽样调查可以节约大量人力物力财力。②时效性高。与普查相比,抽样调查工作量小,可以较快提供调查结果。对于时效性要求较高的调查项目,通常采用抽样调查。③适应面广,可以承担普查无法胜任的项目。有些食物或客观现象,无法采用普查只能选择抽样调查。比如测试一宗炸弹的杀伤半径,普查是不可能的,只能采用抽样调查,抽几枚试炸一下即可。④准确性高,有助于提高调查数据质量。对抽样调查过程仔细监督、检查、指导,使得抽样调查数据比普查数据质量更高,总体总误差更小。

三、抽样调查方法

抽样调查中的一个基本问题是样本的抽取方法。在抽样调查中总体目标量的估计量及其精度都与具体抽样方法有关。抽样调查分为随机抽样和非随机抽样两种,其中统计总体比较常用的是随机抽样,本节主要讲述随机抽样。最基本的随机抽样方法有以下五种,实际调查所用的方法通常是这五种方法的各种形式的组合。

1. 简单随机抽样

简单随机抽样,也称为单纯随机抽样。从包含 N 个抽样单元的总体中抽取容量为 n 的简单随机样本,可以是从总体中逐个不放回地抽取 n 次,每次都是在尚未入样的单元中等概率抽取的,也可以是从总体中一次取得全部 n 个单元,只要保证全部可能的样本每个被抽到的概率都相等即可。

简单随机抽样是其他抽样方法的基础,因为它在理论上最容易处理,并且当总体包含的抽样单元数 N 不太大时比较容易实施。但是当 N 很大时实施就很困难,主要是编制一个包含全部 N 个抽样单元的抽样框通常很不容易。另外当 N 很大时所抽到的样本单元往往很分散,使调查极不方便。因此在大规模的抽样调查中很少单独采用简单随机抽样。

2. 分层随机抽样

将总体中的抽样单元按某种原则划分为若干个子总体,每个子总体称为层。在每个层内独立地进行抽样,这样的抽样称为分层抽样。如果在每层内均采用简单随机抽样,就称为分层随机抽样。在分层抽样中,先根据层样本对层的参数进行估计,然后再将这些层估计值加权平均或求和作为总体均值或总值的估计。

分层随机抽样特别适用于既要对总体参数进行估计也要对子总体(层)参数进行估计的情形。分层抽样实施和组织都比较方便,样本单元分布比较均匀。当层内单元指标差异较小而层间单元指标差异较大时,采用分层抽样可以大大提高估计的精度。例如,在居民收入调查中,按收入分布情况将居民分为最高收入层、高收入层、中等偏上层、中等收入层、中等偏下层、低收入层、最低收入层,并实施分层抽样,其估计精度比简单随机抽样显著提高。

3. 二阶及多阶抽样

为抽样方便,有时我们把总体分成两个级别的抽样单元:初级抽样单元和次级抽样单元,总体由若干初级单元组成,每个初级抽样单元由若干次级抽样单元组成,先按某种方法在由初级单元构成的一级抽样框中抽样,然后在中选的初级单元中由次级单元构成的二级抽样框中抽样,抽样过程分为两个阶段,这种抽样方法称为二阶抽样。例如在企业职工收入调查中,把企业作为初级抽样单元,职工作为次级抽样单元,先对企业进行抽样,再在被抽中企业内对职工进行抽样,然后对被抽中的职工进行调查,这就是二阶抽样。如果总体可以划分成多个级别的抽样单元,每一级别的抽样单元由若干下一级别的抽样单元组成,相应地存在多个级别的抽样框,抽样时先在一级抽样框中对一级单元抽样,再在中选的一级单元中对二级单元抽样,依次类推,这种抽样方法称为多阶抽样。多阶抽样实施方便,而且不需要对每个高级别的抽样单元建立关于低级别抽样单元的抽样框,调查费用也比较低。例如,在省抽县、县抽乡、乡抽村、村抽户的农产量四阶抽样中,凡未被抽中的县、乡、村就不必编制关于乡、村、户的抽样框。多阶抽样的主要缺点是估计量的结构比较复杂,估计量方差的估计也很复杂。

在二阶抽样中,如果对初级单元不再进行随机抽样,让所有的初级单元都入样,而在初级单元中对次级单元进行随机抽样,这样的二阶抽样就是分层随机抽样,层即初级单元。

4.整群抽样

在二阶抽样中如果把初级抽样单元称作由次级抽样单元组成的群,在抽中的群内不再对次级单元进行抽样而是进行普查,那么这种抽样方法就称为整群抽样。当总体包含的次级单元为数众多且又缺少必要的档案资料因而无法直接对次级单元编制抽样框,而由次级单元组成的群的抽样框是现成的或者很容易编制时,常常采用整群抽样。整群抽样的优点是只需具备群即初级抽样单元的抽样框即可,无需具备关于次级单元的抽样框。整群抽样的效率与群的划分密切相关,如果总体划分成群后,群内差异小而群间差异大则估计精度就比较低。因此群的划分原则应是尽量扩大群内差异,使每个群都有较好的代表性。由此可知,划分群的原则正好和分层的原则相反。

5.系统抽样

若总体中的抽样单元都按一定顺序排列,在规定的范围内随机抽取一个单元作为初始单元,然后按照一套事先定好的规则确定其他样本单元,这种抽样方法称为系统抽样。与其他几种抽样方法不同的是,这里只有初始单元是随机抽取的,其他样本单元都随着初始单元的确定而确定。最简单的系统抽样是在取得一个初始单元后按相等的间隔抽取后继样本单元,这种系统抽样称为等距抽样。等距抽样的优点是实施简单,整个样本中只是初始单元需随机抽取,其余单元皆由此决定。另外,等距抽样有时甚至不需要编制抽样框,只需给出总体抽样单元的一个排列即可。如果对总体抽样单元的排列规则有所了解并加以正确利用,那么等距抽样就能达到相当高的精度。等距抽样的主要缺点是估计量精度的估计比较困难。

以上对几种常用的抽样方法作了简单的介绍。在实际运用中会有许多变化,例如在某些抽样方法中,抽取样本单元可采用不放回抽样,也可采用放回抽样;可采用等概率抽样,也可采用不等概率抽样。在具体设计抽样方案时还应考虑多种因素,以决定抽样方法的选择和组合。

第三节 调查方案设计

所谓统计调查方案,是指根据统计调查的目的和任务,按照调查对象的特点,对统计调查工作各方面和各环节所作的全面部署和安排。

统计调查方案设计是保证统计调查顺利进行的前提,也是准确、及时、系统地取得调查资料的重要的组织保证。

一份完整的统计调查方案,应包括以下基本内容:①确定调查的目的和内容;②确定调查对象和调查单位;③确定调查项目;④确定调查实施方式方法;⑤制定调查资料整理和分析方法;⑥确定调查日程安排;⑦确定调查经费预算;⑧确定提交报告的方式;⑨制定调查的组织计划。

下面就调查方案设计的几个主要方面作简单阐述。相关内容读者可以参考《市场调查与方法》(柯惠新编著,中国统计出版社,北京,2000 年第一版),这里不做赘述。

一、调查目的

统计调查目的是进行统计调查所要达到的目标和需要解决的主要矛盾和问题。它回答的是为什么调查,要解决什么样的问题,调查具有什么样的社会经济意义等。只有在调查目的明确之后,才能确定向谁调查,调查什么及采用什么方法进行调查。调查目的的表述应简明扼要。我国 2000 年第五次人口普查的目的是这样表述的:"为准确地查清第四次全国人口普查以来我国人口在数量、地区分布、构成和素质方面的变化,为科学地制定国民经济和社会发展战略与规划,统一安排人民的物质文化生活,检查人口政策执行情况,提供可靠的资料。

二、调查对象

明确调查对象就是确定调查对象和调查单位,解决向谁调查和由谁来具体提供资料的问题。

调查对象,就是根据调查的目的和要求,需要调查的社会经济现象的全体,是统计总体在统计调查阶段的具体化。

第三次全国工业普查的对象为我国境内(台湾省除外)的全部工业企业和附营工业单位。

调查单位就是组成调查对象的每一个单位。调查单位是调查项目的具体承担者,是总体单位在统计调查阶段的具体化。例如,2000 年第五次全国人口普查的调查单位是"每一个具有中华人民共和国国籍并在中华人民共和国境内常住的人。"

在统计调查过程中,还需要确定报告单位并把调查单位同报告单位区别开来。报告单位也称填报单位,是具体负责向上报告调查内容、提交统计资料的单位,一般是在行政管理或经济管理中具有一定独立性的单位,如国家机关、企事业单位、单位内部的分支机构等等。调查单位与报告单位有时一致,有时不一致。例如,在工业企业普查中,每个工业企业既是调查单位又是报告单位;在工业企业生产设备调查中,调查单位是工业企业的每台生产设备,而报告单位则是每个工业企业。调查单位可以是人、社会组织,也可以是物、时间、空间或行为,但报告单位只能是人或社会组织,物、时间、空间或行为不能成为报告单位。

三、调查内容

调查内容就是要确定调查项目和拟定调查表。

调查项目就是统计调查所要了解的调查单位的内容,是反映总体单位特征的标志在统计调查阶段的具体化。

例如,第三次全国工业普查的调查项目包括工业企业基本情况,财务状况,劳动情况,工业产品生产、销售、库存总值,主要工业产品产、销、存,附营工业单位生产情况,工业企业原材料、能源消费与库存,能源加工转换,工业企业科技活动情况,主要工业技术经济指标,主要工业产品生产能力,主要工业生产设备及其新旧程度(已安装设备),主要工业生产设备技术状况(已安装设备),主要工业产品质量,主要工业产品销售收支情况和工业企业部分合资基本经营情况等16个方面。

一般来说,调查单位特征非常多,确定调查项目应该坚持以下几方面原则:

(1)兼顾需要与可能。调查项目越多,调查费用也越高,时效性越差。在进行统计调查时,只应选择能够切实满足调查目的要求而又可能得到答案的项目。

(2)统一性。对调查项目的表述必须明确、易懂、统一,不能模棱两可,避免由于歧义而造成登记差错。

(3)调查项目之间要保持衔接。调查项目之间要保持一定的逻辑和计算关系,以便在实际调查和资料审核时进行核对,提高调查资料的质量。

(4)发展和稳定相结合。随着统计调查对象的变化和发展,在不同时间进行的同类调查中,对调查项目应该进行适当的调整、补充和完善;同时,出于对统计资料可比性以及研究现象发展趋势和变化规律的考虑,调查项目也应尽可能保持稳定。

四、调查日程

在统计调查中,调查时间包括三方面的涵义:

(1)调查资料的所属时间。如果所调查的是时期现象,就要明确规定调查资料的起止时间;如果是时点现象,就要明确调查资料的标准时点。

(2)调查资料的登记时间。调查资料的登记时间是指对调查单位进行调查并取得调查资料时间。

(3)调查工作期限。调查工作期限是指从调查工作开始时起到调查工作结束时止所经历的全部时间,包括调查工作的准备、资料搜集及资料报送等整个调查工作所需要的时间。这里需要明确的时间安排有:①总体方案论证、设计;②抽样方案设计;③问卷设计、测试、修改和定稿;④调查员的挑选和培训;⑤调查实施;⑥数据的整理、录入和分析;⑦调查报告的撰写;⑧有关鉴定、发布会和出版。

例如,2010年11月1日零时,为第六次全国人口普查登记的标准时间(调查资料所属时间),普查登记时间为2010年11月1日开始到11月10日。从成立领导机构、宣传发动、人员培训、资料登记、上报、汇总直至最后发布人口普查数据的时间,则属于调查工作期限。

五、调查预算

一项调查经费是一定的,按常规制定经费预算方案,是提高调查质量同时节省费用的必要环节。一项完整的调查可能涉及的费用有:①调查方案的策划费与设计费;②抽样设计费;③问卷设计费;④问卷印刷、装订费;⑤调查实施费;⑥数据编码、录入费;⑦数据统计分析费;⑧调查报告撰写费;⑨办公费;⑩其他费用。

六、调查实施

为了保证整个统计调查工作顺利进行,在调查方案中还应该有一个周密的组织实施方案。主要内容包括调查机构成立、调查人员挑选和培训、调查资料报送办法、调查前的宣传发动、调查文件的准备以及试点工作等。

第四节　调查问卷设计

一、问卷及设计标准

问卷(或调查表、统计表)是专门为从被调查者那里获得有关某个主题的信息而设计的一组或一系列问题。

一份设计优良的问卷应该是:

——能有效地用来收集数据,同时尽可能减少误差和矛盾;

——对被调查者有友好的界面(如果有访员参与,还应对访员有友好的界面);

——应尽量减少由无回答所引起的追踪回访的数量,且便于数据编码和录入,从而尽量减少审核与插补的工作量,最终减少收集和处理数据所花费的费用和时间。

问卷中的问题应符合调查的信息需求,并为调查分析提供有用的信息。虽然必须满足所有的信息需求条件,但是每一个问题都必须有明确的被列入问卷的理由。另外还应该让大家知道问每个问题的原因,以及将如何使用收集到的信息。问题的措辞必须清楚。必须对问题的提法进行精心设计,使被调查者容易理解,并能给出确切的回答。对被调查者来说,问题的排列顺序必须符合逻辑。最后,在调查实施之前,还应使用认知法、焦点座谈、非正式测试等方法对问卷进行测试。

二、问卷的开发流程

1.向数据用户和对象进行咨询

调查目标的陈述和信息需求的确定,便于清楚地了解数据用途,统计调查机构才能设计出符合使用者要求的问卷。

2.参考以前相同主题的问卷

通过参考在相同或相似的其他调查中时用过的问题,可为草拟本次调查的问题提供良好的基础。

3.起草问题

草拟问题时必须考虑下列因素：①数据收集方法；②被调查者；③回答负担；④所收集数据的复杂性；⑤信息的机密性和敏感性；⑥调查结果与其他调查结果的可比性；⑦数据可靠程度；⑧其他因素，包括：数据的可用性、被调查者提供数据的意愿、无回答、访员、数据处理、管理要求，以及对问题类型、问题措辞、问题顺序、问卷格式以及回答指南等的实际要求。

4.对问卷进行审议与修改

在对问卷进行测试前，对问卷进行内部审议。参加审议人员应包括：调查主题设计专家、问卷设计专家、访员、被调查总体中的代表。

5.对问卷进行测试与修改

测试旨在确定问题中存在的困难和错误；测试还能确定问题的顺序是否合理，对问题的解释以及问题的指南是否清楚，被调查者对问卷的表面印象如何。用于问卷测试的方法有：

(1)认知法。认知访谈通常在"实验室"环境或在带有单面镜等监督设备的房间中进行，样本数量相对少，少则12～15次，多则100次以上。认知检验的方法包括：观察被调查者；边想边说式访谈；试探性问题；释义；信心评定。

(2)焦点座谈。焦点座谈是由从研究总体中选出的若干对象对所选主题进行的非正式讨论。通过焦点座谈这种形式，使被调查对象或数据用户以及访员有机会把他们的观点纳入问卷设计过程。焦点座谈由一位通晓小组访谈技术和熟悉讨论题目的人来主持。一次座谈通常由6至12人参加，一般进行两小时左右。焦点座谈通常以要求参与者阐述他们对问卷的总体反应开始，然后再讨论与问卷有关的特殊问题。

(3)非正式测试。非正式测试样本量可从20到100，访问应按与计划中的正式调查同样的方式进行。非正式测试与认知法和焦点座谈不同，他并不与被调查者进行讨论，被调查者只是完成问卷或访问。

(4)向被调查者了解情况。

(5)向访员了解情况。

(6)分裂样本测试。在确定两个或多个版本的问卷和问题哪个更好时，可进行分裂样本测试。最简单的分裂样本设计是将一半样本试用问卷的一个版本，而另一半样本试用问卷的另一个版本。

(7)试点调查。

6.定稿

三、问题措辞设计技巧

如果被调查者容易理解用词的含义，那么调查数据的质量就会相对较高。如果被调查者清楚地理解了所问的内容，他们将更愿意、且能够提供正确的信息。而且有必要让被调查者按照问卷设计者的意图理解调查问题。

如果出现下列情况，问题的措辞就有可能歪曲调查结果，从而导致不正确的数据：

——被调查者不理解问题中措辞的含义;

——被调查者对措辞的解释不同于设计者的意图;

——被调查者不熟悉问题中措辞所表达的概念。

为避免这些问题,下面介绍了在对问题进行措辞时必须遵循的一些基本准则。

1.措辞要简单

与被调查者清楚地进行沟通的最佳途径是使用简单的日常用词,要确保所使用的术语适合于被调查的总体。

在设计问题时,要始终考虑被调查者的语言能力,应尽量选择每个人都容易理解的词语。

一般来说,调查者应该尽量避免使用回答调查问题的人所不熟悉的技术性很强的专业术语或仅在本专业内使用的"行话"。如果需要使用这样的术语,应该向被调查者澄清或解释这些术语的定义。必须对新的或复杂的概念进行定义,以使所有的被调查者对问题有一致的理解。定义可以包含在相关问题之中,也可以将所有这类定义或解释集中在一起,作为被调查者指南列在问卷的适当位置,还可以另外列在一本指示性手册中。

2.定义缩略语或专业术语

对一般总体的调查,不应使用缩略语。对任何必须使用的缩略语或简称,都应该事先进行定义。

3.确保问题适用

尽力减轻被调查者的负担,确保只提与被调查者有关的问题。问卷设计者要确保被调查者有足够的知识来回答被提问的问题。

4.措辞要具体

措辞要尽量具体,以确保调查者能确切理解对他们的要求。一定要清楚地说明:

——问题适用于哪些人;

——问题所指的是哪一时间段;

——回答中应包括或不应包括的信息;

——答案应按哪种计量单位给出。

下面的问题乍一看可能认为非常简单而直接:

您的收入是多少?

然而再仔细一想,这个问题实际上并不那么容易回答。首先"您的"的含义不清。它究竟指的是被调查者的个人收入还是家庭收入?这必须搞清楚。其次,要求被调查者提供的是哪段时期的收入呢?上周、上个月、还是去年?最后,被调查者应计算什么种类的收入?只是薪金和工资?还是薪金、工资并包括津贴与奖金?或许还包括其他来源的收入?

下面的两个问题提供了对问题提问的两种较好方法。

去年,在交税和各种款项扣除之前,您全家各种来源的总收入是多少?

去年,在各种款项扣除之前,您全家总收入是多少?包括来自工资、薪金和所有其他来源的收入。

5.避免意义双关的问题

如果在一项提问中包含了两项以上的内容,被调查者就很难回答。

6.避免诱导性问题

问卷中提出的问题不能带有倾向性,而应保持中立,因为诱导性问题能误导被调查者回答并影响调查结果。

7.避免使用双重否定

应避免使用包含双重否定的句子结构,因为被调查者可能不知道他们是应该回答同意,还是回答不同意。例如:

你赞不赞成政府不允许便利店出售酒的规定?

8.减少敏感问题或隐私问题的影响

涉及敏感的以及被调查者隐私或带威胁性的问题可能引起"社会意愿倾向"性的偏差。被调查者对这类问题在选择答案时有这样一种趋势:他们宁愿选择更有益于他们的自尊,或跟社会理想准则更加一致的选项,也不愿把真实信仰表达出来,或者把他们的真实处境暴露出来。这可能会使想要测量的行为或活动出现偏差。

对被调查者而言,自填式问卷比访员协助式问卷受敏感问题的威胁小。同样,如果被调查者相信他们可以匿名回答的话,那么他们会更倾向于如实回答较为敏感的问题。

下面是几种以较小威胁的方法来提问敏感问题的技巧,能够增大被调查者提供诚实回答的可能性。

(1)"每个人"法。

可以用那些表明这种敏感行为并非不常见的词语来引入敏感问题。像许多人或大多数人这些术语都可用来引进敏感话题。

(2)为回答辩护技巧。

这种技巧用认为某种行为是情有可原的之类的话为它辩解的办法来引入敏感问题。通过告诉被调查者某种行为可能有很多正当的理由,使他们在报告这种行为时感到轻松一些。

(3)"即使一次"技术。

这种方法的目的是在询问有关当前行为的情况前,先确定被调查者是否曾经做过某事,即使只做过一次。在提出若干前导问题之后,就可以询问被调查者与所关心的主题有关的当前行为的情况了。

(4)系列问题或热身法。

先提几个问题来减轻被调查者对敏感话题的敏感程度,让他们做好回答的准备。真正关心的问题在几个热身问题之后出现。这种方法也可以把前面提到的几种技巧结合起来。

(5)设立档次。

对于某些私人信息,如年龄、收入或有关不良行为频率等方面的敏感信息,如果对不同的答案划分几个档次,让被调查者选择一个档次而不是确切数字的话,那么他们可能更愿意回答。

9.确保问题读来顺口

调查的问题应尽可能简明,并使用调查总体易懂的日常用语。应以友善的第二人称(你或您)来称呼被调查者,并遵守基本的语法规则。

重要的检验方法是,当将问题大声读出来时听起来感觉怎样。问题应该听起来自然,像谈话一样,且容易被对方所理解。下面是一个没有遵循这种原则的例子。

您如何对信息提供转变过程中的心理学和社会学方面的作用的程度进行评定,比如说使用电脑化的交互式职业咨询系统,该系统由部门的区域性办公室向面临退休的职工提供的,是由区域性人才办公室认可的。

这个问题太长,用了复杂的语言和结构,听起来生硬、官僚,又不通顺——既难懂,又难答。

四、问题答项设计技巧

回答项目是针对提问项目所设计的答案。由于问卷中的问题有不同类型,所设计的答案类型和对被调查者的回答要求也是不同的。

问卷中的问题类型有两类:一类是开放性问题;一类是封闭式问题。

(一)开放性问题

开放性问题是指对问题的回答未提供任何具体的答案,由被调查者根据自己的想法自由做出回答,属于自由回答型。

开放性问题的优点是比较灵活,适合于搜集更深层次的信息,特别适合于那些尚未弄清各种可能答案或潜在答案类型较多的问题。而且可以使被调查者充分表达自己的意见和想法,有利于被调查者发挥自己的创造性。其缺点是,由于会出现各种各样的答案,给调查后的资料整理带来一定困难。

(二)封闭式问题

封闭式问题是指对问题事先设计出各种可能的答案,供被调查者进行选择。每种答案称为一个选项,要求被调查者在这些选项中,选择一个或几个作为回答。

封闭式问题的优点是:①由于被调查者只是简单地选择合适的选项,而不需要用自己的语言来陈述答案,这样他们就很快、更容易地回答问题;②由于答案标准化,所以封闭式问题收集起来的数据更容易整理和分析;③与开放式问题相比,封闭式问题的编码和录入也更加容易,费用也更省;④如果一个问题被用于多项调查中,用相同的回答选项有利于对被调查结果进行比较。

封闭式问题的缺点是:①对于有些问题要得到可能回答选项,要花费很多精力。②如果选项阐述不清楚,被调查者遇到的问题可能比开放式问题更多,即一旦设计有缺陷,被调查者就可能无法回答问题,从而影响调查质量。③由于封闭式问题的答案是选择回答型的,所以设计出的答案一定要穷尽和互斥,当有些问题答案不能穷尽时,可以加上"其他"一项。④由于封闭式问题事先列出了选项,而被调查者可能感觉是被迫从中选择答案,因为不管他们是否对所需回答的问题有自己的观点或相应的知识,他们都必须对问题给以回答。为避免这种情况,有时需要加进一个"不知道"或"不适用"的选项。⑤另一个潜在的问题是选项可能将所研究的问题过于简单化,使得被调查者不能对某个回答进行详细阐述。对于被调查者来说,他们只能从列在问题后的选项中进行选择。

封闭式问题有多种,最常用的是:两项选择、多项选择、顺序选择、等级评定、双向列联等形式。

(1)两项选择。

两项选择问题是封闭问题中最简单的一种。通常它是一个判断"是"或"否"的问题,用于将被调查者拆分成两个对立的组。

当某些问题不是对所有被调查者都适用时,二项选择问题作为筛选(或甄别)的问题是很有用的。在选项之后,经常直接出现"跳至 X 问题"的提示,这样,被调查者就不会被问及不适用于他的问题。

(2)多项选择。

若提供给被调查者选择的选项多于两个,即多项选择问题,如果假定被调查者只能从这些选项中选择一个,则称为单选问题;如果允许被调查者可选择一个或多个答案(可以限制数量也可以不限制数量),则称为多选问题。对被调查者来说,一个问题究竟是单选还是多选问卷中应该有提示。注意,问卷为保证选项的穷尽性也常列出"其他(请注明)"这样的选项。

(3)顺序选择。

顺序选择问题要求被调查者在回答时,对所选的答案按要求的顺序或重要程度加以排列(可以限制数量也可以不限制数量)。

被调查者经常发现回答排序问题很困难,特别是在需排列的项目实际上很不相同的情况下尤其如此。排序问题的一个缺点是不知道相邻次序之间差距有多大,而且差距也不可能都相等。因此,1 和 2 之间的差距不能假定为与 2 和 3 之间的差距相同。例如,如果列出 3 个项目进行排序,被调查者将把他们排序为 1、2 和 3。然而,也许排在第 1 和第 2 项之间非常接近,而与最后一个项的差距很大。这种信息不能通过一个简单的排序就能弄清。另一个问题是有时被调查者可能将两项或更多项排在同一位置上。排序问题还有一个缺点是被调查者可能无法将清单上的所有选项进行排序。被调查者仅选择部分选取项进行排序也是可能的。

(4)等级评定。

对于等级评定问题,一般是要求被调查者对选项进行评级。在构造等级评定问题时,有几个必须考虑的问题。

首先要考虑的是,应该有多少选项?选项可以少至两个,例如只要求被调查者对某个陈述回答同意或不同意的情形。选项也可以多至 10 个,例如,在选项中每一个都按照 1(一点不重要)到 10(特别重要)来划分等级的情形。

其次要考虑的是是否需要包含中性选项的问题,例如——既不是满意也不是不满意。在等级评定问题中,被调查者有选择中性选取项的倾向。如果不给被调查者提供一个选择中性选项的机会,他们就会被迫做出某一选择。

在构造等级评定问题时还有一个要考虑的问题是,是否应列入"不知道"或"不适用"这类选项。是否包括此类选项取决于所提出的问题。例如,在问到被调查者从来没有使用过的某种特别服务时,有必要包含一个"不适用"的选项。

（5）双向列联表。

双向列联表就是将两类不同问题综合到一起,通过表格来表现。表的横向是一类问题,纵向是另一类问题。这种问题结构可以反映两方面因素的综合作用,提供单一类型问题无法提供的信息,同时也可以节省问卷的篇幅。

五、常见问卷格式

不同的调查问卷在具体结构、题型、措辞、版式等设计上会有所不同,但在结构上一般都由开头部分、甄别部分、主体部分和背景部分组成。

1. 开头部分

开头部分一般包括问候语、填表说明和问卷编号等内容。

（1）问候语。在自填式问卷中,写好问候语十分重要,它可以引起被调查者的重视,消除顾虑,激发参与意识,以争取他们的积极合作。

问候语要语气亲切、诚恳礼貌,文字要简洁准确,并在结尾处对被调查者的参与和合作表示感谢。

（2）填写说明。在自填式问卷中要有详细的填表说明,让被调查者知道如何填写问卷,如何将问卷返回到调查者手中。这部分内容可以集中放在问卷的前面,也可以分散到各有关问题的前面。

（3）问卷的编号。问卷的编号主要用于识别问卷以便校对检查、更正错误。

2. 甄别部分

甄别也称为过滤,它是先对被调查者进行过滤,筛选掉不需要的部分,然后针对特定的被调查者进行调查。

通过甄别或过滤,一方面可以筛选掉与调查事项有直接关系的人,以达到避嫌的目的;另一方面,也可以确定哪些人是合格的被调查者,哪些人不是。甄别的目的是确保被调查者合格,能够作为该调查项目的代表,从而符合调查研究的需要。

3. 主体部分

该部分是调查问卷的核心内容,包括所要调查的全部问题,主要由问题和答案组成。

4. 背景部分

背景部分通常放在问卷的最后,主要是有关被调查者的一些背景资料。该部分所包含的各项问题,可使研究者根据背景资料对被调查者进行分类便于比较分析。

第五节　调查方案与问卷案例

案例一:大学生素质培养调查方案

21 世纪是科学技术和经济领域腾飞的世纪,当代大学生是跨世纪的一代,是现代化经济建设的支柱。大学生要更好地完成历史赋予的光荣使命,并适应新形势下社会的需要,就必须全方位地发展自己、完善自己,全面提高自己的综合素质。

为了适应新形势下高等教育发展的需要,改革传统的教育工作,深刻了解大学生的内心世界和素质状况,掌握大学生的发展倾向,我们进行了此次调查,特制定如下方案。

一、调查内容

当代大学生自身和家庭的基本状况。

大学生对学校内部,即学习和生活环境、学校各项活动等方面的看法。

大学生对学校外部,即社会环境、政治生活、人际关系等方面的认识。

各年级不同大学生对影响自身发展各因素的认识与看法。

上述内容将设计成三份问卷,用不同的问题来反映所涉及的调查内容。

二、调查方式、调查对象及问卷分配

调查采用问卷调查方式,分层多阶段抽样调查在校大学生 400 人。其中,按照文、理科分,每个年级分别抽取 100 人。以上要求男女生平均分配。

三、分析方法

对于收集回来的资料建立数据库,利用 SPSS 软件进行汇总分析。所采用的方法是:相关分析、回归分析、聚类分析及因子分析等。

大学生素质培养调查问卷

为了充分了解目前大学生的素质状况,加强高校教育,我们组织了这次大学生思想素质和学习状况的问卷调查。作为被访问者,请您认真填写每一项内容,您的意见将成为我们进一步加深高校教育改革的重要参考资料,希望您能积极参加,谢谢您的合作。

调查问卷(一)

下列题目各有几个答案,请在问题前"□"内填上最能反映您想法的答案。

□ 1.您的性别是

    A、男   B、女

□ 2.您的年龄是

    A、20 岁以下   B、21～23 岁   C、24 岁以上

□ 3.您所学的专业属于

    A、理科   B、文科

□ 4.您所学的专业名称是 _____。

□ 5.您的政治面貌是

    A、中共党员   B、共青团员   C、其他

□ 6.您现在上大学几年级

    A、1   B、2   C、3   D、4

□ 7.您是随父母长大的吗?

    A、是   B、不是

□ 8.您家有多少兄弟姐妹呢?

    A、0   B、1   C、2   D、3 或以上

□ 9.请指明您父亲和母亲的文化程度

	父亲	母亲
文盲	A	A
小学	B	B
初中	C	C
高中或中专	D	D
大学	E	E
研究生	F	F

□ 10.您家住在下列哪种地区?

A、市区 　　　　B、县镇 　　　　C、农村 　　　　D、其他

□ 11.您父母希望你将来从事工作是＿＿＿＿＿＿＿＿＿＿。

调查问卷(二)

下列题目各有几个答案,请在问题前"□"内填上最能反映您想法的答案。

□ 1.您的学习成绩在班上如何?

A、优秀 　　　　B、良好 　　　　C、一般 　　　　D、很差

□ 2.您的英语水平如何?

A、四级 　　　　B、六级 　　　　C、专业八级 　　　　D、其他

□ 3.您的计算机水平如何?

A、一级 　　　　B、二级 　　　　C、三级 　　　　D、其他

□ 4.您认为怎样才能搞好学习?

A、好的学习方法 　　B、努力学习 　　C、好的老师 　　D、BC 相结合

□ 5.您认为当前大学校风如何?

A、很好 　　　　B、好 　　　　C、一般 　　　　D、差

□ 6.您认为当前大学校风对您的学习和人生成长影响如何?

A、很大 　　　　B、较大 　　　　C、一般 　　　　D、不大

□ 7.您周围的人学习的积极性如何?

A、比较高 　　　　　　　　B、很高

C、有一定的积极性 　　　　D、没什么积极性

□ 8.您怎样评价当前的大学生道德状况?

A、好 　　　　B、比较好 　　　　C、不太好 　　　　D、不好

□ 9.您对当前大学生谈恋爱持什么态度?

A、支持 　　　　　　　　　　B、无所谓

C、只要不影响学习即可 　　　D、反对

□ 10.您对目前的生活状况如何?

A、满意 　　　　B、比较满意 　　　　C、不太满意 　　　　D、不满意

□ 11.您的精神文化生活充实吗?

A、很充实 　　　　B、较充实 　　　　C、不太充实 　　　　D、感到空虚

□ 12.您对加强宣传思想工作和精神文明建设的看法?

A、非常重要 　　　　B、比较重要 　　　　C、无所谓 　　　　D、设啥作用

□ 13.您认为当前人与人之间是一种什关系?
A、平等互助的关系　　　　　　　B、相互利用的关系
C、金钱关系　　　　　　　　　　D、竞争对立的关系
E、其他

□ 14.您当前最关心的问题是什么?
A、学习　　　　B、生活　　　　C、就业　　　　D、感情

□ 15.您认为当前的就业形势如何?
A、很好　　　　B、较好　　　　C、一般　　　　D、不好

□ 16.您希望找到什么样的工作?
A、专业对口　　　　　　　　　　B、符合个人兴趣
C、高新但挑战性很高　　　　　　D、低薪但很稳定

□ 17.您对找工作有信心吗?
A、充满信心　　　B、有信心　　　C、信心不足　　　D、没有信心

□ 18.您的生活费主要来源于
A、家里供给　　　B、课外打工　　　C、借款

□ 19.您每月的全部花费大约是多少?
A、200 元以下　　B、200～300 元　　C、400～500 元　　D、500 元以上

□ 20.您每月的用于娱乐花费大约是多少?
A、50 元以下　　B、50～100 元　　C、100～200 元　　D、200 元以上

□ 21.您认为家庭对您有无影响?
A、影响很大　　　B、较有影响　　　C、无所谓

□ 22.您认为在学业上老乡对您有无帮助 ?
A、很大帮助　　　B、有点帮助　　　C、无帮助

□ 23.您经常看录像、电影吗?
A、经常　　　B、有时　　　C、从不

□ 24.您认为现在学校开的课程是否合适?
A、合适　　　B、普通　　　C、不合适

□ 25.您对学校开展各项文体活动的态度是
A、积极参加　　　B、有时参加　　　C、从不参加

□ 26.您的消费观念是
A、量入为出、勤俭节约　　　　　B、有意识地存一些钱,以备他用
C、有钱就花,以后再挣　　　　　D、宁愿舍弃日用品去买一件奢侈品

□ 27.您认为现在的学习环境如何?
A、很好　　　B、较好　　　C、一般　　　D、不好

□ 28.大学老师给你们讲授一些人生哲学方面的内容吗?
A、经常　　　B、有时　　　C、从不

□ 29.您对当今大学生进行素质教育的看法如何?
A、非常重要　　　B、比较重要　　　C、无所谓　　　D、设啥作用

□ 30. 您对学校开展义务劳动的态度是

　　A、积极参加　　　　B、有时参加　　　　C、从不参加

调查问卷(三)

一个人的成长过程,要受各方面的影响。毫无疑问,在学校接受正规文化科学教育,是影响人生成长的重要因素,但是,不能忽视其他因素潜移默化的影响。该份问卷就是想了解这方面的内容,现有 25 个项目要由您来表态,按对自己成长和发展过程影响程度给予评分(以 9 分制),影响很大的给予 9 分,没有影响的给予 1 分。以此,根据自己的具体情况,请认真给予评分。谢谢您的合作。

性　别		年　级			专　业			
分值因素	1分	2分	3分	4分	5分	6分	7分	8分	9分
1. 家庭环境与家庭教育								
2. 父母言传身教								
3. 兄弟姐妹言行								
4. 老乡的各种行为								
5. 同班同学言行举止								
6. 校园文化活动								
7. 校风学风状况								
8. 学校生活环境								
9. 学校周围环境								
10. 追求个人物质利益								
11. 个人向上发展的心理动机								
12. 社会目标与前进方向								
13. 专业较强的课外读物								
14. 社会政治环境								
15. 学校政治思想工作								
16. 老师的以身作则行为								
17. 老师的人格形象								
18. 各种英雄人物的事迹								
19. 各种科学家的轶事								
20. 学校管理制度								
21. 录像或电影内容								
22. 对未来的憧憬								
23. 专业性强的学术报告								
24. 一般性的学术讲座								
25. 报纸杂志的内容								

(摘自《大学生素质培养调查问卷》调查方案

http://www.ldxy.cn/2010shenbao/tongji/sjjx/al2.htm)

案例二:深圳市消费者调查问卷执行方案

一、调查目的

通过问卷调查,对深圳市主要区域居民的购房需求、住房消费特点、消费区域认同、消费者质素、经济承受能力、物业管理需求等方面的情况做一次深入的调查,基本了解消费者的实际购买需求,为本项目科学开发提供决策依据。

二、调查采用的方法和样本数量的选取

本次消费者调查采取街头定点拦截和入户访问结合的调研形式,计划聘请房地产专业或相关专业的 18 名大学生作为访问执行人,对划分区域内的目标单位和对象进行面对面的访问,提供调查问卷由被调查人填写,并及时回收和提交完成问卷。

样本数量选择为 300～400 个,问卷数投放数量 400 份,确保回收有效问卷 300 份,问卷填写要求一对一,当面沟通填写,填写完毕当日回收。

三、调查对象的选择

根据本项目的特点和特色,主要对调查区域的调查对象细分如下:

花溪区主要调查对象为生活和工作在花溪的教师群体、医院医生、公务员、小企业主、已在花溪置业的人士及水泥厂干部群体等。

两城区主要调查对象为新型中产阶层、休闲置业人群、养老度假人士、工商企业中高层管理人员及国家机关、金融机构、企事业单位外地单位驻深圳办事处的工作人员等。

四、调查区域设置和问卷投放比例

根据本项目的特点和情况,对深圳六城区(主要区域为花溪和两城区)的目标调查对象进行面对面访问调查。主要分为三个区域花溪区、云岩区及南明区,共计 18 个调查点。

详细调查点分布及投放比例:

花溪区:以入户调查为主,主要调查点,设置于深圳大学、民族大学、清华中学、医院、主要商品房居住区及花溪大道汽车 4S 专卖店等 6 个调查点。

在此区域投放调查问卷 100 份,深圳大学投放 15 份、民族大学投放 15 份、清华中学投放 10 份、医院投放 20 份、主要商品房居住区投放 20 份及花溪大道汽车 4S 专卖店投放 20 份。

云岩区:主要调查点设置于黔灵山公园、百盛百货商场、大十字广场、中华路写字楼区及市中心商业区等 5 个调查点。

在此区域投放调查问卷 150 份,黔灵山公园投放 30 份、百盛百货商场投放 30 份、大十字广场投放 30 份、中华路写字楼区投放 30 份及市中心商业区投放 30 份。

南明区:主要调查点设置于人民广场、沃尔玛超市、纪念塔富中国际写字楼、都司路高档居住区、大南门广场、沙冲路汽车销售区及南明高档住宅区,如在水一方、经典时代等 7 个调查点。

在此区域投放调查问卷 150 份,人民广场投放 20 份、沃尔玛超市投放 30 份、纪念塔富中国际写字楼投放 20 份、都司路高档居住区投放 20 份、大南门广场投放 20 份、沙冲路汽车销售区投放 20 份及南明高档住宅区投放 20 份。

五、作业进程的执行保障措施

人员的招募与培训调查人员和督导的招聘，由我公司统一组织有一定社会经验和地产专业知识和调查技巧的人员，通过培训考核后，选定 15～20 人参加调研工作，具体完成 300～400 个样本访问数量的访问。

问卷调查执行采取街头定点拦截和入户访问结合的方式，分阶段完成对 300～400 个样本进行问卷调查。每阶段完成后进行小结，检查问卷调研情况和质量，并相应调整下阶段执行方案。（调查问卷内容见附件：消费者调研问卷）

六、调查工作流程及时间安排

2005 年 12 月 27 日—2006 年 1 月 3 日。

具体工作时间安排：

12 月 27～29 日调查工作的前期准备阶段，主要完成调查问卷的设计执行方案的制订调查团队的建立调查人员和督导的招聘和培训等。

12 月 30～31 日实施阶段，开始调查访问和调查问卷的回收等。

1 月 1～3 资料整理、撰写调查报告阶段，对调查问卷取得的数据整理、统计分析及调查问卷报告的撰写等。

七、工作人员构架及分工

（一）调查工作小组成员

张东海、周旺、范俊、李大庆、卢春雷、宋思怡、文科及外聘调查人员 18 人等。

（二）工作小组成员分工

1. 张东海和周旺负责：

（1）实施和协调。（2）调查问卷的设计和执行计划的制订。（3）调研员和督导的培训。（4）调查报告撰写。

2. 范俊、李大庆、卢春雷、宋思怡、文科等负责：

（1）调查人员工作的督导。（2）调查问卷的发放和回收。（3）调查问卷的整理和统计。（4）小礼品的采购。

3. 督导员分组：第一组：宋思怡；第二组：文科；第三组：桂宁娜；第四组：欧阳慧潼。

八、详细工作分工

30 日第一组带四个调查员在花溪区清华中学和医院两个调查点进行访问调查，上、下午各一个点。第二组带四个调查员在花溪区主要商品房居住区及花溪大道汽车 4S 专卖店两个调查点进行访问调查，上、下午各一个点。第三组带四个调查员在云岩区的黔灵山公园和百盛百货商场两个调查点进行访问调查，上、下午各一个点。第四组带四个调查员在云岩区的大十字广场和中华路写字楼区两个调查点进行访问调查，上、下午各一个点。

31 日第一组带四个访问员在云岩区的中华路写字楼区和南明区人民广场两个调查点进行访问调查，上、下午各一个点。第二组带四个访问员在南明区的都司路高档居住区和大南门广场区两个调查点进行访问调查，上、下午各一个点。第三组带四个访问员在南明区的沃尔玛超市和南明高档住宅区两个调查点进行访问调查，上、下午各一个点。第四组带四个访问员在南明区的沙冲路汽车销售区和纪念塔富中国际写字楼两个调查点进行访问调查,上、下午各一个点。

九、注意事项

1. 在外出实施调查过程中全体人员要注意安全。

2. 要注重行为礼貌和公司形象。

3. 要注重调查问卷的访问质量。

4. 出现问题要及时沟通和汇报。

十、费用预算

序号	项目	内容	数量	费用
1	问卷设计制作	消费者调查问卷	450 份	30 元
3	外聘调查人员费用	有效调查问卷 10 元/份	300~400 份	3000 元
4	小礼品费用	1.5 元/个	300 个	450 元
5	其他不可预见费用			200 元
6	总计			3680 元

十一、附件

消费者调查问卷

深圳市住房需求调查问卷

问卷编号:

访问员签名:_____

访问区域:_____区_____调查点

访问地点:_____

访问日期:2005 年_____月_____日_____时_____分开始用时共计_____分

(访问员注意:以下内容在调查结束时填写,以备复核时使用)

被访者姓名:_____ 联系电话:_____

被访者住址:_____

督导签名:_____

一审:_____ 一审结果:_____

复核:_____ 复核结果:_____

先生/女士:

您好!我是深圳市中原投资策划公司调研员,我们正在进行一项有关住房需求习惯的调研,想请您谈谈您对此的看法。您的任何想法、观点无所谓对错,我们只是作为内部调研参考,对于问卷内容,我们会加以保密,多谢您对我们工作的支持。调查完我们会有小礼品赠送您,请问我们可以开始吗?

第一部分　甄别问卷

S01　请问您是否在下列行业从事工作?　　　　　　　　　　　[　　]

　　　A、房地产开发企业/中介/服务机构(中止访问,并表示感谢)

　　　B、市场调查公司或研究机构(中止访问,并表示感谢)

　　　C、房地产相关媒体编辑/记者(中止访问,并表示感谢)

　　　D、以上都不是(继续)

S02　请问您个人月收入是否在 1500 元以上或者家庭年收入在 20000 元以上?　[　　]

　　　A、是　　　　　　　　　B、否(中止访问,并表示感谢)

S03　请问您未来 2 年内会购买商品住宅吗?　　　　　　　　　[　　]

　　　A、会　　　　　　　B、可能　　　　　　C、不会(中止访问,并表示感谢)

S04　请问您的年龄?＿＿＿＿＿＿＿＿＿＿岁(访问员记录年龄,同时将其归入到对应

　　　的年龄段)　　　　　　　　　　　　　　　　　　　　　[　　]

　　　A、25 岁以下(中止访问,并表示感谢)

第二部分　主体问卷

一、住房现状

01　请问您现在居住的区域　　　　　　　　　　　　　　　　[　　]

　　A、云岩区　　B、南明区　　C、花溪区　　D、白云区　　E、乌当区　　F、清镇市

　　G、小河开发区　　H、金阳新区　　I、其他地区

02　请问您现在的住房来源是　　　　　　　　　　　　　　　[　　]

　　A、商品房　　B、单位集资房　　C、单位宿舍　　D、自租房　　E、其他

03　请问你现在的住房户型　　　　　　　　　　　　　　　　[　　]

　　A、一房　　B、二房　　C、三房　　D、四房　　E、五房

04　请问你现在的住房面积　　　　　　　　　　　　　　　　[　　]

　　A、50 平方米以下　　　B、51～80 平方米　　　　C、81～100 平方米

　　D、101～120 平方米　　E、121～150 平方米　　　F、151 平方米以上

二、住房需求

05　请问您购房的主要目的是什么?(单选)　　　　　　　　　[　　]

　　A、解决基本居住需要　　B、给老人居住　　C、改善居住条件　　D、出租

　　E、投资保值　　F、其他(请注明＿＿＿＿＿＿)

06　请问您目前个人的情况及购房打算是怎样的?　　　　　　　[　　]

　　A、单身贵族,自己居住　　B、准备结婚,二人世界　　C、已经结婚,准备要孩子

　　D、已经结婚,孩子父母同住

07　如果购房您的首选区域是＿＿＿＿＿＿,其次区域是＿＿＿＿＿＿,最不喜欢的区

　　域＿＿＿＿＿。

　　A、云岩区　　B、南明区　　C、花溪区　　D、白云区　　E、乌当区　　F、清镇市

　　G、小河开发区　　H、金阳新区　　I、其他地区

08　购房的类型　　　　　　　　　　　　　　　　　　　　　　　[　　]
　　A、多层　　B、小高层(8～12层)　　　C、高层(12层以上)　　　D、花园洋房(退台洋房)　　E、联排别墅　　F、独立别墅　　G、酒店式公寓　　H、产权式酒店

09　请问您喜欢哪种形式的户型空间布局　　　　　　　　　　　　[　　]
　　A、平面型　　B、错层　　C、复式型　　D、跃式型

10　计划购买住房的户型　　　　　　　　　　　　　　　　　　　[　　]
　　A、二房二厅　　B、三房二厅　　C、四房二厅　　D、五房及以上

11　您计划购买住房的面积　　　　　　　　　　　　　　　　　　[　　]
　　A、50～80平方米　　B、80～100平方米　　C、100～120平方米
　　D、120～150平方米　　E、150平方米以上

12　您希望客厅的面积　　　　　　　　　　　　　　　　　　　　[　　]
　　A、15平方米以下　　B、16～19平方米　　C、20～29平方米　　D、30平方米以上

13　您希望卧室的面积　　　　　　　　　　　　　　　　　　　　[　　]
　　A、9平方米以下　　B、10～15平方米　　C、16～19平方米　　D、20平方米以上

14　您希望阳台设计的类型　　　　　　　　　　　　　　　　　　[　　]
　　A、全封闭式阳台　　B、半封闭式阳台　　C、其他＿＿＿＿＿＿

15　您认为一套住宅应当设立几个阳台?　　　　　　　　　　　　[　　]
　　A、1个　　B、2个　　C、3个　　D、4个及以上

16　针对同一套住宅,请问入户花园会增加您的购买可能性吗?　　[　　]
　　A、会　　B、不会

17　请问您喜欢哪一种形式的阳台栏杆?　　　　　　　　　　　　[　　]
　　A、通透混凝土栏杆　　B、透明钢化玻璃栏杆　　C、铸铁雕花栏杆
　　D、其他(请注明＿＿＿＿＿＿)

18　请问您喜欢哪种形式的窗?　　　　　　　　　　　　　　　　[　　]
　　A、落地窗　　B、凸窗　　C、转角窗　　D、普通窗

19　考虑到公摊面积及费用,您对楼梯间、大堂等公共空间的尺寸、装修有何要求?
　　　　　　　　　　　　　　　　　　　　　　　　　　　　　　[　　]
　　A、非常宽敞、豪华气派　　B、比较宽敞、朴实好用　　　C、比较狭窄、简单实惠
　　D、无所谓　　E、其他(请注明＿＿＿＿＿＿)

20　您喜欢住宅的主体外墙是什么颜色?＿＿＿＿＿＿屋顶是什么颜色?＿＿＿＿＿
　　A、白色　　B、淡绿色　　C、灰色　　D、砖红色　　E、粉红色　　F、淡黄色
　　G、青色　　H、淡紫色　　I、淡蓝色　　J其他(请注明＿＿＿＿＿)

21　在您看来,住宅小区应该具备哪些配套设施?
　　Ⅰ、运动类:第一提及＿＿＿＿＿＿＿第二提及＿＿＿＿＿＿第三提及＿＿＿＿＿
　　A、健身房　　B、网球场　　C、羽毛球场　　D、保龄球馆　　E、棋牌室
　　F、乒乓球室　　G、迷你高尔夫球场　　H、室内恒温泳池　　I、室外游泳池
　　J、小型体育
　　Ⅱ、娱乐类:第一提及＿＿＿＿＿＿＿第二提及＿＿＿＿＿＿第三提及＿＿＿＿＿

A、酒吧/咖啡厅　　　B、茶馆　　　C、餐厅　　　D、水压按摩池　　　E、儿童游乐场

　　F、桑拿　　G、老人活动中心　　　H、美容、美发中心

　　III、生活类:第一提及_____　第二提及_____　第三提及_____

　　A、菜市场　　　B、百货商场　　　C、银行　　　D、邮局　　　E、医疗诊所　　　F、幼儿园

　　G、中小学校　　　H、小型超市　　　I、餐饮

22　请问您希望发展商以什么样的标准交房对您来讲是最合适的?　　　　　　　　[　　　]

　　A、全毛坯房　　　B、厨卫简单装修　　　C、全屋精装修房

　　D、装修套餐备选

23　请问您在选购住房时,关于房子本身您最关心以下哪些因素?请排序

　　A、面积　　　B、朝向　　　C、结构　　　D、功能　　　E、建筑风格　　　F、质量

　　G、空间尺寸　　　H、使用率

第一位	第二位	第三位	第四位	第五位	第六位	第七位

三、项目片区认知和项目概念测试

24　请问在花溪片区安家对您来说是否合适?　　　　　　　　　　　　　　　　[　　　]

　　A、非常合适　　　B、比较合适　　　C、一般　　　D、不太合适　　　E、非常不合适

选 A、B 者继续询问 24-1、24-2 选 C、D、E 者继续询问 24-3

24-1　感兴趣的主要原因是什么?

　　第一提及_____　　　　　　第二提及_____

24-2　您在花溪购房会选择什么样的住宅产品形态　　　　　　　　　　　　　　[　　　]

　　A、普通住宅　　　B、小高层住宅(11 层电梯房)

　　C、高层住宅(12 层以上电梯房)　　　D、花园洋房(退台洋房)　　　E、(联排)别墅

　　F、(独立)别墅　　　G、酒店式公寓　　　H、产权式酒店

24-3　不感兴趣的主要原因是什么?

　　第一提及_____　　　　　　第二提及_____

25　你对该片区区位、环境及交通状况有何评价(以 10 分为满分)

序号	评价因素	评分										
1	区位	0	1	2	3	4	5	6	7	8	9	10
2	周边环境	0	1	2	3	4	5	6	7	8	9	10
3	交通情况	0	1	2	3	4	5	6	7	8	9	10
4	商业配套	0	1	2	3	4	5	6	7	8	9	10
5	教育资源	0	1	2	3	4	5	6	7	8	9	10
6	升值潜力	0	1	2	3	4	5	6	7	8	9	10

26　如果这个地方按您的设想修建住房,你认为单价多少您可以接受?_____元/平
　　方米

A、1500～1800　　　B、1801～2100　　　C、2101～2400　　　D、2401～2700

E、2701～3000　　　F、3001～3300　　　G、3301～3600　　　H、3601～3900

I、3901～4200　　　J、4201～4500　　　K、4501～4800　　　L、4801 及以上

27　您认为在花溪区购买花园洋房(退台洋房)产品单价应在＿＿＿＿＿元/平方米;连体别墅产品单价应在＿＿＿＿＿元/平方米;独立别墅产品单价应在＿＿＿＿＿元/平方米?

28　总价多少万元您可以接受?　　　　　　　　　　　　　　[　　]

A、15 万元以下　　　B、16 万～19 万元　　　C、20 万～23 万元　　　D、24 万～27 万元

E、28 万～31 万元　F、32 万～35 万元　　　G、36 万～39 万元　　　H、40 万及以上

I、41 万～45 万元　　J、46 万～50 万元　　　K、50 万元以上

29　您从居住地到上班地搭乘普通交通工具用多长时间你能接受　[　　]

A、15 分钟以下　　　B、15 分钟　　　C、30 分钟

D、45 分钟　　　　　E、60 分钟　　　F、60 分钟以上

30　您在花溪购买住宅的可能性有多大?　＿＿＿＿＿

(0　　10　　20　　30　　40　　50　　60　　70　　80　　90　　100)%

31　在您的购买决策过程中,以下因素您优先考虑哪些? 请排序

A、社区规模　　　B、配套资源　　　C、环境景观　　　D、总价　　　E、单价

F、物业管理　　　G、发展商实力　　　H、产品　　　I、面积

第一位	第二位	第三位	第四位	第五位	第六位	第七位	第八位

32　请问您对购房还有什么特殊的喜好与要求?

四、个人背景资料

以下资料仅用来辅助统计分析,我公司承诺绝对为您保密,您放心。(交给被访者自己勾画,在被访者完成后由访问员进行检查、补充)　　　　　　[　　]

B1　工作区域:

A、云岩区　　　B、南明区　　　C、花溪区　　　D、白云区　　　E、乌当区

F、清镇区　　　G、小河区　　　H、金阳区　　　I、其他＿＿＿＿＿

B2　请问您真正属于自己的闲暇时间是如何度过的?　　　　　[　　]

A、待在家里/睡觉　　　B、与朋友运动　　　C、与家人团聚　　　D、独自旅游

E、参加商务活动　　　F、其他＿＿＿＿＿＿

B3　请问您平常放松时比较喜欢什么样的娱乐或休闲方式?(追问场所)　[　　]

A、散步/晨练　　　B、游泳　　　C、看电视　　　D、看书　　　E、度假、旅行　　　F、下棋

G、打高尔夫　　　H、购物　　　I、上网　　　J、打球(篮球、足球、乒乓球、羽毛球等)

K、听音乐或演唱会　　　L、摄影　　　M、音乐演奏　　　N、与朋友聊天

O、打麻将和打牌　　　P、跳舞　　　Q、其他(请注明＿＿＿＿＿)

B4　家庭结构:　　　　　　　　　　　　　　　　　　　　　[　　]

A、单身独居　　　B、单身与父母同住　　　C、无子女的二人世界

D、与配偶和未成年子女同住　　　E、与配偶和成年子女同住

F、与老人和小孩同住　　　G、已婚子女不同住　　　H、其他(请注明_____)

B5　请问您工作所属的行业是:_____您的职位是:_____

B6　您的学历:　　　　　　　　　　　　　　　　　　　　　　　　　[　　　]

A、高中、中专及以下　　　B、大专　　　C、本科　　　D、硕士　　　E、博士及以上

B7　您的家庭年总收入(以人民币计算)(说明:含前数,不含后数)　　　　[　　　]

A、3 万元以下　　　B、3 万～6 万　　　C、7 万～10 万　　　D、10 万～15 万

E、15 万～20 万　　　F、20 万～25 万　　　G、25 万～30 万　　　H、30 万～40 万

I、40 万～45 万　　　J、45 万～50 万　　　K、50 万以上

结束语:我们的调查到此结束,谢谢您对我们工作的支持!

访问员记录部分:

C1　受访者对访问内容的理解程度　　　　　　　　　　　　　　　　　[　　　]

A、不能理解　　　B、比较理解　　　C、完全理解

C2　受访者是否合作　　　　　　　　　　　　　　　　　　　　　　　[　　　]

A、不合作　　　B、比较合作　　　C、完全合作

(摘自:江南香溪消费者调查问卷执行方案

http://www.b2bface.com/UploadDir/20081120/a_doc1_1_20081120174044.doc)

思考与练习

一、思考题

1.区分普查、抽样调查、典型调查和重点调查?

2.统计数据的具体收集方法有哪些?

3.简述调查方案的内容?

4.什么是问卷?它由哪几部分组成?

5.设计问卷的提问项目应注意哪些问题?

6.封闭式问题答案的设计有哪些主要方法?

7.问卷中问题顺序的设计应注意哪些问题?

二、练习题

1.随着高校扩招,各高校教育资源相对紧张,如何充分利用现有教学资源,让学生上自习不再烦恼,请您设计一套调查方案及其问卷,以期解决本校的实际问题。

2.利用您所学知识,再去查阅相关文献,剖析教材中的两个案例,找出存在的问题。

第四章　统计整理

【统计知识ABC】

[A]贡献率

贡献率是分析经济效益的一个指标。它是指有效或有用成果数量与资源消耗及占用量之比，即产出量与投入量之比，或所得量与所费量之比。计算公式为：

贡献率(％)＝贡献量(产出量，所得量)/投入量(消耗量，占用量)×100％

贡献率也用于分析经济增长中各因素作用大小的程度。计算方法是：

贡献率(％)＝某因素增加量(增量或增长程度)/总增加量(总增量或增长程度)×100％

上式实际上是指某因素的增长量(程度)占总增长量(程度)的比重。

例如，国内(地区)生产总值中第一、二、三个产业贡献率为：一、二、三产业增价值增量分别与国内(地区)生产总值增量之比。

(资料来源：http://baike.baidu.com/view/43725.htm)

[B]拉动力

拉动力是指在总的经济增长率中带动的百分点数。如产业部门拉动力是指在GDP增长中各产业部门拉动的百分点数，需求拉动力是指在GDP增长中各需求构成(消费需求、投资需求、净出口需求)拉动的百分点数。

其计算公式为：

拉动力(％)＝贡献率(％)＊GDP增长率(％)

(资料来源：http://baike.baidu.com/view/857522.htm)

[C]人口老龄化

人口老龄化是指总人口中因年轻人口数量减少、年长人口数量增加而导致的老年人口比例相应增长的动态。两个含义：一是指老年人口相对增多，在总人口中所占比例不断上升的过程；二是指社会人口结构呈现老年状态，进入老龄化社会。国际上通常看法是，当一个国家或地区60岁以上老年人口占人口总数的10％，或65岁以上老年人口占人口总数的7％，即意味着这个国家或地区的人口处于老龄化社会。

第六次人口普查数据显示：60岁及以上人口占13.26％，比2000年人口普查上升

2.93个百分点,其中 65 岁及以上人口占 8.87%,比 2000 年人口普查上升 1.91 个百分点。

　　由此判断,中国大约在 2000 年开始就进入了老龄化社会。

　　(资料来源:http://baike.baidu.com/view/109749.htm)

　　通过各种渠道将统计数据搜集上来之后,首先应对这些数据进行加工整理,使之系统化、条理化,以符合分析的需要。数据整理通常包括数据的预处理、数据分组与频数分布等方面的内容,它是统计分析之前的必要步骤。

第一节　统计数据的预处理

　　统计数据的预处理(statistical data pretreatment)是数据分组整理的先前步骤,内容包括数据的审核、插补、离群值的检测与处理、筛选、排序等过程。

一、统计数据的审核

　　统计数据审核(statistical data verification)是应用各种检查规则来辨别缺失、无效或不一致的录入。在对统计数据进行整理时,首先要进行审核。审核的目的是为了更好地了解调查过程及调查数据,以确保调查数据的完整、准确与一致。审核工作贯穿于整个调查过程,即从访问员在调查现场的简单初步的检查到数据处理阶段数据录入之后由计算机程序进行的复杂校验,并为进一步整理与分析打下基础。

　　首先,从不同渠道取得的统计数据,在审核内容和方法上都有所不同。

　　(1)直接调查取得的原始数据(raw data)的审核。

　　对于直接调查取得的原始数据应主要从完整性和准确性两个方面去审核:

　　①完整性审核。检查应调查的单位或个体是否有遗漏;所有的调查项目或指标是否填写齐全。

　　②准确性审核。检查数据是否真实反映客观实际情况,内容是否符合实际;检查数据是否有错误,计算是否正确等。

　　审核数据准确性的方法主要有逻辑检查和计算检查:

　　(i)逻辑检查:从定性角度考查审核数据是否符合逻辑,内容是否合理,各项目或数字之间有无相互矛盾的现象。比如中学文化程度的人所填的职业是大学教师,对于这种违背逻辑的项目应查明原因,如果错了应及时予以纠正。逻辑检查主要用于对定类(列名)和定序(顺序)数据的审核。

　　(ii)计算检查:检查调查表中的各项数据在计算结果和计算方法上有无错误。比如各分项数据之和是否等于相应的合计数,各结构比例之和是否等于 1 或 100%,出现不同表格上的同一指标数值是否相同,等等。计算检查主要用于对定距和定比数据的审核。

　　(2)间接取得的二手数据(second hand data)的审核。

对于间接取得的二手数据,除了从完整性和准确性两个方面进行审核外,还应着重审核数据的适用性和实效性。二手数据可以来自多种渠道,有些数据可能是为特定目的通过专门调查而取得的,或者已按特定目的的需要做了加工整理,对于使用者来说,应该做到:

①适用性审核。弄清楚数据的来源、数据的口径以及有关的背景材料;确定数据是否符合自己分析研究的需要。

②时效性审核。尽可能使用最新的数据,如果数据过于滞后,可能失去了研究的意义。一般来说,应使用最新的数据。

③确认是否有必要做进一步的加工整理。

其次,从数据的表现性质来看,进行数据审核的内容主要有有效性审核、一致性审核和分布审核。

(1)有效性审核。主要是检查被调查者回答语句的语法是否正确,检查包括是否在规定填数字的地方填上了非数字的字符以及问卷中的回答是否有缺失等各种错误。

(2)一致性审核。主要是检查不同问题之间的关系是否正确。一致性审核可以基于不同问题或同一问题的不同部分之间的结构关系、逻辑性和合法性来进行。

(3)分布审核。主要是试图通过数据的分布,来辨识记录是否远远脱离分布的正常范围,即是否为离群值。它又称为离群值的检测,下一个标题将详细讲解。分布审核主要用来发现和确认可疑的记录。

对审核过程中发现的错误应尽可能予以纠正。

二、离群值的检测与处理

离群值被定义为一个观测值或一组观测值,它们看起来与数据集中的其他观测值不一致。

1.离群值的检测方法

(1)$d_i = \dfrac{|y_i - m|}{s}$。

其中:$y_1, y_2, \cdots, y_n$ 为样本数据;m 为数据集中趋势的度量;s 为离散趋势的度量。若 d_i 大于预先确定的偏离值,那么该观测值就被认为是一个离群值。

(2)$(m - c_l s, m + c_u s)$。

其中,c_l、c_u 分别是预先确定的下限值和上限值。如果总体是偏态的,c_l 和 c_u 就不相等。落在这个区间之外的观测值被认为是离群值。

(3)$(q_{0.5} - c_l h_l, q_{0.5} + c_u h_u)$。

其中:$q_{0.25}$ 为第一四分位数;$q_{0.5}$ 为第二四分位数(即中位数);$q_{0.75}$ 为第三四分位数;$h_l = q_{0.5} - q_{0.25}$,$h_u = q_{0.75} - q_{0.5}$。c_l 和 c_u 可以通过以前的数据或基于过去的经验来确定。

任何落在这个区间之外的观测值都被认为是一个离群值。

如果数据成群偏在一边,样本均值就会偏向离群值,样本方差也会由于离群值而显著增长,此时可用四分位数法。用中位数度量数据的集中趋势、四分位数间距度量数据的离散程度。

2.离群值的处理

在手工审核系统中,对离群值进行检查,如果确认是错误,就要回访并校正。在自动审核系统中,离群值经常要进行插补处理,下一个标题将详细讲解。审核时没有进行处理的离群值可以在估计时处理。

简单地忽略未经处理的离群值会影响估计的效果,并导致估计量的方差增大;给离群值赋予 1 或 0 的权数估计结果发生偏倚。离群值处理的目的就是在不引入较大偏倚的前提下,尽量减少离群值对估计量抽样误差的影响。

估计时有三种方法可以处理离群值:

(1)改变数值。

处理极值的一种方法是缩尾化。这种方法首先要将样本数据从小到大依次排序,然后再按下面的步骤计算。

在简单随机抽样中,总体总量 Y 的无偏估计公式如下:

$$\hat{Y} = \frac{N}{n}\sum y_i$$

对于缩尾化,假设 $y_i(i=1,2,3,\cdots,n)$ 是将样本观测值按从小到大的顺序重新排列得到的有序样本。若样本中前 k 个最大值(即有序样本值中的 $y_{n-k+1},\cdots,y_n$)被认为是离群值,则单侧 k 次缩尾估计量就可通过用第 $n-k$ 个最大值 y_{n-k} 代替所有离群值来定义,即

$$\hat{Y}_w = \frac{N}{n}(\sum_{i-1}^{n-k} y_i + ky_{n-k})$$

(2)调整权数。

处理离群值的另一种方法是,降低离群值的权数使它们的影响变小。

若赋予离群值的抽样权数为 1 或 0,这样做对估计的影响太大,特别是对偏态总体的估计,会使估计出现严重的偏倚——通常是低估。

例如,如果两个大公司的零售额占总行业的绝大比重,而其中一个公司的零售额被确定为离群值,若从估计中剔除这个离群值,显然就会严重低估整个行业的零售额。

(3)使用稳健估计量。

经典的估计理论中,总体参数的估计是基于某种分布的假设。通常,假定估计量服从正态分布,样本均值和方差估计量在正态性假定下最优。但是,这些估计量对离群值非常敏感。稳健估计量则能克服这种局限性,因为它对分布的假定不太敏感。比如,中位数比均值更稳健,四分位数间距比方差估计量更稳健。

三、统计数据的插补

插补(interpolation)就是解决在审核过程中辨别出来的数据缺失、无效与不一致等问题的过程。

1.插补的方法

插补方法分为两类,即随机插补和确定性插补。确定性插补,对于特定的被调查者的数据,插补值可能只有一个,而随机插补含有随机因素。换句话说,如果对同一组数据进行多次插补,对于确定性的插补每次都是相同的值;而对于随机插补,每次得出的值可

能会不一样。

确定性插补的具体方法有：推理插补、均值插补、比率/回归插补、序贯热平台插补、序贯冷平台插补、最近邻值插补。每一种确定性的插补方法都对应着一种随机插补方法。用确定性的方法得出一个插补值，加上从某个适宜的分布或模型产出的一个残差作为最后插补值，就成为随机插补。

（1）推理插补。

将缺失的或不一致的数据通过推断来确定。这种推理是根据问卷上其他回答项的模式来进行的。如，三项之和为100，空着一项。

（2）均值插补。

用插补类的均值代替缺失或不一致的值。如，假定在一份住房调查的问卷中，公寓月租金的值缺失，则利用同插补类中正确填报租金的问卷计算其平均值（插补类由居住在同一地区的被调查者所填的需要进行插补处理的问卷构成）

（3）比率或回归插补。

比率或回归插补是使用辅助信息及其他记录中的有效回答建立一个比率或回归模型，该模型表明了两个或多个变量之间的关系。

若 $y_i = Rx_i + \varepsilon_i$，则

$$y_{\text{插}i} = \frac{\bar{y}}{\bar{x}} x_i$$

其中：$\bar{x}$ 为插补类中记录 x 的均值，$\bar{y}$ 为插补类中记录 y 的均值。

插补值的精度很大程度上取决于要插补的变量与已知的变量是否存在密切关系，取决于所运用的数学计算以及这种计算是否严格限制在一个插补类中或是全部数据集中。

（4）热平台插补。

热平台插补是使用同一插补类中的供者记录的信息来代替一个相似的受者记录中缺失的或不一致数据的插补方法。热平台插补分为序贯热平台插补和随机热平台插补。

在序贯热平台插补方法中，数据在插补类中是按某种顺序排列进行处理的，插补就是用这个序列需要插补数据前面某一个有效的回答单元的数据来代替缺失的数值。如果每次都使用相同的排序及选取方法，就是确定性的序贯热平台法。

而随机热平台插补，供者是在插补类中随机选出的。例如，我们希望插补被调查者的吸烟状况。有三种可能的回答：吸烟、不吸烟及以前吸过但现在已戒烟。要找到一个相似的供者记录，我们基于年龄段和性别产生插补类（因为我们认为吸烟状况和一个的年龄和性别有关）。假设要作插补处理的记录是女性，在15～24这个年龄组中。要找到一组供者，我们看所有在同一年龄组的女性被调查者（她们回答了各自的吸烟状况）。要从这一组中选择一供者，可以随机地选择一个（随机热平台法）或者按某种顺序的供者清单，从中选一个（序贯热平台法）。

优点：因为供者与受者具有相似的特征，因此插补出的数值应相当准确，可以保持数据的原始分布形式。

缺点：序贯热平台插补经常导致同一个供者的多次使用，从而降低精确度增大抽样误差；有时很难找到一个合适的供者，因为建立插补类需要足够的辅助信息或者至少需

要部分回答。

为了保证总能找到一个供者记录，可以用多层次热平台插补。当在最初的插补类中找不到供者记录时，这些类就按照层次结构合并，直到找到一个供者。

(5)冷平台插补。

与热平台插补不同之处在于热平台插补使用当前调查的供者，而冷平台插补则使用前期的或普查中的供者资料。

(6)最近邻插补。

最近邻插补与热平台插补一样，也是基于匹配变量选择一个供者记录。但是，用这种方法，目的不是非要找出一个和受者记录在匹配变量上完全相同的供者记录，而是插补类中按匹配变量找到和受者记录最接近的供者记录，即找到距离最近的值。"最近"是通过两个观测对象之间的距离来定义的，两个观测对象之间的距离是由辅助数据计算的。当匹配变量的纲不同时（如，货币和土地面积），运用最近邻插补时应格外小心，此时应该先将匹配变量尺度标准化然后再进行插补。

2.几个技术问题

(1)哪些值需要插补？

我们并不主张对所有审核失效的数据都进行插补，应该通过变更尽可能少的数据项（字段），以使每条记录都满足审核规则的要求。

例如，假设某份问卷中关于一位被调查者的背景资料是：受教育程度（大学），婚姻状况（已婚），性别（女），年龄（10 岁）。显然这条记录中，年龄与婚姻状况、年龄与受教育程度是不符合审核规则的。为了纠正审核失效，可以同时调整婚姻状况和受教育程度，也可以只对年龄作调整。我们一般倾向于后者。

(2)怎样为受者找到供者记录？

选择匹配变量时必须注意要使匹配变量与插补类中需要插补的变量密切相关。然后再用这些匹配变量去查找供者记录。

(3)是不是某个受者记录中的所有字段都应该用一个供者来插补？

在有些情况下，因为用同一个记录中的所有字段进行插补能保持变量的联合分布，所以用同一个供者来插补某个受者记录中的所有字段。例如，在一项劳动力调查中，如果职业和个人收入都需要进行插补，那么根据相同的供者记录来插补受者记录中的这两个缺失或无效数据就具有明显的优点，因为这两个变量之间存在相互关系。这种单一供者热平台插补方法的另一个优点是，插补时考虑到了审核失效的问题，从而大大减少了以后步骤中的审核失效。

但是，如果有很多变量需要插补，对插补一个字段合适的匹配变量（或者使用来建立热平台或冷平台插补中插补类的变量），对另一个字段可能不合适，特别是当与需要插补的变量无关的时候。考虑一项多目的的健康调查，在这项调查中，被调查者的身高和每天的吸烟量是需要插补的两个变量。在这种情况下，每个需要插补的变量用一组不同的匹配变量就比较合适。但如果确定太多的匹配变量，就会有找不到合适供者的危险。

通常情况下，对于热平台插补，整个插补过程分成几个阶段，每个阶段插补几个变量。其结果是，在完成一个不完善的记录的插补时，可能要涉及几个供者。如果情况真是这样,需要插补的某个"关键"变量可以继续为后面阶段组建插补类所用,从而保证插补记录内在的完整性。

(4)一个供者记录能用来插补一个以上的受者记录吗?

如果几个受者记录都由同一个供者记录来插补,对最终调查估计会产生较大的偏倚。

四、统计数据的筛选

在对统计数据进行整理时,首先需要进行审核,以保证数据的质量。对审核中发现的错误应尽可能予以纠正。如果对发现的错误无法纠正,或者有些数据不符合调查的要求而又无法弥补时,就要对数据进行筛选。

数据筛选(filter)有两方面内容:一是将某些不符合要求的数据或有明显错误的数据予以剔除;二是将符合某种特定条件的数据筛选出来,不符合特定条件的数据予以剔除。数据筛选可借助于计算机自动完成,具体做法见本章最后一节。

五、统计数据的排序

数据排序(rank)就是按一定顺序将数据进行排列,其目的是为了便于研究者通过浏览数据发现一些明显的特征或趋势,找到解决问题的线索。另外,排序还有助于对数据检查、纠错,为重新分组或归类提供依据。在某些场合,排序本身就是分析的目的之一。

无论是定性数据还是定量数据,其排序均可借助计算机完成。

1.定性数据的排序

(1)字母型数据,排序有升序降序之分,但习惯上用升序。

(2)汉字型数据,可按汉字的首位拼音字母排序,也可按姓氏笔画排序,其中也有笔画多少的升序降序之分。

比如,中国北京第28届奥林匹克运动会各参赛国家的入场顺序,希腊是奥运会的发源地,应第一个入场,中国是东道主,应最后一个入场,其余两百多个国家的入场顺序就是按照该国家汉语名称的笔画多少排序入场的。

2.定量数据的排序

(1)递增排序:设一组数据为 $x_1, x_2, \cdots, x_n$,递增排序后可表示为:$x_{(1)} < x_{(2)} < \cdots < x_{(n)}$。

(2)递减排序:设一组数据为 $x_1, x_2, \cdots, x_n$,递减排序后可表示为:$x_{(1)} > x_{(2)} > \cdots > x_{(n)}$。

第二节 统计数据分组的整理

数据经过预处理后,可进一步进行分组整理。统计分组整理是数据整理中的一个重要工作,它是根据统计研究的需要,将数据按照某种特征或标准分成不同的组别。分组时所依据的特征或标准称为统计分组标志,它有品质标志和数量标志两种。品质标志是说明事物的性质或属性,它不能用数值来表现,如人口的性别、产品等级、企业的经济性质等。数量标志是说明事物数量特征的,它具体表现为数值。

按某种标志对数据进行分组后,再计算出所有类别或数据在各组中出现的次数或频数,就形成了一张频数分布表。我们把全部数据按其分组标志在各组中的分布状况称为频数分布或次数分布,分布在各组内的数据个数称为频数或次数,各组频数与全部频数之和的比值称为频率。对数据进行分组的过程就是频数分布形成的过程。

基本概念汇总:

(1)频数(frequency):落在各类别中的数据个数;

(2)比例(proportion):某一类别数据占全部数据的比值;

(3)百分比(percentage):将对比的基数作为 100 而计算的比值;

(4)比率(ratio):不同类别数值的比值;

(5)累积频数(cumulative frequencies):各类别频数的逐级累加;

(6)累积频率(cumulative percentages):各类别频率(百分比)的逐级累加。

一、定性数据分组与频数分布

【例 4-1】 一家市场调查公司为研究不同品牌饮料的市场占有率,对随机抽取的一家超市进行了调查。调查员在某天对 50 名顾客购买饮料的品牌进行了记录,如表 4-1 所示。对该数据的分组与频数分布如表 4-2 所示。

表 4-1　50 名顾客购买的饮料品牌

	A	B	C	D	E
1	旭日升冰茶	可口可乐	旭日升冰茶	汇源果汁	露露
2	露露	旭日升冰茶	可口可乐	露露	可口可乐
3	旭日升冰茶	可口可乐	可口可乐	百事可乐	旭日升冰茶
4	可口可乐	百事可乐	旭日升冰茶	可口可乐	百事可乐
5	百事可乐	露露	露露	百事可乐	露露
6	可口可乐	旭日升冰茶	旭日升冰茶	汇源果汁	汇源果汁
7	汇源果汁	旭日升冰茶	可口可乐	可口可乐	可口可乐
8	可口可乐	百事可乐	露露	汇源果汁	百事可乐
9	露露	可口可乐	百事可乐	可口可乐	露露
10	可口可乐	旭日升冰茶	百事可乐	汇源果汁	旭日升冰茶

表 4-2　50 名顾客购买饮料品牌的频数分布

品牌	频数	频率(%)	向上累积频率（%）	向下累积频率（%）
可口可乐	15	30	30	100
旭日升冰茶	11	22	52	70
百事可乐	9	18	70	48
汇源果汁	6	12	82	30
露露	9	18	100	18
合计	50	100	—	—

【例4—2】 在一项城市住房问题的调查研究中,研究人员在甲、乙两城市各抽样调查 300 户,其中的一个问题是:"您对您家庭目前的住房状况是否满意? 1. 非常不满意; 2. 不满意; 3. 一般; 4. 满意; 5. 非常满意。"

甲、乙两城市对住房状况评价的频数分布如表 4-3、4-4 所示。

表 4-3 甲城市家庭对住房状况评价的频数分布

回答类别	甲城市					
	户数(户)	百分比(%)	向上累积		向下累积	
			户数(户)	百分比(%)	户数(户)	百分比(%)
非常不满意	24	8	24	8	300	100
不满意	108	36	132	44	276	92
一般	93	31	225	75	168	56
满意	45	15	270	90	75	25
非常满意	30	10	300	100	30	10
合计	300	100				

表 4-4 乙城市家庭对住房状况评价的频数分布

回答类别	乙城市					
	户数(户)	百分比(%)	向上累积		向下累积	
			户数(户)	百分比(%)	户数(户)	百分比(%)
非常不满意	21	7	21	7	300	100
不满意	99	33	120	40	279	93
一般	78	26	198	66	180	60
满意	64	21.3	262	87.3	102	34
非常满意	38	12.7	300	100	38	12.7
合计	300	100	—	—	—	—

二、定量数据分组与频数分布

定量数据分组分为单变量值分组和组距分组两种:

(1)单变量值分组是将一个变量值作为一组,适合于离散变量,而且是变量值较少的情况。将变量值的一个区间作为一组。

(2)组距分组适合于连续变量,而且是变量值较多的情况,需要遵循"不重不漏"的原则,可采用等距分组,也可采用不等距分组。等距分组各组频数的分布不受组距大小的影响,可直接根据绝对频数来观察频数分布的特征。不等距分组各组频数的分布受组距大小不同的影响,各组绝对频数的多少不能反映频数分布的实际状况,需要用频数密度(频数密度＝频数/组距)反映频数分布的实际状况。

下面重点介绍组距分组及其频数分布表的编制。

编制频数分布表的步骤是:

(1)对数据进行排序,或通过粘贴函数 MAX 和 MIN,找出最大值和最小值,计算出全距。$R = x_{\max} - x_{\min}$。

(2)确定分组组数。实际分组时,可参考美国学者斯特杰斯(H·A·Sturges)创用的经验公式:

$$K = 1 + 3.3 \lg N$$

式中,K 为组数,N 为总体单位数或数据的个数;对结果用四舍五入法取整数,即为组数。当然,这只是个经验公式,具体应用时,还要考虑数据的多少、特点和统计分析的要求。

(3)确定组距。组距(Class width)是一个组的上限与下限之差。组距也可借助 Sturges 的经验公式来确定:

$$d = \frac{R}{K} = \frac{x_{\max} - x_{\min}}{1 + 3.3 \lg N}$$

式中,d 为组距,R 为全距,即最大变量值 $x_{\max}$ 与最小变量值 $x_{\min}$ 之差。

(4)对各组数据所出现的频数进行计数。

【例 4－3】 某电脑公司 2008 年前四个月每天的销售量数据如表 4-5 所示(单位:台),试对数据进行分组。

表 4-5 电脑公司 2008 年前四个月每天的销售量

	A	B	C	D	E	F	G	H	I	J
1	234	159	187	155	172	183	182	177	163	158
2	143	198	141	167	194	225	177	189	196	203
3	187	160	214	168	173	178	184	209	176	188
4	161	152	149	211	196	234	185	189	196	206
5	150	161	178	168	174	153	186	190	160	171
6	228	162	223	170	165	179	186	175	197	208
7	153	163	218	180	175	144	178	191	197	192
8	166	196	179	171	233	179	187	173	174	210
9	154	164	215	233	175	188	237	194	198	168
10	174	226	180	172	190	172	187	189	200	211
11	156	165	175	210	207	181	205	195	201	172
12	203	165	196	172	176	182	188	195	202	213

$R = x_{\max} - x_{\min} = 237 - 141 = 96$。

$K = 1 + 3.3 \lg 120 \approx 10$,即应分为 10 个组。

$d = 96 \div 10 = 9.6$。

为便于计算,组距宜取 9 或 10 的倍数,而且第一组的下限应小于或等于最小变量值,最后一组的上限应大于或等于最大变量值。此例的组距可取 10。各组组限依次为:140～150、150～160、160～170、170～180、180～190、190～200、200～210、210～220、220～230、230～240。确定好组距,对各组数据所出现的频数进行计数,得到如表 4-6、4-7、4-8 所示的频数分布表。

表 4-6　某电脑公司销售量的频数分布

	A	B	C
1	按销售量分组(台)	频数（天）	频率（%）
2	140—149	4	3.33
3	150—159	9	7.50
4	160—169	16	13.33
5	170—179	27	22.50
6	180—189	20	16.67
7	190—199	17	14.17
8	200—209	10	8.33
9	210—219	8	6.67
10	220—229	4	3.33
11	230—239	5	4.17
12	合计	120	100

表 4-7　某电脑公司销售量的频数分布

	A	B	C
1	按销售量分组(台)	频数（天）	频率（%）
2	140—150	4	3.33
3	150—160	9	7.50
4	160—170	16	13.33
5	170—180	27	22.50
6	180—190	20	16.67
7	190—200	17	14.17
8	200—210	10	8.33
9	210—220	8	6.67
10	220—230	4	3.33
11	230—240	5	4.17
12	合计	120	100

表 4-8　某电脑公司销售量的频数分布

	A	B	C
1	按销售量分组(台)	频数（天）	频率（%）
2	150以下	4	3.33
3	150—160	9	7.50
4	160—170	16	13.33
5	170—180	27	22.50
6	180—190	20	16.67
7	190—200	17	14.17
8	200—210	10	8.33
9	210—220	8	6.67
10	220—230	4	3.33
11	230以上	5	4.17
12	合计	120	100

第三节　统计表

统计表和统计图是显示统计数据的两种方式。在日常生活中,阅读报纸杂志,或者在看电视、查阅计算机网络时,都能看到大量的统计表格和统计图形。统计表把杂乱的数据有条理地组织在一张简明的表格内,统计图把数据形象地显示出来。显然,看统计表和统计图要比看一堆枯燥的数字更有趣。当我们自己对某些实际问题进行研究时,也经常使用统计表和统计图。正确地使用统计表和统计图是做好统计分析的最基本技能。

一、统计表的构成

统计表是用于显示统计数据的基本工具。在数据的搜集、整理、描述和分析过程中,都要使用统计表。许多杂乱的数据,既不便于阅读,也不便于理解和分析,一旦整理在一张统计表内,就会使这些数据变得一目了然,清晰易懂。充分利用和绘制好统计表是做好统计分析的基本要求。

统计表的形式多种多样,根据使用者的要求和统计数据本身的特点,可以绘制形式多样的统计表。比如,表 4-9 就是一种比较常见的统计表。

表4-9　1998—2007年山东省 GDP 与全国比较分析表

年份	GDP		GDP 指数		人均 GDP 指数	
	全国	山东	全国	山东	全国	山东
1998	84402.30	7021.35	107.8	110.8	106.8	106.80
1999	89677.10	7493.84	107.6	110.0	106.7	106.46
2000	99214.60	8337.47	108.4	110.3	107.6	109.94
2001	109655.20	9195.04	108.3	110.0	107.5	109.32
2002	120332.70	10275.50	109.1	111.7	108.4	111.23
2003	135822.80	12078.15	110.0	113.4	109.3	117.00
2004	159878.30	15021.84	110.1	115.3	109.4	123.70
2005	183084.80	18516.87	110.2	115.2	109.6	122.44
2006	211923.00	22077.36	115.8	119.2	110.5	118.40
2007	249530.00	25887.67	117.8	117.3	109.5	114.30

表头　列标题　行标题　数据资料　附加

资料来源:《中国统计年鉴 2007》,北京,中国统计出版社,2007。www.stats.gov.cn国家统计局网站。

从表 4-9 可以看出,统计表一般由四个主要部分组成,即表头、行标题、列标题和数字资料,必要时可以在统计表的下方加上附加。表头应放在表的上方,它所说明的是统计表的主要内容。行标题和列标题通常安排在统计表的第一列和第一行,它所表示的主要是所研究问题的类别名称和指标名称.通常也被称为"类"。如果是时间序列数据,行标题和列标题也可以是时间,当数据较多时,通常将时间放在行标题的位置。表的其余部分是具体的数字资料。附加通常放在统计表的下方,主要包括资料来源、指标的注释和必要的说明等内容。

二、统计表的设计

由于使用者的目的以及统计数据的特点不同,统计表的设计在形式和结构上会有较大差异,但设计上的基本要求则是一致的。总体上看,统计表的设计应符合科学、实用、简练、美观的要求。具体来说,设计统计宏时要注意以下几点:

第一,要合理安排统计表的结构,行标题、列标题、数字资料的位置应安排合理。当然,由于强调的问题不同,行标题和列标题可以互换,但应使统计表的横竖长度比例适当,避免出现过高或过长的表格形式。

第二,表头一般应包括表号、总标题和表中数据的单位等内容。总标题应简明确切地概括出统计表的内容,一般需要表明统计数据的时间(when)、地点(where)以及何种数据(what),即标题内容应满足 3W 要求。如果表中的全部数据都是同一计量单位,可放在表的右上角标明,若各指标的计量单位不同,则应放在每个指标后或单列出一列标明。

第三,表中的上下两条横线一般用粗线,中间的其他线要用细线,这样使人看起来清楚、醒目。通常情况下,统计表的左右两边不封口,列标题之间一般用竖线隔开,而行标题之间通常不必用横线隔开。总之,表中尽量少用横竖线。表中的数据一般是右对齐,有小数点时应以小数点对齐,而且小数点的位数应统一。对于没有数字的表格单元,一般用"—"表示,一张填好的统计表不应出现空白单元格。

第四,在使用统计表时,必要时可在表的下方加上注释,特别要注意注明资料来源,以表示对他人劳动成果的尊重,方便读者查问使用。

第四节　统计图

统计图是统计资料另一种常用的表达方式。它是利用几何图形(点、线、面、形)或其他图形把所研究对象的特征、内部结构等相互关联的数量关系绘制成的简明的图形。统计图表示的数量关系形象、直观、明白,可以使人们一目了然地认识客观事物的状态、形成、发展趋势或在某地区上的分布状况等,故它在经济管理工作中使用得非常广泛。

Excel 具有丰富多彩的制图功能,它可以将表中的数据用图形表示,使表、图、文字有机地结合起来。它提供的图形种类繁多,如条形图、饼图、圆环图、折线图、直方图等 100多种基本图表类型。不同的统计数据需要借助不同的统计图来显示。针对数据类型,我们把种类繁多的统计图形作以概括,如图 4-1 所示。

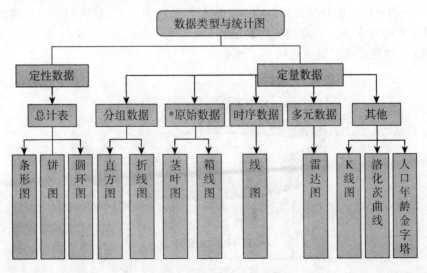

图 4-1　数据类型与统计图

一、反映定性数据的统计图——条形图、饼图和圆环图

1.条形图(柱形图)(bar chart)

条形图是用宽度相同的条形的高度或长短来表示各类别数据的图形,有单式条形图、复式条形图等形式,主要用于反映分类数据的频数分布。Excel 的条形图是水平条形图,柱形图为竖直条形图。绘制时,各类别可以放在纵轴,称为条形图,也可以放在横轴,称为柱形图。两种图都可以用来表示一组或几组分类相关的数值,它可用于不同现象的比较,也可用于同一现象不同时间的比较。在条形图或柱形图中,各条或柱的宽度、各条或柱间的距离彼此均等,条的长度或柱的高度与代表的变量值成比例。

以例 4-1 的数据绘制水平条形图如图 4-2 所示。

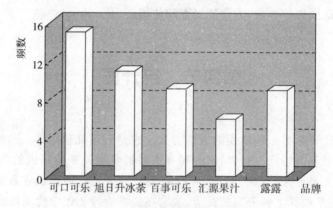

图 4-2　条形图

2.饼图(圆形图)(pie chart)

饼图也称圆形图,是用圆形及圆内扇形的角度来表示数值大小的图形。主要用于表示总体或样本中各组成部分所占的比例,对于研究结构性问题十分有用。绘制圆形图时,总体中各部分所占的百分比用圆内的各个扇形角度表示,这些扇形的中心角度,是按各部分数据百分比占 360°的相应比例确定的。

以例 4-1 的数据绘制饼图如图 4-3 所示。

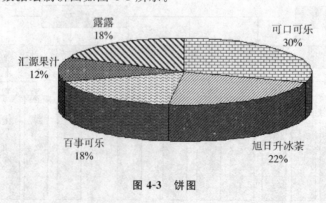

图 4-3　饼图

3.圆环图(annular chart)

圆环图中间有一个"空洞",总体中的每一部分数据用环中的一段表示。圆环图与饼图类似,但也有区别:饼图只能显示一个总体各部分所占的比例,圆环图则可以同时绘制多个总体的数据系列,每一个总体的数据系列为一个环。圆环图可用于结构比较研究,主要用于展示分类和顺序数据。

以例4-2的数据绘制圆环图如图4-4所示。

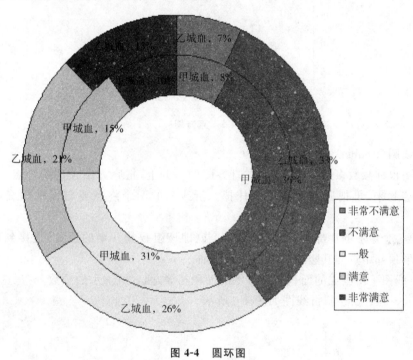

图4-4 圆环图

二、反映分组数据的统计图——直方图、折线图

1.直方图(histogram)

直方图是用矩形的宽度和高度来表示频数分布的图形,实际上是用矩形的面积来表示各组的频数分布。在直角坐标中,用横轴表示数据分组,纵轴表示频数或频率,各组与相应的频数就形成了一个矩形,即直方图,直方图下的总面积等于1。

直方图与条形图的区别:

(1)条形图是用条形的长度(横置时)表示各类别频数的多少,其宽度(表示类别)则是固定的。

(2)直方图是用面积表示各组频数的多少,矩形的高度表示每一组的频数或百分比,宽度则表示各组的组距,其高度与宽度均有意义。

(3)直方图的各矩形通常是连续排列,条形图则是分开排列。

(4)条形图主要用于展示分类数据,直方图则主要用于展示数值型数据。

以例4-3的数据绘制直方图如图4-5所示。

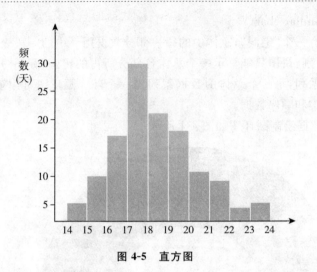

图 4-5　直方图

2. 折线图(frequency polygon)

折线图也称频数多边形图,它是在直方图的基础上,把直方图顶部的中点(组中值)用直线连接起来,再把原来的直方图抹掉。折线图的两个终点要与横轴相交,具体做法是:

(1)第一个矩形的顶部中点通过竖边中点(即该组频数一半的位置)连接到横轴,最后一个矩形顶部中点与其竖边中点连接到横轴;

(2)折线图下所围成的面积与直方图的面积相等,两者所表示的频数分布是一致的。

以例 4-3 的数据绘制折线图如图 4-6 所示。

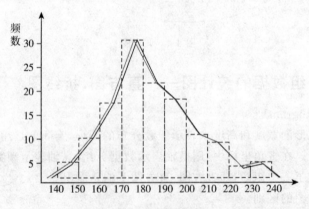

图 4-6　折线图

三、反映原始数据的统计图——茎叶图、箱线图

1. 茎叶图(stem-and-leaf display)

茎叶图用于显示未分组的原始数据的分布,由"茎"和"叶"两部分构成,其图形是由数字组成的。以该组数据的高位数值作树茎,低位数字作树叶,树叶上只保留一位数字。对于 $n(20 \leqslant n \leqslant 300)$ 个数据,茎叶图最大行数不超过 $L=[10 \times \lg(n)]$。茎叶图类似于横

置的直方图,但又有区别:①直方图可观察一组数据的分布状况,但没有给出具体的数值;②茎叶图既能给出数据的分布状况,又能给出每一个原始数值,保留了原始数据的信息。

以例4-3的数据绘制茎叶图如图4-7所示。

树茎	树叶	数据个数
14	1349	4
15	023345689	9
16	0011233455567888	16
17	011222223344455556677888999	27
18	00122345667777888999	20
19	00124455666667788	17
20	0123356789	10
21	00113458	8
22	3568	4
23	33447	5

图4-7 茎叶图

2.箱线图(box plot)

箱线图用于显示未分组的原始数据的分布。箱线图由一组数据的5个特征值绘制而成,它由一个箱子和两条线段组成。其绘制方法是:①首先找出一组数据的5个特征值,即最大值、最小值、中位数M_e和两个四分位数(下四分位数Q_L和上四分位数Q_U);②连接两个四分(位)数画出箱子,再将两个极值点与箱子相连接。

以例4-3的数据绘制箱线图如图4-8所示。

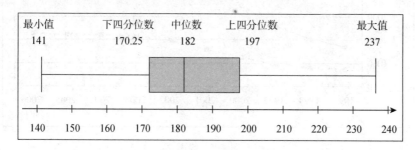

图4-8 箱线图

四、反映时序数据的统计图——线图

时序数据,即时间序列数据。它有两部分数据组成:一是时间数据,二是对应时间的观测值(变量值)。绘制线图(line plot)时应注意以下几点:①时间一般绘在横轴,指标数据绘在纵轴;②图形的长宽比例要适当,其长宽比例大致为10∶7;③一般情况下,纵轴数据下端应从"0"开始,以便于比较。数据与"0"之间的间距过大时,可以采取折断的符号将纵轴折断。

【例4-4】 已知1997—2006年我国城乡居民家庭的人均收入数据如表4-10所示。绘制线图如图4-9所示。

表 4-10　1997—2006 年城乡居民家庭人均收入

年份	城镇居民	农村居民
1997	1700.6	708.6
1998	2026.6	784.0
1999	2577.4	921.6
2000	3496.2	1221.0
2001	4283.0	1577.7
2002	4838.9	1926.1
2003	5160.3	2091.1
2004	5425.1	2162.0
2005	5854.0	2210.3
2006	6280.0	2254.4

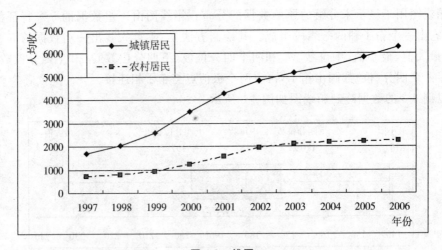

图 4-9　线图

五、反映多元数据的统计图——雷达图

雷达图(radar chart)是显示多个变量的图示方法,在显示或对比各变量的数值总和时十分有用。假定各变量的取值具有相同的正负号,总的绝对值与图形所围成的区域成正比,可用于研究多个样本之间的相似程度。

设有 n 组样本 $S_1, S_2, \cdots, S_n$,每个样本测得 p 个变量 $X_1, X_2, \cdots, X_p$,要绘制这 p 个变量的雷达图,具体做法是:

(1)先做一个圆,然后将圆 p 等分,得到 p 个点。令这 p 个点分别对应 p 个变量,再将这 p 个点与圆心连线,得到 p 个辐射状的半径。这 p 个半径分别作为 p 个变量的坐标轴,每个变量值的大小由半径上的点到圆心的距离表示。

(2)再将同一样本的值在 p 个坐标上的点连线。这样,n 个样本形成的 n 个多边形就是一个雷达图。

【例 4-5】 2007 年我国城乡居民家庭平均每人各项生活消费支出构成数据如表 4-11 所示,绘制雷达图如图 4-10 所示。

表 4-11 2007 年城乡居民家庭平均每人生活消费支出构成(%)

项目	城镇居民	农村居民
食品	39.18	49.3
衣着	10.01	5.75
家庭设备用品及服务	8.79	4.52
医疗保健	6.36	5.24
交通通讯	7.9	5.58
娱乐教育文化服务	12.56	11.18
居住	10.01	15.47
杂项商品与服务	5.17	3.14

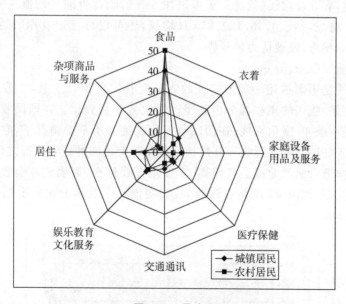

图 4-10 雷达图

六、其他常见统计图

1. K 线图(candlestick charts)

K 线图又称为蜡烛图,据说起源于 18 世纪日本的米市。当时日本的米商用来表示米价的变动,后因其标画方法具有独到之处,因而在股市及期市中被广泛引用。它是以每个交易日(或每个分析周期)的开盘价、最高价、最低价和收盘价绘制而成,K 线的结构可分为上影线、下影线及中间实体三部分。一条 K 线记录了股票在一天内的价格变动情况,将每天的 K 线按时间顺序排列在一起,就组成了股票价格的历史变动情况,叫做 K

线图,如图 4-11 所示。

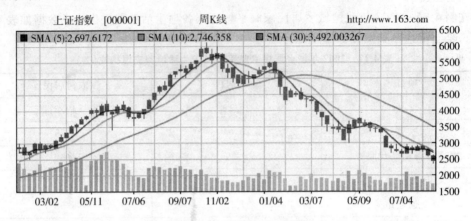

图 4-11　上证指数周 K 线图

K 线图将买卖双方力量的增减与转变过程及实战结果用图形表示出来。经过近百年的使用与改进,K 线理论被投资人广泛接受。在"蜡烛图"上,还覆盖着几条不同颜色的曲线,即均线,有 5 日均线(就是每天以以往 5 日的收盘价的平均值画一个点,这些点的连线),10 日均线,20、30、60、120、250 日均线,还可以自己定日期,比如 14 日、25 日……长期均线的拐弯,通被认为是转势。

2. 洛伦茨曲线(Lorenz curve)

洛伦茨曲线是用来描述一国财富或收入分配状况的统计工具,它表示各阶层人民(从最贫困的开始)收入的累积部分占整个国民收入的百分比。在国民收入分配完全均等情况下,它是一条 45 度角直线;在国民收入分配绝对不平等情况下,它是正方形的底边和右边。由于任何国家实际收入分配状况都介于上述两种极端情况之间,故洛伦茨曲线一般为一条向下弯曲的曲线。其偏离 45 度角直线越小,表明该社会收入分配状况的平等化程度越高;其偏离 45 度角直线越大,表明该社会收入分配状况的平等化程度越低,如图 4-12 所示。

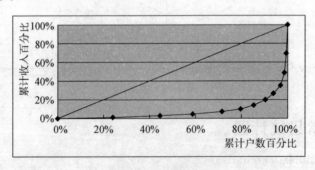

图 4-12　洛伦茨曲线

3. 人口年龄金字塔(population pyramid)

人口金字塔图,以图形来呈现人口年龄和性别的分布情形,以年龄为纵轴,以人口数为横轴,按左侧为男、右侧为女绘制图形,其形状如金字塔。金字塔底部代表低年龄组人口,金字塔顶部代表高年龄组人口。人口金字塔图反映了过去人口的情况,目前人口的结构,以及今后人口可能出现的趋势。

人口金字塔可分为三种类型:年轻型、成年型和年老型。它们的形状各不相同:年轻型:塔顶尖、塔底宽;成年型:塔顶、塔底宽度基本一致,在塔尖处才逐渐收缩;年老型:塔顶宽、塔底窄。从人口年龄结构对今后人口增长速度影响的角度,又可将人口金字塔分为增长型、静止型和缩减型,分别与年轻型、成年型和年老型相对应。

通常,人们把 15 岁以下的人口划为少年儿童,把 15～64 岁人口划为青壮年,把 65 岁以上人口划为老年。发展中国家的人口金字塔下宽上窄,说明总人口中少年儿童比例大,老年人比例小。发达国家的人口金字塔上下宽度差异小,说明总人口中少年儿童与老人比例差不大。人们还常把 15～64 岁人口划为劳动力人口,把 15 岁以下的人口及 65 岁以下的人口划为被抚养人口,两者的比值称为抚养指数。抚养指数大,说明平均每个劳动力要抚养的人数多,即总人口中少年儿童和老人比例大,抚养指数就高。一般,总人口中男、女人口的性别比例近似相等,但不同年龄组略有差异。有时因战争等原因,男女性别比例的差异还可能很大。有人估计,到 21 世纪上半叶,世界人口总趋势将出现倒金字塔形和老龄化。

人口统计中常常将人口数据绘制成人口年龄金字塔,用以反映整个人口的数量特征和变化趋势。图 4-13 是 2003 年的中国人口年龄金字塔。

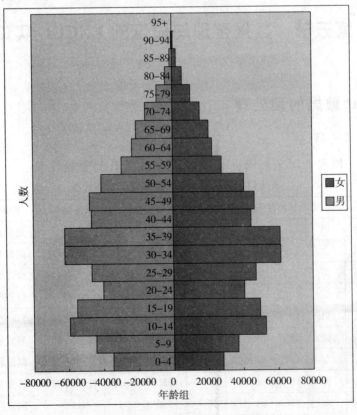

图 4-13　2003 年的中国人口年龄金字塔

图 4-13 的左边是我国男性人口，右边是女性人口。男性直方图左边数据是 2003 年时的年龄。横轴的单位是百万人口。例如，0～4 岁的女孩接近 3000 万，儿童龄组男孩的数量约是 3600 万，性别比约为 100：120，已经产生严重失调。如果观察 70 岁以上的人口，就会发现女性人口多于男性人口，即女性的平均预期寿命比男性长。金字塔的形状本应该是三角形的，但图 4-13 却参差不齐，有三个突出的年龄段，也有三个人口骤减的年龄组。从上往下，第一个凹进去的年龄组是 1959－1963 年出生的，原因是三年自然灾害。假定没有自然灾害，我们可以连一条线。再往下看，我们看到 30～39 岁的年龄组人口数量达到高峰，这一年龄组的人口正是自然灾害后到"文化大革命"期间出生的。接下来，我们看到第二个人口数量减少的凹陷，即 1979－1983 年出生的 20～24 岁的青年。除了"文化大革命"后已经开始计划生育政策外，这一年龄段人口的父母亲刚好是自然灾害前后出生的，因而总人口较少也是主要原因。再往下突出部分就是 1989－1993 年出生的 10～14 岁青少年，之所以这个年龄组人口增加，不是计划生育没有坚持，而是 1969－1973 年出生的人口最多的一代到了婚育年龄。最下面一组的人口数量已经远远少于 20～30 岁父辈的人口，表明计划生育的效果非常明显。如果继续这一趋势，金字塔将变成枣核型，人口老化问题、老年人口的社会保障问题等都将越来越重，应引起政府决策者的高度警惕。

第五节　数据整理与显示的 EXCEL 实现

一、统计数据的预处理

（一）数据的筛选

【例 4-6】 以表 4-12 资料说明用 Excel 进行数据筛选的过程。

表 4-12　某大学经管学院教职工人事资料

编号	姓名	性别	出生日期	学历	参加工作时间	职务系列	职称	应发工资
001	韩利生	男	1963－10－25	硕士	1990 年 9 月	教师	副教授	3411.0
002	李明双	女	1970－10－01	博士	1998 年 12 月	教师	副教授	2896.0
003	马善溪	男	1957－09－09	大专	1980 年 03 月	工程	高级工程师	3888.0
004	马奎	男	1958－03－02	大专	1980 年 01 月	工程	高级工程师	3888.0
005	邢利民	男	1968－11－17	本科	1990 年 05 月	教学管理	副研究员	3324.0
006	李铁征	男	1957－08－11	本科	1982 年 12 月	教学管理	研究员	3965.0
007	于海英	女	1975－08－23	硕士	1987 年 07 月	教师	副教授	3093.0
008	刘长运	男	1961－09－14	本科	1980 年 09 月	教学管理	研究员	4044.6
009	庄敏华	女	1969－01－12	硕士	1990 年 08 月	教师	副教授	3019.5
010	李景义	女	1960－04－23	大专	1980 年 11 月	工程	工程师	3274.8

续表

编号	姓名	性别	出生日期	学历	参加工作时间	职务系列	职称	应发工资
011	刘荣旺	男	1950－02－01	高中	1968 年 02 月	工程	工程师	2979.0
012	于西贝	女	1957－12－1	大专	1979 年 01 月	教学管理	副研究员	2892.0
013	刘互助	男	1949－03－16	大专	1969 年 02 月	工程	高级工程师	3975.0
014	李彤	女	1968－03－01	博士	1993 年 08 月	教师	教授	3724.5
015	魏亚英	男	1957－04－03	大专	1981 年 03 月	工程	工程师	3714.0
016	尹桂英	女	1956－01－25	大专	1980 年 10 月	工程	工程师	3153.0
017	苏俊枫	男	1960－08－20	本科	1985 年 04 月	教学管理	副研究员	3587.0
018	朱红光	男	1963－08－20	本科	1988 年 04 月	教学管理	副研究员	2578.4
019	苏秀兰	女	1955－09－07	高中	1975 年 01 月	工程	工程师	2970.3
020	穆瑞	男	1964－05－15	本科	1982 年 01 月	教学管理	助理研究员	2603.7
021	边松林	男	1952－10－22	大专	1973 年 04 月	工程	助理工程师	2709.4
022	周燕	男	1968－10－12	硕士	1987 年 12 月	教师	副教授	3084.3
023	龙祥春	男	1956－07－25	硕士	1978 年 12 月	教师	副教授	3327.0
024	郎铭亮	男	1955－10－12	本科	1978 年 12 月	教学管理	副研究员	3344.4
025	李潞原	男	1954－08－24	大专	1969 年 09 月	工程	高级工程师	4323.0
026	田和平	女	1970－04－01	博士	1998 年 03 月	教师	副教授	3078.7
027	于连华	男	1961－08－10	本科	1988 年 12 月	教学管理	副研究员	3257
028	赵宝庆	女	1967－03－26	硕士	1989 年 01 月	教师	讲师	2455.4
029	夏兰花	女	1972－12－01	博士	1997 年 03 月	教师	副教授	3123.5
030	温馨华	女	1960－09－20	大专	1982 年 09 月	工程	工程师	2595.0
031	罗文生	男	1979－08－04	博士	2000 年 08 月	教师	讲师	2241.0
032	梁秀文	女	1973－04－24	本科	1998 年 10 月	教学管理	副研究员	3244.0
033	王琦琦	男	1948－04－24	大专	1968 年 06 月	工程	高级工程师	3579.3
034	王明跃	男	1970－07－01	硕士	1993 年 10 月	教师	教授	3367.8
035	刘燕丽	女	1966－09－09	博士	1992 年 09 月	教师	副教授	2808.1
036	郑岩成	男	1974－11－01	博士	2001 年 12 月	教师	讲师	2309.3
037	李红霞	女	1982－01－16	硕士	2003 年 05 月	教师	助教	1967.5
038	徐文革	男	1977－03－14	博士	2000 年 07 月	教师	副教授	3137.0
039	苏元彪	男	1965－07－15	本科	1979 年 12 月	教学管理	研究员	3975.0
040	司国军	男	1980－02－01	硕士	2003 年 06 月	教师	助教	2707.0
041	宋羡颖	女	1969－06－01	本科	1990 年 08 月	工程	工程师	3885.0

续表

编号	姓名	性别	出生日期	学历	参加工作时间	职务系列	职称	应发工资
042	雷岩庆	男	1973—10—10	博士	1999 年 04 月	教师	副教授	3277.5
043	张俊	女	1972—08—02	硕士	1994 年 11 月	教师	讲师	2718.6
044	李红育	女	1975—06—21	本科	1989 年 10 月	教学管理	副研究员	2846.9
045	方静安	女	1963—01—10	硕士	1986 年 01 月	教师	副教授	3468.4
046	孟繁琪	男	1954—08—01	大专	1972 年 10 月	工程	工程师	4018.5
047	张晓鸣	男	1978—02—18	本科	2001 年 01 月	教学管理	助理研究员	2196.3
048	陈汝峰	男	1945—08—01	硕士	1969 年 12 月	教师	副教授	3675.0
049	刘福强	男	1964—11—03	博士	1995 年 11 月	教师	副教授	3274.0

Excel 提供了两种筛选命令:"自动筛选"(适用于简单的条件)和"高级筛选"(适用于复杂的条件)。

首先,将表格中的数据区域选定或者单击数据区域内的任何一个单元格,选择"数据"菜单,并选择"筛选"命令,如图 4-14 所示。这时会在第一行出现下拉箭头,用鼠标点击箭头,出现如下结果,如表 4-13 所示。

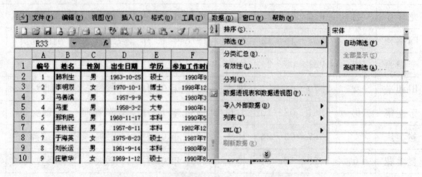

图 4-14 从"数据"菜单中选择"筛选"

表 4-13 "自动筛选"命令的使用

要筛选出应发工资最高的前 6 人,可选择"前 10 个",并在对话框中输入数据 6,得到的结果如表 4-14 所示。

表 4-14 自动筛选结果

	A	B	C	D	E	F	G	H	I
1	编号	姓名	性别	出生日期	学历	参加工作时	职务系列	职称	应发工资
7	6	李铁征	男	1957-8-11	本科	1982年12月	教学管理	研究员	3965.0
9	8	刘长运	男	1961-9-14	本科	1980年9月	教学管理	研究员	4044.6
14	13	刘互助	男	1949-3-16	大专	1969年2月	工程	高级工程师	3975.0
26	25	李潞原	男	1954-8-24	大专	1969年9月	工程	高级工程师	4323.0
40	39	苏元彪	男	1965-7-15	本科	1979年12月	教学管理	研究员	3975.0
47	46	孟繁琪	男	1954-8-1	大专	1972年10月	工程	工程师	4018.5

要筛选出应发工资大于 4000 元的职工,可使用高级筛选功能。

第一步:建立条件区域,即在工作表的顶端插入若干新行来放置条件,如图 4-15 所示。

	A	B	C	D	E	F	G	H	I
1	编号	姓名	性别	出生日期	学历	参加工作时间	职务系列	职称	应发工资
2									>4000
3	1	韩利生					教师	副教授	3411.0
4	2	李明双					教师	副教授	2896.0
5	3	马善溪					工程	高级工程师	3888.0
6	4	马董					工程	高级工程师	3888.0
7	5	邢利民					教学管理	副研究员	3324.0
8	6	李铁征					教学管理	研究员	3965.0
9	7	于海英					教师	副教授	3093.0
10	8	刘长运					教学管理	研究员	4044.6
11	9	庄敏华					教师	副教授	3019.5
12	10	李景义					工程	工程师	3274.8
13	11	刘荣旺					工程	工程师	2979.0
14	12	于西贝	女	1957-12-1	大专	1979年1月	教学管理	副研究员	2892.0
15	13	刘互助	男	1949-3-16	大专	1969年2月	工程	高级工程师	3975.0

高级筛选 ×
方式
◉ 在原有区域显示筛选结果(F)
○ 将筛选结果复制到其他位置(O)
列表区域(L): $A$1:$I$51
条件区域(C): $I$1:$I$2
复制到(T):
□ 选择不重复的记录(R)
确定 取消

图 4-15 "高级筛选"对话框

第二步:选择"高级筛选"命令,在弹出的对话框中进行相应的设置,如图 4-15 所示。

第三步:点击"确定",输出结果见表 4-15 所示。

表 4-15 高级筛选结果

	A	B	C	D	E	F	G	H	I
1	编号	姓名	性别	出生日期	学历	参加工作时间	职务系列	职称	应发工资
10	8	刘长运	男	1961-9-14	本科	1980年9月	教学管理	研究员	4044.6
27	25	李潞原	男	1954-8-24	大专	1969年9月	工程	高级工程师	4323.0
48	46	孟繁琪	男	1954-8-1	大专	1972年10月	工程	工程师	4018.5

(二)数据的排序

【例 4-7】 仍以表 4-12 为例,按应发工资的递增(升序)顺序排序。

第一步:单击数据区域内的任何一个单元格。

第二步:选取"数据"菜单中的"排序"命令,出现"排序"对话框。

第三步:在对话框中,单击"主要关键字"右边的下拉列表按钮,在字段下拉列表中选取主关键字段,如"应发工资",如图 4-16 所示。

	A	B	C	D	E	F	G	H	I
1	编号	姓名	性别	出生日期	学历	参加工作时间	职务系列	职称	应发工资
2	1	韩利生					教师	副教授	3411.0
3	2	李明双					教师	副教授	2896.0
4	3	马善溪					工程	高级工程师	3888.0
5	4	马董					工程	高级工程师	3888.0
6	5	邢利民					学管理	副研究员	3324.0
7	6	李铁征					学管理	研究员	3965.0
8	7	于海英					教师	副教授	3093.0
9	8	刘长运					学管理	研究员	4044.6
10	9	庄敏华					教师	副教授	3019.5
11	10	李景义					工程	工程师	3274.8
12	11	刘荣旺					工程	工程师	2979.0
13	12	于西贝					学管理	副研究员	2892.0
14	13	刘互助					工程	高级工程师	3975.0
15	14	李彤					教师	教授	3724.5
16	15	魏亚英	男	1957-4-3	大专	1981年3月	工程	工程师	3714.0
17	16	尹桂英	女	1956-1-25	大专	1980年10月	工程	工程师	3153.0

对话框内容:
排序
主要关键字:应发工资 ⊙升序(A) ○降序(D)
次要关键字:出生日期 ⊙升序(C) ○降序(N)
第三关键字:参加工作时间 ⊙升序(I) ○降序(G)
我的数据区域:⊙有标题行(R) ○无标题行(W)
选项(O)... 确定 取消

图 4-16 排序对话框

第四步:指定"升序"还是"降序",单击主要关键字右边的单选钮。还可以用同样的方法选择"次要关键字"、"第三关键字"以及升降序。本例选"升序"。

第五步:排除字段名行。因为字段名行不参加排序,所以数据清单中如果含有字段名行,应单击"有标题行"单选钮将其排除,否则单击"没有标题行"单选钮。

第六步:单击"确定"按钮执行排序。输出结果见表 4-16。

表 4-16 排序结果

	A	B	C	D	E	F	G	H	I
1	编号	姓名	性别	出生日期	学历	参加工作时间	职务系列	职称	应发工资
2	37	李红霞	女	1982-1-16	硕士	2003年5月	教师	助教	1967.5
3	47	张晓鸣	男	1978-2-18	本科	2001年1月	教学管理	助理研究员	2196.3
4	31	罗文生	男	1979-8-4	博士	2000年8月	教师	讲师	2241.0
5	36	郑岩成	男	1974-11-1	博士	2001年12月	教师	讲师	2309.3
6	28	赵宝庆	女	1967-3-26	硕士	1989年1月	教师	讲师	2455.4
7	18	朱红光	男	1963-8-20	本科	1988年4月	教学管理	副研究员	2578.4
8	30	温馨华	女	1960-9-20	大专	1982年9月	工程	工程师	2595.0
9	20	穆瑞	男	1964-5-15	本科	1982年1月	教学管理	助理研究员	2603.7
10	40	司国军	男	1980-2-1	硕士	2003年6月	教师	助教	2707.0

二、统计表

(一)数据分类汇总

【例 4-8】 仍以表 4-12 为例,试按职称进行分类汇总。

Excel 分类汇总的操作步骤如下:

第一步:先用鼠标左键选择需要分类汇总的数据区域,然后点击数据→分类汇总,打开分类汇总对话框,如图 4-17 所示。

第二步:在分类字段的下拉式列表中,选择要进行分类的标题。对于本例,可以选择职称。在汇总方式的下拉式列表中,选择要进行汇总的方式。对于本例,可以选择平均值。在选择汇总项中,选择要进行汇总的内容。对于本例,可以选择应发工资。点击确定,即可得到分类汇总的结果,如表 4-17 所示。

	A	B	C	D	E	F	G	H	I
1	编号	姓名	性别	出生日期	学历	参加工作时间	职务系列	职称	应发工资
2	1	韩利生					教师	副教授	3411.0
3	2	李明双					教师	副教授	2896.0
4	3	马善溪					工程	高级工程师	3888.0
5	4	马奎					工程	高级工程师	3888.0
6	5	邢利民					教学管理	副研究员	3324.0
7	6	李铁征					教学管理	研究员	3965.0
8	7	于海英					教师	副教授	3093.0
9	8	刘长运					教学管理	研究员	4044.6
10	9	庄敏华					教师	副教授	3019.5
11	10	李景义					工程	工程师	3274.8
12	11	刘荣旺					工程	工程师	2979.0
13	12	于西贝					教学管理	副研究员	2892.0
14	13	刘互助					工程	高级工程师	3975.0
15	14	李彤					教师	教授	3724.5
16	15	魏亚英	男	1957-4-5	大专	1981年3月	工程	工程师	3714.0

分类汇总对话框内容：
分类字段(A)：职称
汇总方式(U)：平均值
选定汇总项(D)：□职务系列 □职称 ☑应发工资
☑替换当前分类汇总(C)
□每组数据分页(P)
☑汇总结果显示在数据下方(S)
[全部删除(R)] [确定] [取消]

图 4-17　分类汇总对话框

表 4-17　分类汇总结果

1 2 3		A	B	C	D	E	F	G	H	I
	1	编号	姓名	性别	出生日期	学历	参加工作时间	职务系列	职称	应发工资
	2	1	韩利生	男	1963-10-25	硕士	1990年9月	教师	副教授	3411.0
	3	2	李明双	女	1970-10-1	博士	1998年12月	教师	副教授	2896.0
	4	7	于海英	女	1975-8-23	硕士	1987年7月	教师	副教授	3093.0
	5	9	庄敏华	女	1969-1-12	硕士	1990年8月	教师	副教授	3019.5
	6	22	周燕	男	1968-10-12	硕士	1987年12月	教师	副教授	3084.3
	7	23	龙祥春	男	1956-7-25	硕士	1978年12月	教师	副教授	3327.0
	8	26	田和平	女	1970-4-1	博士	1998年3月	教师	副教授	3078.7
	9	29	夏兰花	女	1972-12-1	博士	1997年3月	教师	副教授	3123.5
	10	35	刘燕丽	女	1966-9-9	博士	1992年9月	教师	副教授	2808.1
	11	38	徐文革	男	1977-3-14	博士	2000年7月	教师	副教授	3137.0
	12	42	雷岩庆	男	1973-10-10	博士	1999年4月	教师	副教授	3277.5
	13	45	方静安	女	1963-1-10	硕士	1986年1月	教师	副教授	3468.4
	14	48	陈汝峰	男	1945-8-1	硕士	1969年12月	教师	副教授	3675.0
	15	49	刘福强	男	1964-11-3	博士	1995年11月	教师	副教授	3274.0
	16								副教授 平均	3190.9
	17	5	邢利民	男	1968-11-17	本科	1990年5月	教学管理	副研究员	3324.0
	18	12	于西贝	女	1957-12-1	大专	1979年1月	教学管理	副研究员	2892.0
	19	17	苏俊枫	男	1960-8-20	本科	1985年4月	教学管理	副研究员	3587.0
	20	18	朱红光	男	1963-8-20	本科	1988年4月	教学管理	副研究员	2578.4
	21	24	郎铭亮	男	1955-10-12	本科	1978年12月	教学管理	副研究员	3344.4
	22	27	于连华	男	1961-8-10	本科	1988年12月	教学管理	副研究员	3257.0
	23	32	梁秀文	女	1973-4-24	本科	1998年10月	教学管理	副研究员	3244.0
	24	44	李红育	女	1975-6-21	本科	1989年10月	教学管理	副研究员	2846.9
	25								副研究员 平	3134.2
	26	3	马善溪	男	1957-9-9	大专	1980年3月	工程	高级工程师	3888.0
	27	4	马奎	男	1958-3-2	大专	1980年1月	工程	高级工程师	3888.0
	28	13	刘互助	男	1949-3-16	大专	1969年2月	工程	高级工程师	3975.0
	29	25	李澎原	男	1954-8-24	大专	1969年9月	工程	高级工程师	4323.0
	30	33	王琦琦	男	1948-4-24	大专	1968年6月	工程	高级工程师	3579.3
	31								高级工程师	3930.7

(二)数据透视表

【例 4－9】 仍以表 4-12 数据为例,若按性别统计各职称的应发工资,建立一个交叉式的复合分组统计表,可使用数据透视表功能。

利用 Excel 编制数据透视表的具体步骤如下:

第一步:选择"数据"菜单中的"数据透视表和图表报告"命令,弹出"数据透视表和数据透视图向导——3 步骤之 1"对话框,如图 4-18 所示。根据需要选择"数据源类型"和"报表类型"。在此,选用"Microsoft Office Excel 数据列表或数据库"和"数据透视表"。单击"下一步",进入"数据透视表和数据透视图向导——3 步骤之 2"对话框,如图 4-19 所示。

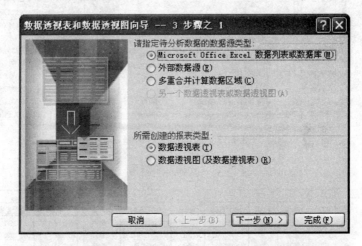

图 4-18 "数据透视表和数据透视图向导——3 步骤之 1"对话框

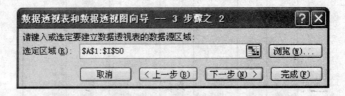

图 4-19 "数据透视表和数据透视图向导——3 步骤之 1"对话框

第二步:在"数据透视表和数据透视图向导——3 步骤之 2"中选定透视表区域(见图 4-19)。如果在启动向导之前单击了数据源单元格,Excel 会自动将其选定为数据源区域。单击"下一步",弹出对话框如图 4-20 所示。

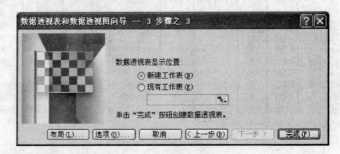

图 4-20 "数据透视表和数据透视图向导——3 步骤之 3"对话框

第三步:在"数据透视表和数据透视图向导——3 步骤之 3"中选择数据透视表的输出位置。本例选择"新建工作表"。然后点击"完成",弹出的对话框如图 4-21 所示。

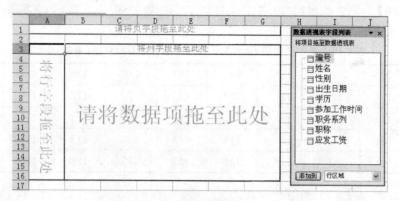

图 4-21 "数据透视表字段列表"对话框

第四步:依次将"职称"拖至行字段处;将"性别"拖至列字段处;将"应发工资"拖至数据项处。即得到数据透视表——按性别统计各职称的应发工资为内容的交叉式的复合分组统计表,如图 4-22 所示。

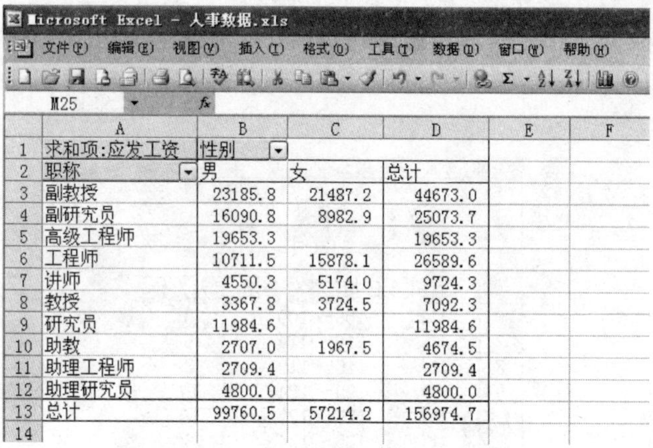

求和项:应发工资	性别		
职称	男	女	总计
副教授	23185.8	21487.2	44673.0
副研究员	16090.8	8982.9	25073.7
高级工程师	19653.3		19653.3
工程师	10711.5	15878.1	26589.6
讲师	4550.3	5174.0	9724.3
教授	3367.8	3724.5	7092.3
研究员	11984.6		11984.6
助教	2707.0	1967.5	4674.5
助理工程师	2709.4		2709.4
助理研究员	4800.0		4800.0
总计	99760.5	57214.2	156974.7

图 4-22 数据透视表和数据透视图结果

（三）频数分布

Excel 的频数分布函数能对数据进行分组,建立频数分布,较好地描述数据分布状态。

Excel 的频数分布函数为:

FREQUENCY

FREQUENCY 以一列垂直数组返回某个区域中数据的频率分布。

频数分布函数语法形式为:

FREQUENCY(data_array,bins_array)

其中:Data_array 为一数组或对一组数值的引用,用来编制频数分布的数据。Bins_array

为间隔的数组或对间隔的引用，该间隔用于对 data_array 中的数值进行分组。即为频数或次数的接受区间。

【例 4-10】 某生产车间 50 名工人日加工零件数如表 4-18 所示，试编制频数分布数列。

表 4-18 某生产车间 50 名工人日加工零件数原始资料（单位：个）

117	122	124	129	139	107	117	130	122	125
108	131	125	117	122	133	126	122	118	108
110	118	123	126	133	134	127	123	118	112
112	134	127	123	119	113	120	123	127	135
137	114	120	128	124	115	139	128	124	121

$R = x_{max} - x_{min} = 139 - 107 = 32$。

$K = 1 + 3.3\lg 50 \approx 7$ 即应分为 7 个组。

$d = 32 \div 7 = 4.6$。为便于计算，组距宜取 5 或 10 的倍数，而且第一组的下限应小于或等于最小变量值，最后一组的上限应大于或等于最大变量值。此例的组距可取 5。各组组限依次为：$105 \sim 110$、$110 \sim 115$、$115 \sim 120$、$120 \sim 125$、$125 \sim 130$、$130 \sim 135$、$135 \sim 140$。

首先，将原始数据或排序后的数据放到 A1：A50，把各组的上限（注意：上组限不在内原则）确定好（各组上限依次为：109、114、119、124、129、134、139）放到 C6：C12，如图 4-23 所示。

	A	B	C	D
1	107	139	107	32
2	108	组数		7
3	108	组距		5
4	110			
5	112	日加工零件分组		工人人数
6	112	105～	109	3
7	113	110～	114	5
8	114	115～	119	8
9	115	120～	124	14
10	117	125～	129	10
11	117	130～	134	6
12	117	135～	139	4
13	118	合 计		50
14	118			

图 4-23 频数分布函数 FREQUENCY 的应用

然后，点击鼠标左键选择存放频数（工人人数）的单元格 D6：D12。

最后点击粘贴函数找到 FREQUENCY，或输入＝FREQUENCY()，在弹出的对话框分别输入 A1：A50 和 C6：C12，使用 Ctrl＋Shift＋Enter 组合键，即得到频数分布，如图 4-23 所示。

三、统计图

Excel 具有丰富多彩的制图功能，它可以将表中的数据用图形表示，使表、图、文字有机地结合起来。它提供的图形种类繁多，如条形图、饼图、圆环图、折线图、直方图等 100

多种基本图表类型。

(一)反映定性数据的统计图——条形图、饼图和圆环图

【**例 4—11**】 以图 4-24 中的数据为例,制作条形图的 Excel 操作步骤如下:

(1)打开一个工作表,点击**图表向导**,弹出**图表向导－4 步骤之 1－图表类型**对话框,如图 4-24 所示。

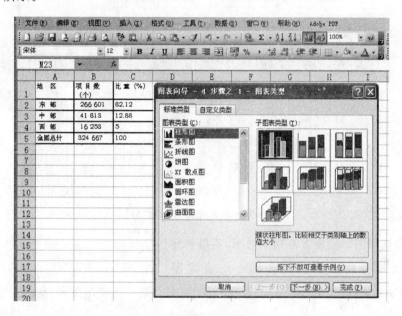

图 4-24 条形图或柱形图(1)

(2)在**图表类型**中选择条形图或柱形图,在**子图表类型**中选择具体样式;点击下一步,弹出**图表向导－4 步骤之 2－图表源数据**对话框。

(3)在**图表向导－4 步骤之 2－图表源数据**对话框,输入数据区域,如图 4-25 所示。

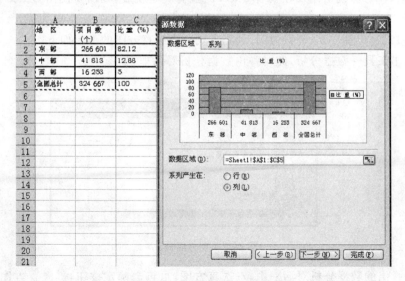

图 4-25 条形图或柱形图(2)

（4）点击下一步，弹出图表向导－4 步骤之 3－图表源数据对话框。

（5）对图表向导－4 步骤之 3－图表源数据对话框中的项目进行适当的选择，点击完成即可，结果如图 4-26 所示。

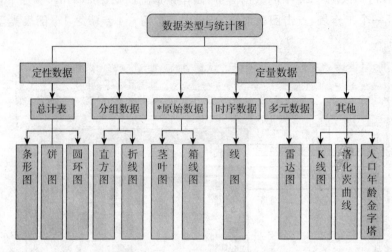

图 4-26　条形图或柱形图(3)

饼图和圆环图的绘制方法同条形图，不做赘述。

（二）反映分组数据的统计图——直方图

利用 Excel 绘制直方图要用到"数据分析"工具。第一次使用需要"加载宏"加载。具体步骤为：

（1）点击工具→加载宏，此时弹出加载宏对话框。

（2）在弹出的加载宏对话框中，点选分析工具库，再点击确定按钮，系统会自动加载上数据分析。

如果加载不上，说明用户在安装 Excel 时没有完全安装，则需要使用 Office 光盘进行加载。

【例 4-12】　以图 4-27 资料为例，利用 Excel 绘制直方图的步骤如下：

（1）点击工具→数据分析，此时弹出数据分析对话框，如图 4-27 所示。

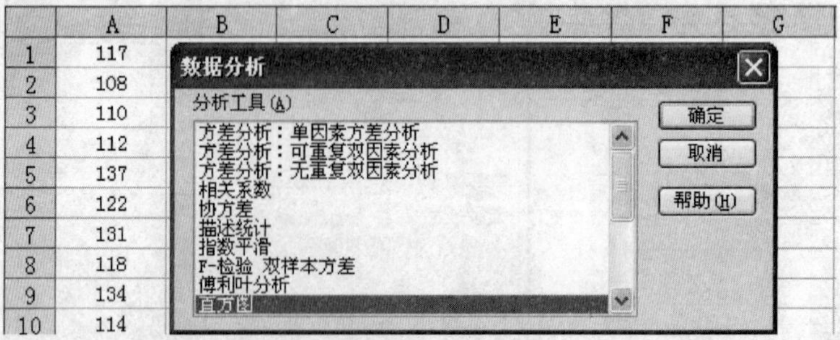

图 4-27　直方图(1)

（2）在弹出的数据分析对话框中，点选直方图，再点击确定按钮，进入直方图对话框，如图 4-28 所示。

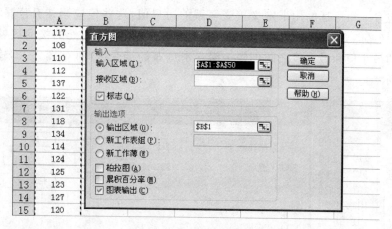

图 4-28　直方图(2)

　　(3)在直方图对话框中,输入、点击相应的项目(见图 4-28),再点击**确定**按钮,就得到如图 4-29 所示的结果。

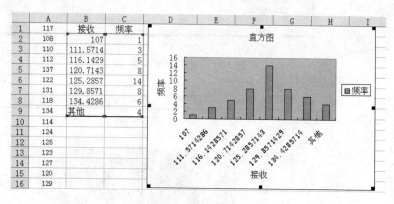

图 4-29　直方图(3)

　　(4)修改图 4-29。修改办法是:选中图 4-29 中的 B2:B8 单元格,单击右键,点选**设置单元格格式**,在弹出的单元格格式中点选**数值**将**小数位数**调至 0,点击**确定**按钮,就得到图 4-30 所示的结果。

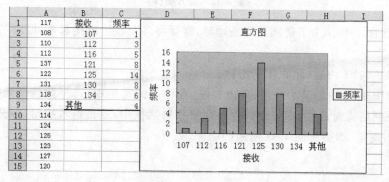

图 4-30　直方图(4)

在此需要说明的是直方图对话框中的接受区域:在此输入接收区域的单元格引用,该区域应包含一组可选的用来定义接受区域的边界值,这些值应当按升序排列,即统计分组的上限(见图 3-31,输出结果如图 3-32 所示)。如果省略此处的接受区域,Excel 将在数据组的最小值和最大值之间创建一组平滑分布的接受区间(如图 4-28,输出结果如图 4-29 所示)。

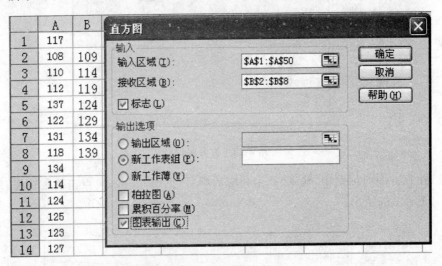

图 4-31 直方图(5)

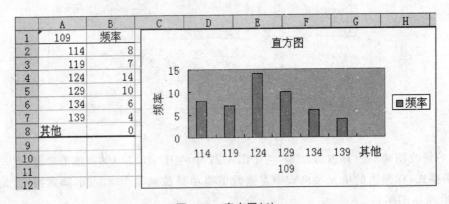

图 4-32 直方图(6)

(5)修改图 4-32。为了使图更容易理解,需要将各个柱形连接起来,可对图 4-32 做如下修改:

①删除 A8:B8 内容,删除频率图标;

②点中图 4-32 中的某个柱形,单击右键,在弹出的菜单中,选择**数据系列格式**,此时弹出数据系列格式对话框,在弹出数据系列格式对话框中,点击**选项按钮**,将分类间距调整为 0,点击确定,即得到图 4-33 所示的结果。

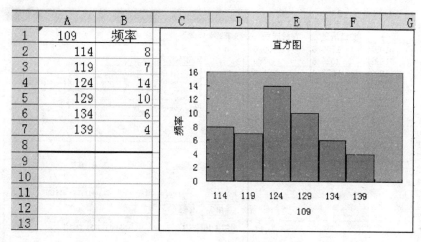

图4-33　直方图(8)

(三)反映时序数据的统计图——线图

【**例 4-13**】 以图 4-34 资料为例,说明线图的制作过程。Excel 的操作步骤也同条形图或柱形图,如图 4-34 所示。

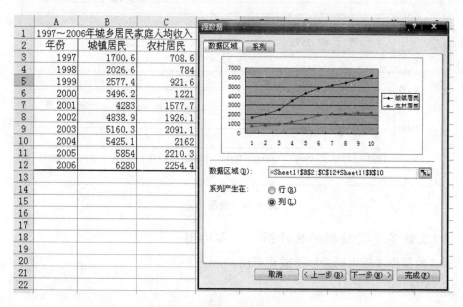

图4-34　线图(1)

所不同的是,时间序列数据有个特点:横轴一般是时间轴,这在画图时有一个步骤需要注意,如图 4-35 所示;在**源数据**对话框里点击**系列**,在**分类(X)轴标志**(T)填充时间数据列,点击下一步完成,如图 4-36 所示。

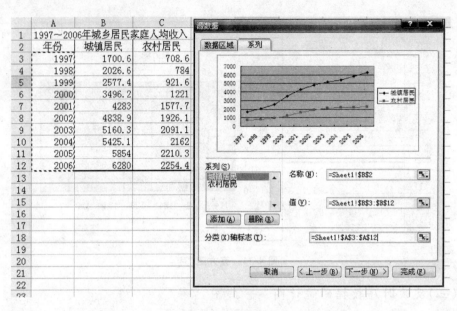

图 4-35　线图(2)

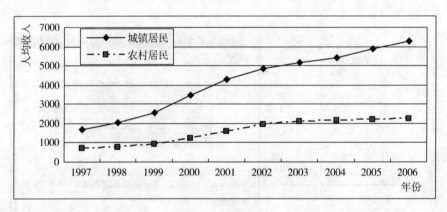

图 4-36　线图(3)

(四)反映多变量数据的统计图——雷达图

Excel 的操作步骤也同条形图或柱形图。

(五)K 线图

下面通过一个实例说明利用 Excel 绘制 K 线图的过程。

【例 4-14】　已知某公司 2003 年 3 月 3 日到 2003 年 3 月 31 日股价数据如表 4-19 所示,试绘制其 K 线图。

表 4-19　某公司股票交易资料

日期	成交量	开盘价	最高	最低	收盘价
2003—3—3	6,868,705	17.07	17.78	16.92	17.40
2003—3—4	6,415,693	17.61	18.15	17.17	18.03

续表

日期	成交量	开盘价	最高	最低	收盘价
2003—3—5	6,144,053	18.17	18.35	17.82	18.33
2003—3—6	5,302,493	18.31	18.40	18.00	18.24
2003—3—7	5,569,122	18.41	18.46	17.85	18.08
2003—3—10	5,750,477	18.18	18.19	17.72	17.65
2003—3—11	6,487,330	17.38	17.97	17.12	17.35
2003—3—12	7,489,850	16.98	17.83	16.51	17.36
2003—3—13	7,679,882	17.52	17.90	17.18	17.61
2003—3—14	8,564,278	17.78	18.50	17.17	18.48
2003—3—18	10,541,235	19.16	19.51	18.32	19.24
2003—3—19	10,898,998	20.01	20.15	19.73	19.52
2003—3—20	9,252,137	19.33	19.68	19.16	19.12
2003—3—21	9,878,160	19.20	19.61	18.85	19.25
2003—3—24	10,720,738	19.82	20.25	19.20	20.14
2003—3—25	10,715,367	20.45	20.99	19.98	20.69
2003—3—26	9,142,965	20.91	21.16	20.46	20.75
2003—3—27	8,339,080	21.01	21.19	20.62	21.18
2003—3—28	8,272,253	21.25	21.31	20.75	21.15
2003—3—31	8,673,187	21.16	21.20	20.74	20.73

(1)点击**图表向导**,选择股价图以及子股价图:成交量—开盘—盘高—盘低—收盘图,如图 4-37 所示。

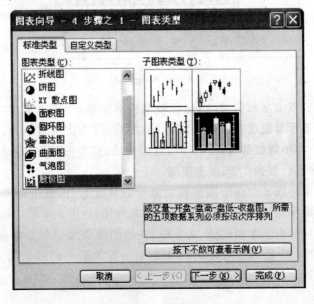

图 4-37 K 线图(1)

(2)点击**下一步**,进入图表向导步骤 2,输入数据区域,如图 4-38 所示。

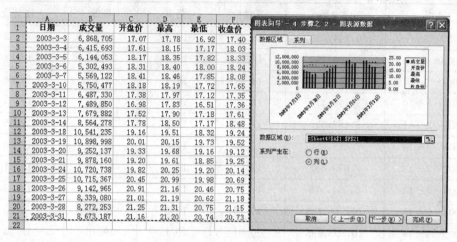

	A	B	C	D	E	F
1	日期	成交量	开盘价	最高	最低	收盘价
2	2003-3-3	6,868,705	17.07	17.78	16.92	17.40
3	2003-3-4	6,415,693	17.61	18.15	17.17	18.03
4	2003-3-5	6,144,053	18.17	18.35	17.82	18.33
5	2003-3-6	5,302,493	18.31	18.40	18.00	18.24
6	2003-3-7	5,569,122	18.41	18.46	17.85	18.08
7	2003-3-10	5,750,477	18.18	18.19	17.72	17.65
8	2003-3-11	6,487,330	17.38	17.97	17.12	17.35
9	2003-3-12	7,489,850	16.98	17.83	16.51	17.36
10	2003-3-13	7,679,882	17.52	17.90	17.10	17.61
11	2003-3-14	8,564,278	17.78	18.50	17.17	18.48
12	2003-3-18	10,541,235	19.16	19.51	18.32	19.24
13	2003-3-19	10,898,998	20.01	20.15	19.73	19.52
14	2003-3-20	9,252,137	19.33	19.68	19.16	19.12
15	2003-3-21	9,878,160	19.61	19.61	18.85	19.16
16	2003-3-24	10,720,738	19.82	20.25	19.20	20.14
17	2003-3-25	10,715,367	20.45	20.99	19.98	20.69
18	2003-3-26	9,142,965	20.91	21.16	20.46	20.75
19	2003-3-27	8,339,080	21.01	21.19	20.62	21.18
20	2003-3-28	8,272,253	21.25	21.31	20.75	21.15
21	2003-3-31	8,673,187	21.16	21.20	20.74	20.73
22						

图 4-38　K 线图(2)

(3)点击**下一步**,进入图表向导步骤 3-图表选项。点击标题,在**图表标题**栏内输入"K 线图",在**数值(Y)轴**栏内输入"成交量",在**次数值(Y)轴**栏内输入"股价";点击**坐标轴**,将**主坐标轴**的分类(X)轴选为分类;点击**图例**,去掉显示图例,点击**完成**,得到 K 线图草图如图 4-39 所示。

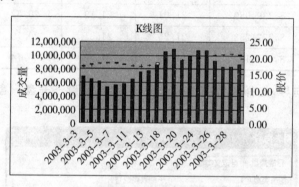

图 4-39　K 线图(3)

(4)修饰草图。双击主数值轴,在**坐标轴格式**对话框中,单击**刻度**,将**最大值**设置为"20000000",并把**显示单位**选择成"百万",点击**完成**;双击次主数值轴,在**坐标轴格式**对话框中,单击**数字**,将**小数位数**设置为"0",点击**完成**;双击分类轴,在**坐标轴格式**对话框中,单击**字体**,将字号设置为"8",点击**完成**。

(5)添加移动平均线。点击绘图区使之处于激活状态,再点击菜单栏中的**图表－添加趋势线**,选择移动平均,将**周期**调至 3,单击**完成**按钮;点击菜单栏中的视图－工具－绘图将绘图工具栏打开,点击上面的（文本框)在绘图区添加一个文本框,并输入"3 日均线",在点击,绘制一个箭头指向移动平均线,就得到如图 4-40 所示的 K 线图了。

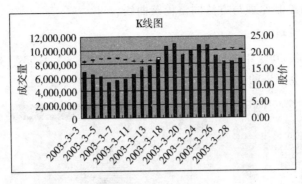

图 4-40 K 线图 (4)

(六)洛伦茨曲线和帕累托曲线

【例 4—15】 以图 4-41 资料为例,说明洛伦茨曲线的制作过程。

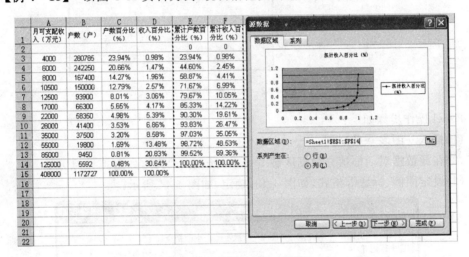

图 4-41 洛伦茨曲线对话框

Excel 操作步骤如下:

(1)点击**图表向导**,在弹出的图表向导步骤 1 对话框的**图表类型**中选择**散点图**,在**子图表类型**中选择平滑线散点图,点击**下一步**按钮,进入图表向导步骤 2。

(2)在弹出的图表向导步骤 2 对话框中输入数据区域,见图 3-43,点击下一步按钮,进入图表向导步骤 3。

(3)在弹出的图表向导步骤 3 对话框中,点击标题,在**图表标题**中输入"某地区收入洛伦茨曲线",在**数值(X)轴**中输入"累计户数百分比",在**数值(Y)轴**中输入"累计收入百分比";点击**图例**,去掉显示图例,点击完成按钮,即得到草图。

(4)修饰坐标轴。将鼠标箭头指向 X 轴,单击右键,在弹出的对话框中点选**坐标轴格式**,再在弹出的对话框中点击**数字**,在**分类**中点**选百分比**,将**小数位数**调至 0;点击**刻度**,将**最大值**调至 1。同样办法对 Y 轴进行修饰。

(5)再利用绘图工具,在图的左下角与右上角之间加一条直线,此时洛伦茨曲线绘制完毕。如图 4-12 所示。

帕累托曲线的绘制原理与方法同洛伦茨曲线。

（七）人口金字塔

【例 4-16】 以 2003 年中国人口年龄资料（如图 4-42A、B、C 三列所示）为例，说明用 Excel 绘制人口金字塔的方法。

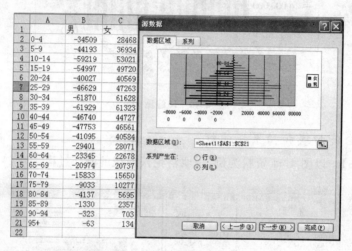

图 4-42　人口金字塔(1)

Excel 操作步骤如下：

(1)插入→图表→条形图；

(2)在源数据对话框填充数据区域——系列产生于"列"，如图 4-42 所示；

(3)设定图例、标题等格式，如图 4-43，确定，如图 4-44 所示；

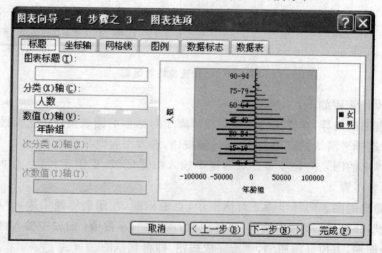

图 4-43　人口金字塔(2)

(4)在图 4-44 已经绘制完成的条形图中，双击图中的条形，弹出数据系列格式，设定选项：重叠比例 100，分类间距 0，如图 4-45。

(5)单击确定，得到人口年龄金字塔，如图 4-13 所示。

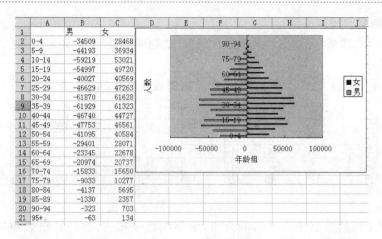

图 4-44 人口金字塔(3)

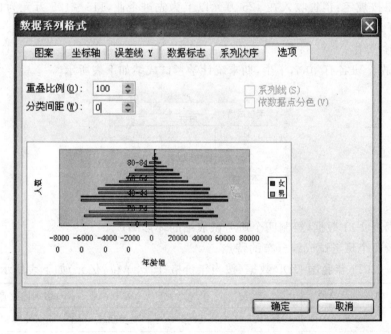

图 4-45 人口金字塔(4)

思考与练习题

一、思考题

1.什么是统计分组,统计分组有哪些作用?

2.什么是统计表,编制统计表时应注意哪些问题?

3.什么是次数分布?其构成要素有哪些?

4. 变量数列的编制步骤？

5. 向上累积频数（或频率）、向下累计频数（或频率）的经济含义是什么？

二、练习题

1. 某行业局所属 40 个企业 2011 年产品销售收入数据（单位：万元）如下表所示。

	A	B	C	D	E	F	G	H
1	152	119	105	115	103	118	136	113
2	105	108	123	100	103	120	146	104
3	117	88	116	87	137	112	127	125
4	97	129	115	107	138	95	135	108
5	124	114	110	119	92	142	117	126

要求：

(1)根据上面的数据进行适当的分组，编制频数分布表，并计算出累积频数和累积频率；

(2)如果按规定：销售收入在 125 万元以上为先进企业，115～125 万元为良好企业，105～115 万元为一般企业，105 万元以下为落后企业，按先进企业、良好企业、一般企业、落后企业进行分组。

2. 甲乙两个班各有 40 名学生，期末统计学考试成绩如下表所示。

A	B	C
考试成绩	人数	
	甲班	乙班
优	3	6
良	6	15
中	18	9
及格	9	8
不及格	4	2

要求：

(1)根据表 4-21 数据，绘制两个班考试成绩的环形图；

(2)比较两个班考试成绩分布的特点。

3. 1978—2011 年我国 GDP 数据（按当年价格计算，单位：亿元）如下表所示。

年份	国内生产总值	第一产业	第二产业	第三产业	人均国内生产总值（元）
1978	3645.2	1027.5	1745.2	872.5	381
1979	4062.6	1270.2	1913.5	878.9	419
1980	4545.6	1371.6	2192.0	982.0	463
1981	4891.6	1559.5	2255.5	1076.6	492
1982	5323.4	1777.4	2383.0	1163.0	528
1983	5962.7	1978.4	2646.2	1338.1	583
1984	7208.1	2316.1	3105.7	1786.3	695

续表

年份	国内生产总值	第一产业	第二产业	第三产业	人均国内生产总值（元）
1985	9016.0	2564.4	3866.6	2585.0	858
1986	10275.2	2788.7	4492.7	2993.8	963
1987	12058.6	3233.0	5251.6	3574.0	1112
1988	15042.8	3865.4	6587.2	4590.3	1366
1989	16992.3	4265.9	7278.0	5448.4	1519
1990	18667.8	5062.0	7717.4	5888.4	1644
1991	21781.5	5342.2	9102.2	7337.1	1893
1992	26923.5	5866.6	11699.5	9357.4	2311
1993	35333.9	6963.8	16454.4	11915.7	2998
1994	48197.9	9572.7	22445.4	16179.8	4044
1995	60793.7	12135.8	28679.5	19978.5	5046
1996	71176.6	14015.4	33835.0	23326.2	5846
1997	78973.0	14441.9	37543.0	26988.1	6420
1998	84402.3	14817.6	39004.2	30580.5	6796
1999	89677.1	14770.0	41033.6	33873.4	7159
2000	99214.6	14944.7	45555.9	38714.0	7858
2001	109655.2	15781.3	49512.3	44361.6	8622
2002	120332.7	16537.0	53896.8	49898.9	9398
2003	135822.8	17381.7	62436.3	56004.7	10542
2004	159878.3	21412.7	73904.3	64561.3	12336
2005	184937.4	22420.0	87598.1	74919.3	14185
2006	216314.4	24040.0	103719.5	88554.9	16500
2007	265810.3	28627.0	125831.4	111351.9	20169
2008	314045.4	33702.0	149003.4	131340.0	23708
2009	340902.8	35226.0	157638.8	148038.0	25608
2010	401512.8	40533.6	187383.2	173596.0	30015
2011	472881.6	47486.2	220412.8	204982.5	35181

要求：

（1）绘制国内生产总值和第一、二、三产业国内生产总值及人均国内生产总值的线图；并对其变动趋势进行分析。

（2）根据2011年的国内生产总值及其构成数据，绘制饼图。

4.要求:根据下表数据绘制散点图,判断国内生产总值 x(万元)与货运周转量 y(万吨)之间的关系形态。

年份	x	y	年份	x	y	年份	x
1986	5	9	1995	40	35	2004	57
1987	8.7	12	1996	41	32	2005	59
1988	12	14	1997	32	24	2006	63
1989	16	15	1998	34	28	2007	66.5
1990	19	17	1999	44	32	2008	67
1991	22	20	2000	47	34	2009	70.5
1992	25	20.5	2001	54	37	2010	70.6
1993	28	23.5	2002	56.5	40	2011	73
1994	36	30	2003	56	44		

第五章 平均分析

【统计知识 ABC】

[A]平均工资

职工平均工资指企业、事业、机关单位的职工在一定时期内平均每人所得的货币工资额。它表明一定时期职工工资收入的高低程度,是反映职工工资水平的主要指标。计算公式为:

职工平均工资＝报告期实际支付的全部职工工资总额/报告期全部职工平均人数

职工工资总额指各单位在一定时期内直接支付给本单位全部职工的劳动报酬总额。工资总额的计算原则应以直接支付给职工的全部劳动报酬为根据。各单位支付给职工的劳动报酬以及其他根据有关规定支付的工资,不论是计入成本的还是不计入成本的,不论是按国家规定列入计征奖金税项目的还是未列入计征奖金税项目的,不论是以货币形式支付的还是以实物形式支付的,均包括在工资总额内。

(资料来源:http://www.stats.gov.cn/tjzd/tjzbjs/t20020327_14287.htm)

联合国国际劳工组织日前对全球 72 个国家和地区的人均月收入做了最新统计。这些国家和地区的人均月收入是 1480 美元、约合人民币 9327 元。其中,中国员工的月平均工资为 656 美元、约合人民币 4134 元,位列所调查 72 个国家和地区的第 57 位。(2012 年 4 月 4 日《京华时报》)

(资料来源:http://news.jinghua.cn/351/c/201204/04/n3674159.shtml)

2011 年城镇单位就业人员平均工资全国为 41799 元,山东省为 37618 元。

(资料来源:http://www.stats.gov.cn/tjsj/ndsj/2012/indexch.htm)

[B]城镇居民人均可支配收入

城镇居民人均可支配收入是指家庭总收入扣除交纳的个人所得税、个人交纳的各项社会保障支出后按家庭人口平均可用于支配的收入。可支配收入计算公式为:

可支配收入＝家庭总收入—交纳的所得税—个人交纳的社会保障支出—记账补贴

家庭总收入指生活在一起的所有家庭成员在调查期得到的工资性收入、经营性收入、财产性收入、转移性收入的总和,不包括出售财物和借贷收入。收入的统计标准以实际发生的数额为准,无论收入是补发还是预发,只要是调查期得到的都应如实计算,不作分摊。

(1)工资性收入,指就业人员通过各种途径得到的全部劳动报酬,包括所从事主要职业的工资以及从事第二职业、其他兼职和零星劳动得到的其他劳动收入。

（2）经营性收入，指家庭成员从事生产经营活动所获得的净收入，使全部生产经营收入扣除生产经营成本和税金（不包括个人所得税）后的收入。

（3）财产性收入，指家庭拥有的动产（如银行存款、有价证券）、不动产（如车辆、土地、收藏品等）所获得的收入。包括出让财产使用权所获得的利息、租金、专利收入；财产营运所获得的红利收入、财产增值收益等。

（4）转移性收入，指国家、单位、社会团体对居民家庭的各种转移支付和居民家庭间的收入转移。包括政府对个人收入转移的离退休金、失业救济金、赔偿等；单位对个人收入转移的辞退金、保险索赔、住房公积金等；家庭、亲友间的赠送和赡养等。

个人所得税指调查对象被扣缴的工资薪金所得、对企事业单位的承包经营承租经营所得、劳务报酬所得、稿酬所得、特许权使用费所得、利息股息红利所得、财产租赁所得、财产转让所得、偶然所得、经国务院财政部门确定征税的其他所得等个人所得的税款。

社会保障支出指调查户家庭成员参加国家法律、法规规定的社会保障项目中由个人交纳的保障支出。不包括职工所在单位交纳的那部分社会保障金。具体包括个人交纳的住房公积金、个人交纳的医疗基金、个人交纳的失业基金、个人交纳的养老基金和个人交纳的其他社会保障支出。

记账补贴指调查户因承担记账工作从统计部门、工作单位和其他途径所得到的现金。不包括实物部分。

我国城镇居民人均可支配收入 1978 年为 343.4 元，2011 年为 21809.8 元。

（资料来源：根据城镇居民人均可支配收入百度百科

　　　　　　　http://baike.baidu.com/view/2332455.htm 改编）

［C］农民人均纯收入

农民均纯收入，指农村住户当年从各个来源得到的总收入相应地扣除所发生的费用后的收入总和。纯收入主要用于再生产投入和当年生活消费支出，也可用于储蓄和各种非义务性支出。计算公式为：

农民纯收入＝总收入－家庭经营费用支出－税费支出－生产性固定资产折旧

　　　　　　－赠送农村内部亲友

农民人均纯收入，指按人口平均的纯收入水平，反映的是一个地区或一个农户农村居民的平均收入水平。农民人均纯收入的计算公式为：

农民人均纯收入＝（农村居民家庭总收入－家庭经营费用支出

　　　　　　－生产性固定资产折旧－税金和上交承包费用－调查补贴）/

　　　　　　农村居民家庭常住人口

我国城镇居民人均可支配收入 1978 年为 343.4 元，2011 年为 21809.8 元。

（资料来源：农民人均纯收入_百度百科 http://baike.baidu.com/view/602333.htm 改编）

第一节 平均分析概述

一、平均分析的含义

平均分析是指利用某一时点的平均指标和差异指标相结合对社会经济现象进行分析的一种方法。

平均指标又称平均数,是同质总体内某一数量标志在一定时间、地点条件下达到的一般水平,即总体内各单位参差不齐的标志值的代表值。平均指标的特点是对数量标志在总体单位之间的数值差异抽象化,它并不代表某一总体单位的具体水平,而是一个用来反映总体综合数量特征的典型水平或者代表水平。例如,用职工平均工资代表职工收入的一般水平,用平均亩产代表粮食生产的一般水平等等。

从多数社会经济变量数列的分布来看,通常是接近平均数的变量值的次数较多,而远离平均数的变量值的次数较少,也就是,与平均数离差较小的变量值的次数比较多,而离差较大的变量值的次数比较少,形成正、负离差大致相等的状态。整个变量数列以平均数为中心而上下波动,所以,掌握了变量数列的平均数,就可以了解总体分布集中趋势的一般特征,它是变量分布的重要特征值。

但是,平均指标把总体各单位标志值抽象化了,掩盖了各标志值之间的差异,所以在运用平均指标进行平均分析的同时,有必要进一步对被抽象化的各单位标志值的差异程度进行测度,这种测度指标称为差异指标。差异指标反映的是各变量值远离平均指标值的分散程度,反映各变量值的离中趋势。数据的分散程度越大,平均指标的测度值对该组数据的代表性就越差;分散程度越小,其代表性就越好。

因此,平均指标和差异指标是一对相互联系的对应指标,两者是从不同侧面反映同质总体的共同特征。平均指标说明总体各单位标志值的一般水平,反映总体分布的集中趋势;差异指标则说明总体各单位标志值的差异程度,反映总体分布的离中趋势或分散程度,反映平均指标的代表性大小。

在对数据进行统计整理的基础上进行平均分析,可以找到反映数据分布特征的各个代表值,对数据进行概括性的度量,从而比较全面地把握数据的分布特征。

二、平均分析的作用

平均分析是研究社会经济现象常用的分析方法之一,在社会经济统计中的应用十分广泛,在统计工作和统计研究中也具有十分重要的作用。

(1)平均分析可以比较同类现象在不同地区、部门或单位之间的本质差异。例如,比较两个企业职工收入状况,仅比较两个企业的工资总额是不够的,因为工资总额还受职工人数等因素影响,而用人均收入则可以比较好地反映两个企业职工收入的差异。

(2)平均分析可用于比较同一总体在不同时期的动态发展状况。例如,我国农村居民家庭平均每人纯收入情况如表 5-1 所示,反映我国农村居民收入水平不断提高,生活逐步得到改善。

表 5-1 我国农村居民家庭人均纯收入情况

年份	2005	2006	2007	2008	2009	2010
农村居民家庭平均每人纯收入(元)	3254.93	3587.04	4140.36	4760.42	5153.17	5919

(3)平均分析可以为统计推断提供重要的特征值。在统计推断中,利用样本平均数推断总体平均数、利用样本方差推断总体方差、确定样本容量,都要用到平均指标和差异指标。例如,在农作物产量调查中,用样本平均亩产推断总平均亩产,进而根据总平均亩产推算总产量。

(4)平均分析中差异指标可以衡量平均指标的代表性高低。平均指标作为总体各单位某一数量标志的代表值,其代表性的高低与总体各单位变量值差异程度有直接关系:总体的差异指标值愈大,平均数的代表性愈低;反之,总体的差异指标值愈小,平均数代表性愈高。

(5)平均分析可以衡量社会经济活动的稳定性和均衡程度。例如,检查生产计划执行情况时,除了计算计划完成程度外,还要用差异指标分析计划执行过程中的均衡程度,检查生产过程是否存在时紧时松的现象。又如进行产品质量统计检验,经常采用差异指标,如果指标变动程度较小,说明产品质量比较稳定;反之,指标变动程度较大,说明产品质量的稳定性越差。

三、平均分析的种类

平均分析从其内容上来看可以分为平均指标分析和差异指标分析。需要说明的是平均指标分析按其反映的时态不同,可以分为静态平均指标分析和动态平均指标分析。静态平均指标分析是依据在同一时间范围内总体各单位某一数量标志值的平均指标进行分析。而动态平均指标分析是依据同一空间不同时间某一指标值的平均水平进行分析。本节着重介绍静态平均指标分析。动态平均指标分析将在时间序列分析一章中介绍。

平均指标分析按其指标度量的方法不同,可以分为数值平均分析和位置平均分析。数值平均分析是根据数列中的每一个数值或变量值计算的平均指标进行分析,指标包括算术平均数、调和平均数和几何平均数;位置平均分析是根据某数值在数列中所处的特殊位置而确定的平均指标进行分析,指标包括中位数、众数、分位数等。

差异分析主要介绍的是总体内部的标志值差异分析,是通过计算相关差异指标进行分析,指标包括异众比率、四分位差、全距、平均差、方差和标准差、离散系数等。

从统计数据的类型来看,不同的数据类型有不同的平均分析指标,需要说明的是适用于低层次的数据平均分析指标同样适用于高层次的数据;但是,适用于高层次数据的平均分析指标并不适用于低层次的数据。

平均分析的种类及其指标适用的数据类型如图 5-1 所示:

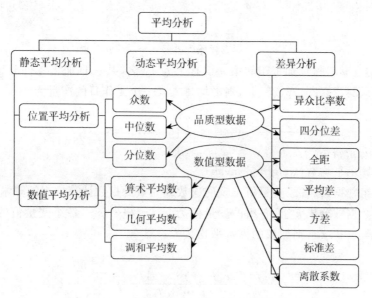

图 5-1 平均分析的种类及其指标适用的数据类型

第二节 静态平均分析

一、数值平均数

(一)算术平均数

算术平均数(arithmetic mean)也称为均值(mean),是全部数据算术平均的结果。算术平均法是计算平均指标最基本、最常用的方法。在社会经济现象中,有很多研究总体,其总体标志总量常常是总体单位总量的算术总和。例如,工人工资总额是总体中每个工人工资的总和,某地区小麦总产量是所有耕地小麦产量的总和。在总体标志总量和总体单位总量的基础上,就可以计算算术平均数。计算公式为:

$$算术平均数 = \frac{总体标志总量}{总体单位总量}$$

算术平均数在统计学中占有重要的地位,是集中趋势的最主要度量值,通常用 $\bar{x}$ (读作 $x-$ bar)表示。根据所掌握数据形式的不同,算术平均数可分为简单算术平均数和加权算术平均数。

1. 简单算术平均数(simple mean)

用于未分组整理的原始数据,其算术平均数的计算就是直接将一组数据的各个数值相加除以数值个数。

设一组数据为 $x_1, x_2, \cdots, x_n$,则算术平均数 $\bar{x}$ 的计算公式为:

$$\bar{x} = \frac{x_1 + x_2 + \cdots + x_n}{n} = \frac{\sum\limits_{i=1}^{n} x_i}{n} \tag{5-1}$$

【例 5-1】 某机械厂加工车间第一组有工人 12 名，某一日加工零件分别为：15、17、19、22、22、24、24、24、25、26、28、30，则平均每人某一个工作日的产量为：

$$\bar{x} = \frac{\sum\limits_{i=1}^{n} x_i}{n} = \frac{15 + 17 + 19 + \cdots + 30}{12} = 23（件）$$

2. 加权算术平均数（weighted mean）

用于分组数据，以各组变量值出现的次数或频数为权数计算加权的算术平均数。

设原始数据被分成 k 组，各组的变量值为 $x_1, x_2, \cdots, x_k$，各组变量值的次数或频数分别为 $f_1, f_2, \cdots, f_k$，则加权的算术平均数为：

$$\bar{x} = \frac{x_1 f_1 + x_2 f_2 + \cdots + x_k f_k}{f_1 + f_2 + \cdots + f_k} = \frac{\sum\limits_{i=1}^{k} x_i f_i}{\sum\limits_{i=1}^{k} f_i} \tag{5-2}$$

【例 5-2】 某汽车配件厂有 40 名工人，他们每人每日加工的某种零件数，编制成单项数据资料如表 5-2，计算 40 名工人平均每人每日加工零件数。

表 5-2 某汽车配件厂工人每人每日加工某种零件情况

	A 按日产量分组（件）x_i	B 工人人数（人）f_i	C 总产量（件）$x_i f_i$	D $f_i / \sum\limits_{i=1}^{n} f_i$	E $x_i \cdot f_i / \sum\limits_{i=1}^{n} f_i$
1					
2	25	1	25	0.025	0.625
3	26	2	52	0.05	1.3
4	27	6	162	0.15	4.05
5	29	12	348	0.3	8.7
6	30	15	450	0.375	11.25
7	31	2	62	0.05	1.55
8	32	2	64	0.05	1.6
9	合　计	40	1163	1	29.075

解：根据（5-2）式得

$$\bar{x} = \frac{\sum\limits_{i=1}^{k} x_i f_i}{\sum\limits_{i=1}^{k} f_i} = \frac{1163}{40} = 29.075（件/人）$$

从上例可以看出，加权算术平均数数值的大小，不仅受各组变量值（x_i）大小的影响，而且受各组变量值出现的频数（f_i）大小的影响。如果某一组的频数较大，说明该组的数据较多，那么该组数据的大小对算术平均数的影响就越大，反之，则越小。由于各组频数（f_i）对平均数的大小起到权衡轻重的作用，所以称各组频数为权数。实际上，我们将（5-2）式变形为下面的形式，就更能清楚地看出这一点。

$$\bar{x} = \frac{\sum\limits_{i=1}^{k} x_i f_i}{\sum\limits_{i=1}^{k} f_i} = \sum_{i=1}^{k} x_i \frac{f_i}{\sum\limits_{i=1}^{k} f_i} \qquad (5\text{-}3)$$

由(5-3)式可以清楚地看出,加权算术平均数受各组变量值(x_i)和各组权数即频率 $f_i / \sum\limits_{i=1}^{k} f_i$ 大小的影响。当我们掌握的权数不是各组变量值出现的频数,而是频率时,可直接根据(5-3)式计算算术平均数。

从表5-2计算可以看出,$\bar{x} = \sum\limits_{i=1}^{k} x_i \frac{f_i}{\sum\limits_{i=1}^{k} f_i} = 29.075$,用频率加权计算的结果与用频数加权计算的结果是一致的。

上例是根据单变量数列计算的加权算术平均数,如果根据组距数列计算加权算术平均数时,则要用各组的组中值代替变量值,然后进行加权平均。举例如下:

【例5-3】 在某地区抽取120家企业,按利润额进行分组如表5-3所示。现利用表中资料计算平均数。

表5-3 某地区120家企业利润额情况表

	A	B	C	D
1	按利润额分组 （万元）	组中值 x_i	企业个数 f_i	$x_i f_i$
2	300以下	250	19	4750
3	300~400	350	30	10500
4	400~500	450	42	18900
5	500~600	550	18	9900
6	600以上	650	11	7150
7	合　计	——	120	51200

解:根据(5-2)式得

$$\bar{x} = \frac{\sum\limits_{i=1}^{n} x_i f_i}{\sum\limits_{i=1}^{n} f_i} = \frac{51200}{120} = 426.67 \text{（万元）}$$

需要说明的是,用各组的组中值代替变量值计算具有假定性,即假定各组内部的变量值是服从均匀分布或对称分布。事实上,这种均匀分布或对称分布的情况很少,因此,由组距数列计算的加权平均数只是平均数的近似值。

对同一资料,分别用未分组数据计算均值与用分组数据计算均值并不完全相同,然而,当组数相当大时,两个值会比较接近。因为对整个数列来说,影响变量值高低的各种因素由于分组在一定程度上起到相互抵消的作用。分组工作做得越好,加权算术平均数越接近于实际。

当各组变量值出现的频数(f_i)或频率$f_i/\sum_{i=1}^{k}f_i$相等时,权数的作用就消失了,这就意味着各组变量值对总平均的结果所起的作用是一样的,此时,加权算术平均数就等于简单算术平均数。

在实际生活中,我们也会经常遇到由相对数计算平均数的情况。一般来说,求相对数的平均数应采用加权平均的方法,此时,用于加权平均的权数不再是频数或频率,而应根据相对数的含义,选择适当的权数。下面举一个实例说明。

【例 5-4】 某公司所属 10 个企业资金利润率分组资料如表 5-4 所示,要求计算该公司 10 个企业的平均利润率。

表 5-4 某公司所属 10 个企业资金利润分组资料

	A	B	C	D
1 2	资金利润率 (%) x_i	企业数 n_i	资金总额 (万元) f_i	利润总额 (万元) $x_i f_i$
3	5	4	40	2
4	10	3	80	8
5	15	3	140	21
6	合 计	10	260	31

该例子的平均对象是各企业的资金利润率,表中的企业数虽然是频数,但却不是合适的权数。因为,资金利润率=利润总额/资金总额,所以计算平均资金利润率需要以资金总额为权数,才能符合该指标的性质。因此,该公司 10 个企业的平均利润率为:

$$\bar{x}=\frac{\sum_{i=1}^{k}x_i f_i}{\sum_{i=1}^{k}f_i}=\frac{5\%\times40+10\%\times80+15\%\times140}{40+80+140}=\frac{31}{260}=11.9\%$$

当数据存在极端值时,为了消除影响,通常采用一种变通的方法——切尾均值,即去掉前后两部分极端值后计算的平均数。例如,5%的截尾均值就是去掉 5%最大的数值和 5%最小的数值,然后对其余 90%的数据求平均数。通过剪截数据,可以减少极端值对均值的影响,得到集中趋势更可靠的测度。

(二)调和平均数

调和平均数(harmonic mean)又称倒数平均数,是总体各单位标志值倒数的算术平均数,习惯上用 H 表示。从计算方法来说,调和平均数分为简单调和平均数和加权调和平均数。

1. 简单调和平均数

为了方便理解简单调和平均数的概念和计算方法,我们举一个简单的例子

【例 5-5】 某种蔬菜的价格,甲集市 4.5 元/千克,乙集市 4 元/千克,丙集市 5.5 元/千克。若在三个集市各买 1 元,求蔬菜的平均价格。

要计算平均价格,首先应计算三个集市各花费 1 元购买蔬菜的数量:

甲集市购买蔬菜的数量$=\dfrac{1}{4.5}=0.22$(千克);

乙集市购买蔬菜的数量$=\dfrac{1}{4}=0.25$(千克);

丙集市购买蔬菜的数量＝$\dfrac{1}{5.5}$＝0.18(千克)，

蔬菜平均价格＝$\dfrac{1+1+1}{\dfrac{1}{4.5}+\dfrac{1}{4}+\dfrac{1}{5.5}}$＝4.62(元/千克)。

由于以上资料中缺乏总体单位总量，所以，就不能直接用算术平均的方法计算平均指标。首先要用变量值的倒数计算出总体单位总量来，然后再计算平均指标。调和平均数法因此而得名，也正是由于这个原因，调和平均数又称为倒数平均数。计算公式为：

$$H=\frac{1}{\dfrac{\dfrac{1}{x_1}+\dfrac{1}{x_2}+\cdots+\dfrac{1}{x_n}}{n}}=\frac{n}{\dfrac{1}{x_1}+\dfrac{1}{x_2}+\cdots+\dfrac{1}{x_n}}=\frac{n}{\displaystyle\sum_{i=1}^{n}\dfrac{1}{x_i}} \tag{5-4}$$

2.加权调和平均数

【例 5-6】　在上例中，如果在甲集市花费 8 元，乙集市花费 10 元，丙集市花费 5 元，购买这些蔬菜的平均价格是多少？

蔬菜平均价格＝$\dfrac{8+10+5}{\dfrac{8}{4.5}+\dfrac{10}{4}+\dfrac{5}{5.5}}$＝4.43(元/千克)。

由上例可以看出，三个集市购买蔬菜所花费的现金在计算平均价格的过程中起到权数的作用，因此，我们把这种方法称为加权调和平均法。计算公式为：

$$H=\frac{m_1+m_2+\cdots+m_k}{\dfrac{m_1}{x_1}+\dfrac{m_2}{x_2}+\cdots+\dfrac{m_k}{x_k}}=\frac{\displaystyle\sum_{i=1}^{k}m_i}{\displaystyle\sum_{i=1}^{k}\dfrac{m_i}{x_i}} \tag{5-5}$$

【例 5-7】　某采购站某月购进四批同类商品，每批的单价及采购金额见表 5-5，试计算四批产品的平均单价。

表 5-5　某采购站购进商品情况表

	A	B	C	D
1	采　购 批　次	价格（元/千克） x_i	采购金额（元） m_i	采购量（公斤） m_i/x_i
2	第一批	30	7800	260
3	第二批	35	8400	240
4	第三批	40	12000	300
5	第四批	45	18000	400
6	合　计	-	46200	1200

根据表 5-5 给出的原始数据(四批次商品的单价与采购额)计算平均价格时，无法直接采用加权算术平均数形式。这时，需要根据单价和采购额先求出采购量，再用总采购额除以总采购量即得平均价格，即加权调和平均。根据表 5-5 的数据，代入(5-5)式得平均价格为：

$$H=\sum_{i=1}^{k}m_i\Big/\sum_{i=1}^{k}\frac{m_i}{x_i}=\frac{46200}{1200}=38.5(\text{元})$$

事实上，(5-5)式只是加权算术平均数的一种表现形式，式中 m_i (采购额)实际上是变

量值 x_i 与频数 f_i 的乘积，即 $m_i = x_i f_i$。这从下面的式中可以清楚地看出来。

$$H = \frac{\sum\limits_{i=1}^{k} m_i}{\sum\limits_{i=1}^{k} \frac{m_i}{x_i}} = \frac{\sum\limits_{i=1}^{k} x_i f_i}{\sum\limits_{i=1}^{k} \frac{x_i f_i}{x_i}} = \frac{\sum\limits_{i=1}^{k} x_i f_i}{\sum\limits_{i=1}^{k} f_i} = \bar{x}$$

由此可见，调和平均数和算术平均数在本质上是一致的，唯一的区别是计算时使用了不同的数据。在实际应用时，可掌握这样的原则，当分子资料未知时，就采用加权算术平均数计算平均数，当分母资料未知时，就采用加权调和平均数计算平均数。

（三）几何平均数

几何平均数（geometric mean）是 n 个变量值乘积的 n 次方根。在社会经济现象中，总体标志总量有时不等于总体各标志值的总和，而等于各标志值的乘积，这种情况下，只有几何平均数才能反映数量标志的平均水平。在实际应用中，通常用来计算平均比率或平均速度。

根据所掌握资料的表现形式不同，几何平均数可分为简单几何平均数和加权几何平均数两种形式，计算公式分别为：

1. 简单几何平均数

$$G = \sqrt[n]{x_1 x_2 \cdots x_n} = \sqrt[n]{\prod_{i=1}^{n} x_i} \tag{5-6}$$

式中，G 为几何平均数，$\prod$ 为连乘符号。

【例 5-8】 某企业生产某种产品须经过毛坯、粗加工、精加工、装配四个连续作业车间才能完成，若某月份每个车间的产品合格率分别为 90%、96%、93%、87%，求该产品的企业合格率（即四个车间的平均合格率）是多少？

由于产品是由四个车间连续加工完成的，每一个车间加工的都是前一个车间完工的合格制品，因此，四个车间总合格率是四个车间相应合格率的连乘积，求平均合格率就不能采用算术平均法，而应当用几何平均法。则四个车间平均合格率为：

$$G = \sqrt[n]{\prod_{i=1}^{n} x_i} = \sqrt[4]{90\% \times 96\% \times 93\% \times 87\%} = 91.44\%$$

2. 加权几何平均数

$$G = \sqrt[\sum\limits_{i=1}^{k} f_i]{x_1^{f_1} x_2^{f_2} \cdots x_k^{f_k}} = \sqrt[\sum\limits_{i=1}^{k} f_i]{\prod_{i=1}^{k} x_i^{f_i}} \tag{5-7}$$

【例 5-9】 某地区 GDP 2003—2007 年平均发展速度为 107.2%，2008—2010 年平均发展速度为 108.7%，2010—2012 年平均发展速度为 110%，求该地区 2003—2012 年间的平均发展速度。

由于总速度是各年发展速度连乘形成的，该资料提供的各时段的平均发展速度所代表的时间长度又有所不同，所以根据该资料求平均发展速度需用加权几何平均法。2003—2012 年平均发展速度为：

$$G = \sqrt[\sum\limits_{i=1}^{k} f_i]{\prod_{i=1}^{k} x_i^{f_i}} = \sqrt[10]{1.072^5 \times 1.087^3 \times 1.1^2} = 1.082（或 108.2\%）$$

（四）算术平均数、调和平均数和几何平均数的关系

算术平均数、调和平均数和几何平均数都是数值平均数，即都是根据所有数据计算的。如果从纯数量关系上考察，这三种平均数的关系如下：

(1)利用同一资料计算三种平均数，结果为：算术平均数最大，调和平均数最小，几何平均数居中。它们的关系用公式表示为：$\overline{X} > G > H$。当一组数据中出现极端值时，通过这种关系我们不难看出，极端值对这三种平均数的影响程度是有差别的，它对算术平均数的影响最大，对几何平均数的影响次之，对调和平均数的影响最小。

2.当一组数据中所有的数据都相同时，据此计算的三种平均数相等，即：$\overline{X} = G = H$。

平均数计算方法应该根据社会经济现象的客观性质和研究目的来选择。就是说，适宜用算术平均数计算的，就不能用调和平均数或几何平均数计算，反之亦然。算术平均数是应用最为广泛的一种平均数，这种方法易理解并具有优良的数学性质。调和平均数在实际应用中，通常是作为算术平均数的变形来使用的，即利用调和平均数的形式来计算算术平均数。几何平均数适用于对一些特殊数据如比率、速度等的平均。

二、位置平均数

（一）众数

众数(mode)是指一组数据中出现次数最多的变量值，用 M_0 表示。从变量分布的角度看，众数是具有明显集中趋势点的数值，一组数据分布的最高峰点所对应的数值即为众数。当然，如果数据的分布没有明显的集中趋势或最高峰点，众数也可以不存在；如果有多个高峰点，也就有多个众数。

根据未分组数据或单变量值分组数据计算众数时，我们只需找出出现次数最多的变量值即可，因为此变量值即为众数。

【例 5-10】　集贸市场上，某种农作物的成交价格（元/公斤）为 1.50，1.60，1.20，1.30，1.50，1.40，1.40，1.50，1.70，1.60，1.50，1.50，1.10，1.80，试计算成交价格的众数。

解：对以上数据，1.50 这一价格出现五次，其他的价格最多出现 2 次，因此，众数是 1.50元/公斤。

由此看出，众数是一个位置平均数，不受极端值的影响，具有稳健性。一般情况下，只有在数据量较大的情况下，次数分布才有明显的集中趋势，众数才有意义。

对于组距分组数据，众数的数值与其相邻两组的频数分布有一定的关系，这种关系可作如下理解：

设众数组的频数为 f_m，众数前一组的频数为 f_{-1}，众数后一组的频数为 f_{+1}。当众数相邻两组的频数相等时，即 $f_{-1} = f_{+1}$，如图 5-2(a)，众数组的组中值即为众数；当众数组的前一组的频数多于众数组后一组的频数时，即 $f_{-1} > f_{+1}$，如图 5-2(b)，则众数会向其前一组靠拢，众数小于其组中值；当众数组后一组的频数多于众数组前一组的频数时，即 $f_{-1} < f_{+1}$，如图 5-2(c)，则众数会向其后一组靠拢，众数大于其组中值。

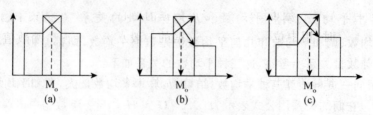

图 5-2　众数与相邻两组的关系示意图

基于这种思路，借助于几何图形而导出的分组数据众数的计算公式如下：

下限公式：

$$M_o = L + \frac{f_m - f_{-1}}{(f_m - f_{-1}) + (f_m - f_{+1})} \times d = L + \frac{\Delta_1}{\Delta_1 + \Delta_2} \times d \qquad (5\text{-}8)$$

上限公式：

$$M_o = U - \frac{f_m - f_{+1}}{(f_m - f_{-1}) + (f_m - f_{+1})} \times d = U - \frac{\Delta_2}{\Delta_1 + \Delta_2} \times d \qquad (5\text{-}9)$$

式中：L 表示众数所在组的下限；

　　　U 表示众数所在组的上限；

　　　d 表示众数所在组的组距。

【例 5-11】　利用表 5-3 资料计算 120 家企业利润额的众数。

表 5-6　某地区 120 家企业利润额情况表

	A	B	C	D
1	按利润额分组 （万元）	企业个数 f_i	向上累计频数	向下累计频数
2	300以下	19	19	120
3	300～400	30	49	101
4	400～500	42	91	71
5	500～600	18	109	29
6	600以上	11	120	11
7	合　计	120	——	——

从表 5-6 中的数据可以看出，出现频数最多的是 42，即众数组为 400～500 这一组，$f_m = 42$，$f_{-1} = 30$，$f_{+1} = 18$，根据(5-8)式可得众数为：

$$M_o = 400 + \frac{42 - 30}{(42 - 30) + (42 - 18)} \times 100 = 433.33\,(万元)$$

利用上述公式计算众数时是假定数据分布具有明显的集中趋势，且众数组的频数在该组内服从均匀分布，若这些假定不成立，则众数的代表性就会很差。从众数的计算公式可以看出，众数是根据众数组及相邻组的频率分布信息来确定数据中心点位置的，因此，众数是一个位置代表值，它不受数据中极端值的影响。

（二）中位数

中位数（median）是一组数据按从小到大排序后，处于中间位置上的变量值，用 M_e 表示。显然，中位数将全部数据等分成两部分，有 50% 的数据比中位数大，有 50% 的数据则比中位数小,所以,中位数可以反映出一组数据的中心位置、数据的集中趋势。当一组数据中含有极端值时,用中位数反映该组数据的一般水平可避免极端数值对平均数的影响。

根据未分组数据计算中位数时,要先对数据排序,然后确定中位数的位置,最后确定中位数的具体数值。

$$中位数位置 = \frac{n+1}{2}$$,式中的 n 为数据的个数。

当 n 为奇数时,处在中间位置上只有一个变量值,则该变量值就是中位数。

【例 5-12】 在某城市随机抽取 9 个家庭,调查得到每个家庭的人均月收入数据如下(单位:元),计算人均月收入的中位数。

| 1500 | 750 | 780 | 1080 | 850 | 960 | 2000 | 1250 | 1630 |

解:先将上面的数据排序,结果如下:

| 750 | 780 | 850 | 960 | 1080 | 1250 | 1500 | 1630 | 2000 |

由于中位数位置 $=(9+1)\div 2 = 5$,所以中位数为 1080,即 $M_e = 1080$ 元。

当 n 为偶数时,处在中间位置上有两个变量值,则这两个变量值的简单算术平均数就是该组数据的中位数。

【例 5-13】 假定在上例中抽取了 10 个家庭,每个家庭的人均月收入数据排序后为:

| 660 | 750 | 780 | 850 | 960 | 1080 | 1250 | 1500 | 1630 | 2000 |

由于中位数位置 $=(10+1)\div 2 = 5.5$,所以中位数为 $M_e = \dfrac{960+1080}{2} = 1020$ 元。

由此可见,中位数是一个位置代表值,其特点是不受极端值的影响。中位数在研究收入分配时很有用。

根据分组资料计算中位数时,要先根据公式 $\dfrac{n}{2}$ 或 $\dfrac{\sum_{i=1}^{k} f_i}{2}$ 确定中位数的位置,并确定中位数所在的组,然后采用下面的公式计算中位数的近似值。

下限公式:

$$M_e = L + \frac{\dfrac{\sum_{i=1}^{k} f_i}{2} - S_{m-1}}{f_m} \times d \tag{5-10}$$

上限公式:

$$M_e = U - \frac{\dfrac{\sum_{i=1}^{k} f_i}{2} - S_{m+1}}{f_m} \times d \tag{5-11}$$

式中:L 表示中位数所在组的下限;

U 表示中位数所在组的上限;

S_{m-1} 表示中位数所在组前一组的累积频数;

S_{m+1} 表示中位数所在组后一组的累积频数;

f_m 表示中位数所在组的频数;

$\sum\limits_{i=1}^{k} f_i$ 表示各组频数之和,即总频数;

d 表示中位数所在组的组距。

【例 5-14】 现利用表 5-3 资料计算 120 家企业利润额的中位数。

由资料可知,中位数的位置 $=\dfrac{120}{2}=60$,即中位数在 $400\sim500$ 这一组,$L=400$,$S_{m-1}=49$,$f_m=42$,$d=100$,根据(5-10)式,得

$$M_e = 400 + \frac{\dfrac{120}{2}-49}{42} \times 100 = 426.19\,(\text{万元})$$

利用分组资料计算中位数时,是假定中位数所在组的频数在该组内服从均匀分布。由于中位数是一个位置代表值,其数值的大小不受极大值和极小值的影响,因此中位数具有稳健性的特点。

（三）分位数

中位数是从中间点将全部数据等分为两部分。与中位数类似的还有四分位数(quartile)、十分位数(decile)和百分位数(percentile)等。它们分别是用 3 个点、9 个点和 99 个点将数据 4 等分、10 等分和 100 等分后各分位点上的值。这里只介绍四分位数的计算,其他分位数与之类似。

一组数据排序后处于 25% 和 75% 位置上的值,称为四分位数,也称四分位点。

四分位数是通过三个点将全部数据等分为四部分,其中每部分包含 25% 的数据。很显然,中间的四分位数就是中位数,因此通常所说的四分位数是指处在 25% 位置上的数值(下四分位数)和处在 75% 位置上的数值(上四分位数)。与中位数的计算方法类似,根据未分组数据计算四分位数时,首先对数据进行排序,然后确定四分位数所在的位置。

设下四分位数为 Q_L,上四分位数为 Q_U,对于未分组的原始数据,各四分位数的位置分别为:

$$Q_L \text{ 位置} = \frac{n+1}{4}, \qquad Q_U \text{ 位置} = \frac{3(n+1)}{4}$$

当四分位数的位置不在某一个位置上时,可根据四分位数的位置,按比例分摊四分位数两侧的差值。

【例 5-15】 根据例 5-13 中 10 个家庭的收入调查数据,计算人均月收入的四分位数。

解:由于 Q_L 的位置 $=\dfrac{n+1}{4}=\dfrac{11}{4}=2.75$,即 Q_L 在第 2 个数值(750)和第 3 个数值(780)之间 0.75 的位置上,故

$$Q_L = 750 + (780-750) \times 0.75 = 772.5\,(\text{元})$$

同样,由于 Q_U 的位置 $=\dfrac{3(n+1)}{4}=8.25$,即 Q_U 在第 8 个数值(1500)和第 9 个数值(1630)之间 0.25 的位置上,故

$$Q_U = 1500 + (1630-1500) \times 0.25 = 1532.5\,(\text{元})$$

我们可以说，大约有一半家庭的人均月收入在 $772.5 \sim 1532.5$ 元。

三、众数、中位数与平均数之间的关系

众数、中位数与平均数之间有着一定的关系，这种关系取决于频数分布状况。它们的关系如下：

（1）当数据具有单一众数且频数分布对称时，算术平均数与众数、中位数三者完全相等，即 $\overline{X} = M_o = M_e$，这一关系如图 5-3（a）所示。

（2）当频数分布呈现右偏态时，说明数据存在最大值，必然拉动算术平均数向极大值一方靠拢，则三者之间的关系为 $M_o < M_e < \overline{X}$，这一关系如图 5-3（b）所示。

（3）当频数分布呈现左偏态时，说明数据存在最小值，必然拉动算术平均数向极小值一方靠拢，而众数和中位数由于是位置平均数，不受极值的影响，因此，三者之间的关系为 $\overline{X} < M_e < M_o$，这一关系如图 5-3（c）所示。

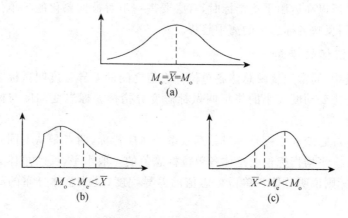

图 5-3 算术平均数、众数与中位数的关系图

从上面的分析可以看出，当频数分布出现偏态时，极端值对三种平均数的影响不同。其中，众数决定于分配次数最多的变量值，不受极端值的影响；中位数只受极端值位置的影响，不受其数值的影响；算术平均数受所有变量值的影响，极端值对它的影响最大。因此，当数据分布偏斜较大时，用众数、中位数作为一组数据的中心值比算术平均数有较高的代表性。

当频数分布的偏斜程度不是很大时，无论是左偏还是右偏，众数与中位数的距离约为算术平均数与中位数的距离的两倍，即

$$| M_e - M_o | = 2 | \overline{X} - M_e | \tag{5-12}$$

根据上述关系，可以得出：

$$M_o = \overline{X} - 3(\overline{X} - M_e) = 3M_e - 2\overline{X} \tag{5-13}$$

对于任意一组数据，在已知其中任何两个代表值的情况下，可根据上式推算出另一代表值。

【例 5-16】 对某地区农民家庭年人均收入进行调查，根据调查资料计算得到中位数为 1550 元，众数为 1512 元，问算术平均数为多少？其分布呈何形态？

$$\bar{x} = \frac{3 \times 1550 - 1512}{2} = 1569(元)$$

因为 $\bar{X} > M_e > M_o$,所以,该地区农民家庭年人均收入的分布呈右偏分布。

第三节　标志变异分析

实践中,用来度量离散程度大小的指标,通常称为标志变异指标。

一、变异指标概念和作用

平均指标把总体各单位标志值抽象化了,掩盖了各标志值之间的差异,但这些差异是客观存在的。所以在运用平均指标时,有必要进一步对被抽象化的各单位标志值的差异程度进行测度,反映各标志值的离中趋势。

(一)变异指标的概念

在统计研究中,通常把反映总体各单位标志值之间的差异程度叫做标志变动度或离散程度。测定标志变动度大小的指标叫做标志变异指标。标志变动度与标志变异指标在数值上成正比。

平均指标和标志变异指标是一对相互联系的对应指标,两者是从不同侧面反映同质总体的共同特征。平均指标说明总体各单位标志值的一般水平,反映总体分布的集中趋势;标志变异指标则说明总体各单位标志值的差异程度,反映总体分布的离中趋势或离散程度。

(二)变异指标的作用

变异指标是描述数据分布的一个很重要的特征值,因此,它在统计分析、统计推断中具有很重要的作用。具体可以概括为以下几点:

(1)变异指标可以反映总体内各标志值的差异程度。一般来说,标志变异指标数值越大,总体各单位变量值分布的离散趋势越高;反之,变量值分布的的离散趋势越低。

(2)变异指标是衡量平均指标代表性高低的重要尺度。平均指标作为总体各单位某一数量标志的代表值,其代表性的高低与总体各单位标志值差异程度有直接关系:总体的标志变异指标值愈大,平均指标的代表性愈低;反之,标志变异指标值愈小,平均指标的代表性愈高。

(3)变异指标可以衡量社会经济活动的稳定性和均衡程度。例如,检查生产计划执行情况时,除了计算计划完成程度外,还要用变异指标分析计划执行过程中的均衡程度,检查生产过程是否存在时紧时松的现象。又如进行产品质量统计检验,经常采用变异指标,如果指标变动度较小,说明产品质量比较稳定;反之,变动程度越大,说明产品质量的稳定性越差。

(4)标志变异指标是进行抽样推断的基础指标。例如,在抽样调查中,利用样本数据推断总体指标、确定样本容量,都要用到标志变异指标。

二、离散指标的类型及计算方法

根据所依据数据类型的不同,变异指标有异众比率、四分位差、全距、平均差、方差和标准差、离散系数等。

(一)异众比率

非众数组的频数占总频数的比率,称为异众比率(variation ratio),用 V_r 表示。

计算公式为:

$$V_r = \frac{\sum f_i - f_m}{\sum f_i} = 1 - \frac{f_m}{\sum f_i} \qquad (5-14)$$

式中:$\sum f_i$ 为变量值的总频数;

f_m 为众数组的频数。

异众比率的作用是衡量众数对一组数据的代表性程度的指标。异众比率越大,说明非众数组的频数占总频数的比重就越大,众数的代表性就越差;反之,异众比率越小,众数的代表性就越好。

【例5-17】 为研究广告市场状况,一家广告公司在某城市随机抽取200人就城市居民比较关心的哪一类广告进行了邮寄问卷调查。调查数据经分类整理后形成频数分布表(表5-7),试计算异众比率。

解: $$V_i = \frac{\sum f_i - f_m}{\sum f_i} = 1 - \frac{f_m}{\sum f_i} = \frac{200-112}{200} = 1 - \frac{112}{200} = 44\%$$

该资料表明,在所调查的200人当中,关注商品广告的人数最多,众数为112,关注非商品广告的人数占44%,异众比率比较大。因此,用"商品广告"来反映城市居民对广告关注的一般趋势,其代表性不是很好。

表5-7 调查数据分类表

	A	B	C
	广告类型	人数(人)	频率(%)
1			
2	商品广告	112	56.00
3	服务广告	51	25.50
4	金融广告	9	4.50
5	房地产广告	16	8.00
6	招生招聘广告	10	5.00
7	其它广告	2	1.00
8	合　计	200	100.00

此外,利用异众比率还可以对不同总体或样本的离散程度进行比较。假定我们在另一个城市对同一问题抽查了300人,关注商品广告的人数为186人,则异众比率为38%。通过比较可知,本次调查的异众比率小于上一次调查,因此,用"商品广告"作为该城市居民关注广告的代表值比上一个城市要好些。

（二）四分位差

四分位差（quartile deviation），也称为内距或四分间距（inter－quartile range），它是上四分位数与下四分位数之差，用 Q_d 表示。计算公式为：

$$Q_d = Q_U - Q_L \qquad (5\text{-}15)$$

四分位差反映了中间 50％数据的离散程度，其数值越小，说明中间的数据越集中；数值越大，说明中间的数据越分散。此外，由于中位数处于数据的中间位置，因此，四分位差的大小在一定程度上也说明了中位数对一组数据的代表程度。四分位差不受极端值的影响。

【例 5-18】 根据例 5-15 资料计算上下四分位数，计算家庭人均月收入的四分位差为：

$$Q_d = Q_U - Q_L = 1532.5 - 772.5 = 760（元）$$

（三）全距或极差

全距又称极差（range），是一组数据的最大值与最小值之差，用 R 表示。计算公式为：

$$R = \max(X_i) - \min(X_i) \qquad (5\text{-}16)$$

式中 $\max(X_i)$、$\min(X_i)$ 分别表示为一组数据的最大值与最小值。

由于全距是根据一组数据的两个极值表示的，所以全距表明了一组数据数值的变动范围。R 越大，表明数值变动的范围越大，即数列中各变量值差异大；反之，R 越小，表明数值变动的范围越小，即数列中各变量值差异小。

【例 5-19】 根据例 5-12 中的数据，可计算 9 个家庭人均月收入的极差为

$$R = 2000 - 750 = 1250（元）$$

全距是描述离散程度的最简单度量值，计算简单直观，易于理解，但其数值大小易受极端值的影响。由于全距只是利用了一组数据两端的信息，不能反映中间变量值的差异，因而不能准确描述出数据的分散程度。

（四）平均差

平均差（mean deviation）也称平均绝对离差（mean absolute deviation），它是各变量值与其算术平均数离差绝对值的平均数，用 M_D 表示。根据掌握资料的不同，平均差有以下两种计算方法：

对于未分组资料，采用简单平均法。其计算公式为：

$$M_D = \frac{\sum\limits_{i=1}^{n} |x_i - \bar{x}|}{n} \qquad (5\text{-}17)$$

在资料分组的情况下，应采用加权平均式，计算公式为：

$$M_D = \frac{\sum\limits_{i=1}^{k} |x_i - \bar{x}| f_i}{\sum\limits_{i=1}^{k} f_i} \qquad (5\text{-}18)$$

【例 5-20】 利用例 5-3 中的资料，计算 120 家企业利润额的平均差。

根据表 5-8 资料可得企业利润额的平均差为：

$$M_{\mathrm{D}} = \frac{\sum\limits_{i=1}^{k} |x_i - \bar{x}| f_i}{\sum\limits_{i=1}^{k} f_i} = \frac{11313.26}{120} = 94.28 \text{（万元）}$$

表 5-8　某地区 120 家企业利润额平均差计算表

	A	B	C	D	E
1	按利润额分组 （万元）	组中值 x_i	企业个数 f_i	$\|x_i - \bar{x}\|$	$\|x_i - \bar{x}\| f_i$
2	300以下	250	19	176.67	3356.73
3	300～400	350	30	76.67	2300.1
4	400～500	450	42	23.33	979.86
5	500～600	550	18	123.33	2219.94
6	600以上	650	11	223.33	2456.63
7	合　计	--	120	----	11313.26

计算结果表明，该地区 120 家企业利润额的差异程度平均为 94.28 万元。

平均差计算简便，意义明确，而且平均差是根据所有变量值计算的，因此它能够准确地、全面地反映一组数值的变异程度。平均差越大，说明数据的离散程度越大；反之，说明数据的离散程度越小。但是，由于平均差是用绝对值进行运算的，这就给计算带来了不便，所以在实际中应用较少。

（五）方差和标准差

方差（variance）是各变量值与其算术平均数离差平方的算术平均数。标准差（standard deviation）是方差的平方根。

方差和标准差同平均差一样，也是根据全部数据计算的，反映每个数据与其算术平均数相比平均相差的数值，因此它能准确地反映出数据的差异程度。与平均差相比，方差与标准差在数学处理上是通过平方消除离差的正负号，更便于数学上的处理。因此，方差、标准差是实际中应用最广泛的离中程度度量值。根据总体数据和样本数据计算的方差和标准差在数学处理上略有不同。

1. 总体的方差和标准差

设总体的方差为 σ^2，标准差为 σ，对于未分组整理的原始资料，方差和标准差的计算公式分别为：

$$\sigma^2 = \frac{\sum\limits_{i=1}^{n} (x_i - \bar{x})^2}{n} \qquad (5\text{-}19)$$

$$\sigma = \sqrt{\frac{\sum\limits_{i=1}^{n} (x_i - \bar{x})^2}{n}} \qquad (5\text{-}20)$$

对于分组数据，方差和标准差的计算公式分别为：

$$\sigma^2 = \frac{\sum_{i=1}^{k}(x_i - \overline{x})^2 f_i}{\sum_{i=1}^{k} f_i} \tag{5-21}$$

$$\sigma = \sqrt{\frac{\sum_{i=1}^{k}(x_i - \overline{x})^2 f_i}{\sum_{i=1}^{k} f_i}} \tag{5-22}$$

【例 5-21】 现仍利用例 5-3 中的资料,计算方差和标准差,计算过程见表 5-9。

表 5-9　某地区 120 家企业利润额的方差和标准差计算表

	A	B	C	D	E
1	按利润额分组（万元）	组中值 x_i	企业个数 f_i	$(x_i - \overline{x})^2$	$(x_i - \overline{x})^2 f_i$
2	300以下	250	19	31212.29	593033.49
3	300~400	350	30	5878.29	176348.67
4	400~500	450	42	544.29	22860.13
5	500~600	550	18	15210.29	273785.20
6	600以上	650	11	49876.29	548639.18
7	合 计	--	120	———	1614666.67

$$\sigma^2 = \frac{\sum_{i=1}^{k}(x_i - \overline{x})^2 f_i}{\sum_{i=1}^{k} f_i} = \frac{1614666.67}{120} = 13455.56$$

$$\sigma = \sqrt{\sigma^2} = \sqrt{13455.56} = 116 \text{（万元）}$$

与方差不同的是,标准差是具有量纲的,它与变量值的计量单位相同,其实际意义要比方差清楚。因此,在对实际问题进行分析时,我们更多地使用标准差。

2. 样本的方差和标准差

样本的方差、标准差与总体的方差、标准差在计算上略有差别。总体的方差和标准差在对各个离差平方平均时是除以数据个数或总频数,而样本的方差和标准差在对各个离差平方平均时是用样本数据个数或总频数减 1 去除总离差平方和。

设样本的方差为 S^2,标准差为 S,对于未分组整理的原始资料,方差和标准差的计算公式为:

$$S^2 = \frac{\sum_{i=1}^{n}(x_i - \overline{x})^2}{n-1} \tag{5-23}$$

$$S = \sqrt{\frac{\sum_{i=1}^{n}(x_i - \overline{x})^2}{n-1}} \tag{5-24}$$

对于分组数据,方差和标准差的计算公式为:

$$S^2 = \frac{\sum_{i=1}^{k}(x_i - \bar{x})^2 f_i}{\sum_{i=1}^{k} f_i - 1} \tag{5-25}$$

$$S = \sqrt{\frac{\sum_{i=1}^{k}(x_i - \bar{x})^2 f_i}{\sum_{i=1}^{k} f_i - 1}} \tag{4-26}$$

【例 5-22】　如果表 5-9 的数据为样本资料,则计算的样本方差和标准差为:

$$S^2 = \frac{\sum_{i=1}^{k}(x_i - \bar{x})^2 f_i}{\sum_{i=1}^{k} f_i} = \frac{1614666.67}{120 - 1} = 13568.63$$

$$S = \sqrt{13568.63} = 116.48（万元）$$

这与根据总体的方差和标准差计算公式计算的结果相差不大。当 n 很大时,样本方差 S^2 与总体方差 σ^2 的计算结果相差很小,这时样本方差也可以用总体方差的公式来计算。

为什么样本方差是用自由度 $n-1$ 去除呢? 从字面含义来看,自由度是指一组数据中可以自由取值的个数。当样本数据的个数为 n 时,若样本均值 $\bar{X}$ 确定后,只有 $n-1$ 个数据可以自由取值,其中必有一个数据不能自由取值。例如,假定样本有 3 个数值,即 $x_1 = 2$, $x_2 = 4$, $x_3 = 9$,则 $\bar{X} = 5$。当 $\bar{X} = 5$ 确定后, x_1, x_2 和 x_3 只有两个数据可以自由取值,另一个不能自由取值。比如 $x_1 = 5$, $x_2 = 7$,那么 x_3 必然取 3,而不能取其他值。样本方差用自由度去除,其原因可以从多方面解释。从实际应用角度来看,在抽样估计中,当我们用样本方差 S^2 去估计总体方差 σ^2 时,它是 σ^2 的无偏估计量。

3. 是非标志的方差与标准差

在社会经济统计中,有些事物或现象的特征只表现为两种性质上的差异。例如,产品的质量表现为合格或不合格,人的性别表现为男或女,对某一电视节目表现为收看或不收看,等等。这些只表现为是与否、有或无的标志,称为是非标志,也称为交替标志。在进行抽样估计时,是非标志的方差或标准差具有很重要的意义。

(1)成数(比例)。

是非标志只有两种表现,我们把总体或样本中具有某种表现或不具有某种表现的单位数占全部单位数的比重称为成数。它反映了总体或样本中"是"与"非"的构成,并且代表着两种表现或性质各反复出现的程度,即频率。例如,某一批产品,合格品占 95%,不合格品占 5%。在这里,95% 和 5% 均为成数。

若以 N_1 表示总体中具有某种表现的单位数, N_0 表示总体中不具有某种表现的单位数, N 表示总体单位数,则成数可表示为:

$$\pi = \frac{N_1}{N} \text{ 或 } 1 - \pi = \frac{N_0}{N}$$

对于样本来说,与总体 N_1 对应的就是 n_1,与总体 N_0 对应的就是 n_0,样本单位数为 n,

则有

$$p = \frac{n_1}{n} \text{ 或 } 1 - p = \frac{n_0}{n}$$

在同一总体或样本中,对于某一交替标志,具有两种成数且其和为1。

(2) 是非标志的平均数。

是非标志是一种品质标志,其表现为文字。因此,在计算平均数时,首先需要将文字表现进行数字化处理。用"1"表示具有某种表现,用"0"表示不具有某种表现,然后以"1"和"0"作为变量值,计算加权算术平均数。现以总体为例予以说明(表5-10)。

$$\overline{X}_n = \frac{\sum X_i F_i}{\sum F_i} = \frac{1 \times N_1 + 0 \times N_0}{N_1 + N_0} = \frac{N_1}{N} = \pi \qquad (5\text{-}27)$$

表 5-10　是非标志的取值及权数

	A	B	C
1	是非标志取值 X_i	权　数 F_i	$X_i F_i$
2	1	N_1	N_1
3	0	N_0	0
4	合　计	N	N_1

可见,总体是非标志的平均数,即为被研究标志具有某种表现的成数 π,同样可得样本是非标志的平均数即为被研究标志具有某种表现的成数 p。

(3)是非标志的方差与标准差。

将经过量化处理的是非标志的表现"1"和"0"作为变量值代入总体的方差计算公式:

$$\sigma_\pi^2 = \frac{\sum (X_i - \overline{X})^2 F_i}{\sum F_i} = \frac{(1-\pi)^2 N_1 + (0-\pi)^2 N_0}{N_1 + N_0}$$

$$= \pi(1-\pi)$$

为区别于一般变量值的方差,我们将是非标志的方差记为 σ_π^2,即

$$\sigma_\pi^2 = \pi(1-\pi) \qquad (5\text{-}28)$$

是非标志的标准差为:

$$\sigma_\pi = \sqrt{\pi(1-\pi)} \qquad (5\text{-}29)$$

类似地,可得样本是非标志的方差 S_p^2 和标准差 S_p 为:

$$S_p^2 = p(1-p) \qquad (5\text{-}30)$$

$$S_p = \sqrt{p(1-p)} \qquad (5\text{-}31)$$

【例 5-23】 某鞋厂生产皮鞋 5000 双,从中抽取 100 双进行质量检查,结果为 98 双合格,2 双不合格,试计算合格品率的方差和标准差。

根据所给资料可得:

$$p = \frac{98}{100} \times 100\% = 98\% \qquad\qquad 1 - p = \frac{2}{100} \times 100\% = 2\%$$

$$S_p^2 = 98\% \times 2\% = 1.96\% \qquad\qquad S_p = \sqrt{1.96\%} = 14\%$$

当成数 $p=0.5$ 时,方差、标准差均为最大值,分别为 0.25 和 0.5,也就是说,此时是非标志的变异程度最大。如某学生群体中男生数和女生数相等,即成数 $p=0.5$(或50%),说明该学生群体性别差异程度最大。

4.相对位置的度量:标准分数

平均数是最为广泛使用的数据位置的度量,而方差和标准差是最为广泛使用的衡量数据变异程度的度量。仅仅利用均值和标准差,我们还可以计算一组数据中各个数值的标准分数,以测度每个数据在该组数据中的相对位置,并可以用它来判断一组数据是否有离群值。

变量值与其平均数的离差除以标准差后的值,称为标准分数(Standard score),也称标准化值或 Z 分数。计算公式为:

$$z_i = \frac{x_i - \mu}{\sigma} \text{ 或 } z_i = \frac{x_i - \overline{x}}{S} \tag{5-32}$$

z_i 可以解释为 x_i 距离平均数 $\overline{X}$ 的标准差的个数。比如,$z_i = -2$,我们就知道 x_i 比平均数小 2 个标准差。由(5-32)式得知,Z 分数大于零表示相应的数据项比平均数大,Z 分数小于零表示相应的数据项比平均数小,Z 分数等于零表示相应的数据项等于平均数。

(5-32)式也就是统计中常用的标准化公式,在对多个具有不同量纲的变量进行处理时,常常需要对各变量数值进行标准化处理。

【例 5-24】 根据例 5-13 的数据,计算每个家庭人均月收入的标准分数。

解:根据数据计算得:$\overline{x} = 1200$, $S = 431.68$。

由(5-32)式可知,每个家庭人均月收入的标准分数如表 5-11 所示。

表 5-11 9 个家庭人均月收入的标准分数

	A	B	C
1	家庭编号	人均月收入（元）	标准分数Z
2	1	1500	0.695
3	2	750	-1.042
4	3	780	-0.973
5	4	1080	-0.278
6	5	850	-0.811
7	6	960	-0.556
8	7	2000	1.853
9	8	1250	0.116
10	9	1630	0.996

由表 5-11 可知,对于收入最低的家庭来说,其人均月收入与平均数相比低 1.042 个标准差,而收入最高的家庭,其人均月收入比平均数高 1.853 个标准差。

标准分数具有均值为 0,标准差为 1 的特性,即

$$z = \frac{\sum z_i}{n} = \frac{1}{n} \times \frac{\sum (x_i - \overline{x})}{S} = \frac{1}{n} \times \frac{0}{S} = 0$$

$$S_z^2 = \frac{\sum (z_i - \overline{z})^2}{n} = \frac{\sum (z_i - 0)^2}{n} = \frac{\sum z^2}{n} = \frac{1}{n} \times \frac{\sum (x_i - \overline{x})^2}{S^2} = \frac{S^2}{S^2} = 1$$

实际上，Z 分数只是将原始数据进行了线性变换，它并没有改变一个数据在该组数据中的位置，也没有改变该组数分布的形状，而只是将该组数据变为均值为 0、标准差为 1。

经验法则表明：当一组数据对称分布时，

——约有 68% 的数据在平均数加减 1 个标准差的范围内；

——约有 95% 的数据在平均数加减 2 个标准差的范围内；

——约有 99% 的数据在平均数加减 3 个标准差的范围内。

由此可见，一组数据中低于或高于平均数 3 个标准差以上的数据很少。几乎所有的数据项与平均数的距离都在 3 个标准差之内。因此，在统计上，往往将平均数 3 个标准差以外的数据称为异常值或离群值（outlier）。

（六）相对离散程度：离散系数

方差和标准差都是反映一组数值变异程度的绝对值，其数值的大小，不仅取决于数值的变异程度，而且还与变量值水平的高低、计量单位的不同有关。所以，不宜直接利用上述变异指标对不同水平、不同计量单位的现象进行比较，应当先做无量纲化处理，即将上述的反映数据的绝对差异程度的变异指标转化为反映相对差异程度的指标，然后再进行对比。

离散系数（coefficient of variation）也称为变异系数，它是一组数据的标准差与其相应的平均数的比值，是测度数据离散程度的相对指标。离散系数通常是用标准差来计算的，因此也称为标准差系数，其计算公式为：

$$V_{\sigma} = \frac{\sigma}{\overline{X}} \text{ 或 } V_S = \frac{S}{\overline{x}} \tag{5-33}$$

离散系数主要是用于比较不同总体或样本数据的离散程度。离散系数大的说明该组数据的离散程度也就大，离散系数小的说明该组数据的离散程度也就小。

【例 5-25】 已知某地区工薪阶层人员的月平均收入水平为 1000 元，标准差为 120 元，个体工商业者的月平均收入水平 2600 元，标准差为 260 元，试比较工薪阶层人员与个体工商业者月平均收入的离散程度？

解：由于工薪阶层人员与个体工商业者的数据水平不同，不能直接用标准差进行比较，需要计算离散系数：

工薪阶层 $V_S = \dfrac{S}{\overline{x}} = \dfrac{120}{1000} = 0.12$；

个体工商业者 $V_S = \dfrac{S}{\overline{x}} = \dfrac{260}{2600} = 0.10$。

计算结果表明，虽然从标准差来看，工薪阶层人员平均收入水平的差异比个体工商业者的小，但其离散系数却较大，所以工薪阶层月平均收入水平的离散程度大于个体工商业者月平均收入水平的离散程度。

第四节　偏态与峰度分析

集中趋势和离散程度是数据分布的两个重要特征,但要全面了解数据分布的特点,还需要知道数据分布的形状是否对称、偏斜的程度以及分布的扁平程度等。偏态和峰度就是对这些分布特征的描述。

一、偏态及其测度

偏态(skewness)是对分布偏斜方向及程度的度量。频数分布有对称的即正态,有不对称的即偏态的。在偏态的分布中,又有左偏和右偏两种类型。前面已经提到,利用众数、中位数和算术平均数之间的关系可以大体判断数据分布是对称、左偏还是右偏。显然,判别偏态的方向并不困难,但要度量分布偏斜的程度,就需要计算偏态系数了。

偏态系数是对数据分布不对称性的度量值。偏态系数的计算方法很多,这里仅介绍其中比较常用的一种。其计算公式为:

$$SK = \frac{\sum_{i=1}^{k}(x_i - \bar{x})^3 f_i}{\sigma^3 \sum_{i=1}^{k} f_i} \tag{5-34}$$

从(5-34)式可以看到,偏态系数等于离差三次方的平均数再除以标准差的三次方。当分布对称时,离差三次方后正负离差相互抵消,则 $SK = 0$;当分布不对称时,正负离差不能抵消,就形成正的或负的偏态系数。当 SK 为正值时,表示正偏离差值比负偏离差值要大,可以判断为正偏或右偏;反之,当 SK 为负值时,表示负偏离差值比正偏离差值要大,可以判断为负偏或左偏。在计算 SK 时,将离差三次方的平均数除以 σ^3,是将偏态系数转化为相对数。SK 的数值越大,表示偏斜的程度就越大。

【例 5-26】　现利用表 5-3 资料计算某地区 120 家企业利润额分布的偏态系数。

表 5-12　某地区 120 家企业利润额偏态系数及峰度系数计算表

	A	B	C	D	E
1	按利润额分组 (万元)	组中值 x_i	企业个数 f_i	$(x_i - \bar{x})^3 f_i$	$(x_i - \bar{x})^4 f_i$
2	300以下	250	19	-104771226.5	18509932589
3	300～400	350	30	-13520652.3	1036628412
4	400～500	450	42	533326.9216	12442517.08
5	500～600	550	18	33765928.74	4164351992
6	600以上	650	11	122527587.6	27364086139
7	合　计	—	120	38534964.44	51087441648

根据表 5-12 数据计算得:

$$SK = \frac{\sum_{i=1}^{k}(x_i - \bar{x})^3 f_i}{\sigma^3 \sum_{i=1}^{k} f_i} = \frac{38534964.44}{116.48^3 \times 120} = 0.203 > 0$$

从计算结果可以看出,偏态系数为正值,说明该地区 120 企业利润额的分布为右偏分布,但偏斜程度不大。

二、峰度的度量

峰度(kurtosis)是指数据分布的集中程度或分布曲线的尖峭程度。计算峰度常用的指标叫峰度系数(coefficient of kurtosis),记作 K。计算公式为:

$$K = \frac{\sum_{i=1}^{k}(x_i - \bar{x})^4 f_i}{\sigma^4 \sum_{i=1}^{k} f_i} - 3 \tag{5-35}$$

(5-35)式中将离差的四次方的平均数除以标准差的四次方是为了将峰度系数转化为无量纲的相对数,消除计量单位的影响。用峰度系数衡量分布的集中程度或分布曲线的尖峭程度往往是以正态分布的峰度作为比较标准的。在正态分布条件下,$K = 0$,所以,当 $K > 0$ 时,表示分布的形状比正态分布更瘦更高,这意味着分布比正态分布更集中在平均数周围,这样的分布称为尖峰分布,如图 5-4(a);当 $K < 0$ 时,表示分布比正态分布更矮更胖,意味着分布比正态分布更分散,这样的分布称为平峰分布如图 5-4(b)。

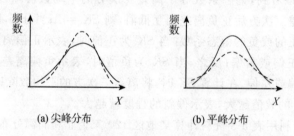

(a)尖峰分布　　　　　　(b)平峰分布

图 5-4　尖峰分布与平峰分布示意图

【**例 5-27**】　根据表 5-12 中的数据,计算某地区 120 家企业利润额分布的峰度系数。

根据表 5-12 的计算结果得:

$$K = \frac{\sum_{i=1}^{k}(x_i - \bar{x})^4 f_i}{\sigma^4 \sum_{i=1}^{k} f_i} - 3 = \frac{51087441648}{116.48^4 \times 120} - 3 = 2.313 - 3 = -0.687$$

由于 $K = -0.687 < 0$,说明该地区 120 家企业利润额的分布为平峰分布。

第五节 利用 Excel 计算描述统计量

一、利用 Excel 工作表函数计算描述统计量

Excel 中的函数语法说明见表 5-13。

表 5-13 Excel 中的函数语法说明

函数语法格式	说明
AVERAGE(number1,number2,…)	参数的算术平均值
TRIMMEAN(array,percent)	数据分布中心部分的算术平均值,即切尾均值函数。array 为数据区域;percent 为计算时所要除去的数据点的比例。
HARMEAN(number1,number2,…)	一组正数的调和平均数
GEOMEAN(number1,number2,…)	一正数数组或数值区域的几何平均数。
MODE(number1,number2,…)	一组数据中的众数(出现频率最高的值)
MEDIAN(number1,number2,…)	给定数值集合的中位数
QUARTILE(array,quart)	一组数据的四分位点。array 为数据区域;quart 决定返回第几个四分位数,quart＝0 时返回最小值,quart＝1 时返回第 1 四分位数,quart＝2 时返回中位数,quart＝3 时返回第 3 四分位数,quart＝4 时返回最大值。
AVEDEV(number1,number2,…)	计算一组数值型数据的平均差
VARP(number1,number2,…)	计算一组数值型数据的总体方差
STDEVP(number1,number2,…)	计算一组数值型数据的总体标准差
STDEV(number1,number2,…)	计算一组数值型数据的样本标准差
STANDARDIZE(x,mean,standard_dev)	计算标准分数
SKEW(number1,number2,…)	计算一组数值型数据的偏态系数
KURT(number1,number2,…)	计算一组数值型数据的峰度系数

函数的具体使用方法可以通过下面的例题加以说明。

【例 5-28】 已知某学习小组统计学成绩如 5-5 图中 A 列所示,试计算它们的平均成绩。

Excel 的操作步骤如下:

(1)点击 f_x,在弹出的插入函数对话框中,选择统计类别,点选 AVERAGE 函数。如图 5-5 所示。

(2)点击确定,在弹出的函数参数对话框中,输入数据区域。

(3)点击确定,就得到计算结果。即 $\bar{x} = 75.4$。

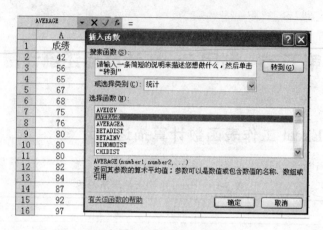

图 5-5　AVERAGE 函数

二、利用描述统计分析工具描述统计量

关于数据集中趋势、离散程度、偏态和峰度等有关指标的计算，大多都可以由 Excel 中的描述统计工具来实现。

（一）描述统计工具的操作步骤

Excel 中的描述统计工具的操作步骤如下：

第一步：选择"工具"下拉菜单。

第二步：选择"数据分析"选项，打开"数据分析"对话框。

第三步：在分析工具中选择"描述统计"，然后选择"确定"；

第四步：在"输入区域"输入需要计算的数据，在"输出选项"中选择输出区域、汇总统计等。

第五步：点击确定，输出结果。

【例 5-29】　仍以例 5-28 的资料为例，说明 Excel 中的描述统计工具的操作过程。

使用 Excel 的描述统计功能要用到"数据分析"工具。第一次使用需要"加载宏"加载。

（1）点击**工具→数据分析**，此时弹出数据分析对话框。

（2）在弹出的数据分析对话框中，点选**描述统计**，再点击**确定**按钮，进入**描述统计**对话框（见图 5-6）。

图 5-6　数据分析对话框

（3）在**"输入区域"**输入待分析数据区域的单元格引用,该引用必须由两个或两个以上按列或行组织的相邻数据区域组成。

分组方式:如果需要指出输入区域中的数据是按行还是按列排列,请单击"逐行"或"逐列"。

标志位于第一行/列:如果输入区域的第一行(或列)中包含标志项,请选中"标志位于第一行(或列)"复选框;如果输入区域没有标志项,则不选择。

输出区域:在当前工作表中选择任一单元格,作为输出表的左上角单元格。

新工作表组:如果要将输出结果放在一个新工作表中,选择"新工作表组",可在当前工作簿中插入新工作表,并由新工作表的 A1 单元格开始粘贴计算结果。

新工作簿:单击此项,可创建一个新工作簿,并在新工作簿的工作表中粘贴计算结果。

汇总统计:选中此复选框,可以输出以下统计结果:平均值、标准误差、中位数、众数、标准差、方差、峰值、偏度、极差、最小值、最大值、总和、样本个数。如图 5-7 所示。

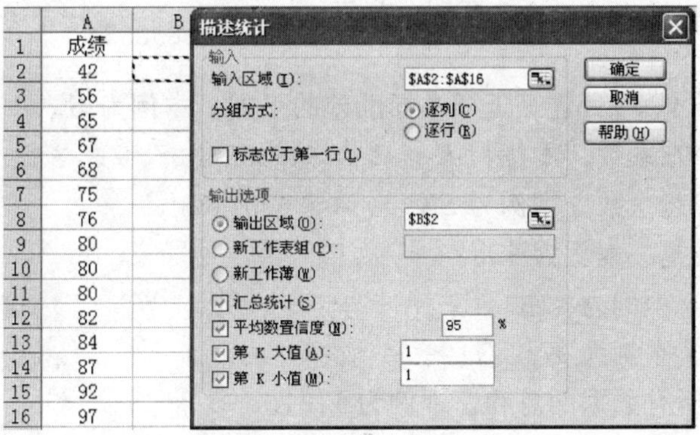

图 5-7 描述统计(1)

（4）点击**确定**按钮,就得到如图 5-8 所示的结果。

	A	B	C
1	成绩	列1	
2	42		
3	56	平均	75.4
4	65	标准误差	3.640774381
5	67	中位数	80
6	68	众数	80
7	75	标准差	14.10065855
8	76	方差	198.8285714
9	80	峰度	1.02919332
10	80	偏度	-0.86001483
11	80	区域	55
12	82	最小值	42
13	84	最大值	97
14	87	求和	1131
15	92	观测数	15
16	97	最大(1)	97
17		最小(1)	42
18		置信度(95.0%)	7.808684402

图 5-8 描述统计(2)

（二）描述统计工具操作的结果解释

(1)**"平均"**指样本的算术平均数。即

$$\bar{x} = \frac{\sum_{i=1}^{n} x_i}{n} = \frac{42 + 56 + \cdots + 97}{15} = 75.4$$

(2)**"标准误差"**指样本平均数的抽样误差，它等于标准差（即样本标准差）除以样本单位数的平方根。在本例中，计算公式和结果为：

$$\frac{S}{\sqrt{n}} = \frac{14.10065855}{\sqrt{15}} = 3.640774381$$

(3)**"中位数"**。本例为：$M_e = 80$

(4)**"众数"**。本例为：$M_o = 80$

(5)**"标准差"**即样本标准差。即

$$S = \sqrt{\frac{\sum_{i=1}^{n} (x_i - \bar{x})^2}{n-1}} = 14.10065855$$

(6)**"方差"**即样本方差，它等于样本标准差的平方。本例为 $S^2 = 198.8285714$。

(7)**"峰度"**即峰态系数。本例为 $K = 1.02919332$。

(8)**"偏度"**即偏态系数。本例为 $SK = -0.86001483$。

(9)**"区域"**即极差。本例为 55。

(10)**"最小值"**。本例为 42。

(11)**"最大值"**。本例为 97。

(12)**"求和"**即所有数据的总和。本例为 1131。

(13)**"观测数"**即数值的个数。本例为 15。

(14)**"最大(1)"**即一个最大值。

(15)**"最小(1)"**即一个最小值。

(16)**"置信度(95.0%)"**即置信度为 95% 时的 t 分布的临界值。本例为 7.808684402。

思考与练习

一、思考题

1.试述平均分析的含义及作用。

2.平均分析的种类有哪些？

3.简述众数、中位数和平均数的特点和应用场合。

4.简述异众比率、四分位差、方差和标准差的计算方法及适用场合。

5.标准分数的作用有哪些？

6.为什么要计算离散系数?

二、练习题

1.已知某企业工人的日产量及相应的人数资料如下表所示:

日产量(件/人)	72	68	65	70	69
工人数(人)	9	23	20	16	11

要求:在 EXCEL 中计算该企业工人的平均日产量。

2.某地区 2010 年的小麦产量分组资料如下表所示:

亩产量(公斤/亩)	播种面积比重(%)
250 以下	10
2500～3000	30
3000～3500	40
3500 以上	20

要求:在 EXCEL 中计算该地区小麦的平均产量。

3.将一笔钱存入银行,存期为 10 年,按复利计息。10 年的利率分别是:第一年和第二年为 0.05,第三年至第五年为 0.08,第六年至第八年为 0.1,第九年和第十年为 0.12。求平均年利率。

4.某水泥企业 2001 年的水泥产量为 100 万吨,2002 年与 2001 年相比增长率为 8%,2003 年与 2002 年相比增长率为 15%,2004 年与 2003 年相比增长率为 18%,求各年的平均增长率。

5.某企业生产某产品的资料如下表所示:

日产量(件)	工人数(人)	
	第一天	第二天
400 以下	5	5
400～500	15	6
500～600	20	30
600 以上	10	9
合计	50	50

要求:

(1)在 EXCEL 中分别计算 2 天的平均每人生产的产品数量。

(2)解释第二天比第一天生产率高的原因。

6.已知某百货公司 9 月份各天的销售数据如下:单位:万元

265	254	269	258	220	236	265	262	245	283
272	236	210	220	236	245	236	269	259	246
301	310	324	298	269	279	296	287	279	298

要求:(EXCEL 中计算如下指标)

(1)计算该百货公司日销售额的平均数和中位数。

(2)计算四分位数。

(3)计算日销售额的标准差。

7.2 种不同的水稻分别在 5 块试验田上种植,其产量资料如下表所示:

试验田编号	甲品种		乙品种	
	试验田面积(亩)	产量(斤)	试验田面积(亩)	亩产量(斤)
1 号	1.2	1200	1.5	1120
2 号	1.1	1045	1.3	1000
3 号	1.0	1100	1.3	900
4 号	0.9	810	1.0	1208
5 号	0.8	840	0.9	700
合计	5.0	4995	6.0	——

要求:

(1)计算 2 个品种的平均亩产量。

(2)假定生产条件相同,分析哪一个品种具有较大的稳定性和推广价值。

8.某公司员工的工资情况如下表所示:

月工资(元/人)	员工人数(人)
1000～1500	5
1500～2000	10
2000～3000	20
3000～3600	10
3600～5000	5

(1)在众数、中位数和均值三个统计量中,您认为哪个统计量能概括该公司员工工资的情况?为什么?

(2)计算您认为能概括该公司员工工资情况的统计量。

9. 一家公司在招收职员时,首先要通过两项能力测试。在 A 项测试中,平均分数是 100 分,标准差是 15 分;在 B 项测试中,平均分数是 400 分,标准差是 50 分。一位应试者在 A 项测试中得了 115 分,在 B 项测试中得了 425 分。与平均分数相比,该位应试者哪一项测试更为理想?

第六章　抽样推断分析

【统计知识 ABC】

［A］第二次世界大战中德军有多少辆坦克？

第二次世界大战期间,盟军非常想知道德军共有多少辆坦克。由于德国人在制造坦克时总是墨守成规,他们把坦克从 1 开始进行了连续编号,所以在战争过程中,盟军缴获了一些敌军坦克,并记录了它们的编号。那么怎样利用这些号码来估计坦克总数呢？在这个问题中,总体参数是未知的坦克总数 N,而缴获坦克的编号则是样本。

假设我们是盟军手下负责解决这个问题的统计人员。由于制造出来的坦克总数肯定大于等于记录的最大编号,所以为了找到它比最大编号大多少,我们先找到被缴获坦克编号的平均值,并认为这个值是全部编号的中点。因此样本均值乘以 2 就是总数的一个估计,当然要特别假设缴获的坦克代表了所有坦克的一个随机样本。这种估计 N 的公式的缺点是:不能保证均值的 2 倍一定大于记录中的最大编号。

N 的另一个点估计公式是:用观测到的最大编号乘以因子 $1+1/n$,其中 n 是被缴获的坦克总数。假如缴获了 10 辆坦克,其中最大编号是 50,那么坦克总数的一个估计是 $(1+1/10)\times 50=55$。此处我们认为坦克的实际数略大于最大编号。

从战后发现的德军记录来看,盟军的估计值非常接近德军的坦克的真实值。记录仍然表明统计估计比通常通过其他情报方式作出估计要大大接近于真实数目。统计学家们做得比间谍们更漂亮！

（资料来源:GUDMUND R. IVERSEN 和 MARY GERGRN 著,吴喜之等译:《统计学—基本概念和方法》,高等教育出版社,施普林格出版社,2000）

［B］小概率事件

如果你是中国消费者协会的官员,负责治理缺斤少两的不法行为。假如你知道某饮料公司,他们生产的一种瓶装雪碧,包装上标明其净含量是 500ml,然而在市场上随机抽取了 25 瓶,测得到其平均含量为 499.5ml,标准差为 2.63ml。你拿着这些数据可能做两件事:一是你做一个估计:该种包装的雪碧平均含量在 498.03～500.97ml,然后向消协写份报告;二是你做一个裁决:说"该饮料公司有欺骗消费者的行为"的证据不足。前者是参数估计;后者是假设检验。

无论是假设检验还是参数估计,都要用到小概率。概率是从 0 到 1 之间的一个数,因此小概率就应该是接近 0 的一个数。著名的英国统计家 Ronald Fisher 把 20 分之 1 作为标准,这也就是 0.05,从此 0.05 或比 0.05 小的概率都被认为是小概率。Fisher 没有任何深奥的理由解释他为什么选择 0.05,只是说他忽然想起来的。小概率事件原理是,假定在一次实验中,小概率事件不发生,如果发生了,我们就有充足的理由拒绝原假设。

[C] 基尼系数

基尼系数(Gini coefficient),或坚尼系数,是 20 世纪初意大利经济学家基尼,根据洛伦茨曲线所定义的判断收入分配公平程度的指标。基尼系数是比例数值,介于 0 和 1 之间。其越接近 0 就表明收入分配越是趋向平等,反之,收入分配越是趋向不平等。按照国际一般标准,0.4 以上的基尼系数表示收入差距较大,当基尼系数达到 0.6 以上时,则表示收入差距很大。国家统计局公布我国 2012 年基尼系数为 0.474,2010 年为 0.481。

设实际收入分配曲线和收入分配绝对平等曲线之间的面积为 A,实际收入分配曲线右下方的面积为 B,并以 A 除以 $(A+B)$ 的商表示不平等程度,这个数值称为基尼系数或称洛伦茨系数。如果 A 为零,基尼系数为零,表示收入分配完全平等;如果 B 为零则系数为 1,收入分配绝对不平等。收入分配越是趋向平等,洛伦茨曲线的弧度越小,基尼系数也越小,反之,收入分配越是趋向不平等,洛伦茨曲线的弧度越大,那么基尼系数也越大。

(资料来源:http://baike.baidu.com/view/186.htm)

按照随机原则,以一定概率从总体中抽取一定容量的单位作为样本进行调查,根据样本统计量(描述样本数量特征指标)对总体参数(描述总体数量特征指标)做出具有一定可靠程度的估计与推断。这一完整过程,就是我们通常所说的抽样、抽样调查或抽样推断。抽样推断有两种类型:一类是参数估计,由对部分进行观测取得的数据对研究对象整体的数量特征取值给出估计方法。另一类是假设检验,由对部分进行观测取得的数据对研究对象的数量规律性是否具有某种指定特征进行检验。

第一节 参数估计

一、参数估计概述

在许多实际问题中,总体被理解为我们所研究的那个统计指标,它在一定范围内取数值,而且是以一定的概率取各种数值的,从而形成一个概率分布,但是这个概率分布往往是未知的。例如,为了制定绿色食品的有关规定,我们需要研究蔬菜中残留农药的分布状况,对这个分布我们知之甚少,以致它属于何种类型我们都不清楚。有时我们可以断定分布的类型,例如在农民收入调查中,根据实际经验和理论分析如概率论中的中心极限定理,我们断定收入服从正态分布,但分布中的参数取何值却是未知的。这就产生统计估计问题。统计估计问题专门研究由样本估计总体的未知分布或分布中的未知参数。直接对总体的未知分布进行估计的问题称为非参数估计;当总体分布类型已知,仅需对分布的未知参数进行估计的问题称为参数估计。本节我们研究参数估计问题。本节及以后假定抽样方法为简单放回随机抽样,样本的每个分量都与总体同分布,它们之间相互独立。

二、参数估计的基本方法

（一）估计量与估计值

(1)参数估计就是用样本统计量去估计总体参数。

(2)用来估计总体参数的统计量称为估计量,如样本均值、样本比例、样本方差等都可以是一个估计量。

(3)估计量的具体数值称为估计值。

（二）点估计与区间估计

参数估计方法有点估计与区间估计两种。

1.参数估计的点估计法

设总体 X 的分布类型已知,但包含有未知参数 θ,从总体中抽取一个简单随机样本 $(X_1, X_2, \cdots, X_n)$,欲利用样本提供的信息对总体未知参数 θ 进行估计。构造一个适当的统计量

$$\hat{\theta} = T(X_1, X_2, \cdots, X_n)$$

作为 θ 的估计,称 $\hat{\theta}$ 为未知参数 θ 的点估计量(point estimate)。当有了一个具体的样本观察值 $(x_1, x_2, \cdots, x_n)$ 后,将其代入估计量中就得到估计量的一个具体观察值 $T(x_1, x_2, \cdots, x_n)$,称为参数 θ 的一个点估计值。今后点估计量和点估计值这两个名词将不强调它们的区别,统称为点估计,根据上下文不难知道此处的点估计究竟是点估计量还是点估计值。

通俗地说,用样本估计量的值直接作为总体参数的估计值称为点估计。

2.参数估计的区间估计法

在参数估计中,虽然点估计可以给出未知参数的一个估计,但不能够给出估计的精度。为此人们希望利用样本给出一个范围,要求它以足够大的概率包含待估参数真值。这就是区间估计(interval estimation)问题。

设 θ 是未知参数,$(X_1, X_2, \cdots, X_n)$ 是来自总体的样本,构造两个统计量 $\hat{\theta}_1 = T_1(X_1, X_2, \cdots, X_n)$,$\hat{\theta}_2 = T_2(X_1, X_2, \cdots, X_n)$,对于给定的 $\alpha(0 < \alpha < 1)$,若 $\hat{\theta}_1, \hat{\theta}_2$ 满足

$$P\{\hat{\theta}_1 \leqslant \theta \leqslant \hat{\theta}_2\} = 1 - \alpha$$

则称随机区间 $[\hat{\theta}_1, \hat{\theta}_2]$ 是参数 θ 的置信水平(confidence level)为 $1 - \alpha$ 的置信区间(confidence interval),$1 - \alpha$ 称为 $[\hat{\theta}_1, \hat{\theta}_2]$ 的置信系数,$\hat{\theta}_1, \hat{\theta}_2$ 称为置信限(confidence limit)。

这里有几点需要说明:

(1)区间 $[\hat{\theta}_1, \hat{\theta}_2]$ 的端点 $\hat{\theta}_1, \hat{\theta}_2$ 及长度 $\hat{\theta}_2 - \hat{\theta}_1$ 都是样本的函数,从而都是随机变量,因此 $[\hat{\theta}_1, \hat{\theta}_2]$ 是一个随机区间。

(2) $P\{\hat{\theta}_1 \leqslant \theta \leqslant \hat{\theta}_2\} = 1 - \alpha$ 是说随机区间 $[\hat{\theta}_1, \hat{\theta}_2]$ 以 $1 - \alpha$ 的概率包含未知参数真值,区间长度 $\hat{\theta}_2 - \hat{\theta}_1$ 描述估计的精度,置信水平 $1 - \alpha$ 描述估计的可靠度。

（3）因为未知参数 θ 是非随机变量，所以不能说 θ 落入区间 $[\hat{\theta}_1,\hat{\theta}_2]$ 的概率是 $1-\alpha$，而应是随机区间 $[\hat{\theta}_1,\hat{\theta}_2]$ 包含 θ 的概率是 $1-\alpha$。

通俗地说，在点估计的基础上，给出总体参数的一个范围称为区间估计。

三、总体均值的区间估计

（一）正态总体且方差已知，或非正态总体、方差未知、大样本情况下

在这种情况下，样本均值的抽样分布呈正态分布，其数学期望为总体均值 μ，方差为 $\dfrac{\sigma^2}{n}$，则 $\overline{X} \pm Z_{\frac{\alpha}{2}} \cdot \dfrac{\sigma}{\sqrt{n}}$ 称为总体均值在 $1-\alpha$ 置信水平下的置信区间。

设样本 $(X_1,X_2,\cdots,X_n)$ 来自正态总体 $N(\mu,\sigma^2)$，μ 是总体均值，σ^2 是总体方差，当 σ^2 已知时已证明 $\overline{X}$ 服从正态分布 $N\left(\mu,\dfrac{\sigma^2}{n}\right)$，从而 $\dfrac{\overline{X}-\mu}{\dfrac{\sigma}{\sqrt{n}}}$ 服从标准正态分布 $N(0,1)$，对给定的置信系数 $1-\alpha$ 查 $N(0,1)$ 表可得上 $\dfrac{\alpha}{2}$ 分位点 $Z_{\frac{\alpha}{2}}$，使得

$$P\left\{\left|\frac{\overline{X}-\mu}{\dfrac{\sigma}{\sqrt{n}}}\right| \leqslant Z_{\frac{\alpha}{2}}\right\} = 1-\alpha$$

从而有

$$P\left\{\overline{x} - Z_{\frac{\alpha}{2}}\frac{\sigma}{\sqrt{n}} \leqslant \mu \leqslant \overline{X} + Z_{\frac{\alpha}{2}}\frac{\sigma}{\sqrt{n}}\right\} = 1-\alpha$$

取

$$\hat{\mu}_1 = \overline{X} - Z_{\frac{\alpha}{2}}\frac{\sigma}{\sqrt{n}}, \quad \hat{\mu}_2 = \overline{X} + Z_{\frac{\alpha}{2}}\frac{\sigma}{\sqrt{n}} \tag{6-1}$$

则 $[\hat{\mu}_1,\hat{\mu}_2]$ 即是 μ 的置信水平为 $1-\alpha$ 的置信区间。

【例 6-1】 保险公司从投保人中随机抽取 36 人，计算得 36 人的平均年龄 $\overline{X}=39.5$ 岁。已知投保人平均年龄近似服从正态分布，标准差为 7.2 岁，试求全体投保人平均年龄的置信水平为 99% 的置信区间。

解：$1-\alpha=0.99$，$\alpha=0.01$，$\alpha/2=0.005$，$1-\alpha/2=0.995$。

使用 NORMSINV 函数得：（注：在 probability 栏内输入 $1-\alpha/2$ 值）

$$Z_{0.005} = 2.575829304$$

$$\overline{x} - Z_{\frac{\alpha}{2}}\frac{\sigma}{\sqrt{n}} = 39.5 - 2.575829304 \times \frac{7.2}{\sqrt{36}} = 36.41$$

$$\overline{x} + Z_{\frac{\alpha}{2}}\frac{\sigma}{\sqrt{n}} = 39.5 + 2.575829304 \times \frac{7.2}{\sqrt{36}} = 42.59$$

故全体投保人平均年龄的置信水平为 99% 的置信区间为 $[36.41,42.59]$。

在不重复抽样条件下，置信区间为：

$$\overline{x} \pm Z_{\frac{\alpha}{2}} \cdot \frac{\sigma}{\sqrt{n}} \sqrt{\frac{N-n}{N-1}} \tag{6-2}$$

【例6-2】 一家食品公司,每天大约生产袋装食品若干,按规定每袋的重量应为100g。为对产品质量进行检测,该企业质检部门采用抽样技术,每天抽取一定数量的食品,以分析每袋重量是否符合质量要求。现从某一天生产的一批食品8000袋中随机抽取了25袋(不重复抽样),测得它们的重量如表6-1所示。

表6-1 25袋食品重量

	A	B	C	D	E
1	112.5	101	103	102	100.5
2	102.6	107.5	95	108.8	115.6
3	100	123.5	102	101.6	102.2
4	116.6	95.4	97.8	108.6	105
5	136.8	102.8	101.5	98.4	93.3

已知产品重量服从正态分布,且总体方差为100g,试估计该批产品平均重量的置信区间,置信水平为95%。

解:已知 $\sigma^2 = 100g, n = 25, 1-\alpha = 0.95, \alpha/2 = 0.025, 1-\alpha/2 = 0.975$。

使用NORMSINV函数得:(注:在probability栏内输入 $1-\alpha/2$ 值)

$$Z_{0.025} = 1.959963985$$

根据样本资料,计算的样本均值为(也可直接通过Excel软件中的描述统计功能计算):

$$\bar{x} = \frac{\sum x}{n} = \frac{2634}{25} = 105.36$$

根据(6-2)式得

$$\bar{x} \pm Z_{\frac{\alpha}{2}} \cdot \frac{\sigma}{\sqrt{n}} \sqrt{\frac{N-n}{N-1}} = 105.36 \pm 1.96 \times \sqrt{\frac{100}{25}} \times \sqrt{\frac{8000-25}{8000-1}}$$

即 $105.36 \pm 3.914115 = (101.4459, 109.2741)$,该批产品平均重量在95%置信水平下的置信区间为:101.4459~109.2741。

若总体方差 σ^2 未知,可用样本方差 S^2 代替。

【例6-3】 承【例6-1】假定保险公司从投保人中随机抽取36人,得到他们的年龄数据如表6-2所示。

表6-2 36名投保人的年龄

	A	B	C	D	E	F
1	23	35	39	27	36	44
2	36	42	46	43	31	33
3	42	53	45	54	47	24
4	34	28	39	36	44	40
5	39	49	38	34	48	50
6	34	39	45	48	45	32

若总体方差未知,试建立投保人年龄90%的置信区间。

解:已知 $n = 36, 1-\alpha = 90\%, 1-\alpha/2 = 0.95$。

使用NORMSINV函数得:(注:在probability栏内输入 $1-\alpha/2$ 值)

$$Z_{0.025} = 1.959963985$$

由于总体方差 σ^2 未知,但为大样本,故可用样本方差代替。

根据样本资料计算的样本均值和样本标准差为:

$$\bar{x} = \frac{\sum x}{n} = \frac{1422}{36} = 39.5, \quad S = \sqrt{\frac{\sum (x - \bar{x})^2}{n-1}} = 7.773582$$

(样本均值和样本标准差的计算,也可直接通过 Excel 软件中的描述统计功能计算,计算结果如图 6-1 所示)

	A	B	C	D	E	F
1	23	列1				
2	36					
3	42	平均	39.5			
4	34	标准误差	1.295597			
5	39	中值	39			
6	34	模式	39			
7	35	标准偏差	7.773582			
8	42	样本方差	60.42857			
9	53	峰值	-0.44764			
10	28	偏斜度	-0.22663			
11	49	区域	31			
12	39	最小值	23			
13	39	最大值	54			
14	46	求和	1422			
15	45	计数	36			
16	39					
17	38					

图 6-1 描述统计运行结果

则置信区间为:

$$\bar{x} \pm Z_{\frac{\alpha}{2}} \cdot \frac{S}{\sqrt{n}} = 39.5 \pm 1.959963985 \times \frac{7.773582}{\sqrt{36}}$$

即 $39.5 \pm 2.54 = (36.96, 42.04)$,投保人平均年龄在 90% 的置信水平下的置信区间为 37.37~41.63 岁。

(二)正态总体、方差未知、小样本情况下

如果总体服从正态分布,无论样本容量大小,样本均值的抽样分布都服从正态分布。只要总体方差已知,即使在小样本情况下,也可以按(6-1)式或(6-2)式计算总体均值的置信区间。如果总体方差 σ^2 未知,需用样本方差 S^2 代替 σ^2,在小样本情况下,应用 t 分布来建立总体均值 μ 的置信区间。

t 分布是类似正态分布的一种对称分布,它通常要比正态分布平坦和分散。随着自由度的增大,t 分布逐渐趋于正态分布。

正态总体、方差未知、小样本情况下,总体均值在 $1-\alpha$ 置信水平下的置信区间为:

$$\bar{X} \pm t_{\frac{\alpha}{2}}(n-1) \cdot \frac{S}{\sqrt{n}} \quad (\text{重复抽样条件下}) \tag{6-3}$$

$$\bar{X} \pm t_{\frac{\alpha}{2}}(n-1) \cdot \frac{S}{\sqrt{n}} \sqrt{\frac{N-n}{N-1}} \quad (\text{不重复抽样条件下}) \tag{6-4}$$

其中 $t_{\frac{\alpha}{2}}(n-1)$ 是自由度为 $n-1$ 的 t 分布临界值,可以查 t 分布临界值表得到,也可由

Excel 计算得到。

Excel 计算，可使用粘贴函数"TINV"完成。操作步骤依次为：$TINV \rightarrow \frac{\alpha}{2} \rightarrow n-1 \rightarrow$ 确定。

【例 6-4】 已知某种电子元件的寿命服从正态分布，现从一批电子元件中随机抽取 16 只，测得其寿命如图 6-2 中的 A 列所示。

	A	B	C	D	E	F
1	1510		列1			
2	1450					
3	1480	平均	1490			
4	1460	标准误差	6.191392			
5	1520	中值	1485			
6	1480	模式	1510			
7	1490	标准偏差	24.76557			
8	1460	样本方差	613.3333			
9	1480	峰值	-1.2721			
10	1510	偏斜度	0.030096			
11	1530	区域	80			
12	1470	最小值	1450			
13	1500	最大值	1530			
14	1520	求和	23840			
15	1510	计数	16			
16	1470					
17						

图 6-2 16 只电子元件寿命原始数据及描述统计部分结果

试建立该批电子元件使用寿命 95％的置信区间。

根据样本资料计算的样本均值和样本标准差为：

$$\bar{x} = \frac{\sum x}{n} = \frac{23840}{16} = 1490, \quad S = \sqrt{\frac{\sum (x-\bar{x})^2}{n-1}} = 24.76557$$

（样本均值和样本标准差的计算，也可直接通过 Excel 软件中的描述统计功能计算，计算结果如图 6-2 所示）

已知 $1-\alpha = 95\%, \frac{\alpha}{2} = 0.025, n = 16$ 。

使用 TINV 函数得：（注：在 probability 栏内输入 $\alpha/2$ 值）

$$t_{0.025}(15) = 2.489879694$$

则该批电子元件平均使用寿命 95％的置信区间为：

$$\bar{x} \pm t_{\frac{\alpha}{2}} \cdot \frac{S}{\sqrt{n}} = 1490 \pm 2.489879694 \times \frac{24.77}{\sqrt{16}}$$

即 $1490 \pm 13.2 = (1476.8, 1503.2)$，该批电子元件平均使用寿命在 95％的置信水平下的置信区间为 1476.8～1503.2 小时。

现将总体均值的区间估计总结如表 6-3 所示。

表 6-3 不同情况下总体均值的区间估计

	A	B	C	D
1	总体分布	样本容量	σ 已知	σ 未知
2	正态分布	大样本		$\bar{x} \pm Z_{\frac{\alpha}{2}} \cdot \dfrac{S}{\sqrt{n}}$
3		小样本	$\bar{x} \pm Z_{\frac{\alpha}{2}} \cdot \dfrac{\sigma}{\sqrt{n}}$	$\bar{x} \pm t_{\frac{\alpha}{2}} \cdot \dfrac{S}{\sqrt{n}}$
4	非正态分布	大样本		$\bar{x} \pm Z_{\frac{\alpha}{2}} \cdot \dfrac{S}{\sqrt{n}}$

四、总体比例的区间估计

在大样本(一般经验规则: $np \geqslant 5$ 和 $n(1-p) \geqslant 5$)条件下,样本比例的抽样分布可用正态分布近似。在这种情况下,数理统计已经证明如下结论:

置信水平为 $1-\alpha$ 的置信区间为:

$$p \pm Z_{\frac{\alpha}{2}} \cdot \sqrt{\frac{p(1-p)}{n}} \quad \text{(重复抽样)} \tag{6-5}$$

$$p \pm Z_{\frac{\alpha}{2}} \cdot \sqrt{\frac{p(1-p)}{n}\left(\frac{N-n}{N-1}\right)} \quad \text{(不重复抽样)} \tag{6-6}$$

【例 6-5】 某城市想要估计下岗职工中女性所占的比例,采取重复抽样方法随机抽取了 100 名下岗职工,其中 65 人为女性。试以 95% 的置信水平估计该城市下岗职工中女性所占比例的置信区间。

解:已知 $n=100, p=\dfrac{65}{100}=65\%, 1-\alpha=0.95, 1-\alpha/2=0.975$ 。

使用 NORMSINV 函数得:(注:在 probability 栏内输入 $1-\alpha/2$ 值)

$$Z_{0.025} = 1.959963985$$

$$p \pm Z_{\frac{\alpha}{2}} \cdot \sqrt{\frac{p(1-p)}{n}} = 65\% \pm 1.959963985 \times \sqrt{\frac{65\% \times (1-65\%)}{100}}$$

即 $65\% \pm 9.35\% = (55.65\%, 74.35\%)$, 95% 的置信水平下估计该城市下岗职工中女性所占比例的置信区间为 $55.65\% \sim 74.35\%$ 。

【例 6-6】 某企业共有职工 1000 人,企业准备实行一项改革,在职工中征求意见,采用不重复抽样方法,随机抽取 200 人作为样本。调查结果显示,有 150 人表示赞成这项改革,有 50 人表示反对。试以 95% 的置信水平确定赞成改革的人数比例的置信区间。

解:已知 $n=200, p=\dfrac{150}{200}=75\%, 1-\alpha=0.95, 1-\dfrac{\alpha}{2}=0.975$ 。

使用 NORMSINV 函数得:(注:在 probability 栏内输入 $1-\alpha/2$ 值)

$$Z_{0.025} = 1.959963985$$

$$p \pm Z_{\frac{\alpha}{2}} \cdot \sqrt{\frac{p(1-p)}{n}\left(\frac{N-n}{N-1}\right)}$$

$$75\% \pm 1.959963985 \times \sqrt{\frac{75\%(1-75\%)}{200}\left(\frac{1000-200}{1000-1}\right)}$$

即 $75\% \pm 5.37\% = (69.63\%, 80.37\%)$，$95\%$ 的置信水平下估计赞成改革的人数比例的置信区间为 $69.63\% \sim 80.37\%$。

五、总体方差的区间估计

数理统计证明，对于容量为 n 的正态总体样本方差 S^2，若总体方差为 σ^2，则 $\dfrac{(n-1)S^2}{\sigma^2}$ 服从自由度为 $n-1$ 的 χ^2 分布。对给定的置信水平 $1-\alpha$，查 χ^2 分布表可得 $\dfrac{\alpha}{2}$ 分位点 $\chi^2_{\frac{\alpha}{2}}(n-1)$ 和 $1-\dfrac{\alpha}{2}$ 分位点 $\chi^2_{1-\frac{\alpha}{2}}(n-1)$，使得

$$P\left\{\chi^2_{1-\frac{\alpha}{2}}(n-1) \leqslant \frac{(n-1)S^2}{\sigma^2} \leqslant \chi^2_{\frac{\alpha}{2}}(n-1)\right\} = 1-\alpha$$

从而有

$$P\left\{\frac{(n-1)S^2}{\chi^2_{\frac{\alpha}{2}}(n-1)} \leqslant \sigma^2 \leqslant \frac{(n-1)S^2}{\chi^2_{1-\frac{\alpha}{2}}(n-1)}\right\} = 1-\alpha$$

取

$$\hat{\sigma}^2_1 = \frac{(n-1)S^2}{\chi^2_{\frac{\alpha}{2}}(n-1)}, \quad \hat{\sigma}^2_2 = \frac{(n-1)S^2}{X^2_{1-\frac{\alpha}{2}}(n-1)}$$

则 $[\hat{\sigma}^2_1, \hat{\sigma}^2_2]$ 为 σ^2 的置信水平为 $1-\alpha$ 的置信区间。即

$$\frac{(n-1)S^2}{\chi^2_{\frac{\alpha}{2}}(n-1)} \leqslant \sigma^2 \leqslant \frac{(n-1)S^2}{\chi^2_{1-\frac{\alpha}{2}}(n-1)} \tag{6-7}$$

【例 6-7】 某食品厂从生产的罐头中随机抽取 15 个称量其重量，得样本方差 $S^2 = 1.65^2$（克^2），设罐头重量服从正态分布，试求其方差的置信水平为 90% 的置信区间。

解：$n = 15, 1-\alpha = 90\%, \dfrac{\alpha}{2} = 0.05, 1-\dfrac{\alpha}{2} = 0.95$。

使用 CHIINV 函数得（函数格式：CHIINV(0.05,14); CHIINV(0.95,14)）：

$$\chi^2_{0.05}(14) = 23.685, \quad \chi^2_{0.95}(14) = 6.571$$

$$\frac{(n-1)S^2}{\chi^2_{\frac{\alpha}{2}}(n-1)} = \frac{14 \times 1.65^2}{23.685} = 1.61, \quad \frac{(n-1)S^2}{\chi^2_{1-\frac{\alpha}{2}}(n-1)} = \frac{14 \times 1.65^2}{6.571} = 5.8$$

故总体方差的置信水平为 90% 的置信区间为 $[1.61, \quad 5.8]$。

第二节 假设检验

一、假设检验的有关概念

1.统计假设

统计假设是对总体参数的具体数值所作的陈述。总体参数包括总体均值 μ、比例 π、方差 σ^2 等。

2.假设检验

假设检验是先对总体的参数(或分布形式)提出某种假设,然后利用样本信息判断假设是否成立的过程。通常有参数检验和非参数检验两种。逻辑上运用反证法,统计上依据小概率原理。

3.原假设

原假设是研究者想搜集证据予以反对的假设,又称"零假设",用符号表示为 H_0。

之所以用零来修饰原假设,其原因是原假设的内容总是没有差异或没有改变,或变量间没有关系等等。关于样本统计量如样本均值或样本均值之差的零假设是没有意义的,因为样本统计量是已知的,当然能说出它们等于几或是否相等。

4.备择假设

备择假设也称"研究假设",是研究者想搜集证据予以支持的假设,用符号表示为 H_1。

5.双侧检验与单侧检验

如果备择假设没有特定的方向性,并含有符号 $\neq$,这样的假设检验称为双侧检验或双尾检验。

如果备择假设具有特定的方向性,并含有符号">"或"<"的假设检验,称为单侧检验或单尾检验。备择假设的方向为"<",称为左侧检验;备择假设的方向为">",称为右侧检验。

6.提出假设

原假设和备择假设是一个完备事件组,而且相互对立。在一项假设检验中,原假设和备择假设必有一个成立,而且只有一个成立。

先确定备择假设,再确定原假设。等号"="总是放在原假设上。

因研究目的不同,对同一问题可能提出不同的假设(也可能得出不同的结论)。

【例 6-8】 一种零件的生产标准是直径应为 10cm,为对生产过程进行控制,质量监测人员定期对一台加工机床检查,确定这台机床生产的零件是否符合标准要求。如果零件的平均直径大于或小于 10cm,则表明生产过程不正常,必须进行调整。如果检验生产过程是否正常,原假设和备择假设分别是什么?

解:研究者想搜集证据予以证明的假设应该是"生产过程不正常"。所以建立的原假设和备择假设为:

$$H_0:\mu=10\text{cm}, \quad H_1:\mu\neq10\text{cm}$$

【例 6-9】 某品牌洗涤剂在它的产品说明书中声称:平均净含量不少于 500 克。从消费者的利益出发,有关研究人员要通过抽检其中的一批产品来验证该产品制造商的说明是否属实。试陈述用于检验的原假设与备择假设。

解:研究者抽检的意图是倾向于证实这种洗涤剂的平均净含量并不符合说明书中的陈述。所以建立的原假设和备择假设为:

$$H_0:\mu\geqslant500, \quad H_1:\mu<500$$

【例 6-10】 一家研究机构估计,某城市中家庭拥有汽车的比例不超过 30%。为验证这一估计是否正确,该研究机构随机抽取了一个样本进行检验。试陈述用于检验的原假设与备择假设。

解:研究者想搜集证据予以支持的假设是"该城市中家庭拥有汽车的比例不超过30%"。所以建立的原假设和备择假设为:

$$H_0 : \mu \leqslant 30\% , \quad H_1 : \mu > 30\%$$

二、假设检验中的两类错误

1.第Ⅰ类错误(弃真错误)

原假设为真时拒绝原假设。犯第Ⅰ类错误的概率记为 α,又称为显著性水平。

2.第Ⅱ类错误(取伪错误)

原假设为假时未拒绝原假设。犯第Ⅱ类错误的概率记为 β。

在这两类错误中,相对更加严重的是第Ⅰ类错误,所以 α 的取值应尽可能的小。

3.显著性水平 α

显著性水平是一个概率值。原假设为真时,拒绝原假设的概率,称为抽样分布的拒绝域,表示为 α。常用的 α 值有 0.01, 0.05, 0.10,由研究者事先确定。

我们可以在事先确定用于拒绝原假设 H_0 的证据必须强到何种程度,这也就是说我们要求多小的 P 值,而这个 P 值就叫显著性水平。显著性水平表示总体中某一类数据出现的频繁程度。

假如我们选择 $\alpha = 0.05$,样本数据能拒绝原假设的证据要强到:当 H_0 正确时,这种样本结果发生的频率不超过 5%;如果我们选择 $\alpha = 0.01$,就是要求拒绝 H_0 的证据要更强,这种样本结果发生的频率只有 1%。

如果 P 值小于或等于 α,我们称该组数据不利于原假设的证据有 α 的显著性水平。

4.统计显著性(significant)

significant(显著性)一词的意义在这里并不是"重要的",而是指"非偶然的"。

在假设检验中,如果样本提供的证据拒绝原假设,我们说检验的结果是显著的,如果不拒绝原假设,我们则说结果是不显著的。

一项检验在统计上是"显著的",意思是指:这样的(样本)结果不是偶然得到的,或者说,不是靠机遇能够得到的。

拒绝原假设,表示这样的样本结果并不是偶然得到的;不拒绝原假设(拒绝原假设的证据不充分),则表示这样的样本结果只是偶然得到的。

5.假设检验中的小概率原理

在一次试验中,一个几乎不可能发生的事件叫小概率事件;在一次试验中小概率事件一旦发生,我们就有理由拒绝原假设;小概率由研究者事先确定。

概率是从 0 到 1 之间的一个数,因此小概率就应该是接近 0 的一个数。著名的英国统计家 Ronald Fisher 把 20 分之 1 作为标准,这也就是 0.05,从此 0.05 或比 0.05 小的概率都被认为是小概率。Fisher 没有任何深奥的理由解释他为什么选择 0.05,只是说他忽然想起来的。

三、检验统计量与拒绝域

1.检验统计量

检验统计量是根据样本观测结果计算得到的,并据以对原假设和备择假设作出决策的某个样本的统计量。它是对样本估计量的标准化结果,即原假设 H_0 为真时点估计量的抽样分布。

$$标准化检验统计量=\frac{点估计量-假设值}{点估计量的抽样标准差} \tag{6-8}$$

2.双侧检验的拒绝域(见图 6-3)

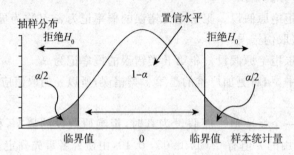

图 6-3　双侧检验的拒绝域

3.左侧检验的拒绝域(见图 6-4)

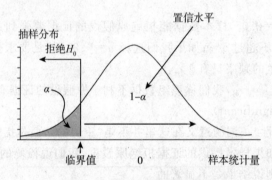

图 6-4　左侧检验的拒绝域

4.右侧检验的拒绝域(见图 6-5)

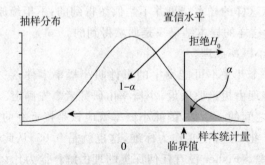

图 6-5　右侧检验的拒绝域

5.决策规则

(1)给定显著性水平 α,查表得出相应的临界值 Z_α 或 $Z_{\alpha/2}$,t_α 或 $t_{\alpha/2}$。

(2)将检验统计量的值与 α 水平的临界值进行比较作出决策:

双侧检验:统计量>临界值,拒绝 H_0;

左侧检验:统计量<临界值,拒绝 H_0;

右侧检验:统计量>临界值,拒绝 H_0。

四、利用 P 值 进行决策

P 值(P-value)是指如果原假设为真,所得到的样本结果会像实际观测结果那么极端或更极端的概率;P 值是反映实际观测到的数据与原假设拒绝 H_0 之间不一致的程度,称为观察到的(或实测的)显著性水平。

决策规则:若 P 值<α,拒绝 H_0。

P 值告诉我们:如果原假设正确,我们的观测数据是多么的不可能得到。相当不可能得到的数据,就是原假设不对的合理证据。

五、假设检验的步骤

(1)陈述原假设和备择假设;

(2)从所研究的总体中抽出一个随机样本;

(3)确定一个适当的检验统计量,并利用样本数据算出其具体数值;

(4)确定一个适当的显著性水平,并计算出其临界值,指定拒绝域;

(5)将统计量的值与临界值进行比较,作出决策。

检验统计量的值落在拒绝域,拒绝 H_0,否则不能拒绝 H_0。也可以直接利用 P 值作出决策:若 P 值<α,拒绝 H_0。

六、总体均值的假设检验

1.正态总体或非正态总体大样本($n>30$)情况下,使用 z 检验统计量

(1)σ^2 已知,总体均值检验的统计量为:

$$z = \frac{\overline{X} - \mu_0}{\sigma/\sqrt{n}} \tag{6-9}$$

【例 6-11】 一种罐装饮料采用自动生产线生产,每罐的容量是 255ml,标准差为 5ml。为检验每罐容量是否符合要求,质检人员在某天生产的饮料中随机抽取了 40 罐进行检验,测得每罐平均容量为 255.8ml。取显著性水平 $\alpha=0.05$,检验该天生产的饮料容量是否符合标准要求?

解:由已知得:$\mu_0=255, \sigma=5, n=40, \bar{x}=255.8, \alpha=0.05$。

$H_0: \mu=255, H_1: \mu \neq 255$。

计算统计量的具体数值,有

$$z = \frac{255.8 - 255}{5/\sqrt{40}} = 1.01$$

根据给定的显著性水平 $\alpha=0.05$,查标准正态分布表,得 $z_{\alpha/2}=z_{0.025}=1.96$。也可以利用 Excel 中的统计函数 NORMSINV($1-\alpha/2$)计算得到。

由于 $|z|=1.01 < z_{\alpha/2}=1.96$,所以,不拒绝原假设。检验结果表明:样本提供的证据不足以推翻原假设,说明该天生产的饮料符合标准要求。

(2)σ^2 未知,可以用样本方差 S^2 来近似代替总体方差,总体均值检验统计量为:

$$z=\frac{\overline{X}-\mu_0}{S/\sqrt{n}} \tag{6-10}$$

【例 6-12】 一种机床加工的零件尺寸绝对平均误差允许值为 1.35mm。生产厂家现采用一种新的机床进行加工以期进一步降低误差。为检验新机床加工的零件平均误差与旧机床相比是否有显著降低,从某天生产的零件中随机抽取 50 个进行检验。50 个零件的平均数为 1.2152,样本标准差是 0.365749。利用以上数据,检验新机床加工的零件尺寸的平均误差与旧机床相比是否有显著降低?($\alpha=0.01$)

解:$H_0:\mu\geqslant 1.35$;$H_1:\mu < 1.35$。

计算检验统计量的具体数值

$$z=\frac{1.2152-1.35}{0.365749/\sqrt{50}}=-2.6061$$

根据给定的显著性水平 $\alpha=0.01$,查标准正态分布得 $z_\alpha=z_{0.01}=-2.33$。也可以利用 Excel 中的统计函数 NORMSINV$(1-\alpha)$ 计算得到。

由于 $z=-2.6061 < z_{0.01}=-2.33$,所以拒绝原假设。检验结果表明:新机床加工的零件尺寸的平均误差与旧机床相比有显著降低。

2.小样本情况下,依照总体方差是否已知来选择合适的统计量

(1)σ^2 已知:即使是在小样本情况下,检验统计量仍服从标准正态分布。

检验统计量与检验程序与大样本时完全相同,不再赘述。

(2)σ^2 未知,小样本:需要用样本方差 S^2 代替总体方差 σ^2,此时检验统计量服从自由度为 $n-1$ 的 t 分布,检验统计量为:

$$t=\frac{\overline{X}-\mu_0}{S/\sqrt{n}} \tag{6-11}$$

小样本情况下一个总体均值的检验方法如表 6-4 所示。

表 6-4　小样本情况下一个总体均值的检验方法

	双侧检验	左侧检验	右侧检验
假设形式	$H_0:\mu=\mu_0,H_1:\mu\neq\mu_0$	$H_0:\mu\geqslant\mu_0,H_1:\mu<\mu_0$	$H_0:\mu\leqslant\mu_0,H_1:\mu>\mu_0$
检验统计量	σ 未知:$t=\dfrac{\overline{X}-\mu_0}{S/\sqrt{n}}$($\sigma$ 已知:$Z=\dfrac{\overline{X}-\mu_0}{\sigma/\sqrt{n}}$)		
α 与拒绝域	$\lvert t\rvert>t_{\alpha/2}(n-1)$	$t<-t_\alpha(n-1)$	$t>t_\alpha(n-1)$
P 值决策准则	$P<\alpha$,拒绝 H_0		

【例 6-13】 一种汽车配件的平均长度要求为 12cm,高于或低于该标准均被认为是不合格的。汽车生产企业在购进配件时,通常是经过招标,然后对中标的配件提供商提供的样品进行检验,以决定是否购进。现对一个配件提供商的 10 个样本进行了检验,结

果如下(单位:cm):

12.2　10.8　12.0　11.8　11.9　12.4　11.3　12.2　12.0　12.3

假定该供货商生产的配件长度服从正态分布,在 0.05 的显著性水平下,检验该供货商提供的配件是否符合要求?

解:$H_0:\mu=12;H_1:\mu\neq12$。

依据样本数据计算得:$\overline{x}=11.89,s=0.4932$。

由于是小样本,所以采用 t 统计量

$$t=\frac{11.89-12}{0.4932/\sqrt{10}}=-0.7053$$

根据自由度 $n-1=10-1=9$,查 t 分布表得 $t_{\alpha/2}(n-1)=t_{0.025}(9)=2.262$。也可以利用 Excel 中的统计函数 $TINV(\alpha,n-1)$ 计算得到。

由于 $|t|=0.7053<t_{0.025}(9)=2.262$,所以不拒绝原假设,认为该供货商提供的零件符合要求。

七、总体比例的检验

总体比例是指总体中具有某种相同特征的个体所占的比例,通常用字母 π 表示,用 p 表示样本比例。总体比例的检验与上面介绍的总体均值检验基本上是相同的,区别只在于参数和检验统计量的形式不同。总体均值检验的整个过程都可以作为总体比例检验的参考,这里我们只考虑大样本情形下的总体比例检验(表 6-5)。

表 6-5　大样本情况下一个总体比例的检验方法

	双侧检验	左侧检验	右侧检验
假设形式	$H_0:\pi=\pi_0$; $H_1:\pi\neq\pi_0$	$H_0:\pi\geqslant\pi_0$; $H_1:\pi<\pi_0$	$H_0:\pi\leqslant\pi_0$; $H_1:\pi>\pi_0$
检验统计量	$z=\dfrac{p-\pi_0}{\sqrt{\dfrac{\pi_0(1-\pi_0)}{n}}}$ 近似服从标准正态分布		
α 与拒绝域	$|z|>z_{\alpha/2}$	$z<-z_{\alpha}$	$z>z_{\alpha}$
P 值决策准则	$P<\alpha$,拒绝 H_0		

【例 6-14】　一种以休闲和娱乐为主题的杂志,声称其读者群中有 80% 为女性。为验证这一说法是否属实,某部门抽取了由 200 人组成的一个随机样本,发现有 146 个女性经常阅读该杂志。分别取显著性水平 $\alpha=0.05$ 和 $\alpha=0.01$,检验该杂志读者群中女性的比例是否为 80%,它们的 P 值各是多少?

解:$H_0:\pi=80\%;H_1:\pi\neq80\%$。

根据抽样结果计算得 $p=146/200=73\%$,检验统计量为

$$z=\frac{0.73-0.8}{\sqrt{\dfrac{0.8(1-0.8)}{200}}}=-2.475$$

根据显著性水平 $\alpha=0.05$ 查标准正态分布表得 $z_{\alpha/2}=z_{0.025}=1.96$。

由于 $|z|=2.475>z_{\alpha/2}=1.96$,所以拒绝原假设。在显著性水平为 0.05 的条件下,样本提供的证据表明该杂志的说法并不属实。

根据显著性水平 $\alpha=0.01$ 查标准正态分布表得 $z_{\alpha/2}=z_{0.005}=2.58$。由于 $|z|=2.475<z_{\alpha/2}=2.58$,所以不拒绝原假设。在显著性水平为 0.01 的条件下,样本提供的证据表明该杂志的说法是属实的。

从该例子可以看出,对于同一个检验,不同的显著性水平将会得出不同的结论,这也是自然的。

八、总体方差的检验

总体方差的检验使用的是卡方(χ^2)分布。此外,总体方差的检验,不论样本容量 n 是大是小,都要求总体服从正态分布,这是由检验统计量的抽样分布决定的。

用 σ_0^2 表示假定的总体方差的某一取值,总体方差假设检验的 3 种基本形式如表 6-6 所示。

表 6-6　一个总体方差检验的方法

	双侧检验	左侧检验	右侧检验
假设形式	$H_0:\sigma^2=\sigma_0^2$; $H_1:\sigma^2\neq\sigma_0^2$	$H_0:\sigma^2\geq\sigma_0^2$; $H_1:\sigma^2<\sigma_0^2$	$H_0:\sigma^2\leq\sigma_0^2$; $H_1:\sigma^2>\sigma_0^2$
检验统计量	$\chi^2=\dfrac{(n-1)s^2}{\sigma_0^2}$		
α 与拒绝域	$\chi^2>\chi_{\alpha/2}^2(n-1)$ 或 $\chi^2<\chi_{1-\alpha/2}^2(n-1)$	$\chi^2<\chi_{1-\alpha/2}^2(n-1)$	$\chi^2>\chi_{\alpha/2}^2(n-1)$

【例 6-15】　啤酒生产企业采用自动生产线罐装啤酒,每瓶的装瓶量为 640ml,但由于受某些不可控因素的影响,每瓶的装瓶量会有差异。此时,不仅每瓶的平均装瓶量很重要,装填量的方差 σ^2 同样很重要。如果 σ^2 很大,会出现装填量太多或太少的情况,这样要么生产企业不划算,要么消费者不满意。假定生产标准规定每瓶装填量的标准差不应超过和不应低于 4ml。企业质检部门抽取了 10 瓶啤酒进行检验,得到的样本标准差为 $s=3.8$ml。试以 0.10 的显著性水平检验装填量的标准差是否符合要求?

解:$H_0:\sigma^2=4^2$,$H_1:\sigma^2\neq4^2$。

计算检验统计量为

$$\chi^2=\frac{(10-1)\times3.8^2}{4^2}=8.1225$$

根据显著性水平 $\alpha=0.10$ 和自由度 $(10-1)=9$,查 χ^2 分布表得

$$\chi_{0.10/2}^2(n-1)=\chi_{0.05}^2(10-1)=16.9190$$

$$\chi_{1-0.10/2}^2(n-1)=\chi_{0.95}^2(10-1)=3.32511$$

由于 $\chi_{0.95}^2(9)=3.32511<\chi^2=8.1225<\chi_{0.05}^2(9)=16.9190$,所以不拒绝原假设 H_0。样本提供的证据表明装填量的标准差符合要求。

第三节 方差分析

一、方差分析有关概念

1.方差分析

检验多个总体均值是否相等的统计方法,称为方差分析。

方差分析研究的是分类型变量对数值型因变量的影响,包括它们之间有没有关系、关系的强度如何等,所采用的方法就是通过检验各总体的均值是否相等来判断分类型自变量对数值型因变量是否有影响。

【例6-16】 消费者与产品生产者、销售者或服务的提供者之间经常发生纠纷。当纠纷发生后,消费者常常到消协投诉。为了对几个行业的服务质量进行评价,消费者协会在零售业、旅游业、航空公司、家电制造业分别抽取了不同企业作为样本。其中零售业抽取7家,旅游业抽取6家,航空公司抽取5家,家电制造业抽取5家。每个行业中抽取的这些企业,在服务对象、服务内容、企业规模等方面基本上是相同的。然后统计出最近一年中消费者对总共23家企业投诉的次数,结果如表6-7所示。

表6-7 23家企业投诉的次数

	A	B	C	D	E
1	观测值	行业			
2		零售业	旅游业	航空公司	家电制造业
3	1	57	68	31	44
4	2	66	39	49	51
5	3	49	29	21	65
6	4	40	45	34	77
7	5	34	56	40	58
8	6	53	51		
9	7	44			

受到投诉次数越多,说明服务的质量也就越差。消费者协会想知道这几个行业之间的服务质量是否有显著差异。这个问题就是判断"行业"对"投诉次数"是否有显著影响,归结为检验4个行业被投诉的均值是否相等,这就要用到方差分析。

2.因素

在方差分析中,所要检验的对象称为因素或因子。例如例6-16中,"行业"是所要检验的对象,我们就把它称为"因素"或"因子"。

3.水平

因素的不同表现称为水平或处理。例如例6-16中,零售业、旅游业、航空公司、家电制造业是"行业"这一因素的具体表现,我们称之为"水平"或"处理"。

4.观测值

每个因子水平下得到的样本数据称之为观测值。例如例6-16中,在每个行业下得到的被投诉次数就是样本数据也就是观测值。

5.随机误差和系统误差

以例 6-16 为例,在同一行业内部,即同一总体中,样本各个观察值是不同的。比如在零售业中,所抽取的 7 家企业,被投诉的次数就不完全相同,这是由于在方差分析时,样本是随机抽取的,因此样本数据之间的差异可以看成是由随机因素的影响造成的,或者说是由抽样的随机性造成的,我们称之为随机误差。

仍见例 6-16,在不同行业即不同总体下,各观测值也是不同的。这种差异可能来源于抽样的随机性,也可能是由于行业本身造成的,后者所形成的误差是由系统性因素造成的,我们称之为系统误差。

6.组内误差和组间误差

衡量因素的同一水平(即同一总体)下样本数据的误差,称之为组内误差。例如,7 家零售业企业被投诉次数之间的误差。

衡量因素的不同水平(不同总体)下各样本之间的误差,称之为组间误差。例如,零售业、旅游业、航空公司、家电制造业 4 个行业之间被投诉次数之间的误差。

组内误差只包含随机误差,组间误差包含随机误差和系统误差。

二、方差分析中的基本假定

方差分析中有 3 个基本假定:

(1)每个总体服从正态分布。

(2)各个总体的方差 σ^2 必须相等。

(3)观测值是独立的。

三、问题的一般提法

设因素有 k 个水平,每个水平的均值分别用 $\mu_1, \mu_2, \cdots, \mu_k$ 表示,要检验 k 个水平(总体)的均值是否相等,需要提出如下假设:

$H_0: \mu_1 = \mu_2 = \cdots = \mu_k$,即自变量对因变量没有显著差异和影响;

$H_1: \mu_1, \mu_2, \cdots, \mu_k$ 不全相等,即自变量对因变量有显著差异和影响。

例如,例 6-16 中,设 4 个行业被投诉的次数的均值分别是 $\mu_1, \mu_2, \mu_3, \mu_4$。为检验行业对投诉次数有无显著影响,需要提出如下假设:

$H_0: \mu_1 = \mu_2 = \mu_3 = \mu_4$,行业对投诉次数没有显著差异;

$H_1: \mu_1, \mu_2, \mu_3, \mu_4$ 不全相等,行业对投诉次数有显著差异。

从这个例子中可以看到,实际上本章的方法和假设检验一样,但这个问题如果采用两两的假设检验,将要反复进行 6 次。

四、方差分析步骤

1.提出假设

在方差分析中,原假设所描述的是:在按照自变量的值分成的类中,因变量的均值是否相等。因此,检验因素的 k 个水平(总体)的均值是否相等,需要提出如下形式的假设:

$H_0: \mu_1 = \mu_2 = \cdots = \mu_i = \cdots = \mu_k$,即自变量对因变量没有显著影响;

$H_1: \mu_1, \mu_2, \cdots, \mu_i, \cdots, \mu_k$ 不全相等,即自变量对因变量有显著影响。

如果原假设成立,则自变量对因变量没有显著影响,也就是说自变量与因变量之间没有关系;如果原假设不成立,则自变量对因变量有显著影响,也就是说自变量与因变量之间有关系。

*注意:拒绝原假设时,只表明至少有两个总体的均值不相等,并不意味着所有的总体均值都不相等。

2.构造检验统计量

(1)计算因素各水平(总体)的均值。

$$\overline{x}_i = \frac{\sum\limits_{j=1}^{n_i} x_{ij}}{n_i} \quad (i = 1, 2, \cdots, k)$$

其中,n_i 是第 i 个总体样本观测值的个数;x_{ij} 是第 i 个总体的第 j 个观测值。

根据表 6-8 中的数据计算零售业的样本均值为:

$$\overline{x}_1 = \frac{\sum\limits_{j=1}^{5} x_{1j}}{n_1} = \frac{57 + 66 + 49 + 40 + 34 + 53 + 44}{7} = 49$$

使用 Excel 计算均值,可以使用粘贴函数→统计→AVERAGE。

同理,其他行业计算结果如表 6-8 所示。

表 6-8 样本均值计算表

	A	B	C	D	E
1	观测值	行业			
2		零售业	旅游业	航空公司	家电制造业
3	1	57	68	31	44
4	2	66	39	49	51
5	3	49	29	21	65
6	4	40	45	34	77
7	5	34	56	40	58
8	6	53	51		
9	7	44			
10	样本均值	49	48	35	59
11	样本容量 (ni)	7	6	5	5
12-13	总均值	$\overline{\overline{x}} = \dfrac{57 + 66 + \cdots + 77 + 58}{23} = 47.869565$			

(2)计算全部观测值的总均值。

$$\overline{\overline{x}} = \frac{\sum\limits_{i=1}^{k} \sum\limits_{j=1}^{n_i} x_{ij}}{n} = \frac{\sum\limits_{i=1}^{k} n_i \overline{x}_i}{n}, \text{其中}, n = n_1 + n_2 + \cdots + n_k \text{。计算结果见表 6-8。}$$

(3)计算误差平方和,构造检验统计量。

为构造检验统计量,共需要计算 3 个误差平方和:总误差平方和、水平项误差平方和、误差项平方和。

①总误差平方和,简记为 SST。它是全部观测值 x_{ij} 与总均值 $\overline{\overline{x}}$ 之间误差的平方和,反映全部观测值的离散状况。

$$SST = \sum_{i=1}^{k} \sum_{j=1}^{n_i} (x_{ij} - \overline{\overline{x}})^2$$

本例中，$\overline{\overline{x}} = 47.869565$，则：

$$SST = (57 - 47.869565)^2 + \cdots + (58 - 47.869565)^2 = 4164.608696$$

②水平项误差平方和，简记为 SSA。它是各组平均值 $\overline{x}_i$ 与总均值 $\overline{\overline{x}}$ 之间误差的平方和，反映个总体的样本均值之间的差异程度，又叫组间平方和。

$$SSA = \sum_{i=1}^{k} \sum_{j=1}^{n_i} (\overline{x}_i - \overline{\overline{x}})^2 = \sum_{i=1}^{k} n_i (\overline{x}_i - \overline{\overline{x}})^2$$

本例计算得：

$$SSA = \sum_{i=1}^{4} n_i (\overline{x}_i - \overline{\overline{x}})^2 = 7 \times (49 - 47.869565)^2 + 6 \times (48 - 47.869565)^2$$
$$+ 5 \times (35 - 47.869565)^2 + 5 \times (59 - 47.869565)^2 = 1456.608695$$

③误差项平方和，简记为 SSE。它是每个水平或组的各样本数据与其组平均值之间误差的平方和，反映了每个样本个观测值的离散状况，又叫组内平方和或残差平方和。

$$SSE = \sum_{i=1}^{k} \sum_{j=1}^{n_i} (x_{ij} - \overline{x}_i)^2$$

本例中，先求出每个行业被投诉的次数与其平均数的误差平方和，然后将 4 个行业的误差平方和加总，即为 SSE。

零售业：$\sum_{j=1}^{7} (x_{1j} - \overline{x}_1)^2 = (57 - 49)^2 + (66 - 49)^2 + \cdots + (44 - 49)^2 = 700$；

旅游业：$\sum_{j=1}^{6} (x_{2j} - \overline{x}_2)^2 = (68 - 48)^2 + (39 - 48)^2 + \cdots + (51 - 48)^2 = 924$；

航空公司：$\sum_{j=1}^{5} (x_{3j} - \overline{x}_3)^2 = (31 - 35)^2 + (49 - 35)^2 + \cdots + (40 - 35)^2 = 434$；

家电制造业：$\sum_{j=1}^{5} (x_{4j} - \overline{x}_4)^2 = (44 - 59)^2 + (51 - 59)^2 + \cdots + (58 - 59)^2 = 650$。

然后将其加总，得：$SSE = 700 + 924 + 434 + 650 = 2708$。

④三者之间的关系：$SST = SSA + SSE$。

如果原假设成立，则表明没有系统误差，组间平方和 SSA 除以它的自由度后的均方与组内平方和 SSE 除以它的自由度后的均方差异就不会太大；反之，两者之间的差异就会很大。

SST 的自由度：$n-1$，n 为全部观测值的个数；

SSA 的自由度：$k-1$，k 为因素水平（总体）的个数；

SSE 的自由度：$n-k$。

所以三者的均方分别为：

SST 的均方：$MST = \dfrac{SST}{n-1}$；SSA 的均方：$MSA = \dfrac{SSA}{k-1}$；SSE 的均方：$MSE = \dfrac{SSE}{n-k}$。

所以构造的检验统计量就是：

$$F = \frac{\text{MSA}}{\text{MSE}} \sim F(k-1, n-k)。$$

对于本例，$\text{MSA} = \dfrac{\text{SSA}}{k-1} = \dfrac{1456.608696}{4-1} = 485.536232$，

$$\text{MSE} = \frac{\text{SSE}}{n-k} = \frac{2708}{23-4} = 142.526316$$

$$F = \frac{\text{MSA}}{\text{MSE}} = \frac{485.536232}{142.526316} = 3.406643。$$

3. 统计决策

若 $F > F_\alpha$，则拒绝原假设 H_0，即 $\mu_1 = \mu_2 = \cdots = \mu_i = \cdots = \mu_k$ 的假设不成立，表明类型自变量对因变量有显著影响；$F < F_\alpha$，则不能拒绝原假设 H_0，不能认为类型自变量对因变量有显著影响。对于本例，$F = 3.406643$，假定取显著性水平 $\alpha = 0.05$，查表得 $F_{0.05}(3, 9) = 3.13$，由于 $F > F_\alpha$，所以拒绝原假设，可以认为行业对投诉次数有显著影响。

第四节 样本容量的确定

在抽取样本时样本容量应多大是一个很实际的问题。样本容量取得比较大，收集的信息就比较多，从而估计精度比较高，但进行观测所投入的费用、人力及时间就比较多；样本容量取得比较小，则投入的费用、人力及时间就比较少，但收集的信息也比较少，从而估计精度比较低。这说明精度和费用对样本量的影响是矛盾的，不存在既使精度最高又使费用最省的样本量。一个常用的准则是在使精度得到保证的前提下寻求使费用最省的样本量。由于费用通常是样本量的正向线性函数，故使费用最省的样本量也就是使精度得到保证的最小样本量。

一、估计总体均值时样本容量的确定

在简单随机重复抽样下，设样本 $(X_1, X_2, \cdots, X_n)$ 来自正态总体 $N(\mu, \sigma^2)$，总体均值 μ 的点估计为样本均值 $\overline{X}$。如果要求以 $\overline{X}$ 估计 μ 时的绝对误差为 d，可靠度为 $1-\alpha$，即要求：由

$$P\{|\overline{X} - \mu| \leqslant d\} = 1 - \alpha$$

知

$$P\left\{\left|\frac{\overline{X} - \mu}{\sigma/\sqrt{n}}\right| \leqslant Z_{\alpha/2}\right\} = 1 - \alpha$$

$$P\left\{|\overline{X} - \mu| \leqslant Z_{\alpha/2}\frac{\sigma}{\sqrt{n}}\right\} = 1 - \alpha$$

故只要需取绝对误差

$$d = Z_{\alpha/2} \cdot \frac{\sigma}{\sqrt{n}}$$

从而解得

$$n = \frac{Z_{\alpha/2}^2 \cdot \sigma^2}{d^2} \text{（重复抽样条件下）} \tag{6-12}$$

同理，在简单随机不重复抽样条件下，我们可以得出估计总体均值时样本容量的计算公式为：

$$n = \frac{N \cdot Z_{\alpha/2}^2 \cdot \sigma^2}{(N-1)d^2 + Z_{\alpha/2}^2 \sigma^2} \text{（不重复抽样条件下）} \tag{6-13}$$

【例 6-17】 在某企业中采用简单随机抽样调查职工月平均奖金额，设职工月奖金额服从标准差为 10 元的正态分布，要求估计的绝对误差为 3 元，可靠度为 95%，试问应抽多少职工？

解：已知 $\sigma=10, d=3, 1-\alpha=0.95, 1-\alpha/2=0.975$。

使用 NORMSINV 函数得（注：在 probability 栏内输入 $1-\alpha/2$ 值）：

$$Z_{0.025} = 1.959963985$$

$$n = \frac{Z_{\alpha/2}^2 \cdot \sigma^2}{d^2} = \frac{1.96^2 \times 10^2}{3^2} = 42.68 \approx 43$$

即需抽取 43 名职工作为样本进行调查。

二、估计总体比例时样本容量的确定

在简单随机重复抽样条件下，估计总体比例时，我们可以定义绝对误差 d 为：

$$d = Z_{\alpha/2} \cdot \sqrt{\frac{\pi(1-\pi)}{n}}$$

从而得到样本容量：

$$n = \frac{Z_{\alpha/2}^2 \cdot \pi \cdot (1-\pi)}{d^2} \text{（重复抽样条件下）} \tag{6-14}$$

同理，在简单随机不重复抽样条件下，我们可以得出估计总体比例时样本容量的计算公式：

$$n = \frac{N \cdot Z_{\alpha/2}^2 \cdot \pi \cdot (1-\pi)}{(N-1) \cdot d^2 + Z_{\alpha/2}^2 \cdot \pi \cdot (1-\pi)} \text{（不重复抽样条件下）} \tag{6-15}$$

【例 6-18】 根据以往的生产统计，某种产品的合格率为 90%，现要求绝对误差为 5%，在置信水平为 95% 的置信区间时，应抽取多少个产品作为样本？

已知，$\pi=90\%, d=5\%, 1-\alpha=0.95, 1-\alpha/2=0.975$。

使用 NORMSINV 函数得（注：在 probability 栏内输入 $1-\alpha/2$ 值）：

$$Z_{0.025} = 1.959963985$$

则

$$n = \frac{Z_{\alpha/2}^2 \cdot \pi \cdot (1-\pi)}{d^2} = \frac{1.96^2 \times 0.9 \times (1-0.9)}{0.05^2} = 139$$

即需抽取 139 个产品作为样品进行调查。

第五节　Excel 在抽样推断中的应用

一、参数估计的 Excel 实现

1. 总体均值的区间估计

对于例 6-1,可以直接使用 CONFIDENCE 函数求置信区间,其操作步骤如下:

(1)点击f_x,在弹出的插入函数对话框中,选择统计函数类别,点选 CONFIDENCE 函数;

在弹出的函数参数对话框中,输入有关参数,如图 6-6 所示。

图 6-6　CONFIDENCE 函数

点击确定,就得到 $Z_{\frac{\alpha}{2}} \cdot \dfrac{\sigma}{\sqrt{n}} = 3.090995164$。

再用 $\overline{X} = 39.5$ 加减 $Z_{\frac{\alpha}{2}} \cdot \dfrac{\sigma}{\sqrt{n}} = 3.090995164$ 即可。

对于例 6-2,可以使用 CONFIDENCE 函数,先求出 $Z_{\frac{\alpha}{2}} \cdot \dfrac{\sigma}{\sqrt{n}}$,再乘以 $\sqrt{\dfrac{N-n}{N-1}}$,最后再与 $\overline{X}$ 加减得到置信区间。

对于例 6-3,可以使用 CONFIDENCE 函数,先求出 $Z_{\frac{\alpha}{2}} \cdot \dfrac{S}{\sqrt{n}}$,再与 $\overline{X}$ 加减得到置信区间。

2. 总体比例的区间估计

对于例 6-5,可以选定单元格,输入计算公式直接计算上下限。其操作方法如下:

(1)选择一个单元格(如 A1),然后输入计算公式"$=65\%-$NORMSINV$(0.975) *$ SQRT$(65\% * 35\%/100)$",回车后就得到置信区间下限 55.65%。

(2)然后再选择一个单元格(如 B1),输入计算公式"=65%＋NORMSINV(0.975) ＊SQRT(65%＊35%/100)",回车后就得到置信区间上限 74.35%。

对于例 6-6,当然,也可以选定单元格,输入计算公式直接计算上下限。方法同例 5－5。

3.总体方差的区间估计

对于例 6-7,可以选定单元格,输入计算公式直接计算上下限。其操作方法如下:

(1)选择一个单元格(如 A1),然后输入计算公式"=14＊1.65/ CHIINV(0.05, 14)",回车后就得到置信区间下限 1.61。

(2)然后再选择一个单元格(如 B1),输入计算公式"=14＊1.65/ CHIINV(0.95, 14)",回车后就得到置信区间上限 5.8。

二、假设检验的 Excel 实现

1.总体均值的假设检验

对于例 6-11,可以利用 P 值进行。P 值可以利用 Excel 中的统计函数功能计算,具体操作的步骤如下:

第一步:进入 Excel 表格界面,直接单击"f(x)"(粘贴函数)。

第二步:在函数分类中单击"统计",并在函数名菜单下选择"NORMSDIST",然后确定。

第三步:将 z 的绝对值 1.01 录入,得到的函数值为 0.843752355,该值表示的是在标准正态分布条件下 z 值 1.01 左边的面积。

由于 P 值=0.312495[2＊(1—0.843752355)]远远大于 α=0.05,所以不拒绝 H_0。

对于例 6-12,可以利用 P 值进行。步骤与例 6－11 的步骤完全相同。若直接输入－2.6061,即可得到 P 值为 0.004579(因为该命令给出的是分布的左侧面积,恰好就是 P 值;若输入 2.6061,给出的是右侧面积为 0.995421,P 值则为 1—0.995421=0.004579)。

对于例 6-13,t 检验的 P 值同样可以利用 Excel 计算,具体操作步骤为

第一步:进入 Excel 表格界面,直接单击"f(x)"(粘贴函数)。

第二步:在函数分类中单击"统计",并在函数名菜单下选择"TDIST",然后确定。

第三步:在出现对话框的 X 设置中输入计算出的 t 的绝对值 0.7053。在 Deg－freedom(自由度)设置框中,输入自由度,本例为 9。Tail 设置框中,双侧检验输入 2,单侧检验输入 1,本例输入 2。点击确定即可得到 P 值为 0.498469786。

由于 P 值=0.498469786>0.05,所以不拒绝原假设。

2.总体比例的假设检验

对于例 6-14,可以利用 P 值进行。步骤与例 6－11 的步骤完全相同。由 Excel 计算出的 P 值为 0.013328。显著性水平为 0.05 时,P<α=0.05,拒绝 H_0;显著性水平为 0.01 时,P>α=0.01,不拒绝 H_0。结论与统计量检验一致。

3.总体方差的假设检验

对于例 6-15,可以利用 P 值进行。若要计算 P 值,可使用 Excel 统计函数中的"CHIDIST"函数。

三、单因素方差分析的 Excel 实现

Excel 操作步骤如下：

第一步：选择"工具"下拉菜单；

第二步：选择"数据分析"选项；

第三步：在分析工具中选择"方差分析：单因素方差分析"，单击"确定"；

第四步：当对话框出现时，在"输入区域"设置框内键入数据单元格区域（只输入观测值，本例是从 B3：E9）；在 α 设置框中键入 0.05（也可根据需要输入其他的显著性水平值）；在"输出选项"中选择输出区域。如图 6-7 所示。

图 6-7　单因素方差分析对话框

第五步：键入"确定"后，得到的输出结果见表 6-9。

表 6-9　单因素分差分析结果

组	观测数	求和	平均	方差
列 1	7	343	49	116.6667
列 2	6	288	48	184.8
列 3	5	175	35	108.5
列 4	5	295	59	162.5

方差分析

差异源	SS	df	MS	F	P-value	F crit
组间	1456.609	3	485.5362	3.406643	0.038765	3.12735
组内	2708	19	142.5263			
总计	4164.609	22				

表 6-9 中的"方差分析"部分就是方差分析表："SS"表示平方和；"df"表示自由度；"MS"表示均方；"F"为检验统计量；"P−value"为用于检验的 P 值；"F crit"为给定的 α 水平下的临界值。

从方差分析表中可以看到，由于 $F>F_{\alpha}$，所以拒绝原假设 H_0，即认为 $\mu_1=\mu_2=\cdots=\mu_i=\cdots=\mu_k$ 不成立。也就是说行业差别对于投诉次数的均值影响是显著的。

在决策时，还可以使用 P 值。若 $P>\alpha$，则不拒绝原假设；若 $P<\alpha$，则拒绝原假设。

思考与练习

一、思考题

1. 影响抽样误差的主要因素有哪些？

2. 影响样本容量的因素？

3. 假设检验与参数估计的区别与联系。

4. 假设检验的步骤。

5. 差分析的步骤。

二、练习题

1. 一家食品生产企业以生产袋装食品为主，为对食品质量进行监测，企业质检部门经常要进行抽检，以分析每袋重量是否符合要求。现从某天生产的一批食品中随机抽取了 25 袋，测得每袋重量如下表所示。已知产品重量的分布服从正态分布，且总体标准差为 10g。试估计该批产品平均重量的置信区间，置信水平为 95%。

25 袋食品的重量

112.5	101.0	103.0	102.0	100.5
102.6	107.5	95.0	108.8	115.6
100.0	123.5	102.0	101.6	102.2
116.6	95.4	97.8	108.6	105.0
136.8	102.8	101.5	98.4	93.3

2. 某企业共有职工 1000 人。企业准备实行一项改革，在职工中征求意见，采取不重复抽样方法随机抽取 200 人作为样本，调查结果显示，有 150 人表示赞成该项改革，50 人表示反对。试以 95% 的概率确定赞成改革的人数比例的置信区间。

3. 一项调查显示，每天每个家庭看电视的平均时间为 7.25 小时，假定该调查中包括了 200 个家庭，且样本标准差为平均每天 2.5 小时。据报道，10 年前每天每个家庭看电视的平均时间是 6.70 小时，取显著性水平 $\alpha=0.01$，这个调查是否提供了证据支持你认为"如今每个家庭每天收看电视的平均时间增加了"？

4. 经验表明，一个矩形的宽与长之比等于 0.618 的时候会给人们比较良好的感觉。某工艺品工厂生产的矩形工艺品框架的宽与长要求也按这一比例设计，假定其总体服从正态分布，现随机抽取了 20 个框架测得比值数据如下表所示。

	A	B	C	D
1	0.699	0.615	0.606	0.576
2	0.672	0.611	0.844	0.612
3	0.668	0.57	0.67	0.628
4	0.553	0.654	0.69	0.601
5	0.749	0.606	0.609	0.933

在显著性水平 $\alpha=0.05$ 时能否认为该厂生产的工艺品框架宽与长的平均比例为 0.618？

5.某市场研究机构用一组被调查者样本来给某特定商品的潜在购买力打分。样本中每个人都分别在看过该产品的新的电视广告之前与之后打分。潜在购买力的分值为 0 ~10 分,分值越高表示潜在购买力越高。原假设认为"看后"平均得分小于或等于"看前"平均得分,拒绝该假设就表明广告提高了平均潜在购买力得分。对 $\alpha=0.05$ 的显著性水平,用下表的数据检验该假设,并对该广告给予评价。

	A	B	C	D	E	F
		购买力得分			购买力得分	
	个体	看后	看前	个体	看后	看前
1	1	6	5	5	3	5
2	2	6	4	6	9	4
3	3	7	7	7	7	5
4	4	4	3	8	6	6

6.某家电制造公司准备购进一批 5JHJ 电池,现有 A、B、C 三个电池生产企业愿意供货,为比较它们生产的电池质量,从每个企业各随机抽取 5 只电池,经试验得其寿命(小时)数据如下表所示。

	A	B	C	D
	试验号	电池生产企业		
		A	B	C
1	1	50	32	45
2	2	50	28	42
3	3	43	30	38
4	4	40	34	48
5	5	39	26	40

试分析三个企业生产的电池的平均寿命之间有无显著差异？

7.为研究食品的包装和销售地区对其销售量是否有影响,在某市的 3 个不同地区中用 3 种不同包装方法进行销售,获得的销售量数据如下表所示。

	A	B	C	D
	销售地区 (A)	包装方法 (B)		
		B_1	B_2	B_3
1	A_1	45	75	30
2	A_2	50	50	40
3	A_3	35	65	50

检验不同的地区和不同的包装方法对该食品的销售量是否有显著影响。$(\alpha=0.05)$

8.某教师去年所授 4 个班共 207 人的"统计学"课程平均成绩为 82 分。今年该教师进行了本课程较成功地教学改革,于是声称今年自己所授 3 个班共 154 人的该课程平均成绩将比去年高。现在要求你对该教师的声称进行假设检验 $(\alpha=0.05)$。下表是今年该教师所授本课程 3 个班级中随机抽取的已批阅 36 份学生试卷(假设考试已结束)。

序号	成绩	序号	成绩	序号	成绩
1	100	13	93	25	97
2	100	14	99	26	88
3	91	15	97	27	94
4	95	16	93	28	90
5	72	17	99	29	99
6	93	18	100	30	60
7	96	19	97	31	96
8	33	20	76	32	67
9	77	21	98	33	52
10	79	22	98	34	87
11	98	23	96	35	99
12	37	24	98	36	97

9.某教师今年"统计学"课程授课对象为统计学专业(代号 1)158 人和会计学专业(代号 2)203 人。从该课程期中考试情况看,学生均分前者高于后者 2 分。该教师声称,该课程期末考试成绩学生均分前者会高于后者。现在要求你对该教师的声称进行假设检验($\alpha=0.01$)。下表是统计学专业和会计学专业学生期末考试成绩 36 个样本资料。假定两个专业学生考分的总体方差相等。

统计学专业(代号 1)				会计学专业(代号 2)			
序号	成绩	序号	成绩	序号	成绩	序号	成绩
1	86	19	94	1	80	19	91
2	92	20	92	2	79	20	75
3	92	21	87	3	67	21	64
4	99	22	83	4	80	22	70
5	78	23	91	5	92	23	67
6	61	24	86	6	65	24	63
7	90	25	81	7	82	25	62
8	81	26	73	8	48	26	63
9	97	27	75	9	94	27	80
10	96	28	73	10	92	28	75

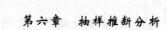

续表

| 统计学专业(代号1) | | | | 会计学专业(代号2) | | | |
序号	成绩	序号	成绩	序号	成绩	序号	成绩
11	79	29	79	11	47	29	68
12	68	30	74	12	64	30	66
13	58	31	91	13	82	31	58
14	93	32	70	14	87	32	53
15	79	33	45	15	88	33	53
16	64	34	70	16	62	34	74
17	77	35	66	17	61	35	83
18	91	36	74	18	88	36	94

第七章　相关与回归分析

【统计知识 ABC】

[A]回归一词的由来

"回归"一词是由英国著名统计学家 Francis Galton 在 19 世纪末期,在人体遗传特征的实验中研究孩子及其父母的身高时提出的。

Galton 发现,身材高的父母,他们的孩子的身高也高,但是这些孩子的平均身高却矮于他们的父母;对于比较矮的父母,他们的孩子的身高也比较矮,但是这些孩子的平均身高要高于他们的父母。Galton 把这种孩子的身高向中间值靠近的趋势称为一种回归效应,由它发展的研究两个数值变量的方法称为回归分析。

[B]恩格尔系数

恩格尔系数(Engel's Coefficient)是食品支出总额占个人消费支出总额的比重。19 世纪德国统计学家恩格尔根据统计资料,对消费结构的变化得出一个规律:一个家庭收入越少,家庭收入中(或总支出中)用来购买食物的支出所占的比例就越大,随着家庭收入的增加,家庭收入中(或总支出中)用来购买食物的支出比例则会下降。推而广之,一个国家越穷,每个国民的平均收入中(或平均支出中)用于购买食物的支出所占比例就越大,随着国家的富裕,这个比例呈下降趋势。

联合国根据恩格尔系数的大小,对世界各国的生活水平有一个划分标准,即一个国家平均家庭恩格尔系数大于 60% 为贫穷;50%～60% 为温饱;40%～50% 为小康;30%～40% 属于相对富裕;20%～30% 为富足;20% 以下为极其富裕。按此划分标准,20 世纪 90 年代,恩格尔系数在 20% 以下的只有美国,达到 16%;欧洲、日本、加拿大,一般在 20%～30%,是富裕状态。东欧国家,一般在 30%～40%,相对富裕,剩下的发展中国家,基本上分布在小康水平。

改革开放以来,我国城镇和农村居民家庭恩格尔系数已由 1978 年的 57.5% 和 67.7% 分别下降到 2010 年的 35.7% 和 41.1%。

(资料来源:http://baike.baidu.com/view/28093.htm)

[C]外贸依存度

外贸依存度,亦称"外贸依存率"或"外贸系数"。一国对贸易的依赖程度,是开放度的评估与衡量指标。一般用对外贸易额进出口总值在国民生产总值或国内生产总值中所占比重来表示。即外贸依存度＝对外贸易总额/国民（内）生产总值。或外贸依存度＝净出口额（出口减进口）/国民（内）生产总值。外贸依存度分为出口依存度和进口依存度。出口依存度＝出口总额/国民（内）生产总值；进口依存度＝进口总额/国民（内）生产总值。

2001 年加入世贸组织后，中国外贸依存度逐年上升，2006 年攀至 67％的高点，此后基本呈回落态势。延续 2007 年以来的基本回落趋势，2012 年中国外贸依存度重回 50％以下，为 47％，较上年下降 3.1 个百分点；其中出口依存度为 24.9％，进口依存度为 22.1％，较上年均有回落。但相比美国、日本仍属较高水平。

（资料来源：http://baike.baidu.com/view/694878.htm 和
http://economy.caixin.com/2013－02－07/100490638.html）

第一节　相关与回归分析的基本问题

一、经济变量间的统计关系及其分类

（一）经济变量间的统计关系

经济变量之间的数量关系，存在着两种不同的类型，一种是函数关系，另一种是统计关系，即相关关系。函数关系是指现象（变量）之间存在着的一种固定的、严格的数量依存关系，即当一个现象（自变量）数值的变动，就会有另一个现象（因变量）完全确定的数值与之对应的变量之间的相互依存关系。函数关系以 $y＝f(x)$ 的形式表示。例如，银行存款中，本利与本金之间的关系。

相关关系是指现象之间存在着的一种非确定性的数量依存关系，即当一种现象发生数量变化时，另一种现象也相应地发生数量变化，但其关系值是不固定的，往往同时出现几个不同的数值，而且这些数值在一定的范围内变动着，并分布在它们的平均数周围的一种数量依存关系。相关关系以 $y＝f(x)＋u$ 的形式表示。例如，储蓄额与居民收入之间的关系等。

（二）相关关系的分类

1. 按相关关系涉及的变量（或因素）的多少，可分为单相关与复相关

单相关也称一元相关，是两个变量之间的相互关系。复相关是指多个变量之间的相互关系，所以复相关又称多元相关。本书主要研究单相关。

2. 按相关关系的表现形式来分，有线性相关和非线性相关

如果画在直角坐标系上相关的两个变量的对应值，其散布点趋向于直线形式，尽管它不是严格的直线关系，但我们还是称其为线性相关或直线相关。例如，施肥量与亩产量之间的关系，在一定的数量界限之内，施肥量增加，亩产量也相应增加，表现为线性相关；但一旦施肥量超过一定的数量，亩产量不但不会增加反而会减少，即出现下降的情

况，表现为一种非线性相关。

3.按相关的方向来分，线性相关可分为正相关和负相关

如果两个变量同时趋向在同一方向上变化，即它们同时增加或同时减少，则称正相关。如经济理论假设商品供给量与商品价格之间具有这种正相关。当价格上涨，供给量就增加；当价格下跌，供给量就减少。反之，如果两个变量不在同一方向上变化，即一个变量增加，而另一个变量减少，呈反向变化，则称负相关。如商品需求量和商品价格是负相关。当商品价格上涨时，需求量减少，而当商品价格下降时，需求量增加。

4.按变量之间的相关程度来分，可分为完全相关、不完全相关和不相关三类

所谓完全相关，就是变量之间的一种确定性的函数关系。反之，若变量之间不存在相关关系，彼此独立，相互之间没有联系，则称不相关。介于两者之间的称不完全相关。

二、相关分析的主要内容

相关分析是研究两个或两个以上的变量之间相关程度大小的一种统计方法。其主要内容包括：

(1)确定现象之间有无关系存在，以及相关关系呈现的形态。

(2)确定相关关系的密切程度。判断相关关系密切程度的主要方法是绘制散点图和计算相关系数。

(3)相关系数的检验。由于两个变量的相关系数大多是由样本值计算出来的，即用两变量的样本相关系数来描述两变量（总体）的相关性。这样就产生了如下问题：样本相关系数的绝对值大到什么程度才能断定两个变量间可能存在线性关系呢？这就需要进行显著性检验。

三、回归分析的主要内容

回归分析是寻找具有相关关系的变量间的数学表达式并进行统计推断的一种统计方法。其主要内容包括：

(1)进行参数估计。即根据样本观测值对回归模型的参数进行估计，求出具体的回归方程。

(2)进行统计显著性检验。即对回归方程、参数估计值进行显著性检验与校正，以便使回归方程或参数更加优良。

(3)进行预测和控制。根据回归方程进行适当的预测和控制是回归分析的最终目的。

四、相关分析与回归分析二者的关系

1.二者的联系

相关分析与回归分析都是研究和处理变量之间相关关系的数理统计方法。

回归分析和相关分析是互相补充，密切联系的。回归分析是建立在相关分析的基础上，对于具有密切相关的两个变量进行深入分析，建立它们之间的数学关系式，并进行统计推断，是相关分析的拓展。而相关分析是回归分析的前提，对于相关程度很低的两个

变量进行回归分析是没有实际意义的。

2.二者的区别

(1)相关分析主要通过相关系数来判断两个变量之间是否存在着相关关系及其关系的密切程度,其前提条件是两个变量都是随机变量,且变量之间不必区别自变量和因变量。而回归分析研究一个随机变量(Y)与另一个非随机变量(X)之间的相互关系,且变量之间必须区别自变量和因变量。

(2)相关系数只能观察变量间相关关系的密切程度和方向,不能估计推算具体数值。而回归分析可以根据回归方程,用自变量数值推算因变量的估计值。

(3)互为因果关系的两个变量,可以拟合两个回归方程,且互相独立、不能互相替换。而相关系数却只有一个,即自变量与因变量互换后相关系数不变。

第二节　相关分析

一、定性分析

从数量上研究社会经济现象的依存关系,首先要凭借于研究者所掌握的科学知识、判断能力进行定性分析。定性分析需根据马克思主义哲学关于事物普通联系和相互作用的原理和社会经济理论进行分析研究,否则就很有可能将虚假的相关现象拿来进行相关、回归分析,其内容则会变成抽象的数字游戏,其结果将导致预测和决策失误。

二、相关图表

在定性分析的基础上,对样本资料编制相关表和绘制相关图,可以直观地判断现象之间大致上呈现何种关系的形式,粗略地研究变量间是否存在相关关系以及相关关系的方向和密切程度。

(一)相关表

相关表是根据现象变动样本资料编制出来的反映变量间相关关系的统计表。根据样本资料是否分组,相关表分为简单相关表和分组相关表。

(1)简单相关表是资料未曾分组,只将自变量的取值按照从小到大的顺序并配合因变量的取值一一对应平行排列起来的表。其编制程序是:将相关资料中的两个变量,分为自变量和因变量,其次将两个变量值一一对应,按自变量的值从小到大顺序排列即成。

(2)分组相关表是指将原始资料进行分组而形成的相关表,可分为单变量分组相关表和双变量分组相关表。对于单变量分组相关表,对自变量进行分组并计算次数,而对因变量分组,只计算其平均值。根据资料的具体情况,自变量分组可以单项式,也可以是组距式。单变量分组相关表与简单相关表比较,更能清晰地反映出两变量之间的相关关系。双变量分组相关表是指自变量和因变量都进行分组而形成的相关表,这种表形似棋盘,故又称为棋盘式相关表。

（二）相关图

在直角坐标系第一象限,把自变量置于横轴上,因变量置于纵轴上,将两变量相对应的变量值用坐标点形式描绘出来,用以表明相关关系的图形,称为相关图。利用相关图可以:

(1)判断现象之间有无相关关系(见图 7-1);

(2)观察相关关系的类型(见图 7-1);

(3)观察相关关系的密切程度(见图 7-2)。

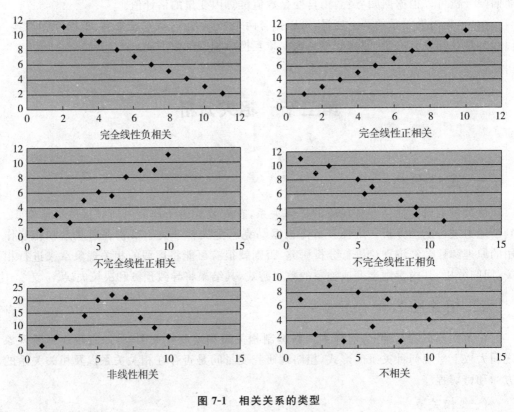

图 7-1　相关关系的类型

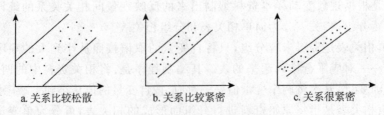

图 7-2　相关关系的密切实程度

三、相关系数

相关图表只能粗略地大体上反映变量间相关关系的方向、形式和密切程度,要确切地反映相关关系的密切程度,还需计算相关系数。

在各种相关中,单相关是基本的相关关系,它是复相关的基础。单相关有线性和非线性相关两种表现形式。测定线性相关系数的方法是最基本的相关分析,是测定其他相关系数方法的基础。我们着重研究线性的单相关系数即直线相关系数,简称相关系数。

（一）皮尔逊相关系数

皮尔逊（Pearson）相关系数的计算公式为：

$$r = \frac{\sigma_{xy}^2}{\sigma_x \sigma_y} = \frac{n \sum xy - \sum x \sum y}{\sqrt{n \sum x^2 - (\sum x)^2} \sqrt{n \sum y^2 - (\sum y)^2}} = \frac{\overline{xy} - \bar{x}\,\bar{y}}{\sigma_x \sigma_y} \tag{7-1}$$

其中, $\sigma_{xy}^2 = \frac{1}{n} \sum (x - \bar{x})(y - \bar{y})$,称为 xy 的协方差;

$\sigma_x = \sqrt{\frac{1}{n} \sum (x - \bar{x})^2}$,是变量 x 的标准差;

$\sigma_y = \sqrt{\frac{1}{n} \sum (y - \bar{y})^2}$,是变量 y 的标准差。

（二）相关系数的性质

(1) $|r| \leqslant 1$,即相关系数是介于 -1 到 $+1$ 之间的实数。

(2)当 $|r| = 1$ 时,变量 x 与 y 为完全线性相关,即变量 x 与 y 之间存在着确定的函数关系。

(3)当 $0 < |r| < 1$ 时,表明变量 x 与 y 之间存在着一定的线性相关关系。 $|r|$ 的数值越接近于 1 ,说明 x 与 y 之间线性相关程度越高;反之 $|r|$ 的数值越接近于 0 ,说明 x 与 y 之间线性相关程度越低。

(4)当 $r > 0$ 时,表明 x 与 y 为正相关;当 $r < 0$ 时,表明 x 与 y 为负相关。

(5)当 $r = 0$ 时,表明 x 与 y 之间没有线性相关关系,即 x 与 y 之间不相关或无关。

（三）斯皮尔曼等级相关系数

对于分类数据、顺序数据,可以计算斯皮尔曼（Spearman）等级相关系数。等级相关系数是把数据转换成等级,测定等级之间的相关程度。

斯皮尔曼（Spearman）等级相关系数的计算公式为：

$$r = 1 - \frac{6 \sum d^2}{n(n^2 - 1)} \tag{7-2}$$

式中, d 表示两变量取值对应等级的等级差, $\sum d^2$ 表示两变量所有等级差的平方和, n 表示等级项数。

四、相关系数检验

相关系数是根据样本数据计算出来的,两个不相关的变量,其样本相关系数也可能较高,这在统计上称为虚假相关。要从样本相关系数判断总体是否也具有这样的关系,则需要对相关系数进行统计检验后才能得出结论。

相关系数描述 x 与 y 之间的密切程度与样本个数 n 有关,当 n 较小时,相关系数的绝对值容易接近 1，特别地当 $n=2$ 时，相关系数的绝对值一定为 1。因此，我们并不能根据相关系数的绝对值大小直接衡量 x 与 y 之间关系是否真正密切，还必须通过相关系数临界值进行比较。

第一步，提出原假设 $H_0:r=0$；备择假设 $H_1:r\neq0$。

第二步，构造相关系数统计量 r：

$$r=\frac{n\sum xy-\sum x\sum y}{\sqrt{n\sum x^2-(\sum x)^2}\sqrt{n\sum y^2-(\sum y)^2}}$$

第三步，给定一个小概率（显著性水平）α，查相关系数临界值表得 $r_\alpha(n-m)$，$m=k+1$（k 为自变量的个数）为变量的个数或估计参数个数，在一元线性回归方程中 $m=2$。

第四步，作出统计决策。若 $|r|\geq r_\alpha(n-m)$，则拒绝原假设，接受备择假设，此时我们可认为 x 与 y 之间线性相关关系显著；若 $|r|<r_\alpha(n-m)$，则接受原假设，此时我们可认为 x 与 y 之间的线性相关关系不显著。

第三节　线性回归分析

一、线性回归模型

（一）回归模型的一般形式

对于模型 $y=f(x)+u$，若 x 与 y 确有因果关系，则称 $y=f(x)+u$ 为总体回归模型，x 为自变量（或解释变量或外生变量）；y 为因变量（或被解释变量或内生变量）；u 为随机项，是没有包含在模型中的自变量和其他一些随机因素对 y 的总影响。

若给定 x,y 的 n 次观察值（样本值）(x_i,y_i)，$i=1,2,3,\cdots,n$，代入模型 $y=f(x)+u$ 中得

$$y_i=f(x_i)+u_i \tag{7-3}$$

我们称（7-3）为样本回归模型。

一般说来，随机项 u 来自以下几个方面：

（1）自变量的省略。由于人们认识的局限，不能穷尽所有的影响因素，或由于受时间、费用、数据质量等制约，而没有被引入模型之中的，而对被解释变量 y 又有一定影响的自变量被省略。

（2）统计误差。数据搜集中由于计量、计算、记录等导致的登记误差；或由样本信息推断总体信息时产生的代表性误差。

（3）模型的设定误差。如在模型构造时，非线性关系用线性模型描述了；复杂关系用简单模型描述了；此非线性关系用彼非线性模型描述了，等等。

（4）随机误差。被解释变量还受一些不可控制的众多的、细小的偶然因素的影响。

（二）一元线性回归模型

对于总体回归模型 $y=f(x)+u$，特别地，当 $f(x)=\beta_0+\beta_1 x$ 时，则有

$$y=\beta_0+\beta_1 x+u$$

其中 β_0 和 β_1 为两个待定参数，β_0 为直线的截距，β_1 为直线的斜率。我们称之为一元线性总体回归模型。

若给定 x,y 的 n 次观察值（样本值）(x_i,y_i)，$i=1,2,3,\cdots,n$，代入模型 $y=\beta_0+\beta_1 x+u$ 中得

$$y_i=\beta_0+\beta_1 x_i+u_i(i=1,2,3,\cdots,n) \tag{7-4}$$

我们称（7-4）为一元线性样本回归模型。

二、线性回归模型中随机项的基本假定

在给定样本观测值（样本值）(x_i,y_i)，$i=1,2,3,\cdots,n$ 后，为了估计（7-4）式的参数 β_0 和 β_1，必须对随机项 u_i 做出某些合理的假定。这些假定通常称为古典假设。

假设 1. $E(u_i)=0$，即随机项 u_i 的数学期望（均值）为零。

这就是说，对于 x 的每个观测值，u 可以取不同值，有的大于零，有的小于零，但对于 u 的所有可能取值，它们的平均数等于零。

假设 2. $\mathrm{Var}(u_i)=E(u_i-E(u_i))^2=E(u_i^2)=\sigma_u^2(i=1,2,\cdots,n)$，即各次观测中，$u$ 具有相同的方差，也就是说各次观测所受的随机影响的程度相同。

对于不同的解释变量 x_i，如果随机项的方差不同，那么与其相对应的观察值 y_i 的可靠程度（与随机项的方差大小成反比）也不相同。对于不同的随机项 u_i，所对应的不同观测值 y_i 应分别赋予不同的权数，这样做会使参数的估计、检验和利用模型进行预测复杂化。如果满足同方差假设，将会使估计、检验和预测简化。

假设 3. $\mathrm{Cov}(u_i,u_j)=E((u_i-E(u_i))(u_j-E(u_j)))=0(i\neq j;i=1,2,\cdots,n;j=1,2,\cdots,n)$，即在任意两次观测时，$u_i,u_j$ 是相互独立的，不相关的，或称为无序列相关。

如果这个假设成立，参数的检验和利用模型进行预测将被简化。

假设 2、3 称为高斯——马尔柯夫（Gauss－Markov）假设。在此假设条件下，可以得到关于回归系数的最小二乘估计及随机项方差估计的一些重要性质。

假设 4. $\mathrm{Cov}(u_i,x_i)=0$，即解释变量 x_i 与误差项 u_i 同期独立无关。如果两者相关，就不可能把 x 对 y 的影响和 u 对 y 的影响区分开来。

在一般情况下，x_i 为非随机变量（在预测时它是确定性变量），而 u_i 为随机变量，这一假定很显然成立。

假定 5. $u_i\sim N(0,\sigma_u^2)$，即 u_i 为服从正态分布的随机变量。

对于大样本，由中心极限定理中的李雅普诺夫（Liapunov）定理知，无论 u_i 中包含的每一种影响因素服从什么分布，u_i 都近似正态分布，即在大样本条件下这个假设成立。但对于小样本，这个假设不一定成立，如果这个假设不成立，就无法进行检验和预测。因为检验和预测，须知道总体 y 的分布情况。

在 u_i 为服从正态分布的假定下，随机变量 y_i 也服从正态分布

$$y_i\sim N(\beta_0+\beta_1 x_i,\sigma_u^2), \quad i=1,2,\ldots,n$$

三、一元线性样本回归方程

对于一元线性回归模型 $y_i = \beta_0 + \beta_1 x_i + u_i$,在满足古典假设条件下,两边取均值得一元线性理论回归方程 $E(y_i) = \beta_0 + \beta_1 x_i$,简称总体回归线。其中 β_0 和 β_1 是未知的,实际上总体回归线是无法求得的,它只是理论上的存在,所以称为理论回归方程。但我们可以通过样本观测值来拟合一条直线使它成为理论回归线的最佳估计:

$$\hat{y}_i = \hat{\beta}_0 + \hat{\beta}_1 x_i \tag{7-5}$$

其中,$\hat{\beta}_0$ 是估计的回归直线在 y 轴上的截距,$\hat{\beta}_1$ 是估计的回归直线的斜率,它表示对于一个给定的 x 值,$\hat{y}$ 是 y 的估计值。即 $\hat{\beta}_1$ 表示 x 每变动一个单位时,y 的平均变动值。

这条线我们称为一元线性样本回归线,简称样本回归线;方程(7-5)称为一元线性样本回归方程,简称样本回归方程。又因(7-5)式的建立依赖于观测值,所以我们又称方程(7-5)为经验回归方程。

四、普通最小平方法

观测值 y_i 与它的拟合值 $\hat{y}_i$ 之差 e_i 叫做残差,它是随机项 u_i 的估计值。记为:

$$e_i = y_i - \hat{y}_i = y_i - \hat{\beta}_0 - \hat{\beta}_1 x_i$$

最小二乘准则是使全部观测值的残差平方和为最小,即

$$Q = \sum e_i^2 = \sum (y_i - \hat{\beta}_0 - \hat{\beta}_1 x_i)^2 = \min$$

由微分极值原理知,要使 Q 达到最小,充分必要条件是:Q 对 $\hat{\beta}_0$ 和 $\hat{\beta}_1$ 的一阶偏导数等于零,二阶偏导数大于零。依据必要条件,$\hat{\beta}_0$ 和 $\hat{\beta}_1$ 应满足下列方程组:

$$\begin{cases} \dfrac{\partial Q}{\partial \hat{\beta}_0} = -2 \sum_{i=1}^{n} (y_i - \hat{\beta}_0 - \hat{\beta}_1 x_i) = 0 \\ \dfrac{\partial Q}{\partial \hat{\beta}_1} = -2 \sum_{i=1}^{n} (y_i - \hat{\beta}_0 - \hat{\beta}_1 x_i) x_i = 0 \end{cases}$$

经整理后得正规方程组

$$\begin{cases} \sum_{i=1}^{n} y_i = n\hat{\beta}_0 + \hat{\beta}_1 \sum_{i=1}^{n} x_i \\ \sum_{i=1}^{n} x_i y = \hat{\beta}_0 \sum_{i=1}^{n} x_i + \hat{\beta}_1 \sum_{i=1}^{n} x_i^2 \end{cases}$$

解之得:

$$\begin{cases} \hat{\beta}_1 = \dfrac{n \sum_{i=1}^{n} x_i y_i - \sum_{i=1}^{n} x_i \sum_{i=1}^{n} y_i}{n \sum_{i=1}^{n} x_i^2 - (\sum_{i=1}^{n} x_i)^2} = \dfrac{\sum_{i=1}^{n} (x_i - \bar{x})(y_i - \bar{y})}{\sum_{i=1}^{n} (x_i - \bar{x})^2} \\ \hat{\beta}_0 = \bar{y} - \hat{\beta}_1 \bar{x} \end{cases} \tag{7-6}$$

其中:$\bar{y} = \dfrac{1}{n} \sum_{i=1}^{n} y_i, \bar{x} = \dfrac{1}{n} \sum_{i=1}^{n} x_i$。

这说明回归直线 $\hat{y}_i = \hat{\beta}_0 + \hat{\beta}_1 x_i$ 通过平均数这个点 $(\bar{x}, \bar{y})$。

由(7-6)式得到的 $\hat{\beta}_0$ 和 $\hat{\beta}_1$ 称为最小二乘估计量(Ordinary Least Square Estimators—OLSE)。

上述方法就是普通最小平方法(Ordinary Least Square Method),简记为 OLSM。

五、统计显著性检验

当给定 x,y 的 n 次观测值(样本值)$(x_i,y_i)i=1,2,\cdots,n$,采用最小平方法进行参数估计得经验回归方程 $\hat{y}=\hat{\beta}_0+\hat{\beta}_1 x$ 后,我们还不能马上就用它去进行经济分析、预测和控制。因为 $\hat{y}=\hat{\beta}_0+\hat{\beta}_1 x$ 是否真正描述了变量 x 与 y 之间的统计关系,或变量 x 与 y 之间的统计关系是否显著,还需对有关参数和方程进行统计显著性检验,才能做出回答或判定。

(一)回归系数显著性检验——t 检验

t 检验属于回归系数的统计显著性检验,是对个别参数显著性的检验。以斜率系数 β_1 的检验为例,其步骤为:

第一步:提出假设。

原假设 $H_0:\beta_1=0$;备择假设 $H_1:\beta_1\neq0$。

如果原假设 H_0 成立,则因变量 y 与自变量 x 之间并没有真正的线性相关关系,即无论变量 x 怎样变化,因变量 y 始终等于 β_0,也就是说自变量 x 的变化对因变量 y 并不产生影响。

第二步:构造 t 统计量:

$$t=\frac{\hat{\beta}_1}{S(\hat{\beta}_1)}\sim t(n-2) \tag{7-7}$$

其中:$S(\hat{\beta}_1)=\sqrt{\dfrac{\hat{\sigma}_u^2}{\sum(x-\bar{x})^2}}$ 为 $\hat{\beta}_1$ 的标准差;

$\hat{\sigma}_u^2=\dfrac{1}{n-2}\sum\limits_{i=1}^{n}e_i^2=\dfrac{1}{n-2}\sum\limits_{i=1}^{n}(y_i-\hat{y}_i)^2$ 是 σ_u^2 的无偏估计量;

第三步:给定小概率(显著水平 α),查 t 分布临界值 $t_{\alpha/2}(n-2)$。

第四步:作出统计决策

当 $|t|\geq t_{\alpha/2}(n-2)$,拒绝原假设,认为 β_1 显著不为零,说明因变量 y 对自变量 x 的一元线性相关关系显著;当 $|t|<t_{\alpha/2}(n-2)$,不能拒绝原假设,认为 β_1 与零没有显著差异,说明因变量 y 对自变量 x 的一元线性相关关系不显著。

(二)回归方程的显著性检验——F 检验

F 检验属于回归方程的显著性检验,它是对所有感兴趣的参数的一种显著性检验。对于一元线性回归模型,我们感兴趣的参数只有 β_1。其检验步骤为:

第一步:提出假设。

原假设 $H_0:\beta_1=0$;备择假设 $H_1:\beta_1\neq0$。

第二步:构造 F 统计量。

我们把总离差平方和定义为:$\text{TSS}=\sum\limits_{i=1}^{n}(y_i-\bar{y})^2$;回归解释平方和定义为:$\text{ESS}=$

$\sum\limits_{i=1}^{n}(\hat{y}_i - \bar{y})^2$;残差平方和定义为:RSS $= \sum\limits_{i=1}^{n}(y_i - \hat{y}_i)^2$。则

$$F = \frac{\text{ESS}/1}{\text{RSS}/(n-2)} \sim F(1, n-2) \tag{7-8}$$

即统计量 F 服从第一自由度为 1,第二自由度为 $n-2$ 的 F 分布。

第三步:给定显著水平 α,查 F 分布临界值 $F_\alpha(1, n-2)$。可以利用 Excel 中的粘贴函数"Finv"进行计算。

第四步:做出统计决策。

若 $F \geqslant F_\alpha(1, n-2)$ 时,拒绝原假设 H_0,接受备择假设,则认为 x 与 y 的线性相关关系显著,即回归方程显著;若 $F < F_\alpha(1, n-2)$ 时,接受 H_0,则认为 x 与 y 的线性相关关系不显著,即回归方程不显著。

若我们知道了 SignificanceF,通常也称为 P 值,也可根据 P 值比较,做出决策。其判别标准是:

当 SignificanceF $\leqslant \alpha$ 时,$F \geqslant F_\alpha(1, n-2)$,此时拒绝原假设 H_0;当 SignificanceF $> \alpha$ 时,$F < F_\alpha(1, n-2)$,此时应接受原假设 H_0。

(三)变量 x 与变量 y 之间的线性相关关系检验——r 检验

由于一元线性回归方程研究的是变量 x 与变量 y 之间的线性相关关系,所以我们可以用反映变量 x 与变量 y 之间的相关关系密切程度的相关系数来检验回归方程的显著性。具体检验步骤见本章第二节。

(四)拟合优度检验——R^2 检验

因变量总离差平方和可作如下分解:

$$y_i - \bar{y} = (\hat{y}_i - \bar{y}) + (y_i - \hat{y}_i) = (\hat{y}_i - \bar{y}) + e_i$$

对上式两边求平方和得:

$$\sum_{i=1}^{n}(y_i - \bar{y})^2 = \sum_{i=1}^{n}(\hat{y}_i - \bar{y})^2 + \sum_{i=1}^{n}(y_i - \hat{y}_i)$$

由此可见,总离差平方和(TSS,Total Sum of Squares)可以分为可解释平方和(ESS,Explaned Sum of Squares)与残差平方和(RSS,Residualum of Squares)两部分。即 TSS $=$ ESS$+$RSS。

其中,TSS $= \sum\limits_{i=1}^{n}(y_i - \bar{y})^2 = \sum\limits_{i=1}^{n}y_i^2 - n\bar{y}^2$;

ESS $= \sum\limits_{i=1}^{n}(\hat{y}_i - \bar{y})^2 = \hat{\beta}_0 \sum\limits_{i=1}^{n}y_i + \hat{\beta}_1 \sum\limits_{i=1}^{n}x_i y_i - n\bar{y}^2$;

RSS $= \sum\limits_{i=1}^{n}(y_i - \hat{y}_i)^2 = \sum\limits_{i=1}^{n}y_i^2 - \hat{\beta}_0 \sum\limits_{i=1}^{n}y_i - \hat{\beta}_1 \sum\limits_{i=1}^{n}x_i y_i$。

ESS 是由回归方程确定的,也就是由自变量 x 变动引起的,又称为回归平方和;RSS 是由 x 之外的随机项 u 的波动引起的,又称不可解释平方和。不难看出,回归平方和(可解释平方和)ESS 在总平方和 TSS 中所占比例越大,残差平方和 RSS 在 TSS 中所占比重就越小,说明回归的效果就越好,即样本回归线 $\hat{y}_i = \hat{\beta}_0 + \hat{\beta}_1 x_i$ 与样本观测值 (x_i, y_i) 拟合

得越好。为此我们把回归平方和占总平方和的比重定义为样本决定系数,记为

$$R^2 = \frac{\text{ESS}}{\text{TSS}} = 1 - \frac{\text{RSS}}{\text{TSS}} \tag{7-9}$$

显然,$0 \leqslant R^2 \leqslant 1$。$R^2$ 的数值等于相关系数的平方。R^2 越接近于 1,表示回归直线与样本观测值拟合越好。可见 R^2 可以用来度量回归直线与样本观测值拟合优度。另一方面,若 R^2 大,则解释变量 x 对被解释变量 y 的解释程度就高,可以推测总体线性相关关系显著,即总体回归系数 β_1 不会为零,回归方程显著。反之,可以推测总体线性相关关系不显著,即 β_1 与零没有显著差异,回归方程不显著。

样本决定系数与总体回归系数 β_1 有如下关系:

$$R^2 = \frac{\left[\sum\limits_{i=1}^{n}(x_i - \bar{x})(y_i - \bar{y})\right]^2}{\sum\limits_{i=1}^{n}(x_i - \bar{x})^2 \sum\limits_{i=1}^{n}(y_i - \bar{y})^2} = \hat{\beta}_1^2 \frac{\sum\limits_{i=1}^{n}(x_i - \bar{x})^2}{\sum\limits_{i=1}^{n}(y_i - \bar{y})^2}$$

（五）四种检验的关系

前面介绍了 t 检验、F 检验、r 检验和 R^2 检验,对于一元线性回归方程来说,这四种种检验是等价的。

可以证明:$t = \dfrac{r\sqrt{n-2}}{\sqrt{1-r^2}}$;$r = \sqrt{\dfrac{F}{(n-m)+F}}$;$F = t^2$;$\sqrt{R^2} = r$。

因此,对于一元线性回归方程,我们只需作其中的一种检验即可。但对于多元线性回归方程这四种检验有着不同的意义,并不是等价的,需分别进行检验。

六、预测

当参数估计出来后,在古典假设满足的条件下,若通过了各种统计显著性检验,并具有经济含义,便可以用估计出来回归方程进行预测了。

（一）点预测

点预测分为两种:一是平均值的点预测,二是个别值的点预测。利用回归方程,对于 x 的一个固定值 x_0,推算出 y 的平均值的一个估计值 $E(y_0)$,就是平均值的点预测;如果对于 x 的一个特定值 x_0,推算出 y 的一个个别值的估计值 $\hat{y}_0$,则属于个别值的点预测。

对于给定的 x_0,则 $\hat{y}_0 = \hat{\beta}_0 + \hat{\beta}_1 x_0$;$E(y_0) = \beta_0 + \beta_1 x_0$。

（二）区间预测

区间预测是指,对于给定的显著水平 α,找一个区间 (y_1, y_2),使对应于某个特定的 x_0 的实际值 y_0,以 $1-\alpha$ 的概率被区间 (y_1, y_2) 所包含。即

$$(\hat{y}_0 - y_1, \hat{y}_0 + y_2) 满足 P\{y_1 < y_0 < y_2\} = 1 - \alpha$$

对应于点预测,区间预测也分为两种:一种是平均值的区间预测,另一种是个别值的区间预测。

（1）个别值的区间预测:

$$\hat{y}_0 \pm t_{\alpha/2}(n-2) \sqrt{1 + \frac{1}{n} + \frac{(x_0 - \bar{x})^2}{\sum\limits_{i=1}^{n}(x_i - \bar{x})^2}} \sigma \tag{7-10}$$

（2）平均值的区间预测：

$$\hat{y}_0 \pm t_{\alpha/2}(n-2) \sqrt{\frac{1}{n} + \frac{(x_0 - \overline{x})^2}{\sum_{i=1}^{n}(x_i - \overline{x})^2}} \sigma \qquad (7\text{-}11)$$

由区间预测公式可以看出，对于给定的显著水平 α，样本容量 n 越大，$\sum_{i=1}^{n}(x_i - \overline{x})^2$ 就越大，x_0 越靠近 $\overline{x}$，则置信区间长度就越短，此时的预测精度就高。所以，为了提高预测精度，样本容量 n 应越大越好，所给定的 x_0 不能偏离 $\overline{x}$ 太大。当 $x_0 = \overline{x}$ 时，预测结果精度最高；当 $|x_0 - \overline{x}|$ 很大时，预测效果就差。

七、案例：一元线性回归模型的应用

【例 7-1】 某公司 12 个汽车销售分公司的有关数据如表 7-1 所示，试进行一元线性回归分析。

表 7-1　某公司 12 个汽车销售分公司的销售量和广告费资料

分公司名称	汽车销售量(辆)y	广告费(万元)x	x^2	xy	y^2
A	1000	357	127449	357000	1000000
B	1100	385	148225	423500	1210000
C	1250	420	176400	525000	1562500
D	1280	406	164836	519680	1638400
E	1360	490	240100	666400	1849600
F	1480	525	275625	777000	2190400
G	1500	602	362404	903000	2250000
H	1720	651	423801	1119720	2958400
I	1800	735	540225	1323000	3240000
J	1890	721	519841	1362690	3572100
K	2100	840	705600	1764000	4410000
M	2200	924	853776	2032800	4840000
合计	18680	7056	4538282	11773790	30721400

（1）建立模型：

由表 7-1 计算知：$n = 12$；$\sum_{i=1}^{12} x_i = 7056$；$\sum_{i=1}^{12} y_i = 18680$；$\sum_{i=1}^{12} x_i^2 = 4538282$；$\sum_{i=1}^{12} x_i y_i = 11773790$；$\sum_{i=1}^{12} y_i^2 = 30721400$。将其代入(7-6)式得：

$$\begin{cases} \hat{\beta}_1 = \dfrac{12 \times 11773790 - 7056 \times 18680}{12 \times 4538282 - 7056 \times 7056} = 2.028873 \\ \hat{\beta}_0 = \dfrac{1}{12} \times 18680 - \dfrac{1}{12} \times 7056 \times 2.028873 = 363.6891 \end{cases}$$

于是得一元线性回归方程:

$$\hat{y}_i = 363.6891 + 2.028873 x_i$$

(2)统计显著性检验。

①对于 t 检验。

$$S(\hat{\beta}_1) = \sqrt{\frac{\hat{\sigma}_u^2}{\sum (x_i - \bar{x})^2}} = \sqrt{\frac{4015.81}{389354}} = 0.101558$$

$$t = \frac{\hat{\beta}_1}{S(\hat{\beta}_1)} = \frac{2.028873}{0.101558} = 19.977487$$

给定显著水平 $\alpha = 5\%$,查 t 分布临界值 $t_{0.05/2}(10) = 1.812$,因为 $t = 19.977487 > t_{\frac{0.05}{2}}(10)$ $= 1.812$,所以我们拒绝原假设 $H_0 : \beta_1 = 0$,接受备择假设 H_1,认为 β_1 显著不为零,说明因变量 y 对自变量 x 的一元线性相关关系显著,或 β_1 显著。

②对于拟合优度检验。

$$\text{TSS} = \sum_{i=1}^n (y_i - \bar{y})^2 = \sum_{i=1}^n y_i^2 - n\bar{y}^2 = 1642866.7$$

$$\text{ESS} = \sum_{i=1}^n (\hat{y}_i - \bar{y})^2 = \hat{\beta}_0 \sum_{i=1}^n y_i + \hat{\beta}_1 \sum_{i=1}^n x_i y_i - n\bar{y}^2 = 1602708.6$$

$$\text{RSS} = \sum_{i=1}^n (y_i - \hat{y}_i)^2 = \text{TSS} - \text{ESS} = 4015.8071$$

$$R^2 = \frac{\text{ESS}}{\text{TSS}} = 1 - \frac{\text{RSS}}{\text{TSS}} = 0.987$$

拟合优度较高。

(3)预测。

若要估计广告费用为 1000 万元时,所有 12 个汽车销售分公司的汽车销售量的平均数为 $E(y_0) = 363.6891 + 2.028873 \times 1000 = 2393$(辆),这就是平均值的点预测;若要估计广告费用为 602 万元的那个汽车销售分公司的汽车销售量为 $\hat{y}_0 = 363.6891 + 2.028873 \times 602 = 1585$(辆),就属于个别值的点预测。

若要估计广告费用为 1000 万元时,所有 12 个汽车销售分公司的汽车销售量的平均数区间预测为:

$$2393 \pm t_{0.05/2}(10) \times \sqrt{\frac{1}{12} + \frac{(1000 - 588)^2}{389354}} \times \sqrt{4015.81}$$

$$2393 \pm 1.812 \times 0.72062 \times 63.3704$$

即 2310～2476(以 95% 的概率保证)。这就是平均值的区间预测。

广告费用为 602 万元的那个汽车销售分公司的汽车销售量区间预测为:

$$1585 \pm t_{0.05/2}(10) \times \sqrt{1 + \frac{1}{12} + \frac{(1000-588)^2}{389354}} \times \sqrt{4015.81}$$

$$1585 \pm 1.812 \times 1.2326 \times 63.3704$$

即 1443~1727(以 95% 的概率保证)。这就是个别值的区间预测。

第四节　非线性回归分析

一、非线性回归

在实际工作中,有时两个变量之间的相关关系并非线性关系,而是呈现某种非线性(曲线)的关系。这时,我们必须考虑根据恰当的曲线类型为两个变量配合一条相应的曲线作回归分析。

在许多情况下,非线性回归问题可以通过变量的变换化成线性回归问题,然后应用前面介绍过的线性回归分析方法来解决非线性回归问题。

【例 7-2】 某地区 1993 至 2008 年工业总产值和投资额资料如表 7-2 所示。

表 7-2　某地区 1993 至 2008 年工业总产值和投资额资料　　单位:亿元

年份	工业总产值	投资额	年份	工业总产值	投资额
1	5.23	0.016	9	9.35	0.031
2	5.63	0.015	10	9.82	0.034
3	5.94	0.016	11	10.63	0.034
4	6.35	0.019	12	11.71	0.035
5	6.88	0.025	13	13.06	0.044
6	7.53	0.029	14	14.13	0.056
7	7.96	0.028	15	15.16	0.062
8	8.68	0.028	16	16.92	0.066

若将表 7-2 中资料描绘成散点图,根据理论或经验可以作出判断,用双曲线来表示这两变量之间的关系是恰当的。双曲线的方程是:

$$\frac{1}{y} = a + b\frac{1}{x}$$

求解回归方程之前,先作变量变换,令 $\frac{1}{y} = y'$,$\frac{1}{x} = x'$,则得

$$y' = a + bx'$$

的直线形式,然后按照直线回归分析方法求解直线回归方程。所需计算数据如表7-3中所示。

表7-3 例7-2计算表

年份	x	y	x'	y'	$(x')^2$	$x'y'$
1	5.23	0.016	0.19	62.50	0.036	11.88
2	5.63	0.015	0.18	66.67	0.032	12.00
3	5.94	0.016	0.17	62.50	0.028	10.63
4	6.35	0.019	0.16	52.63	0.026	8.42
5	6.88	0.025	0.15	40.00	0.023	6.00
6	7.53	0.029	0.13	34.48	0.017	4.48
7	7.96	0.028	0.13	35.71	0.017	4.64
8	8.68	0.028	0.12	35.71	0.014	4.29
9	9.35	0.031	0.11	32.25	0.012	3.55
10	9.82	0.034	0.10	29.41	0.010	2.94
11	10.63	0.034	0.09	29.41	0.008	2.65
12	11.71	0.035	0.09	28.57	0.008	2.57
13	13.06	0.044	0.08	22.73	0.006	1.82
14	14.13	0.056	0.07	17.86	0.005	1.25
15	15.16	0.062	0.07	16.12	0.005	1.13
16	19.92	0.066	0.06	15.15	0.004	0.91
			1.90	581.71	0.251	79.16

计算过程如下：

$$b = \frac{n\sum x'y' - \sum x'\sum y'}{n\sum x'^2 - (\sum x')^2} = \frac{16 \times 79.16 - 1.9 \times 581.71}{16 \times 0.251 - (1.9)^2} = 397.32$$

$$a = \bar{y}' - b\bar{x}' = \frac{581.71}{16} - 397.32 \times \frac{1.9}{16} = -11.32$$

所以 $y' = -11.32 + 397.32x'$，即 $\dfrac{1}{y} = -11.32 + 397.32\dfrac{1}{x}$。

二、常用的非线性回归模型简介

（一）解释变量可以直接替换的非线性回归模型

对于解释变量是非线性的，但参数之间是线性的模型，可以利用变量直接代换的方法将模型线性化。

1. 多项式函数模型

对于多项式模型

$$y = \beta_0 + \beta_1 x + \beta_2 x^2 + \cdots + \beta_k x^k + u$$

令 $z_1 = x, z_2 = x^2, \cdots, z_k = x^k$，原模型可化为线性形式

$$y = \beta_0 + \beta_1 z_1 + \beta_2 z_2 + \cdots + \beta_k z_k + u$$

即可利用多元线性回归分析的方法处理了。

这类模型广泛地用于生产和成本函数。例如总成本函数可表示为：

$$y_i = \beta_0 + \beta_1 x_i + \beta_2 x_i^2 + \beta_3 x_i^3$$

其中,y 表示总成本,x 表示产出。

2. 双曲线(倒数)模型

对于双曲线模型

$$y = \beta_0 + \beta_1 \frac{1}{x} + u$$

令 $Z = \dfrac{1}{x}$,原模型可化为线性形式

$$y = \beta_0 + \beta_1 Z + u$$

即可利用一元线性回归分析的方法处理。

在社会经济变量中,如工资变化率与失业率之间(菲利普斯曲线)、平均固定成本与产量之间(平均固定成本曲线)等都存在双曲线这种类型的依存关系。

3. 双对数函数模型和半对数函数模型

(1)双对数函数模型。

对于双对数函数模型

$$\ln y = \beta_0 + \beta_1 \ln x + u$$

令 $y^* = \ln y, x^* = \ln x$,于是原模型可化为标准线性模型

$$y^* = \beta_0 + \beta_1 x^* + u$$

变换后的模型不仅参数是线性的,而且变换后的解释变量也是线性的。

在实际工作中,双对数模型的应用非常广泛。其原因在于,由于回归线是一条直线(y 和 x 都是对数形式),所以它的斜率(β_1)为一常数。对于这个模型,其斜率度量了 y 关于 x 的弹性(系数),因为

$$\beta_1 = \frac{\mathrm{d} y^*}{\mathrm{d} x^*} = \frac{\mathrm{d}(\ln y)}{\mathrm{d}(\ln x)} = \frac{\Delta y / y}{\Delta x / x} = E$$

所以弹性为一常数。它表示 x 变动 1%,y 变动了 $\beta_1 \%$。由于这个特殊的性质,双对数模型又称为不变弹性模型。

弹性(如需求函数中的价格弹性、收入弹性,生产函数中的资金弹性、劳动力弹性等)是经济分析中的重要指标,如果所研究的经济现象能用双对数模型来描述,则参数估计后就可以直接利用回归系数进行弹性分析了。

当社会经济变量观测值的对数散点图,近似一条直线时,就可以双对数模型来描述或拟合。

(2)半对数函数模型。

我们把函数形式为 $\ln y = \beta_0 + \beta_1 x + u$(对数-线性模型)或 $y = \beta + \beta \ln x + u$(线性-对数模型)称为半对数模型。

对于对数-线性模型

$$\ln y = \beta_0 + \beta_1 x + u$$

有

$$\beta_1 = \frac{\mathrm{d} y^*}{\mathrm{d} x} = \frac{\mathrm{d}(\ln y)}{\mathrm{d} x} = \frac{\Delta y / y}{\Delta x}$$

即

$$\frac{\Delta y}{y} = \beta_1 \Delta x$$

它表示 x 变动一个单位，y 将变动 $\beta_1\%$ 的百分比。即 y 的相对变动百分比等于 β_1 乘以 x 的绝对变化量。

对于线性—对数模型

$$y = \beta + \beta_1\ln x + u$$

有

$$\beta_1 = \frac{\mathrm{d}y}{\mathrm{d}x^*} = \frac{\mathrm{d}y}{\mathrm{d}(\ln x)} = \frac{\Delta y}{\Delta x/x}$$

即

$$\Delta y = \beta_1 \frac{\Delta x}{x}$$

它表示 x 变动 1%，y 将变动 β_1 个单位的绝对量。即 y 的绝对变化量等于 β_1 乘以 x 的相对变化量。

半对数模型通常用于测度经济变量的增长率，如测定人口增长率、劳动力增长率、货币供应量增长率、GDP 增长率、商品需求量增长率、进出口贸易增长率等等，所以半对数模型又称为增长模型。

（应用举例参见《经济计量学精要》第 161—164 页）

4.逻辑斯蒂（Logistic）曲线

$$y = \frac{1}{a + be^{-x}}$$

令 $y' = \dfrac{1}{y}$，$x' = e^{-x}$，则有

$$y' = a + bx'$$

（二）解释变量需间接替换的非线性回归模型

1.指数曲线

$$y = ab^x$$

两边取对数得

$$\lg y = \lg a + x\lg b$$

令 $\lg y = y'$，$\lg a = a'$，$\lg b = b'$，则有

$$y' = a + bx'$$

2.幂函数曲线

$$y = dx^b$$

两边取对数得

$$\lg y = \lg d + b\lg x$$

令 $y' = \lg y$，$x' = \lg x$，$a = \lg d$，则有

$$y' = a + bx'$$

3.龚伯兹（Gompertz）曲线

$$y = de^{bx}$$

两边取对数得

$$\ln y = \ln d + bx$$

令 $y' = \ln y$，$a = \ln d$，则有

$$y' = a + bx'$$

三、几点说明

以上所述线性变换的方法具有简单易行的优点，但是，在实际应用时应注意以下几

个问题。

第一,为了能够根据样本观测值,对通过变换得到的线性回归方程式进行估计,该方程中的所有变量都不允许包含未知的参数,这是因为 Y 包含了未知的参数是不可观测的。

第二,在以上的讨论中,我们省略了非线性回归方程中包含的随机误差项。但事实上与线性回归分析的场合一样,非线性回归分析也要考虑随机误差项的问题。只有当变换后新模型中包含的误差项能够满足各种标准假定时,新模型中回归系数最小二乘估计量的各种理想性质才能成立。

第三,严格地说,上述各种线性变换方法只是适用于变量为非线性的函数。对于参数为非线性或参数与变量均为非线性的函数来说,即使有可能进行线性变换和回归估计,也无法得到原方程中非线性参数的无偏估计量。

第四,并不是所有的非线性函数都可以通过变换得到与原方程完全等价的线性方程。在遇到这种情况时,还需要利用其他一些方法如泰勒级数展开法等去进行估计。由于这些方法比较复杂,超出了本书的程度,这里不作进一步的介绍。

四、回归模型的优选问题

当有几个模型可供我们选择时,可用下列指标比做出判断。

(1)均方根误差(Root Mean Squared Error)简记为 RMSE(数值越小越好):

$$\text{RMSE} = \sqrt{\frac{\sum (y - \hat{y})^2}{n}}$$

(2)平均绝对误差(Mean Absolute Error)简记为 MAE(数值越小越好):

$$\text{MAE} = \frac{1}{n} \sum |y - \hat{y}|$$

(3)平均绝对百分比误差(Mean Absolute Percent Error)简记为 MAPE:

$$\text{MAPE} = \frac{1}{n} \sum \left| \frac{y - \hat{y}}{y} \right| \times 100\%$$

一般认为,如果 MAPE 小于 10,则认为预测精度较高(数值越小越好)。

(4)希尔不等系数(Theil Inequality Coefficient)简记为 Theil IC:

$$\text{Theil IC} = \frac{\sqrt{\frac{1}{n} \sum (y - \hat{y})^2}}{\sqrt{\frac{1}{n} \sum \hat{y}^2} + \sqrt{\frac{1}{n} \sum y^2}}$$

希尔不等系数总是介于 0 到 1 之间,数值越小表明预测精度越高。

(5)偏差率(Bias Proportion)、方差率(Variance Proportion)、协方差率(Covariance Proportion)分别为:

$$\text{BP} = \frac{(\bar{\hat{y}} - \bar{y})^2}{\sum (\hat{y} - y)^2 / n}, \text{VP} = \frac{(\sigma_{\hat{y}} - \sigma_y)^2}{\sum (\hat{y} - y)^2 / n}, \text{CP} = \frac{2(1 - r)\sigma_{\hat{y}}\sigma_y}{\sum (\hat{y} - y)^2 / n}$$

三个指标之和等于 1,三个指标的分母为均方误差。当预测比较理想时,均方误差大多集中在协方差率上,偏差率和方差率很小。

在使用 Eviews 软件的条件下，以上五个指标，在方程窗口，点击 Forecast，即可得到。

（6）修正的可决系数 R^2（AdjustedRSquare 越大越好）。

（7）对数似然值（Log Likelihood 越大越好）：

$$L=-\frac{n}{2}\lg 2\pi-\frac{n}{2}\lg\hat{\sigma}-\frac{n}{2}$$

（8）赤池信息准则（Akaike Information Criterion 越小越好）：

$$AIC=-\frac{2L}{n}+\frac{2m}{n}，m\text{ 为参数个数}$$

（9）施瓦兹准则（Schwarz Criterrion 越小越好）：

$$SC=-\frac{2L}{n}+\frac{m\ln n}{n}$$

在使用 Eviews 软件的条件下，以上四个指标，一并出现在参数估计结果中。

第五节　Excel 在相关回归分析中的应用

以例 7-1 资料为例，说明 EXCEL 在相关回归分析中的应用。

一、利用"粘贴函数"计算相关系数

首先建立数据文件如图 7-3 所示（B、C 两列）。

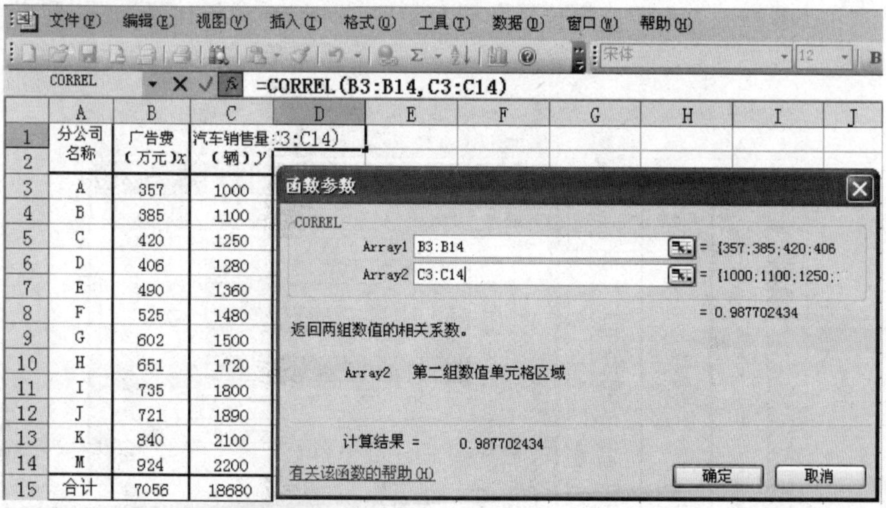

图 7-3　计算相关系数对话框(1)

单击"粘贴函数"→"统计函数"→"CORREL"，进行设置（见图 7-3），点击"确定"，即可得到相关系数 0.987702434。

二、使用分析工具库计算相关系数

依次单击"工具"→"数据分析"→"相关系数"，进行设置（见图7-4），单击"确定"，即可得到相关系数0.987702434。

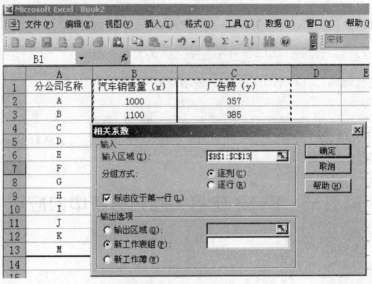

图7-4　计算相关系数对话框(2)

三、使用图表向导做相关图

依次单击 ▦ → ⌱ᴬᴮ 散点图 → 下一步(N) > ，进行设置（见图7-5），点击 完成(F) ，即可得到相关散点图。

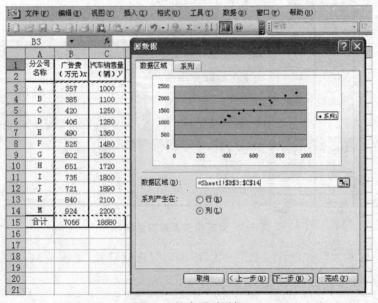

图7-5　散点图对话框

四、利用分析工具库进行回归分析

依次单击“工具”→“数据分析”→“回归”，进行设置（见图 7-6），单击“确定”，即可得到运行结果，如图 7-7 所示。

图 7-6 回归分析设置对话框

	A	B	C	D	E	F	G
1	SUMMARY OUTPUT						
2							
3	回归统计						
4	Multiple	0.987702					
5	R Square	0.975556					
6	Adjusted	0.973112					
7	标准误差	63.3704					
8	观测值	12					
9							
10	方差分析						
11		df	SS	MS	F	gnificance F	
12	回归分析	1	1602709	1602709	399.1	2.17E-09	
13	残差	10	40158.07	4015.807			
14	总计	11	1642867				
15							
16		Coefficien	标准误差	t Stat	P-value	Lower 95%	Upper 95%
17	Intercept	363.6891	62.45529	5.823191	0.000168	224.53	502.8481
18	X Variabl	2.028873	0.101558	19.97749	2.17E-09	1.802588	2.255159

图 7-7 回归分析输出结果

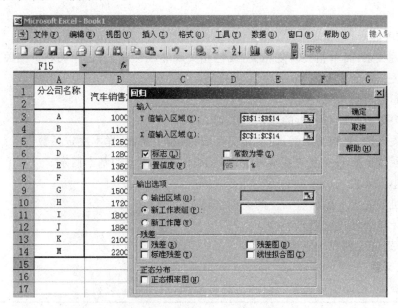

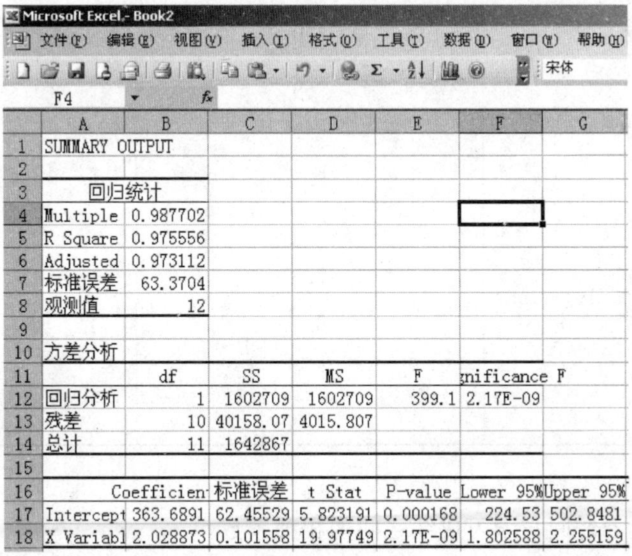

思考与练习

一、思考题

1.相关关系;简单相关和复相关;线性相关和非线性相关;正相关和负相关。

2.相关分析的主要内容。

3.回归分析的主要内容。

4.相关分析与回归分析的联系和区别。

5.相关系数;复相关系数;简单相关系数;偏相关系数;样本决定系数。

6.一元线性回归模型的基本假定;多元线性回归模型的基本假定。

7.最小二乘法。

8.随机误差项 u 的内容;σ_u^2 的无偏估计量。

9.统计显著性检验思想。

10.个别值预测和均值预测。

二、练习题

1.调查 10 位同学每天学习时间与高考成绩,得到如下资料:

学生	学习时间(小时)	学习成绩(分)
学生 1	4.0	60
学生 2	5.0	72
学生 3	5.5	80
学生 4	6.0	86
学生 5	6.5	88
学生 6	7.0	90
学生 7	7.5	91
学生 8	8.0	95
学生 9	8.5	96
学生 10	9.0	96.5

要求:

(1)计算出学习时间与学习成绩之间的相关系数;

(2)确定学习成绩对学习时间的直线回归方程。

(3)根据建立的直线回归方程,设甲学生每天学习时间为 13 小时,请对他的成绩进行预测(置信度为 95%)。

2.某厂某产品上半年各月产量及单位成本资料如下:

月份	产量(万件)	成本(元/件)
1	3.0	15.0
2	3.5	14.0
3	4.0	13.0
4	4.5	12.0
5	5.0	11.0
6	6.0	9.0

(1)试确定直线回归方程,并指出产量每增加 10000 件时,单位成本平均下降多少元?

(2)建立线性回归模型,对产量为 6.5 万件时的单位成本进行区间估计(置信度为 95%)。

3. 在其他条件不变的情况下,某种商品的需求量(y)与该商品的价格(J)有关。现对给定时期内的价格与需求量进行观察,得到如下数据。

价格	100	110	120	125	130	135	138	140	150	155
需求量	70	60	58	55	53	50	45	40	37	30

要求:

(1)计算价格与需求量之间的相关系数;

(2)拟合需求量对价格的回归直线,并解释回归系数的涵义。

4. 某企业广告费和销售收入历史统计资料如下:

广告费 x	1	2	3	4	5	6	7	8
销售收入 y	10	14	18	20	25	28	30	40

要求:

(1)绘制散点图;

(2)x 与 y 之间是否大致呈线性关系?

(3)用最小二乘法求出回归方程;

(4)求回归标准误差 $\hat{\sigma}$;

(5)回归系数是否显著?

(6)计算 x 与 y 的决定系数。

第八章 时间序列分析

【统计知识 ABC】

[A]倍数与翻番

倍数和翻番都是描述数量增加的一种抽象化的表现形式,但两者的涵义和计算方法截然不同。

倍数是由两个有联系的指标对比,将对比的基数抽象化为 1 而计算出来的相对数,常常用于比数(分子)远大于基数(分母)的场合。如,某城市 2000 年人均住房使用面积达到 14.8 平方米,为 1978 年 3.8 平方米的 3.9 倍(14.8÷3.8=3.9 倍)。再如,甲地人均国内生产总值 8000 元,为乙地 3000 元的 2.7 倍(8000÷3000=2.7 倍)。

翻番是指数量加倍。如 1 变为 2(1×2),2 变为 4(2×2),3 变为 6(3×2)⋯⋯A 变为 A×2,翻两番为(A×2)×2=A×2^2,是指原基数在翻一番的基础上再翻一番。例如,"十六大"报告中提出的全面建设小康社会的目标,即在优化结构和提高效益的基础上,国内生产总值到 2020 年力争比 2000 年翻两番,综合国力和国际竞争力明显增强。也就是说 2020 年我国的国内生产总值将是 2000 年的 4 倍。

翻番和倍数有一定联系,$2n$ 即翻番后的水平相当于原基数的倍数,如原基数是 5,翻三番为 5×2^3,翻三番后达到的水平为 40,相当于基数 5 的 2^3 倍,即 8 倍。可见"番"是按几何级数计算的,"倍"是按算术级数计算的。

(资料来源:http://www.stats-tj.gov.cn/Article/ljtj/tjzswd/tjylhff/200612/5470.html)

[B]百分数与百分点

百分数也称百分比,是相对指标最常用的一种表现形式。它是将对比的基数抽象化为 100 而计算出来的相对数,用"%"表示。它既可以表示数量的增加,也可以表示数量的减少。运用百分数时,要注意概念的准确。如"比过去增长 20%",即过去为 100,现在是 120;比过去减少 20%,即过去是因为 100,现在是 80;"降低到原来的 20%",即原来是 100,现在是 20。运用百分数时,还要注意有些数最多只能达到 100%,如产品合格率、种子发芽率等;有些百分数只能小于 100%,如粮食出粉率等;有些百分数可以超过 100%,如毛入学率等。要注意区别占、超、为、增的含义和用法,"占计划百分之几"指完成计划的百分之几;"超计划的百分之几",就应该扣除原来的基数;"为去年的百分之几"就是等于或相当于去年的百分之几;"比去年增长百分之几"应扣掉原有的基数。

百分点是指不同时期以百分数形式表示的相对指标,如:速度、指数、构成等的变动幅度。它是分析百分比增减变动的一种表现形式。例如,工业增加值今年的增长速度为19%,去年的增长速度为16%,今年比去年的增长幅度提高了3个百分点(19-16)。今年物价上升了8%,去年物价上升了10%,今年比去年物价上升幅度下降了2个百分点(8-10)。

百分数是两期数据相除(或再减1),表示事物的发展速度(或增长速度);百分点是两个百分数(去掉百分号)相减,表示事物的增长量,是百分数的增长量(比如比重等)。

百分数和百分点有严格的区别,使用时要注意。下面举三个例子予以说明。

例一、某地区生产总值,1992年为100亿,其中第一产业贡献23.8亿,占23.8%;1993年为125亿,其中第一产业贡献26.5亿,占21.2%。我们可以说:该地区生产总值中,第一产业占的比重,1993年比1992年下降2.6个百分点(21.2-23.8=-2.6),但不能说下降2.6%。还可以说:第一产业增加值1993年比1992年增长11.34%,(即(26.5/23.8-1)×100%≈11.34%),但不能说增长11.34个百分点。具体怎样使用,看要说明什么问题而定。

例二、某企业计划2004年比2003年利润增加9.8%,实际增加10%。我们可以说:该企业2004年实际利润比计划高了0.2个(10-9.8=0.2)百分点;或者说:某企业2004年实际利润比计划多完成2.04%(即(10%/9.8%-1)×100%≈2.04%)。

例三、2003年,全国教育经费总支出占GDP的比重为3.18%,2002年为3.22%。这样,2003年全国教育经费总支出占GDP的比重比2002年下降了0.04个(3.18-3.22=-0.04)百分点,不能说下降了0.04%,实际2003年全国教育经费总支出占GDP的比重比2002年降低了1.24%(即(3.18%/3.22%-1)×100%≈-1.24%)。

另外,对时间数列进行分析时,百分数涉及绝对数时间数列的两期数据,百分点涉及绝对数时间数列的三期数据。即只要有两期总量指标,就可以用百分数比较分析,而百分点就必须有三期总量指标方可进行。

例:某地区农民人均纯收入,2003年为3400元,2004年为4080元,2005年为4500元。依据这些数据,可以进行如下分析:该地区农民人均纯收入2004年比2003年增长20%(即(4080/3400-1)×100%=20%),2005年比2004年增长10.29%(即(4500/4080-1)×100%≈10.29%);该地区农民人均纯收入增长速度2005年比2004年降低9.71个百分点。从以上计算可以看出,百分数依据两期数据可以得出,而百分点涉及三期数据。

(资料来源:http://blog.sina.com.cn/s/blog_4e88c7af01000ahu.html)

[C]现行价格与可比价格

现行价格就是当年价格,是指报告期当年的实际价格,如:工业品的出厂价格、农产品的收购价格、商品的零售价格等。用当年价格计算的一些以货币表现的物量指标,如国内生产总值、工业总产值、农业总产值、农副产品收购总额和社会商品零售总额等,反映当年的实际情况,使国民经济指标互相衔接,便于考察社会经济效益,便于对生产、流通、分配、消费之间进行综合平衡。因此,当我们需要反映当年的实际收入情况时就应采用当年价格。如：1999 年我国国内生产总值为 81910.9 亿元，它反映 1999 年在我国领土范围内所生产的以货币表现的产品和劳务总量。

按当年价格计算的以货币表现的指标，在不同年份之间进行对比时，因为包含各年间价格变动的因素，不能确切地反映实物量的增减变动，必须消除价格变动的因素后，才能真实地反映经济发展动态。因此，在计算增长速度时，一般都使用可比价格计算。如：我们要计算 1994 年工业总产值增长速度，因为用当年价格表示的 1994 年、1993 年工业总产值存在着价格变动因素，因此不能直接用来计算增长速度，而应采用消除了价格因素后的可比价格进行计算。1994 年工业总产值按当年价格计算为 4255.19 亿元，按 1990 年不变价格为 3360.97 亿元，1993 年则分别为 3327.04 亿元和 2849.77 亿元，如按当年价格计算，1994 年比 1993 年增长速度为 $(4255.19 \div 3327.04 - 1) \times 100\% = 27.9\%$，但由于没有剔除价格变动因素的影响，故不能确切地反映工业生产实物量的增长状况，而按可比价格计算的增长速度则为 $(3360.97 \div 2849.77 - 1) \times 100\% = 17.9\%$，这一速度就较为确切地反映出工业生产实物量的增长。

不变价格，也叫固定价格，它是用某一时期同类产品的平均价格作为固定价格来计算各个时期的产品价值，目的是为了消除各时期价格变动的影响，保证前后时期之间、地区之间、计划与实际之间指标的可比性。

在计算以不变价格表示的指标时，所用的基期也是不同的。新中国成立以后，随着工农业产品价格水平的变化，国家统计局先后五次制订了全国统一的工业产品不变价格和农产品不变价格，即从 1949 年到 1957 年使用 1952 年工(农)业产品不变价格；从 1957 年到 1971 年使用 1957 年不变价格；从 1971 年到 1981 年使用 1970 年不变价格；从 1981 年到 1991 年使用 1980 年不变价格；从 1991 年开始使用 1990 年不变价格。同一年份利用不同的不变价格计算出来的数值是不一样的，如 1990 年工业总产值按 1980 不变价格计算为 1159.95 亿元，按 1990 年不变价格计算则为 1731.03 亿元。

（资料来源：http://www.stats.gov.cn/tjzs/tjcd/t20020528_20656.htm）

时间序列分析就其发展的历史阶段和所使用的统计分析方法来看，有传统时间序列分析和现代时间序列分析。本章主要讨论一些传统的时间序列分析方法。

第一节 时间序列分析的基本问题

一、时间序列概念

任何现象都不是静止的，而总是处在不断运动和不断发展的变化过程中。统计分析，不仅要从静态上分析现象所达到的规模、水平和比例关系等，而且要从动态上，即从时间的发展变动上来分析现象的发展变化情况。例如，表 8-1 列举了我国 1990—2009 年国内生产总值、年底总人口数、城镇居民家庭人均可支配收入、城镇居民家庭恩格尔系数等经济指标的时间序列。

表 8-1 我国 1990—2009 年重要经济指标

年份	国内生产总值 （亿元）	总人口（年末） （万人）	城镇居民家庭人均 可支配收入（元/人）	城镇居民家庭恩 格尔系数（%）
1990	18667.82	114333	1510.2	54.2
1991	21781.50	115823	1700.6	53.8
1992	26923.48	117171	2026.6	53.0
1993	35333.92	118517	2577.4	50.3
1994	48197.86	119850	3496.2	50.0
1995	60793.73	121121	4283.0	50.1
1996	71176.59	122389	4838.9	48.8
1997	78973.03	123626	5160.3	46.6
1998	84402.28	124761	5425.1	44.7
1999	89677.05	125786	5854.0	42.1
2000	99214.55	126743	6280.0	39.4
2001	109655.17	127627	6859.6	38.2
2002	120332.69	128453	7702.8	37.7
2003	135822.76	129227	8472.2	37.1
2004	159878.34	129988	9421.6	37.7
2005	184937.37	130756	10493.0	36.7
2006	216314.43	131448	11759.5	35.8
2007	265810.31	132129	13785.8	36.3
2008	314045.43	132802	15780.0	37.9
2009	340506.87	133474	17174.7	36.5

（资料来源：国家统计局网站 http://www.stats.gov.cn/tjsj/ndsj/。）

　　如表 8-1 所排列的数据序列，这种将某一统计指标在不同时间上的数值按时间先后顺序编制所形成的序列，称为时间序列，亦称动态序列或时间数列。

　　时间序列由两大要素构成：一是现象数值所属的时间，即现象发生的时间，可以表现为年、月、日或季、周等时间单位；二是统计指标的具体数值。

　　统计指标是用来说明某种社会经济现象在某一方面的数量特征的，因为社会经济现象的发展变化必然在不同时间的指标数值上有所反映。时间序列就是反映该现象发展变化过程的历史记录。这对统计分析工作来说，具有十分重要的意义。首先，编制时间序列，可以描述社会经济现象的发展状态、发展趋势和结果；其次，通过对时间序列的分析，可以掌握社会经济现象发展变化的规律性；再次，时间序列可用来对社会经济现象的发展方向和速度进行预测。

二、时间序列分类

时间序列按照其构成要素中统计指标值的表现形式，分为绝对数时间序列、相对数时间序列和平均数时间序列三种。其中绝对数时间序列是基本序列，相对数和平均数时间序列是派生序列。

1. 绝对数时间序列

把一系列同类的总量指标按时间先后顺序排列而成的数列，称为绝对数时间序列，它反映了现象在各期达到的绝对水平。例如，表 8-1 中的国内生产总值和年底总人口数都是绝对数时间序列。绝对数时间序列是编制相对数时间序列和平均数时间序列的基础。

按照总量指标反映的现象的时间状态不同，绝对数时间序列又分为时期序列和时点序列两类。

(1)时期序列。当序列中排列的指标为时期指标，反映现象在各段时期内发展过程的总量时，就称为时期序列。例如，表 8-1 中的我国 1990—2009 年国内生产总值数列就是一个时期序列。时期序列的特点是：①序列中各个指标的数值是可以相加的，即相加具有一定的经济意义。由于时期序列中每个指标数值是表示现象在一段时期内发展变化的累计总量，所以相加后的数值就表示现象在更长一段时期内发展变化的累计总量；②序列中每一个指标数值的大小与所属的时间长短有直接的联系。在时期序列中，每个指标数值所对应的时间长度，称为"时期"。时期的长短，主要根据研究目的而定，可以是日、旬、月、季、年或更长时间。一般来说，时期愈长，指标数值就愈大，反之就愈小；③序列中每个指标数值，通常是通过连续不断的登记而得到的。

(2)时点序列。当序列中排列的指标为时点指标，反映现象在某一时点上所处的状态时，称该序列为时点序列。例如，表 8-1 中所列的我国 1990—2009 年全国年末人口数是时点序列。时点序列有如下特点：①序列中各个指标数值是不能相加的，相加不具有实际经济意义。这是由于时点序列中每个指标数值都是表明某一时点上瞬间现象的总量，相加以后无法说明属于哪一时点上的总量；②序列中指标数值的大小与其间隔长短没有直接联系。在时点序列中，两个相邻的指标数值间间隔的时间距离称为"间隔"。由于时点序列每个指标数值只表明现象在某一时点上的状态数量，指标数值大小与时间间隔长短没有直接联系，例如，年末数值可能大于月末数值，也可能小于月末数值；③序列中指标的每个数值，通常都是间隔一定时期通过一次性登记获得的。

2. 相对数时间序列

把一系列同类的相对指标按时间顺序排列而成的序列，称为相对数时间序列。它反映现象对比关系的发展变化情况，说明社会经济现象的比例关系、结构、速度的发展变化过程。如表 8-1 中的我国城镇居民的恩格尔系数就是相对数时间序列。在相对指标时间序列中，各个指标数值是不能相加的。

3. 平均数时间序列

把一系列同类的平均指标按时间顺序排列而成的序列，称为平均数时间序列。它反映现象平均水平的发展趋势。例如，表 8-1 中的城镇居民家庭人均可支配收入即为平均数时间序列。在平均数时间序列中,各个指标数值相加没有意义。

三、时间序列的编制原则

编制时间序列的目的是通过同一指标在不同时间上的数值对比来反映现象的发展过程及其规律性。因此,保证序列中各指标值之间的可比性,就成为编制时间序列应遵循的基本原则。具体来讲,应注意以下几点:

(1)时期长短应尽量统一。

在时期序列中,由于各指标数值的大小与时间的长短有直接的关系,所以,各个指标数值所属的时期长短应前后统一。时间越长,指标数值就越大,反之,就越小。时期长短不一,往往就很难作直接比较。

对于时点序列来说,由于各个指标数值只反映现象在某一时点的状态,两时点间隔的长短,对时点指标数值大小没有直接影响,所以不存在时期长短应统一的问题。但为了更有利于对比,时点间隔最好能保持一致。

(2)总体范围应该一致。

所谓总体范围,即所研究的现象总体所包括的地区范围、隶属关系范围、行政区划范围等。在实际工作中,因为各时期行政区划、经济管理体制、基层单位的隶属关系等方面发生变化,统计口径往往前后不一致。比如,我们要研究某地区的人口变动情况,如果所研究地区的行政区划发生了变化,那么,变动前后的两个人口数值就不能直接对比,需要加以调整,然后再进行动态分析。

(3)指标的经济内容应该一致。

有时同一个指标虽然名称没有变动,但其经济内容却已有改变,这也是不可比的。对于这样的时间序列,根据不同时期指标数值的变化来进行分析,就会得出错误的结论。比如,我们编制某地 1990—1995 年资源税征收情况的时间序列,由于盐税 1994 年并入了资源税,使资源税的经济内容在 1994 前后发生了变化,如果不首先加以调整就不具有可比性,否则就会使所反映问题失实。

(4)计算口径应该统一。

计算口径主要是指计算方法、计算价格以及计量单位等。比如,在研究某企业劳动生产率的增长情况时,如果各时期指标的计算方法不一致,有的按全部职工计算,有的按生产工人计算,指标数值的对比就失去意义;再比如,总产值有的按现价计算,有的按不变价格计算,或指标的计量单位有的按实物单位计量,有的按货币单位计量,这样所编制的时间序列势必会导致指标数值失去可比性。

第二节 时间序列的水平分析

在对时间序列有了基本认识之后,要对时间序列做进一步的统计分析。本节主要讨论从时间序列的观察值本身出发,计算一系列水平指标,进行简单的统计水平分析。

一、发展水平与平均发展水平

(一)发展水平

在时间序列中,每个统计指标的数值叫做发展水平,它是计算其他时间序列分析指标的基础。如果用符号 $a_0, a_1, a_2, a_3, \cdots, a_{n-1}, a_n$ 代表时间序列中各个发展水平,通常,时间序列中第一个指标数值 a_0 叫做最初水平;最后一个指标数值 a_n 叫做最末水平,其余各个指标数值叫做中间水平。此外,在动态分析中,常将所研究的那个时期的指标数值叫做报告期水平,用来进行比较的基础时期水平叫做基期水平。

(二)平均发展水平

将不同时期的发展水平加以平均而得到的平均数叫做平均发展水平,又称为序时平均数。它概括性地描述出现象在一段时期内所达到的一般水平。由于不同时间序列中观察值的表现形式不同,序时平均数有不同的计算方法。

1. 根据绝对数时间序列计算序时平均数

绝对数时间序列序时平均数的计算方法是最基本的,它是计算相对数或平均数时间序列序时平均数的基础。由于绝对数时间序列有时期序列和时点序列之分,序时平均数的计算方法也有所不同。

(1)时期序列的序时平均数。时期序列中的各观察值可以相加,形成一段时期内的累计总量,所以时期序列的序时平均数可直接用各时期的观察值之和除以时期项数来计算。其计算公式为:

$$\bar{a} = \frac{a_1 + a_2 + \cdots + a_n}{n} = \frac{\sum_{i=1}^{n} a_i}{n} \tag{8-1}$$

式中 $\bar{a}$ 为序时平均数;a_i 为第 i 个时期的观察值;n 为观察值的个数(时期项数)。

【例 8-1】 根据表 8-1 中的国内生产总值序列,计算 1990—2009 年的年平均国内生产总值。

$$解:\bar{a} = \frac{\sum_{i=1}^{n} a_i}{n} = \frac{2482445.17}{20} = 124122.26(亿元)。$$

(2)时点序列的序时平均数。根据所掌握的时点资料的不同,计算方法亦有所不同。时点数列一般都是不连续数列。但是,若是逐日记录而且逐日排列形成的时点数列资料则可将其看成连续的时点数列。以此为标准,可将时点数列分为连续时点数列和间断时点数列。

①根据连续时点数列计算序时平均数。在连续时点数列中有间隔相等和间隔不等两种情况:

(i)间隔相等的连续时点数列,即时点数列资料是逐日排列形成的。其计算公式为:

$$\bar{a} = \frac{\sum a}{n} \tag{8-2}$$

例如,已知某单位一个月内每天当班的工人人数,要计算该月的每天当班的平均工人数,可将每天的工人数相加,再除以该月的日历天数即可。

(ii)间隔不等的连续时点数列。如果被研究的现象每隔一段时间才有变动,则用每次变动持续的间隔长度(f)为权数对各时点水平(a)加权。其计算公式为:

$$\bar{a} = \frac{\sum af}{\sum f} \tag{8-3}$$

【例 8-2】 某企业 8 月 1 日至 8 月 12 日设备数为 103 台。8 月 13 日到月底增加到110 台,则该企业 8 月份平均拥有设备数为:

$$\bar{a} = \frac{\sum af}{\sum f} = \frac{103 \times 12 + 110 \times 19}{12 + 19} = \frac{3326}{31} = 107(台)$$

②根据间断时点数列计算序时平均数。间断时点数列中也有间隔相等和间隔不等两种情况。

(i)间隔相等的间断时点数列。在实际统计工作中,对时点性质的指标,为了简化登记手续,往往间隔一定时间登记一次。如商业企业的商品库存、工业企业中的职工人数与流动资产等,都只统计月末数字,从而组成间隔相等的间断时点数列。一般情况下,这时可以假定所研究的现象在两个相邻时点之间的变动是均匀的,则相邻两个时点之间的序时平均数,可以通过将两个相邻时点指标数值相加后除以 2 近似求得,然后根据这些平均数,再用简单算术平均法,求得整个研究时间的序时平均数。

【例 8-3】 已知某企业 2012 年 6 月至 9 月各月末职工人数如表 8-2 所示。

表 8-2 某企业 2012 年 6 月至 9 月各月末职工人数 （单位:人）

日期	6 月 30 日	7 月 31 日	8 月 31 日	9 月 30 日
职工人数	136	142	140	152

根据表中资料,计算 7、8、9 各月和第三季度的平均职工人数如下:

7 月份平均职工人数 $= \dfrac{136+142}{2} = 139(人)$;

8 月份平均职工人数 $= \dfrac{142+140}{2} = 141(人)$;

9 月份平均职工人数 $= \dfrac{140+152}{2} = 146(人)$。

第三季度平均职工人数 $= \dfrac{139+141+146}{3} = 142(人)$。

上述计算第三季度平均职工人数的两个步骤可以合并为:

$$\text{第三季度平均职工人数} = \frac{\frac{136+142}{2} + \frac{142+140}{2} + \frac{140+152}{2}}{3}$$

$$= \frac{\frac{136}{2} + 142 + 140 + \frac{152}{2}}{3} = 142(人)$$

由此可见,如果是间隔相等的间断时点数列,计算序时平均数的公式可表示为:

$$\bar{a} = \frac{\dfrac{a_0}{2} + a_1 + \cdots + a_{n-1} + \dfrac{a_n}{2}}{n} \tag{8-4}$$

式中 n 表示时间项数。

（ii）间隔不等的间断时点数列。根据间隔不等的每期期末时点资料,可用时间间隔的长度为权数(f),对各相应时点的平均水平进行加权平均。其计算公式为:

$$\bar{a} = \frac{\dfrac{a_0 + a_1}{2} f_1 + \dfrac{a_1 + a_2}{2} f_2 + \cdots + \dfrac{a_{n-1} + a_n}{2} f_n}{\sum f} \tag{8-5}$$

【例 8-4】 某地区人口资料如表 8-3 所示。

表 8-3　某地区 2012 年各时点的人口数　　　　　（单位:万人）

日期	1 月 1 日	4 月 1 日	8 月 1 日	12 月 31 日
人口数	425.4	452.8	446.7	458.3

根据 7-3 资料,该地区 2005 年平均人口数为:

$$\bar{a} = \frac{\dfrac{425.4 + 452.8}{2} \times 3 + \dfrac{452.8 + 446.7}{2} \times 4 + \dfrac{446.7 + 458.3}{2} \times 5}{3 + 4 + 5}$$

$$= \frac{5378.8}{12} = 448.23（万人）$$

根据间断时点数列计算序时平均数的前提是,假设被研究现象在相邻两个时点之间的变动是均匀的。当然这种现象的实际变动并不完全均匀,计算结果只能是实际值的近似值。同时,为了使计算结果能尽量反映实际情况,间断时点数列的间隔不宜过长。

2.相对数或平均数时间序列的序时平均数

相对数和平均数通常是由两个绝对数对比形成的,即观察值 $c_i = \dfrac{a_i}{b_i}$,计算序时平均数时,应先分别求出构成相对数或平均数的分子 a_i 和分母 b_i 的平均数,而后再进行对比,即得相对数或平均数时间序列的序时平均数。其基本公式为:

$$\frac{\bar{a}}{\bar{b}} = \bar{c} \tag{8-6}$$

式中 $\bar{a}$ 和 $\bar{b}$ 可按绝对数时间序列序时平均数的计算方法求得。

【例 8-5】 某企业 2012 年各季度销售收入和流动资金资料如表 8-4 所示。

表 8-4　某企业 2012 年各季度销售收入与流动资金资料

时间	第一季度	第二季度	第三季度	第四季度
销售收入(万元)	110	120	126	125
期初流动资金余额(万元)	90	70	78	52
流动资金周转次数(次)	1.375	1.62	2.1	1.64

又知,该年末流动资金余额 100 万元。计算该企业 2012 年流动资金平均周转次数。

解:设销售收入为 a,期初流动资金为 b,流动资金周转次数为 c,则

$$\bar{a} = \frac{\sum\limits_{i=1}^{n} a_i}{n} = \frac{110 + 120 + 126 + 125}{4} = 120.25(万元)$$

$$\bar{b} = \frac{\frac{b_1}{2} + b_2 + \cdots + b_{n-1} + \frac{b_n}{2}}{n-1} = \frac{\frac{90}{2} + 70 + 78 + 52 + \frac{100}{2}}{5-1} = 73.75(万元)$$

根据(8-6)式,得

$$\bar{c} = \frac{120.25}{73.75} = 1.63(次)$$

二、增长量与平均增长量

(一)增长量

增长量是时间序列中的报告期水平与基期水平之差,用于描述现象在观察期内增长的绝对量。若二者之差为正数,表示增长;若为负数,则表示为下降。

由于采用的基期不同,增长量有逐期增长量和累计增长量之分。逐期增长量是报告期水平与前一时期水平之差,说明本期比前一时期增长的绝对数量;累计增长量是报告期水平与某一固定时期水平之差,说明报告期比某一固定时期增长的绝对数量。可用符号表示如下:

逐期增长量:$a_1 - a_0, a_2 - a_1, \cdots, a_n - a_{n-1}$ (8-7)

累计增长量:$a_1 - a_0, a_2 - a_0, \cdots, a_n - a_0$ (8-8)

显见,两者之间具有一定的关系,累计增长量等于相应各个逐期增长量之和,即:

$$a_n - a_0 = \sum_{i=1}^{n} (a_i - a_{i-1})$$

(二)平均增长量

平均增长量是观察期各逐期增长量的平均数,用于描述在观察期内平均增长的数量。它可以根据逐期增长量求得,也可以根据累计增长量求得。计算公式为:

$$平均增长量 = \frac{逐期增长量之和}{逐期增长量个数} = \frac{累积增长量}{观察值个数 - 1} \tag{8-9}$$

【例 8-6】 根据表 8-1 我国国内生产总值资料,计算各年逐期增长量和各年以 1990 年为基期的累计增长量,年平均增长量。

解:根据(8-7)和(8-8)式,可得计算结果如表 8-5 所示。

表 8-5 国内生产总值增长量计算表   (单位:亿元)

年份	国内生产总值	逐期增长量	累计增长量
1990	18667.82	—	—
1991	21781.50	3113.68	3113.68
1992	26923.48	5141.98	8255.65
1993	35333.92	8410.45	16666.10

续表

年份	国内生产总值	逐期增长量	累计增长量
1994	48197.86	12863.93	29530.03
1995	60793.73	12595.87	42125.91
1996	71176.59	10382.86	52508.77
1997	78973.03	7796.44	60305.21
1998	84402.28	5429.24	65734.46
1999	89677.05	5274.77	71009.23
2000	99214.55	9537.50	80546.73
2001	109655.17	10440.62	90987.35
2002	120332.69	10677.52	101664.87
2003	135822.76	15490.07	117154.93
2004	159878.34	24055.58	141210.52
2005	184937.37	25059.03	166269.55
2006	216314.43	31377.06	197646.60
2007	265810.31	49495.88	247142.48
2008	314045.43	48235.12	295377.60
2009	340506.87	26461.44	321839.04

根据(8-9)式,1990 年—2009 年国内生产总值的年平均增长量为:

国内生产总值年平均增长量＝321839.04/19＝16938.90(亿元)

第三节　时间序列的速度分析

一、发展速度与增长速度

(一)发展速度

发展速度是同一事物在两个不同时期发展水平对比的结果,用于描述现象在观察期内的相对发展变化程度,说明报告期水平是基期水平的百分之几或若干倍。当发展速度的计算结果大于 100%,表明现象发展水平上升,反之,表明现象发展水平下降。当分子指标特别大且分母指标特别小的时候,也可以用倍数和翻番数表示,反之,可以用千分数或万分数表示。其计算公式:

$$发展速度＝\frac{报告期水平}{基期水平}×100\%$$

(8-10)

由于采用的基期不同,发展速度可以分为环比发展速度和定基发展速度。环比发展速度是报告期水平与前一期水平之比,说明现象逐期发展变化的程度;定基发展速度是报告期水平与某一固定时期水平之比,说明现象在整个观察期内总的发展变化程度。

设时间序列的观察值为 $a_i(i=1,2,\cdots,n)$,环比发展速度和定基发展速度的一般形式可以写为:

$$环比发展速度 = \frac{a_i}{a_{i-1}}(i=1,2,\ldots n) \tag{8-11}$$

$$定基发展速度 = \frac{a_i}{a_0}(i=1,2,\ldots n) \tag{8-12}$$

环比发展速度与定基发展速度之间的关系是:

(1)观察期内各个环比发展速度的连乘积等于最末期的定基发展速度;

(2)相邻两个定基发展速度的比值等于相应时期的环比发展速度。即

$$\prod \frac{a_i}{a_{i-1}} = \frac{a_n}{a_0}(\prod 为连乘符号); \qquad \frac{a_i}{a_0} \div \frac{a_{i-1}}{a_0} = \frac{a_i}{a_{i-1}}$$

利用上述关系,可以根据一种发展速度去推算另一种发展速度。

(二)增长速度

增长速度也称增长率,是增长量与基期水平之比,用于描述现象的相对增长速度。它可以根据增长量求得,也可以根据发展速度求得。其基本计算公式为:

$$增长速度 = \frac{增长量}{基期水平} = \frac{报告期水平 - 基期水平}{基期水平} = 发展速度 - 1 \tag{8-13}$$

发展速度与增长速度所说明的问题不同。发展速度说明现象在不同时期的发展程度,而增长速度则是说明其提高(或降低)的程度。因此,当发展速度大于 1 时,增长速度为正值,表示正增长;当发展速度小于 1 时,增长速度为负值,表示负增长。

由于采用的基期不同,增长速度也可分为环比增长速度和定基增长速度。前者是逐期增长量与前一期水平之比,用于描述现象逐期增长的程度,后者是累计增长量与某一固定时期水平之比,用于描述现象在观察期内总的增长程度。

环比增长速度和定基增长速度的公式可写为:

$$环比增长速度 = \frac{a_i - a_{i-1}}{a_{i-1}} = \frac{a_i}{a_{i-1}} - 1(i=1,2,\ldots,n) \tag{8-14}$$

$$定基增长速度 = \frac{a_i - a_0}{a_0} = \frac{a_i}{a_0} - 1(i=1,2,\ldots,n) \tag{8-15}$$

需要指出,环比增长速度与定基增长速度之间没有直接的换算关系。在由环比增长速度推算定基增长速度时,可先将各期环比增长速度换算成各期环比发展速度,再将它们连乘,得各期的定基发展速度,最后再将结果减 1,即得各期的定基增长速度。

【例 8-7】 已知我国历年按可比价格计算的国内生产总值如表 8-6 所示,试计算各年的发展速度和增长速度。

表 8-6　我国 1980—2008 年国内生产总值资料

年　份	国内生产总值	年　份	国内生产总值
	按 1980 年价格计算	1995	33070.5
1980	4567.9	1996	36380.4
1981	4807.4	1997	39762.7
1982	5242.8	1998	42877.4
1983	5811.8	1999	46144.6
1984	6693.8	2000	50035.2
1985	7595.2		按 2000 年价格计算
1986	8267.1	2000	99214.6
1987	9224.7	2001	107449.7
1988	10265.3	2002	117208.3
1989	10682.4	2003	128958.9
1990	11092.5	2004	141964.5
	按 1990 年价格计算	2005	158020.7
1990	18547.9		按 2005 年价格计算
1991	20250.4	2005	184937.4
1992	23134.2	2006	208381
1993	26364.7	2007	237892.8
1994	29813.4	2008	260812.9

解:依据公式(8-11、8-12、8-14、8-15)计算结果如表 8-7 所示。

表 8-7　发展速度和增长速度计算表

年份	国内生产总值	环比发展速度%	定基发展速度%	环比增长速度%	定基增长速度%
	按 1980 年价格计算				
1980	4567.9	—	—	—	—
1981	4807.4	105.24	105.24	5.24	5.24
1982	5242.8	109.06	114.77	9.06	14.77
1983	5811.8	110.85	127.23	10.85	27.23
1984	6693.8	115.18	146.54	15.18	46.54
1985	7595.2	113.47	166.27	13.47	66.27
1986	8267.1	108.85	180.98	8.85	80.98
1987	9224.7	111.58	201.95	11.58	101.95

续表

年份	国内生产总值	环比发展速度%	定基发展速度%	环比增长速度%	定基增长速度%
1988	10265.3	111.28	224.73	11.28	124.73
1989	10682.4	104.06	233.86	4.06	133.86
1990	11092.5	103.84	242.84	3.84	142.84
	按1990年价格计算		1.67		
1990	18547.9				
1991	20250.4	109.18	265.13	9.18	165.13
1992	23134.2	114.24	302.88	14.24	202.88
1993	26364.7	113.96	345.18	13.96	245.18
1994	29813.4	113.08	390.33	13.08	290.33
1995	33070.5	110.92	432.97	10.92	332.97
1996	36380.4	110.01	476.31	10.01	376.31
1997	39762.7	109.30	520.59	9.30	420.59
1998	42877.4	107.83	561.37	7.83	461.37
1999	46144.6	107.62	604.14	7.62	504.14
2000	50035.2	108.43	655.08	8.43	555.08
	按2000年价格计算		1.98		
2000	99214.6				
2001	107449.7	108.30	709.45	8.30	609.45
2002	117208.3	109.08	773.89	9.08	673.89
2003	128958.9	110.03	851.47	10.03	751.47
2004	141964.5	110.09	937.34	10.09	837.34
2005	158020.7	111.31	1043.36	11.31	943.36
	按2005年价格计算		1.17		
2005	184937.4				
2006	208381.0	112.68	1175.62	12.68	1075.62
2007	237892.8	114.16	1342.11	14.16	1242.11
2008	260812.9	109.63	1471.42	9.63	1371.42

二、平均发展速度与平均增长速度

(一)平均发展速度

平均发展速度是各个时期环比发展速度的平均数,用于描述现象在整个观察期内平均发展变化的程度。平均发展速度可能大于 100%,也可能小于 100%,前者说明现象的发展水平是上升的,后者说明现象的发展水平是下降的。

由于环比发展速度是根据同一现象在不同时期发展水平对比而得到的动态相对数,它所依据的基数不同,因此,计算平均发展速度不能用算术平均数方法,而通常采用水平法和累计法。

1. 水平法(几何平均法)

它是根据各期的环比发展速度采用几何平均法计算出来的,计算公式为:

$$\overline{X} = \sqrt[n]{\frac{a_1}{a_0} \times \frac{a_2}{a_1} \times \cdots \times \frac{a_n}{a_{n-1}}} = \sqrt[n]{\prod \frac{a_i}{a_{i-1}}} = \sqrt[n]{\frac{a_n}{a_0}} \quad (i = 1, 2, \cdots, n) \qquad (8\text{-}16)$$

式中,$\overline{X}$ 为平均发展速度;n 为环比发展速度的个数,它等于观察数据的个数减1。

【例 8-8】 根据表 8-6 和 8-7 中的有关数据,计算该地 1980—2008 年间国内生产总值的年平均发展速度。

解:根据(8-16)式,得

$$\overline{X} = \sqrt[n]{\prod \frac{a_i}{a_{i-1}}} = \sqrt[28]{105.24\% \times 109.06\% \times \cdots \times 114.16 \times 109.63\%}$$

$$= \sqrt[28]{1471.42\%} = 110.08\%$$

应用水平法计算平均发展速度的基本思想和原理是,从最初水平 a_0 出发,每期按平均发展速度 $\overline{X}$ 发展,经过 n 期后将达到最末水平 a_n,即 $a_0 \times \overline{X}^n = a_n$。因此,用水平法计算的平均发展速度推算出的最末期的数值与最末期的实际观察值是一致的。从计算公式可以看出,按水平法计算的平均发展速度,实际上只与序列的最初观察值 a_0 和最末观察值 a_n 有关,而与其他各观察值无关。这一特点表明,水平法旨在考察现象在最末一期所应达到的发展水平。所以,在实际应用中,如果我们所关心的是现象在最后一期应达到的水平,例如最末期所达到的工业生产能力、产值、人口数的增长等,采用水平法计算平均发展速度比较合适。

2. 累计法(方程法)

在一个时间序列中,各期实际水平之和为

$$a_1 + a_2 + \cdots + a_n = \sum_{i=1}^{n} a_i$$

在最初水平 a_0 的基础上,若各期的发展速度为 $X_i(i=1, 2, \cdots, n)$,那么 $\sum_{i=1}^{n} a_i$ 也可以表示为:

$$a_0 X_1 + a_0 X_1 X_2 + \cdots + a_0 X_1 X_2 \cdots X_n = \sum_{i=1}^{n} a_i$$

如果在最初水平 a_0 的基础上,每一期均按固定的平均发展速度 $\overline{X}$ 去发展,各期按固定平均发展速度计算的水平分别为 $a_0 \overline{X}^i (i=1, 2, \cdots, n)$,并设定计算期的各期发展水平之和等于各期实际水平总和 $\sum_{i=1}^{n} a_i$,那么

$$a_0\,\overline{X}+a_0\,\overline{X}^2+\cdots+a_0\,\overline{X}^n=\sum_{i=1}^{n}a_i$$

将两边同除以 a_0 则有

$$\overline{X}+\overline{X}^2+\cdots+\overline{X}^n=\frac{\sum\limits_{i=1}^{n}a_i}{a_0}$$

解此高次方程所得 $\overline{X}$ 的正根,就是按累计法所求得的平均发展速度。

应用累计法计算平均发展速度的特点,是着眼于各期发展水平的累计之和。若在实际中侧重于考察现象各期发展水平的总和,例如累计新增固定资产数、累计毕业生人数等,则采用累计法比较合适。

(二)平均增长速度

平均增长速度(平均增长率)是用于描述现象在整个观察期内平均增长变化的程度,它通常用平均发展速度减 1 来求得。平均增长速度是现象各期环比增长速度的动态平均数,它表明现象在一个较长时期内平均增长的水平。平均增长速度与平均发展速度有密切的联系:

$$平均增长速度＝平均发展速度－1 \tag{8-17}$$

平均增长速度可能是正数,也可能是负数,当平均发展速度大于 1 时,平均增长速度为正数,说明现象在一段时期内发展水平增长的平均程度;当平均发展水平小于 1 时,平均增长速度是负数,说明现象在一段时期内发展水平降低的平均程度。

【例 8-9】 根据例 8-8 的计算结果,计算该地 1980—2008 年间国内生产总值的年平均增长速度。

解:根据(8-17)式得年平均增长速度＝ $\overline{X}-1=110.08\%-1=10.08\%$。

(三)速度的分析与应用

平均发展速度指标,说明现象在一较长时期内各期环比发展速度的平均数,它掩盖了现象实际变化的程度。在计算和应用平均发展速度指标时,应注意以下几个问题:

(1)正确选择基期。

在计算和应用平均发展速度时,应根据研究目的适当选择基期,并注意所选择的资料应具有同质性。例如,研究某地区第八个五年计划期间引进外资的发展情况,应选择"八·五计划"的前一年为基期;要反映我国改革开放以来人民生活水平的平均变化情况,就应选择 1978 年为基期;若研究新中国成立以来的经济建设取得的成就,则应以建国初期为基期。

(2)总平均速度同分段平均速度相结合。

现象在一较长历史时期内的不同阶段的变化情况是不同的,换句话说,无论是水平指标还是速度指标,在不同的历史阶段存在着差异,具体表现为有的时期多一些,有的时期少一些;有的时期快一些,有的时期慢一些;有的时期上升,有的时期下降。为更具体地反映现象变动的实际情况,往往需要用分段平均速度来补充说明总速度,可按加权几何平均法来计算,计算公式为:

$$\overline{X} = \sqrt[\Sigma t]{\prod x^t}$$

式中：t 代表各阶段平均发展速度所代表的时间长度；x 代表各段速度。

（3）避免速度指标的误用、滥用。

对于大多数时间序列，特别是有关社会经济现象的时间序列，我们经常利用速度来描述其发展的数量特征。尽管速度的计算与分析都比较简单，但实际应用中，有时会出现误用乃至滥用速度的现象。因此，在应用速度分析实际问题时，应注意以下几个方面的问题。

①当时间序列中的观察值出现 0 或负数时，不宜计算速度。例如，假定某企业连续五年的利润额分别为 5 万元、2 万元、0 万元、−3 万元、2 万元，对这一序列计算速度，要么不符合数学公理，要么无法解释其实际意义。在这种情况下，适宜直接用绝对数进行分析。

②在有些情况下，不能单纯就速度论速度，要注意把速度与绝对水平结合起来进行分析。

【例 8-10】 假定有两个生产条件基本相同的企业，报告期与基期的利润额及有关速度资料如表 8-8 所示。

表 8-8　甲、乙两企业的有关资料

时间	甲企业		乙企业	
	利润额(万元)	增长率(%)	利润额(万元)	增长率(%)
报告期	1100	10	15	50
基期	1000	——	10	——

如果不看利润额的绝对值，仅就速度对甲、乙两个企业进行分析评价。可以看出乙企业的利润增长速度比甲企业高出 4 倍。如果就此得出乙企业的生产经营业绩比甲企业要好得多，这样的结论就是不切实际的。因为速度是一个相对数，它与对比的基期值的大小有很大的关系。大的速度背后，其隐含的增长绝对值可能很小；小的速度背后，其隐含的增长绝对值可能很大。这就是说，由于对比的基点不同，可能会造成速度数值上的较大差异，进而造成速度上的虚假现象。上述例子表明，由于两个企业的生产起点不同，基期的利润额不同，才造成二者速度上的较大差异。从利润的绝对额来看，两个企业的速度每增长一个百分点所增加的利润绝对额是不同的。在这种情况下，我们需要将速度和绝对水平结合起来进行分析，通常要计算增长 1% 的绝对值来弥补速度分析的局限性。

增长 1% 的绝对值表示速度每增长一个百分点而增加的绝对数量，其计算公式为：

$$增长\ 1\%\ 绝对值 = \frac{逐期增长量}{环比增长速度 \times 100} = \frac{前期水平}{100} \tag{8-18}$$

根据表 8-8 的资料计算，甲企业速度每增长 1% 的利润额为 10 万元，而乙企业则为 0.1 万元，甲企业远高于乙企业。这说明甲企业的生产经营业绩不是比乙企业差，而是更好。

第四节 时间序列的趋势分析

一、时间序列的构成要素与模型

(一)构成要素

现象在其发展变化过程中,每一时刻都要受到许多因素的影响。在诸多影响因素中,有的是长期起作用的,对事物的发展变化发挥决定性作用的因素;有的只是短期起作用,或者只是偶然发挥非决定性作用的因素。在分析时间序列的变动规律时,事实上不可能对每一个影响因素都一一划分开来,分别去作精确分析。但是,我们可以将众多影响因素,按照对现象变化影响的类型,划分为若干种时间序列的构成要素,然后,对这几类构成要素分别进行分析,以揭示时间序列的变动规律性。影响时间序列的构成要素通常可归纳为四种:长期趋势、季节变动、循环变动、不规则变动。

1.长期趋势(T)

长期趋势是时间序列的主要构成要素,它是指现象在较长时期内持续发展变化的一种趋向或状态。可能呈现出不断向上增长的态势,也可能呈现为不断降低的趋势,是受某种固定的起根本性作用的因素影响的结果。例如,中国改革开放以来经济持续增长,表现为国内生产总值逐年增长的态势。

2.季节变动(S)

本来意义上的季节变动是指受自然因素的影响,在一年中随季节的更替而发生的有规律的变动。现在对季节变动的概念有了扩展,对一年内或更短的时间内由于社会、政治、经济、自然因素影响,形成的以一定时期为周期的有规则的重复变动,都称为季节变动。例如,农业产品的生产、某些商品的销售量变动都呈现出季节性的周期变动。

3.循环变动(C)

循环变动指某种现象在比较长的时期内呈现出的有一定规律性的周期性波动。循环变动与长期趋势不同,它不是单一方向的持续变动,而是有涨有落的交替波动。循环变动与季节变动也不同,循环变动的周期长短很不一致,不像季节变动那样有明显的按月或按季的固定周期规律,循环变动的规律性不甚明显,通常较难识别。

4.不规则变动(I)

不规则变动指现象受众多偶然因素影响,而呈现的无规则的变动。包括由突发的自然灾害、意外事故或重大政治事件所引起的剧烈变动,也包括大量无可名状的随机因素干扰造成的起伏波动。是时间序列长期趋势、季节变动和循环变动后余下的变动。

时间序列的变动一般都是由以上四种构成要素或其中一部分要素的影响而形成的。时间序列分析的任务之一,就是对时间序列中的这几种构成要素进行统计测定和分析,从中划分出各种要素的具体作用,揭示其变动的规律和特征,为认识和预测事物的发展提供依据。

（二）时间序列的分解模型

进行时间序列分析的一个重要前提,就是了解四种变动因素:长期趋势 T、季节变动 S、循环变动 C 和不规则变动 I 以什么样的形式相结合(假设在时间数列中均包含有四种因素。当然,实际中并非如此)。把这四个影响因素同时间序列的关系用一定的数学关系式表示出来,就构成了时间序列的分解模型。将各影响因素分别从时间序列中分离出来并加以测定的过程,称为时间序列的构成分析。

按四种因素对时间序列的影响方式不同,时间序列可分解为多种模型,如乘法模型、加法模型、混合模型等。各种模型都是在一定的假定情况下成立的,其中最常用的是乘法模型。

1. 乘法模型

假设四种因素变动相互交叉影响时,时间序列中的观察值是四个构成因素之积,即为乘法模型:

$$Y = T \cdot S \cdot C \cdot I \tag{8-19}$$

其中 Y 为时间序列中的指标数值。

根据这个模型,要求出某个构成因素的影响,用其余构成部分除时间序列即可。例如,当求出长期趋势 T 以后,以 Y 除以 T,则可得不含长期趋势的派生时间序列:

$$\frac{Y}{T} = S \cdot C \cdot I$$

若再求出季节变动 S,用 S 去除,则可得不含长期趋势及季节变动的时间序列:

$$\frac{Y/T}{S} = C \cdot I 。$$

如果时间序列中仅含长期趋势和季节变动两个因素,则可以按以上相除的方法将两种因素分解开来分别进行分析。

2. 加法模型

假设四种因素变动相互独立时,时间序列中的观察值是四个构成因素之和,即为加法模型:

$$Y = T + S + C + I \tag{8-20}$$

同样,当欲求出某种因素变动的影响时,可用相减的形式。如当长期趋势 T 测定出来后,用 Y 减去 T,即得不含长期趋势 T 的派生时间序列。如果此时时间序列只受两因素(T 和 S)的影响,则 $Y - T = S$,得到只含季节变动的时间数列,可直接分析季节变动这一因素了。

3. 混合模型

$Y = T \cdot S + I$,　$Y = S + T \cdot C \cdot R$ 等。

在实际工作中,具体应用哪种模型进行分析,需根据研究对象的性质、目的和掌握的资料等情况而定,但一般以乘法模型应用较多。

对时间数列各个构成因素的分析,通常以长期趋势和季节变动为主。本节我们首先介绍长期趋势的测定,下一节介绍季节变动的测定。

对长期趋势的测定和分析,是时间序列分析的重要工作,其主要目的有三个:一是为了认识现象随时间发展变化的趋势和规律性;二是为了对现象未来的发展趋势做出预测;三是为了从时间数列中剔除长期趋势成分,以便于分解出其他类型的影响因素。

根据表现形态的不同,现象发展的变动趋势有线性趋势(linear trend)和非线性趋势(non-linear trend)。下面分别介绍它们的一些重要的分析方法。

二、线性趋势

线性趋势也称直线趋势,是指现象随着时间的推移而呈现出稳定增长或下降的线性变化规律。线性趋势的分析方法有很多,这里只介绍常用的几种。

(一)移动平均法

移动平均法是趋势变动分析的一种较简单的常用方法。当时间序列的变动趋势为线性状态时,可采用简单移动平均法进行描述和分析。该方法的基本思想和原理是,通过扩大原时间序列的时间间隔,并按一定的间隔长度逐期移动,分别计算出一系列移动平均数,由这些平均数形成的新的时间序列对原时间序列的波动起到一定的修匀作用,削弱了原序列中短期偶然因素的影响,从而呈现出现象发展的变动趋势。

设观测的时间序列为 $y_1,y_2,\cdots,y_n$,则 $k(1<k<n)$ 期的一次移动平均的计算公式为:

$$M_t^{(1)}=\frac{1}{k}(y_t+y_{t-1}+\cdots+y_{t-k+1}),t=1,2,\cdots,n \tag{8-21}$$

【例 8-11】 某厂各月销售机器台数的数据如表 8-9 前两列所示。采用 3 项、4 项和 5 项移动平均法分别进行修匀,计算其各个移动平均数,如表 8-9 后四列所示。

表 8-9　某机器厂各月生产机器台数的移动平均数

月份	销售量	3 项移动平均	4 项移动平均	两两移正平均	5 项移动平均
1	41	—	—		—
2	42	45			
			44.5		
3	52	45.7		45	44.6
			45.5		
4	43	46.7		46.7	46.6
			47.8		
5	45	46.3		47.9	48.8
			48		
6	51	49.7		47.7	46.4
			47.3		
7	53	48		48.1	48
			48.8		
8	40	48		48.6	48.8
			48.3		
9	51	46.7		48.7	49.8
			49		
10	49	52		50.8	50
			52.5		
11	56	53		—	—
12	54	—	—		—

应用移动平均法分析长期趋势时,应注意下列几个问题:

(1)用移动平均法对原时间序列修匀,修匀程度的大小,与平均的项数多少有关。这就是说,修匀的项数越多,效果越好,即趋势线越为平滑。

(2)移动平均法所取项数的多少,应视资料的特点而定,原时间数列如果有较明显的周期性波动,则移动平均的项数要以周期的长度为准。事实证明,当移动平均的时期长度等于周期长度整数倍时,就能把周期性的波动完全抹掉,从而使时间数列只显露长期趋势的影响。例如,当数列资料为季度资料时,可采用四季移动平均;若根据各年的月份资料,则应取 12 项移动平均,这样可消除季节性变动的影响,能较准确地揭示现象发展的长期趋势。

(3)移动平均法,采用奇数项移动平均比较简单,一次即得趋势值。如表 8-9 所示的 3 项移动平均和 5 项移动平均。下面以 3 项平均为例。第一个移动平均数(41+42+52)÷2=45(台),即可对正 2 份的原值;第二个移动平均数为(42+52+43)÷3=45.7(台),即可对正 3 月份的原值,依此类推。采用偶数项移动平均数,由于偶数项移动平均数都是在两项中间位置,如表 8-9 中所示 4 项移动平均,第一个移动平均数为(41+42+52+43)÷4=44.5(台),应对正 2 份和 3 月中间,第二个移动平均数为(42+52+43+45)÷4=45.5,应对正 3 月和 4 月中间,依此类推。所以偶数项移动平均还需进行一次"移正平均",即将第一次移动平均值再进行两项移动平均,得出移正值时间序列,以显示出现象变动趋势。

(4)移动平均后的数列,比原数列项数要少。移动时采用的项数愈多,虽能更好地修匀数列,但所得趋势值的项数就越少。一般情况下,移动平均项数(设为 K)与趋势值的项数关系为:①奇数项移动平均时,趋势值的项数=原数列项数$-K+1$,这样首尾各少 $\frac{K-1}{2}$ 项,共丢失 $K-1$ 项;②偶数项移动平均时,趋势值项数=原数列项数$-K$,这样首尾各少 $\frac{K}{2}$ 项,共丢失 K 项。所以,移动平均法使数列首尾各丢失部分信息量,而且移动平均时间越长,丢失项数越多。因此,移动平均时间不宜过长。

(二)指数平滑法

指数平滑是另一种计算长期变动趋势的方法。移动平均法在逐期进行移动平均时,将每个样本点的作用等同对待。但在时间序列中,越靠近当前时刻的观察值越能反映当前时刻的性质,而远离当前时刻的观察值对当前时刻的代表性越弱。指数平滑法在计算移动平均时引入一个权数使离当前时刻越近的样本点所起的作用越大。

一次指数平滑公式为:

$$F_{t+1} = \alpha X_t + (1-\alpha)F_t \tag{8-22}$$

其中,X_t 表示时间序列第 t 时期的实际值,F_t 表示第 t 期的预测值,α 称为平滑系数,在 Excel 中$(1-\alpha)$称为阻尼系数,是介于 0 到 1 之间的数。

系数 α 的大小决定了平滑的程度,它与移动平均的间隔有类似的性质,适当选取 α 值是决定指数平滑结果优劣的重要因素。一般通过多次试算,然后比较各种 α 的趋势线以选出一个最优值。

需要注意的是,以指数平滑预测的结果存在滞后偏差,即当时间序列呈下降趋势时,预测值往往偏高;反之,则偏低。另外,一次指数平滑预测只能做下一期的预测。

(三)直线趋势方程拟合法

直线趋势方程拟合法是利用直线回归的方法对原时间序列拟合线性方程,消除其他成分变动,从而揭示出数列长期直线趋势的方法。当现象的逐期增长量(一次差)大体相同时,可以考虑拟合直线趋势方程。直线趋势方程的一般形式为:

$$\hat{Y}_t = a + b \cdot t \tag{8-23}$$

式中,$\hat{Y}_t$ 为时间数列 Y_t 趋势值;t 为时间;a 为截距项,是 $t=0$ 时 $\hat{Y}_t$ 的初始值;b 为趋势线斜率,表示时间 t 变动一个单位时趋势值 $\hat{Y}_t$ 的平均变动数量。

趋势方程中的两个未知常数 a 和 b 通常按最小二乘法求得。该方法是根据回归分析中的最小二乘法原理,对时间序列配合一条趋势线,使之满足条件:各实际观察值(Y_t)与趋势值($\hat{Y}_t$)的离差平方和为最小,即 $\sum (Y_t - \hat{Y}_t)^2 =$ 最小值。然后,根据所确定的趋势线计算出各个时期的趋势值,从而观察和描述现象发展的变动趋势,并对未来的趋势值进行预测。

a、b 参数估计公式为:

$$\begin{cases} b = \dfrac{n \sum tY - \sum t \sum Y}{n \sum t^2 - (\sum t)^2} \\ a = \bar{Y} - b \cdot \bar{t} \end{cases} \tag{8-24}$$

【例8-12】 某市客运站旅客运输量如下表所示,作线性趋势方程拟合。

表 8-10　某市客运站旅客运输量　　　　　　　　　　　　(单位:万人公里)

年份	2010				2011				2012			
季度	一	二	三	四	一	二	三	四	一	二	三	四
客运量	100	95	98	107	110	105	107	115	123	115	120	125

解:由公式(8-24)可得:

$$b = \frac{n \sum tY - \sum t \sum Y}{n \sum t^2 - (\sum t)^2} = \frac{12 \times 8938 - 78 \times 1320}{12 \times 650 - 78^2} = 2.503497$$

$$a = \bar{Y} - b\bar{t} = \frac{1320}{12} - 2.503497 \times \frac{78}{12} = 93.72727$$

所以,线性趋势方程为:

$$\hat{Y}_t = 93.72727 + 2.503497t$$

三、非线性趋势

当现象的长期趋势不是线性的,但又有一定的规律性,这时称现象的长期趋势为非线性趋势。若现象呈现出某种非线性状态,就需要配合适当的趋势曲线。趋势曲线的形式很多,有抛物线形、指数曲线形、修正指数曲线形、Gompertz 曲线形、Logistic 曲线形等等。下面介绍几种曲线的拟合方法。

(一)二次抛物曲线

二次抛物曲线的标准形式为:

$$\hat{Y}_t = a + bt + ct^2 \tag{8-25}$$

该曲线的特点是各期观察值的二次差相等。所谓二次差是各观察值逐期增长量的逐期增长量。

曲线中的三个未知参数 a,b,c,可根据最小二乘法求得。

根据最小二乘法导出下列三个标准求解方程式:

$$\begin{cases} \sum Y = na + b\sum t + c\sum t^2 \\ \sum tY = a\sum t + b\sum t^2 + c\sum t^3 \\ \sum t^2 Y = a\sum t^2 + b\sum t^3 + c\sum t^4 \end{cases} \tag{8-26}$$

可以将时间序列中间时期设为原点,即有 $\sum t = 0$,$\sum t^3 = 0$,则(8-26)式可简化为:

$$\begin{cases} \sum Y = na + c\sum t^2 \\ \sum tY = b\sum t^2 \\ \sum t^2 Y = a\sum t^2 + c\sum t^4 \end{cases} \tag{8-27}$$

【例 8-13】 某企业各季度产品销售量如表 8-11 所示。由散点图 8-1 可以观察出销售量的变化近似于抛物线,一次可用抛物线方程拟合其长期趋势。

表 8-11 某企业产品销售量及有关数据　　　　　(单位:万件)

序号 t	时间年/季	销售量 Y	t^2	tY	$t^2 Y$	t^4
-5	2006/1	928	25	-4640	23200	625
-4	2006/2	2845	16	-11380	45520	256
-3	2006/3	3238	9	-9714	29142	81
-2	2005/4	4942	4	-9884	19768	16
-1	2007/1	4555	1	-4555	4555	1
0	2007/2	6278	0	0	0	0
1	2007/3	6485	1	6485	6485	1
2	2007/4	6852	4	13704	27408	16
3	2008/1	6849	9	20547	61641	81
4	2008/2	7317	16	29268	117072	256
5	2008/3	7023	25	35115	175575	625
合计 0	—	57312	110	64946	510366	1958

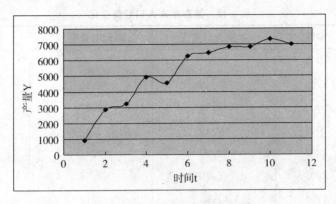

图 8-1　某企业销售量的散点图

解:为了简化计算可以将时间序号 t 设定为以中点为原点,即取中间的时间序号为 0,中点以前的时间序号分别为 $-1,-2,\cdots$,中点以后的时间序号分别为 $1,2,\cdots$(如表 8-10 所示)。代入公式(8-27)得到以下方程:

$$\begin{cases} 11a+110c=57312 \\ 110b=64946 \\ 110a+1958c=51036b \end{cases}$$

解此方程组,得 $a=5941.58$,$b=590.42$,$c=-73.14$,则拟合的该企业销售量的抛物线方程为 $\hat{Y}_t=5941.58+590.42t-73.14t^2$。当需要预测 2008 年四季度销售量时,将时间 $t=6$ 代入方程,可得

$$\hat{Y}_{2008.4}=5941.58+590.42\times6-73.14\times6^2=6851.0528(万件)$$

(二)指数曲线

当现象的长期趋势每期大体按相同的增长速度递增或递减变化时,可拟合如下指数曲线方程:

$$\hat{Y}_t=ab^t \tag{8-28}$$

指数曲线的特点是各期的环比增长速度相同,或者时间序列的逐期趋势值按一定的百分比递增或衰减。

为估计 a,b,可将(7-28)式两端取对数,得

$$\lg\hat{Y}_t=\lg a+t\lg b$$

运用最小二乘法可以得到标准方程:

$$\begin{cases} \sum\lg Y = n\lg a + (\sum t)\lg b \\ \sum t\lg Y = (\sum t)\lg a + (\sum t^2)\lg b \end{cases} \tag{8-29}$$

估计出 $\lg a$ 和 $\lg b$,再取反对数即可得参数 a,b 的估计值。

【例 8-14】　某市年末人口数量如表 8-12 所示,试拟合其长期趋势。

表 8-12　某市年末人口数量变化　　　　　（单位:万人）

序号 t	年份	年末人口数 Y	环比增长率%	$Y'=\lg Y$
1	1998	58.00	——	4.0604
2	1999	59.45	2.50	4.0851
3	2000	60.92	2.47	4.1096
4	2001	62.40	2.43	4.1336
5	2002	63.93	2.45	4.1578
6	2003	65.50	2.46	4.1821
7	2004	67.09	2.43	4.2060
8	2005	68.73	2.44	4.2302
9	2006	70.42	2.45	4.2545

解:由表 8-12 可以看出其环比增长率近似于常数,可用指数曲线方程拟合其长期趋势。以(8-29)式计算得:$\lg a=4.0366$;$\lg b=0.02421$。取反对数 $a=60.90$;$b=1.02463$,得到趋势方程:

$$\hat{Y}_i = 60.90 \times 1.025^t$$

(三)修正指数曲线

在一般指数曲线的基础上增加一个常数 K,即为修正指数曲线(modified exponential curve)。其一般形式为:

$$\hat{Y}_t=K+ab^t \tag{8-30}$$

式中,K,a,b 为未知参数,$K>0,a\neq 0,0<b\neq 1$。

修正指数曲线用于描述这样一类现象:初期增长迅速,随后增长率逐渐降低,最终则以 K 为增长极限。即当 $K>0,a<0,0<b<1$ 时,$t\rightarrow\infty,\hat{Y}_t\rightarrow K$。例如,某种刚问世的新产品,初期销售量增长可能很快,当市场拥有量接近饱和时,销售量逐渐趋于某一稳定的水平。现实生活中有许多事物的发展过程符合修正指数曲线的形式。

修正指数曲线中的三个未知参数 K、a、b 可用三和法求解。其基本思想是:把整个时间序列分成相等项数的三个组,每个组有 m 项,根据趋势值($\hat{Y}_t$)的三个局部总和分别等于原数列观察值(Y_t)的三个局部总和来确定三个参数。

设观察值的三个局部总和分别为 S_1,S_2,S_3,即

$$S_1 = \sum_{t=0}^{m-1}Y_t, S_2 = \sum_{t=m}^{2m-1}Y_t, S_3 = \sum_{t=2m}^{3m-1}Y_t \tag{8-31}$$

根据三和法的要求,得

$$\begin{cases} S_1 =mK+a+ab+ab^2+\cdots+ab^{m-1} \\ \quad\;=mK+a(1+b+b^2+\cdots+b^{m-1}) \\ S_2 =mK+ab^m+ab^{m+1}+\cdots+ab^{2m-1} \\ \quad\;=mK+ab^m(1+b+b^2+\cdots+b^{m-1}) \\ S_3 =mK+ab^{2m}+ab^{2m+1}+\cdots+ab^{3m-1} \\ \quad\;=mK+ab^{2m}(1+b+b^2+\cdots+b^{m-1}) \end{cases} \tag{8-32}$$

由(8-32)式,解得

$$
\begin{cases}
b = \left(\dfrac{S_3 - S_2}{S_2 - S_1} \right)^{\frac{1}{m}} \\[3mm]
a = (S_2 - S_1) \dfrac{b-1}{(b^m - 1)^2} \\[3mm]
K = \dfrac{1}{m} \left(S_1 - \dfrac{a(b^m - 1)}{b - 1} \right)
\end{cases}
\tag{8-33}
$$

(四)龚珀兹曲线

龚珀兹曲线(Gompertz curve)是以英国统计学家和数学家 B·Gompertz 而命名的。曲线方程为:

$$
\hat{Y}_t = K a^{b^t} \tag{8-34}
$$

式中,K,a,b 为未知参数,$K > 0$,$0 < a \neq 1$,$0 < b \neq 1$

Gompertz 曲线所描述的现象的特点是:初期增长缓慢,以后逐渐加快,当达到一定程度后,增长率又逐渐下降,最后接近一条水平线。该曲线的两端都有渐进线,其上渐进线为 $Y = K$,下渐进线为 $Y = 0$。该曲线多用于新产品的研制、发展、成熟和衰退分析,工业生产的增长、产品的寿命周期、一定时期内人口增长等现象也符合该曲线。

为求曲线中的参数,将(7-34)式两边取对数,可得

$$
\lg \hat{Y}_t = \lg K + (\lg a) b^t \tag{8-35}
$$

然后仿照修正指数曲线的参数求法,求出 $\lg a$,$\lg K$,b,取 $\lg a$ 和 $\lg K$ 的反对数求得 a 和 K。设

$$
S_1 = \sum_{t=0}^{m-1} \lg Y_t, \quad S_2 = \sum_{t=m}^{2m-1} \lg Y_t, \quad S_3 = \sum_{t=2m}^{3m-1} \lg Y_t \tag{8-36}
$$

则有

$$
\begin{cases}
b = \left(\dfrac{S_3 - S_2}{S_2 - S_1} \right)^{\frac{1}{m}} \\[3mm]
\lg a = (S_2 - S_1) \dfrac{b-1}{(b^m - 1)^2} \\[3mm]
\lg k = \dfrac{1}{m} \left(S_1 - \dfrac{(b^m - 1)}{b - 1} \right) \lg a
\end{cases}
\tag{8-37}
$$

(五)罗吉斯蒂曲线

罗吉斯蒂(Logistic)曲线是由比利时数学家(P. F. Verhulst)在研究人口增长规律时提出来的,它又称为生长理论曲线。该曲线所描述的现象的特征与 Gompertz 曲线类似,其曲线方程为:

$$
\hat{Y}_t = \frac{1}{K + ab^t} \tag{8-38}
$$

式中,K,a,b 为未知参数。

由于罗吉斯蒂曲线的倒数是修正指数曲线,因此,仿照修正指数曲线参数的确定方法,可得

$$S_1 = \sum_{t=0}^{m-1} Y_t^{-1}, S_2 = \sum_{t=m}^{2m-1} Y_t^{-1}, S_3 = \sum_{t=2m}^{3m-1} Y_t^{-1} \tag{8-39}$$

则有

$$\begin{cases} b = \left(\dfrac{S_3 - S_2}{S_2 - S_1}\right)^{\frac{1}{m}} \\[2mm] a = (S_2 - S_1)\dfrac{b-1}{(b^m - 1)^2} \\[2mm] K = \dfrac{1}{m}\left(S_1 - a\left(\dfrac{b^m - 1}{b - 1}\right)\right) \end{cases} \tag{8-40}$$

若 Y_t^{-1} 为小数时,可乘以 10 的适当乘方化为整数,以便于计算。

四、趋势线的选择

趋势模型的选择是定性分析和定量分析相结合的过程。

首先,进行定性分析。应了解所研究现象的客观性质及其相关的理论知识,根据现象观察值的发展变化规律及其散点图的形态确定适当的趋势线类型。这在一定程度上取决于研究者的个人经验及理论知识水平。

其次,可根据所观察时间序列的数据特征,按以下标准考虑选择趋势线:

(1)若观察值的一次差(逐期增长量)大致相同,可配合直线;

(2)若二次差(逐期增长量的逐期增长量)大致相同,可配合二次曲线;

(3)若各观察值的环比增长速度大致相同,可配合指数曲线;

(4)若各观察值一次差的环比速度大致相同,可配合修正指数曲线;

(5)若各观察值对数一次差的环比速度大致相同,可配合 Gompertz 曲线。

(6)若各观察值倒数一次差的环比速度大致相同,可配合罗吉斯蒂曲线。

最后,如果对同一时间序列有几种趋势线可供选择,可通过参数估计的若干统计量指标比较选择(具体指标见回归分析)。

第五节　时间序列的季节变动分析

一、季节变动及其测定目的

季节变动是指客观现象因受自然因素或社会经济因素影响,在一年内形成的一种有规律的周期性变动。它是时间序列的又一个主要构成要素。季节变动在现实生活中经常遇到,如商业活动中的"销售旺季"和"销售淡季"、农产品和以农产品为原料的某些工业生产的产量和销售量变化、旅游业的"旅游旺季"和"旅游淡季",等等。

季节变动中的"季节"一词是广义的,它不仅是指一年中的四季,而是泛指任何一种有规律的、按一定周期(季、月、旬、周、日)重复出现的变化。季节变动的原因通常与自然条件有关,同时也可能由于生产条件、节假日、风俗习惯等社会经济因素所致。季节变动常会给人们的社会经济生活带来某种影响,如会影响某些商品的生产、销售和库存。

我们测定季节变动的意义主要在于认识规律、分析过去、预测未来。其目的一是通过分析与预测过去的季节变动规律,为当前的决策提供依据。比如,对一个公司销售活动的研究,可以分析其销售额的变动是季节因素所致,还是由于经营手段或其他偶然因素的影响,从而制定出有效的经营策略;二是为了对未来现象的季节变动作出预测,以便提前作出合理的安排;三是为了当需要不包含季节变动因素数据时,能够消除季节变动对序列的影响,以便分析其他构成因素的影响。

二、季节变动的分析原理与方法

季节变动是一种各年变化强度大体相同且每年重现的有规律的变动。根据这一基本特征,我们可以将其归纳为一种典型的季节模型。所谓季节模型,是指一时间序列在各年中所呈现出的典型状态,这种状态年复一年以基本相同的形态出现。季节模型是由一套指数组成的,各指数刻画了现象在一个年度内各月或各季的典型特征。如果所分析的是月份数据,季节模型就由 12 个指数组成;若为季度数据,季节模型就由 4 个指数组成。其中各个指数是以全年月或季度资料的平均数为基础计算的,因而 12 个月(或 4 个季度)指数的平均数应等于 100%,而各月(或季)的指数之和应等于 1200%(或 400%)。季节模型正是以各个指数的平均数等于 100% 为条件而构成的,它反映了某一月份或季度的数值占全年平均数的大小。如果现象的发展没有季节变动,则各期的季节指数应等于 100%;如果某一月份或季度有明显的季节变化,则各期的季节指数应大于或小于 100%。因此,分析季节变动,也就是对一个时间序列计算出该月(或季)指数,即所谓季节指数,然后根据各季节指数与其平均数(100%)的偏差程度来测定季节变动的程度。这就是季节变动分析的基本原理。

测定现象季节变动的主要方法是计算季节指数。季节指数是各月(季)平均数与全年总月(季)平均数的比值,它以全期的总平均水平为基准(100%),用百分比形式来反映各月(季)平均水平相对于总平均水平的高低程度。季节指数高说明"旺",反之说明"淡"。

计算季节指数通常有两种方法:按月(季)平均法和趋势剔除法。

（一）按月（或季）平均法

这是直接根据原时间序列通过简单平均来计算季节指数的一种常用方法,该方法的基本思想是,计算出各年同月(季)平均数,以消除随机影响,作为该月(或季)的代表值;然后计算出全部月(或季)的总平均数,作为全年的代表值;再将同月(或同季)平均数与全部月(或季)的总平均数进行对比,即为季节指数。按月(或季)平均法计算季节指数的具体步骤如下:

第一步:根据各年的月份(或季度)数据计算出同月(或同季)的平均数 $\overline{Y}_i$;

第二步:计算出全部数据的总平均数 $\overline{Y}$,找出整个序列的水平趋势;

第三步:计算出各同月(或同季)平均数与总平均数的百分比,即为季节指数(S_i)。其计算公式为:

$$S_i = \frac{\overline{Y_i}}{\overline{\overline{Y}}} \times 100\% \ (i \text{ 表示月份或者季度}) \tag{8-41}$$

在乘法模型中,季节指数有一个特性,这就是其总和等于季节周期 L(12 或 4),或平均等于1,即

$$\overline{S} = \frac{\sum S_i}{L} = 1 \tag{8-42}$$

【例 8-15】 某服装公司 2010—2012 年各月销售量资料如表 8-13 所示,试用按月(或季)平均法计算各月的季节指数。

表 8-13 2010—2012 年各月销售量资料及季节指数计算表

| 月份 | 各年销售量(万件) | | | 合　计 | 同月平均 $\overline{Y_i}$ | 季节比率(%) |
	2010 (1)	2011 (2)	2012 (3)	(4)=(1) +(2)+(3)	(5)=(4)÷3	(6)=(5) ÷1260.56×100%
1 月	80	120	320	520	173.3	13.8
2 月	120	200	400	720	240.0	19.0
3 月	200	350	700	1250	416.7	33.1
4 月	500	850	1500	2850	950.0	75.4
5 月	800	1500	2400	4700	1566.7	124.3
6 月	2500	4500	6800	13800	4600.0	364.9
7 月	2400	6400	7200	16000	5333.3	423.1
8 月	600	900	1500	3000	1000.0	79.3
9 月	200	400	600	1200	400.0	31.7
10 月	100	250	400	750	250.0	19.8
11 月	60	100	200	360	120.0	9.5
12 月	40	80	110	230	76.7	6.1
合计	7600	15650	22130	45380	15126.7	1200

注: $\overline{\overline{Y}}$ =1260.56

解:根据上述步骤销售量季节指数计算过程见表 8-13。

表 8-13 中的季节指数一栏,是以指数形式表现的典型销售量。每个指数代表 2010—2012 年间每个月份的平均销售量。比如,一月份的季节指数为 13.8%,表示该月份销售量为全年平均销售量的 13.8%,而全年平均销售量则作为 100%。这样从各月的季节指数序列,可以清楚地表明该服装公司销售量的季节变动趋势。即 1、2、3、4 月份是销售淡季,5、6、7 为销售旺季,7 月份比全年平均销售量高 323.1%(432.1%−100%),8 月份开始下降,到 12 月份降到最低点,比全年平均销售量低 93.9%(6.1%−100%)。

按月(或季)平均法计算简单,易于理解。应用该方法的基本假定是:原时间序列没有明显的长期趋势和循环波动,因而,通过若干年同期数值的平均,不仅可以消除不规则波动,而且当平均的周期与循环周期一致时,循环波动也可以在平均过程中得以消除,但实际上,许多时间序列所包含的长期趋势和循环波动,很少能够通过平均予以消除。因

此,当时间序列存在明显的长期趋势时,该方法的季节指数不够准确。当存在剧烈的上升趋势时,年末季节指数明显高于年初的季节指数;当存在下降趋势时,年末的季节指数明显低于年初的季节指数。只有当序列的长期趋势和循环波动不明显或影响不重要,可忽略不计时,应用该方法比较合适。

(二)趋势剔除法

该方法的基本思想是,先将时间序列中的长期趋势予以消除,然后再计算季节指数。其中,序列中的趋势值可采用移动平均法剔除,也可采用最小二乘法剔除。利用前者分析季节变动又称为移动平均趋势剔除法,后者简称为趋势剔除法。

采用移动平均趋势剔除法分析季节变动时,假定时间序列各要素的关系结构为:$Y = T \times S \times C \times I$,同时假定各年度的不规则波动 I 彼此独立。由于 12 个月(或 4 个季度)的移动平均数与季节变动的周期(1 年)相同,通过移动平均,可以完全消除季节变动和大部分不规则波动,而仅包含长期趋势和循环波动,结果即为 $T \times C$。

然后再将原数列 Y 除以移动平均趋势值 $T \times C$,所得百分比称为"季节变动和不规则波动相对数"或"移动平均百分比",即

$$\frac{T \times C \times S \times I}{T \times C} = S \times I$$

最后再将各年同月(季)的移动平均百分比加以平均,即可消除不规则波动的影响,只剩下季节变动 S。

具体步骤如下:

第一步:根据各年的月份(或季度)数据,计算 12 个月(或 4 个季度)移动平均趋势值 $T \times C$;

第二步:将各实际观察值 Y 除以相应趋势值 $T \times C$,即 $\frac{Y}{T \times C} = S \times I$,记为 Y';

第三步:将 $S \times I$ 重新按月(季)排列,求得同月(或同季)平均数 $\overline{Y'_i}$,再将其除以总平均数 $\overline{Y'}$,即得季节指数 S_i;

第四步:对季节指数的调整。季节指数的总和应当等于季节周期的常度 L,如果计算的季节指数的总和等于季节周期长度 L,则不必调整。但是,计算的季节指数的总和有时不一定等于 L,这时需要对其调整。调整的方法是以 $\dfrac{L}{\sum S_i}$ 作为调整系数,将其误差分摊到各期的季节指数中去。调整后的季节指数 $S'_i = S_i \cdot \dfrac{L}{\sum S_i}$

【例 8-16】 根据表 8-13 的资料,按移动平均趋势剔除法计算销售量的季节指数。

解:首先求出 12 个月移动平均趋势值 $T \times C$,并求得 $\dfrac{Y}{T \times C}$,计算结果如表 8-14。

然后将表 8-14 中的 $\dfrac{Y}{T \times C}$ 重新排列,如表 8-15,求出各年同月平均数 $\overline{Y'_i}$,使不规则变动消除,进一步计算出季节指数,由于本题目中 12 个月的季节指数之和等于 1200%,所以不需要进行调整。

表 8-14　销售量季节指数计算表(1)　　　　　（单位:万件）

年/月	销售量 Y	12 项移动平均	趋势值 T×C	Y'=Y/T×C(%)
2010 年 1 月	80	—	—	—
2	120	—	—	—
3	200	—	—	—
4	500	—	—	—
5	800	—	—	—
6	2500	—	—	—
7	2400	633.33	635.00	377.95
8	600	636.67	640.00	93.75
9	200	643.33	649.58	30.79
10	100	655.83	670.42	14.92
11	60	685.00	714.17	8.40
12	40	743.33	826.67	4.84
2011 年 1 月	120	910.11	1076.67	11.15
2	200	1243.33	1255.83	15.93
3	350	1268.33	1276.67	27.42
4	850	1285.00	1291.25	65.83
5	1500	1297.50	1299.17	115.46
6	4500	1300.83	1302.50	345.49
7	6400	1304.16	1312.50	487.62
8	900	1320.83	1329.17	67.71
9	400	1337.50	1352.09	29.58
10	250	1366.67	1393.75	17.94
11	100	1420.83	1458.33	6.86
12	80	1495.83	1591.67	5.02
2012 年 1 月	320	1687.50	1720.84	18.60
2	400	1754.17	1779.17	22.48
3	700	1804.17	1812.50	38.62
4	1500	1820.83	1827.08	82.10
5	2400	1833.33	1837.50	130.61
6	6800	1841.67	1842.92	368.98
7	7200	1844.17	—	—

续表

年/月	销售量 Y	12项移动平均	趋势值 $T\times C$	$Y'=Y/T\times C$(%)
8	1500	—	—	—
9	600	—	—	—
10	400	—	—	—
11	200	—	—	—
12	110	—	—	—

表 8-15 销售量季节指数计算表(2)

月份	2010 年	2011 年	2012 年	合计	平均	季节指数(%)
1	—	11.15	18.60	29.75	14.875	14.95
2	—	15.93	22.48	38.41	19.205	19.30
3	—	27.42	38.62	66.04	33.020	33.19
4	—	65.83	82.10	147.93	73.965	74.34
5	—	115.46	130.61	246.07	123.035	123.65
6	—	345.49	368.98	714.47	357.235	359.02
7	377.95	487.62	—	865.57	432.785	434.95
8	93.75	67.71	—	161.46	80.730	81.13
9	30.79	29.58	—	60.37	30.185	30.34
10	14.92	17.94	—	32.86	16.430	16.51
11	8.40	6.86	—	15.26	7.630	7.67
12	4.84	5.02	—	9.86	4.930	4.95
合计	—	—	—	2388.05	1194.025	1200

注:总平均 $\overline{Y'}=\dfrac{2388.05}{24}=99.502$

三、季节变动的调整

含有季节变动因素的时间序列,由于受季节影响而产生波动,使序列中的其他特征不能清晰地表现出来,因此,需要将季节变动的影响从时间序列中剔除,以便观察其他特征的影响,这称为季节变动的调整。其方法是将原时间序列除以相应的季节指数,即

$$\frac{Y}{S}=\frac{T\times C\times S\times I}{S}=T\times C\times I \tag{8-43}$$

结果即为调整后的时间序列,反映了在没有季节因素影响的情况下,时间序列的变化形态。

【例 8-17】 根据表 8-13 的资料,对 2010—2012 年各月的销售量作季节调整。

解:根据表 8-15 中的季节指数及(8-43)式,可得季节调整后的销售量如表 8-16

所示。

根据调整后的序列配合的趋势线为 $\hat{Y}_t = 288.92 + 55.956t$,各月调整后的趋势值见表 8-16。

表 8-16 销售量的季节变动调整　　　　　　　　(单位:万件)

年/月	销售量 Y	季节指数 $S(\%)$	调整后的销售量 Y/S	调整后的趋势值
2010 年 1 月	80	14.95	535.12	344.88
2	120	19.30	621.76	400.83
3	200	33.19	602.59	456.79
4	500	74.34	672.59	512.74
5	800	123.65	646.99	568.70
6	2500	359.02	696.34	624.66
7	2400	434.95	551.79	680.61
8	600	81.13	739.55	736.57
9	200	30.34	659.20	792.53
10	100	16.51	605.69	848.48
11	60	7.67	782.27	904.44
12	40	4.95	808.08	960.39
2011 年 1 月	120	14.95	802.68	1016.35
2	200	19.30	1036.27	1072.31
3	350	33.19	1054.53	1128.26
4	850	74.34	1143.40	1184.22
5	1500	123.65	1213.10	1240.17
6	4500	359.02	1253.41	1296.13
7	6400	434.95	1471.43	1352.09
8	900	81.13	1109.33	1408.04
9	400	30.34	1318.39	1464.00
10	250	16.51	1514.23	1519.95
11	100	7.67	1303.78	1575.91
12	80	4.95	1616.16	1631.87
2012 年 1 月	320	14.95	2140.47	1687.82
2	400	19.30	2072.54	1743.78
3	700	33.19	2109.07	1799.74
4	1500	74.34	2017.76	1855.69

续表

年/月	销售量 Y	季节指数 $S(\%)$	调整后的销售量 Y/S	调整后的趋势值
5	2400	123.65	1940.96	1911.65
6	6800	359.02	1894.04	1967.60
7	7200	434.95	1655.36	2023.56
8	1500	81.13	1848.88	2079.52
9	600	30.34	1977.59	2135.47
10	400	16.51	2422.77	2191.43
11	200	7.67	2607.56	2247.38
12	110	4.95	2222.22	2303.34

第六节　Excel 的应用

一、移动平均

以例 8-11 资料为例,利用 Excel 软件计算移动平均数的步骤如下:

步骤一:在"工具"中的"数据分析"点击"移动平均",如图 8-2 所示;

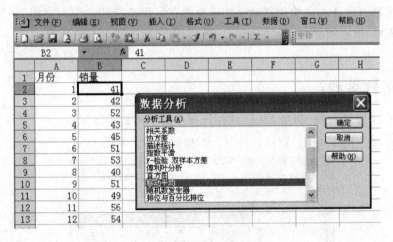

图 8-2　移动平均(1)

　　步骤二:在弹出对话框中,键入输入区域(如 B2:B13),若是四项移动平均,在间隔中输入"4",在"输出区域"中键入指定的区域(如 C2),点击"确定",如图 8-3 所示,即可得到四项移动平均的结果,如图 8-4 所示。

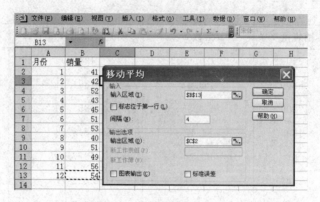

图 8-3　移动平均(2)

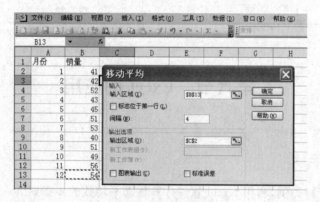

图 8-3　移动平均(2)

　　需要注意的是,Excel 中的移动平均不是放在被移动平均的中间时期的位置,而是为了预测的需要,放在被平均数据的最后一期,应将其调整到适当的位置。

二、指数平滑

　　以例 8-11 资料为例,利用 Excel 软件计算指数平滑的步骤如下:

　　步骤一,在"工具"中的"数据分析"点击"指数平滑",如图 8-5 所示;

图 8-5　指数平滑(1)

步骤二,假定平滑系数为 0.9,即阻尼系数为 0.1,初始值为前三期的简单算数平均数,在弹出对话框中,键入“输入区域”B2:B14,“阻尼系数”0.1,“输出区域”C2,点击“确定”,如图 8-6 所示。即可得到输出结果如图 8-7 所示。

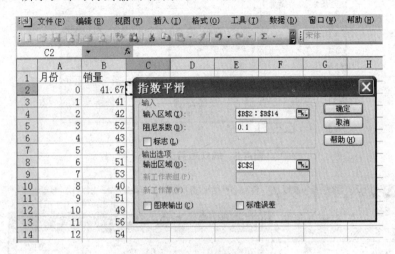

图 8-6　指数平滑(2)

	A	B	C	D
1	月份	销量		
2	0	41.67		
3	1	41	41.67	
4	2	42	41.067	
5	3	52	41.9067	
6	4	43	50.99067	
7	5	45	43.79907	
8	6	51	44.87991	
9	7	53	50.38799	
10	8	40	52.7388	
11	9	51	41.27388	
12	10	49	50.02739	
13	11	56	49.10274	
14	12	54	55.31027	

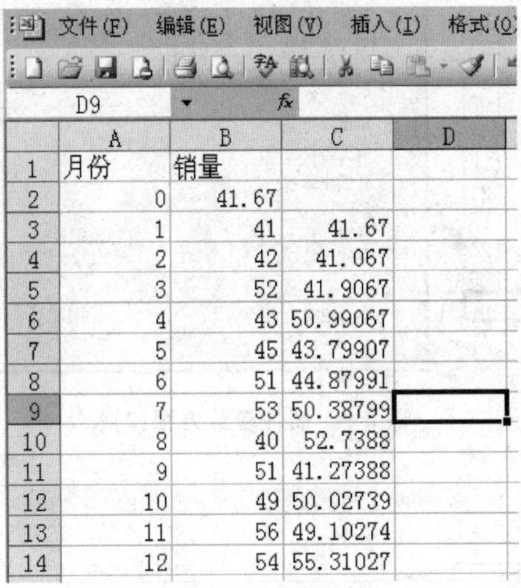

图 8-7　指数平滑(3)

三、线性方程

线性趋势方程拟合的计算也可以利用 Excel 实现。例 8—12 计算步骤如下:

步骤一,在 Excel 工作表中,输入客运量数据 Y,并输入时间序号 t;

步骤二,在“工具”的“数据分析”中点击“回归”,如图 8-8 所示;

步骤三,在弹出对话框的“Y 值输入区域”输入“B2:B13”,在“X 值输入区域”输入“A2:A13”,在“输出区域”中输入指定位置(如 C1),点击确定。如图 8-9 所示。即可得到分析结果,如图 8-10 所示。

图 8-8　线性趋势方程(1)

	A	B
1	序号	客运量
2	1	100
3	2	95
4	3	98
5	4	107
6	5	110
7	6	105
8	7	107
9	8	115
10	9	123
11	10	115
12	11	120
13	12	125
14		
15		
16		

回归

输入
Y 值输入区域(Y):　$B$2:$B$13
X 值输入区域(X):　$A$2:$A$13

☐ 标志(L)　　☐ 常数为零(Z)
☐ 置信度(F)　　95　%

输出选项
⦿ 输出区域(O):　C1
◯ 新工作表组(P):
◯ 新工作簿(W):

残差
☐ 残差(R)　　☐ 残差图(D)
☐ 标准残差(T)　　☐ 线性拟合图(I)

正态分布
☐ 正态概率图(N)

确定　取消　帮助(H)

图 8-9　线性趋势方程(2)

B	C	D	E	F	G	H	I	J	K
客运量	SUMMARY OUTPUT								
100									
95	回归统计								
98	Multiple	0.921262							
107	R Square	0.848723							
110	Adjusted	0.833596							
105	标准误差	3.996852							
107	观测值	12							
115									
123	方差分析								
115		df	SS	MS	F	nificance F			
120	回归分析	1	896.2517	896.2517	56.10401	2.09E-05			
125	残差	10	159.7483	15.97483					
	总计	11	1056						
		Coefficien	标准误差	t Stat	P-value	Lower 95%	Upper 95%	下限 95.0%	上限 95.0%
	Intercept	93.72727	2.459892	38.10219	3.7E-12	88.24629	99.20825	88.24629	99.20825
	X Variabl	2.503497	0.334234	7.490261	2.09E-05	1.758778	3.248215	1.758778	3.248215

图 8-10　线性趋势方程(3)

四、非线性方程

对于例 8-13,也可直接以 t 和 t^2 为解释变量,用 Excel 中的回归分析估计抛物线趋势方程的参数。方法如下:

步骤一,在 Excel 表格中输入已知数据自变量 t 和 t^2 以及因变量 Y 的值;

步骤二,在"工具"的"数据分析"中选"回归",如图 8-11 所示;

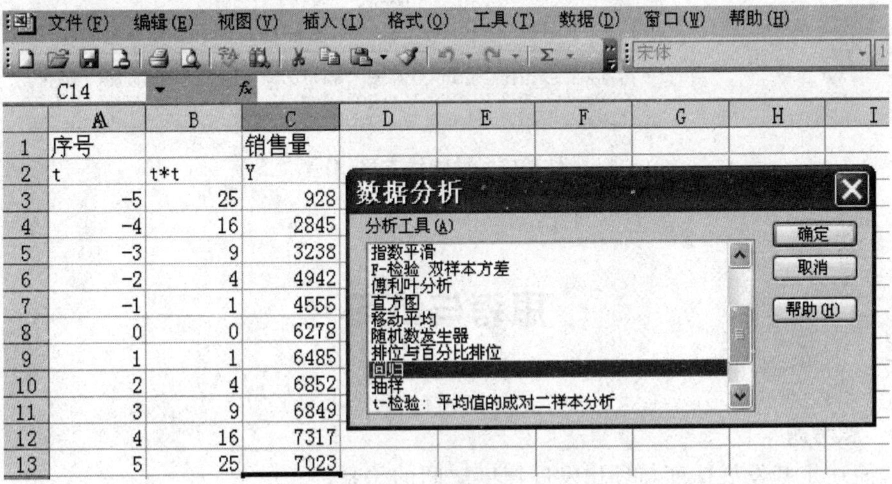

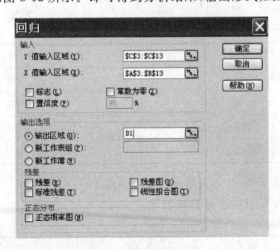

图 8-11 抛物线方程(1)

步骤三,在弹出对话框的"Y 值输入区域"输入"C3:C13",在"X 值输入区域"中输入"A3:B13"(注意,这里涵盖了 t 和 $t^2$1 两个自变量),在"输出区域"中输入指定位置(如 D1),点击"确定",如图 8-12 所示。即可得到分析结果,输出形式如图 8-13 所示。

图 8-12 抛物线方程(2)

	A	B	C	D	E	F	G	H	I	J	K	L
1	序号		销售量	SUMMARY OUTPUT								
2	t	t*t	Y									
3	-5	25	928	回归统计								
4	-4	16	2845	Multiple	0.98566							
5	-3	9	3238	R Square	0.971525							
6	-2	4	4942	Adjusted	0.964406							
7	-1	1	4555	标准误差	396.6131							
8	0	0	6278	观测值	11							
9	1	1	6485									
10	2	4	6852	方差分析								
11	3	9	6849		df	SS	MS	F	nificance F			
12	4	16	7317	回归分析	2	42935118	21467559	136.4736	6.57E-07			
13	5	25	7023	残差	8	1258416	157302					
14				总计	10	44193534						
15												
16					Coefficien	标准误差	t Stat	P-value	Lower 95%	Upper 95%	下限 95.0%	上限 95.0%
17				Intercept	5941.58	180.6481	32.89036	7.96E-10	5525.005	6358.156	5525.005	6358.156
18				X Variabl	590.4182	37.81558	15.6131	2.82E-07	503.2153	677.6211	503.2153	677.6211
19				X Variabl	-73.1399	13.54015	-5.4017	0.000645	-104.363	-41.9162	-104.363	-41.9162

图 8-13   抛物线方程(3)

思考与练习

一、思考题

1、简述定基发展速度与环比发展速度之间的关系。

2.简述时间序列的编制原则。

3.举例说明时期数列与时点数列的区别。

4.如何根据具体时序选择适当的趋势线。

5.简述平均法和趋势剔除法的步骤。

二、练习题

1.某企业 2012 年 6 月份职工人数资料如下:

时间	人数(人)
6 月 1 日～6 日	480
6 月 7 日～16 日	490
6 月 17 日～26 日	496
6 月 27 日～30 日	487

要求:计算该企业 2012 年 6 月份平均职工人数。

2.某企业 2012 年钢材库存量资料如下:

单位:万吨

时间	1 月 1 日	5 月 1 日	9 月 1 日	12 月 31 日
库 存 量	22	24	18	17

要求:计算该企业 2012 年钢材平均库存量。

3. 某地 2007－2012 年的粮食产量资料如下:

年份	粮食产量（万吨）
2007	85.6
2008	91.0
2009	96.1
2010	101.2
2011	107.0
2012	112.2
合计	593.1

试用最小平方法配合直线方程并预测 2013 年的粮食产量。

4.某工业企业某年第二季度的总产值和职工人数资料如下表所示。

	A	B	C	D	E
1	月　　份	3月	4月	5月	6月
2	总产值（万元）	1500	1600	1650	1850
3	月末职工人数（人）	600	615	630	660

要求计算：(1)第二季度各个月的劳动生产率；(2)第二季度月平均劳动生产率；(3)第二季度劳动生产率。

5.以第 3 题资料计算：(1)各年逐期增长量、累积增长量及年平均增长量；(2)各年环比发展速度、定基发展速度及各自的增长速度；(3)按水平法计算年平均发展速度及平均增长速度。

6.某地区粮食产量 2000—2005 年平均发展速度是 103％，2005—2010 年平均发展速度是 105％，2012 年比 2010 年增长了 12％，试求 2000—2012 年的平均发展速度。

7.2005 年某地区生产总值 5.76 万亿元。"十一五"的奋斗目标是，到 2010 年增加到 9.5 万亿元；远景目标是，2020 年比 2010 年翻一番。试问：(1)"十一五"期间的平均增长速度是多少？(2)2005—2020 年（以 2005 年为基期）平均每年发展速度将达到多少才能实现远景目标？

8.某旅游风景区最近三年的旅游收入资料如下表所示。

月份	2009 年	2010 年	2011 年
1	2996.70	3476.60	3843.84
2	2740.30	2970.30	3181.26
3	3580.90	3942.60	4404.49
4	3746.30	4067.60	4520.18
5	3817.90	4746.90	4638.99
6	4046.60	4417.30	4969.93
7	3483.90	3806.80	4146.90
8	3510.60	3746.30	4198.70
9	3703.10	4011.10	4536.84

（续表）

月份	2009 年	2010 年	2011 年
10	3810.70	4129.60	4718.91
11	4091.00	4372.90	5034.94
12	4650.80	4991.50	5545.74

要求:(1)按月平均法计算季节指数;(2)按移动平均趋势剔除法计算季节指数。

9.某企业 2013 年第一季度各月产量计划完成情况如下表所示。

	A	B	C	D
1	时 间	1月	2月	3月
2	计划完成 (%)	80	100	120
3	实际产量 (台)	440	620	700

要求:计算该企业 2013 年第一季度产量平均计划完成程度。

第九章 统计指数与因素分析

【统计知识ABC】

[A]CPI

CPI(Consumer Price Index居民消费价格指数)指在反映一定时期内居民所消费商品及服务项目的价格水平变动趋势和变动程度。居民消费价格水平的变动率在一定程度上反映了通货膨胀(或紧缩)的程度。通俗地讲,CPI就是市场上的货物价格增长百分比。一般市场经济国家认为CPI增长率在2‰～3‰属于可接受范围内,当然还要看其他数据。CPI过高始终不是好事,高速经济增长率会拉高CPI,但物价指数增长速度快过人民平均收入的增长速度就一定不是好事,而一般平均工资的增长速度很难超越3‰～4‰。

居民消费价格指数(Consumer Price Index,简称CPI)是度量居民生活消费品和服务价格水平随着时间变动的相对数,综合反映居民购买的生活消费品和服务价格水平的变动情况。它是进行国民经济核算、宏观经济分析和预测、实施价格总水平调控的一项重要指标,并且世界各国一般用消费价格指数作为测定通货膨胀的主要指标。

一般来说,当CPI同比增长大于3‰时我们称通货膨胀;而当其大于5‰时,我们称其为严重的通货膨胀。

(来源:http://baike.baidu.com/view/119777.htm? fromId=352674)

2013年4月份,全国居民消费价格总水平环比上涨0.2‰,同比上涨2.4‰。CPI由3月份的环比下降转为4月份的环比上涨,同比涨幅比3月份扩大了0.3个百分点。对此,国家统计局城市司高级统计师余秋梅进行了解读。

一、鲜菜价格上涨较多是推动CPI上涨的主要原因。发布的数据显示,4月份鲜菜价格环比上涨11.2‰,影响CPI环比上涨约0.36个百分点,影响程度大于0.2‰的CPI环比总涨幅。通常情况下,4月份的鲜菜价格比3月份都会有所下降。从2003—2012年的历史数据看,除2010年4月份鲜菜价格环比上涨0.3‰以外,其余年份4月份的鲜菜价格比3月份均有不同程度的下降,平均下降6.4‰。今年4月份鲜菜价格环比不降反升,情况比较特殊。据气象部门发布的资料显示,今年4月份全国平均气温较常年同期偏低0.4度,平均降水量较常年同期偏少17.9‰,鲜菜的正常生产和供应受到影响,导致价格上涨。

二、新涨价和翘尾因素双双增加，影响 CPI 同比涨幅扩大。发布的数据显示，在 4 月份 2.4％的 CPI 同比涨幅中，新涨价因素和翘尾因素分别为 1.4 和 1.0 个百分点，分别比 3 月份增加 0.2 和 0.1 个百分点，两者合计增加 0.3 个百分点，影响 4 月份 CPI 同比涨幅扩大。4 月份新涨价因素有所增加，与鲜菜价格上涨密切相关。据测算，如果剔除鲜菜价格上涨的影响，4 月份不包括鲜菜的 CPI 环比下降约 0.12％。

（来源：http://www.stats.gov.cn/tjfx/grgd/t20130509_402895005.htm）

［B］翘尾因素

"翘尾因素"或"翘尾影响"是指上年价格上涨（下降）对本年同比价格指数的滞后（延伸）影响。也就是在计算同比价格指数过程中，上年商品价格上涨（下降）对下一年价格指数的影响。

一般说来，上年价格上涨（下降）的时间早，则对下年指数的翘尾影响小；而上年价格上涨（下降）的时间晚，则对下年指数的翘尾影响大。上年调价幅度愈大，时间愈晚，翘尾影响就会愈加明显。因此在 CPI 的分析预测中，"翘尾因素"是一个不可忽视的问题。举个简单的例子：如某一商品 2006 年前 6 个月价格均为每千克 1 元，7 月份上涨到 2 元，然后一直到 2007 年 12 月份都保持在 2 元。那么，虽然 2007 年全年价格保持稳定，但如计算 2007 年前 6 个月与 2006 年前 6 月比的价格指数则为 200％，表明价格上涨一倍，这就是 2006 年 7 月份价格上涨对下一年前 6 个月价格指数的滞后影响，简称"翘尾因素"。

（来源：http://www.stats.gov.cn/tjzs/zjCPI/t20110610_402731140.htm）

［C］价格水平与价格指数

价格水平是个绝对数，而价格指数是一个相对数。其次是两者的用途不同：价格水平反映的是在一定时期商品服务项目价格的水平，是一个静态指标。价格指数是用两个不同时期的价格水平相比较，反映一定时期内商品价格水平变动情况的统计指标，是一个动态指标。如果用两个不同时期的价格相比较，可以反映价格变动水平和变动程度。举个例子，今年某地大白菜 9 月份每千克的平均价格为 2.8 元，8 月份为 2.4 元，这说明了 8、9 月份大白菜的"价格水平"。如果要反映大白菜价格 9 月份比 8 月份的变动程度，则需要计算价格指数。即用 9 月份大白菜的平均价格除以 8 月份平均价格再乘以 100％求得，即：2.8/2.4×100％＝116.7％。也就是说，9 月份大白菜的价格比 8 月份上涨了 16.7％。反过来说，如果今年 9 月份大白菜的平均价格每千克为 2.4 元，8 月份为 2.8 元，这说明 9 月份大白菜的"价格水平"比 8 月份下降了。9 月份比 8 月份大白菜的价格指数则为：2.4/2.8×100％＝85.7％。也就是说，9 月份比 8 月份大白菜的价格下跌了 14.3％。依此类推，其他所有商品价格的变动程度，以及对整个商品价格总水平的影响大小，都可以通过价格指数来反映。

（来源：http://www.stats.gov.cn/tjzs/zjCPI/t20110610_402731128.htm）

第一节　统计指数概述

一、统计指数的概念

统计指数是从反映物价变动开始而产生的。18 世纪后半期,欧洲各国为反映其商品价格的变动,采用两个不同时期的物价水平进行比较,得到的相对数即指数,用以反映物价变动的程度,这就是指数的起源。随着统计的发展,指数逐渐地运用于社会经济现象的许多方面,以反映现象的数量变动情况,它既反映个别事物的数量变动,又反映现象总体的数量变动。

指数的概念有广义和狭义两种理解。广义的指数是指用以反映社会经济现象数量方面在不同时间、不同空间上的变化情况以及计划完成情况的统计相对数,一般用百分数表示。随着指数应用的不断深入,指数更重要的是要反映多种事物数量的综合变动,这就是我们通常所讲的狭义的指数,即指数是用以反映多种事物或复杂现象总体数量综合变动的特殊相对数。例如,反映全部工业产品产量的综合变动的工业产品产量指数等。在统计学中,指数理论主要是研究狭义指数的编制方法。阐述狭义统计指数的基本计算原理、原则、方法在分析中的应用,构成本章的主要内容。

二、统计指数的分类

1.按其反映的对象范围不同,统计指数分为个体指数和总指数

个体指数是反映简单现象总体数量变动的相对数。例如研究某种商品价格变动的指数即为个体指数。常用的个体指数有:个体物价指数、个体产量指数、个体成本指数等。

总指数是反映多种事物或复杂现象总体数量综合变动的相对数。例如,说明多种商品价格综合变动的物价总指数,说明多种商品销售量变动的销售量总指数等。

此外,指数分析法常与统计分组法相结合,即对总体进行分类或分组,从而需要编制类(组)指数,这样在总指数与个体指数之间就产生了类指数。如消费品价格总指数与每种消费品价格个体指数之间的食品类、衣着类、家庭设备用品类等类指数。类指数实质上也是一种总指数。

2.按其表明现象的数量特性不同,统计指数分为数量指标指数和质量指标指数

数量指标指数是表明现象数量变动情况的指数,如工业产品产量指数、商品销售量指数等。质量指标指数是表明总体内涵质量水平变动情况的指数,如商品价格指数、产品成本指数等。

3.按其反映的时间状态不同,统计指数分为动态指数和静态指数

动态指数又叫时间性指数,由两个不同时间的指标对比形成,反映社会经济现象在不同时间上的发展变化。动态指数按所对比的基期的不同,分为定基指数和环比指数两种。静态指数包括空间指数和计划完成情况指数两种。空间指数指不同空间的同类现象水平在同一时间对比的结果,反映现象在不同空间的差异程度。计划完成情况指数则是将某种现象的实际水平与计划水平对比的结果,反映计划的完成情况。静态指数属于广义的统计指数。

三、统计指数的作用

随着指数的不断发展和完善,其作用日益重要。

(1)运用统计指数可以综合反映多种事物或复杂现象总体数量的变动方向和变动程度,这是指数的根本作用。指数一般用百分数表示,百分数大于或小于100%,表示变动的升降方向,大于或小于100%的数额表示变动的升降程度。例如,物价指数为110%,说明物价的上升幅度为10%。同时,还可以利用分子和分母两个总量指标的差额计算绝对变动情况。

(2)运用统计指数可以对复杂社会经济现象的变动进行因素分析,研究各因素的变动对现象变动的影响程度和影响方向。社会经济现象的数量变动,受多个因素的影响,利用有关指数理论,一方面可以分析复杂社会经济现象总体变动中各个因素变动对总体变动的影响程度和影响方向;另一方面可以分析复杂社会经济现象平均水平的变动中各个因素变动对总平均水平变动的影响。

(3)运用统计指数可以分析经济现象总体的长期变化趋势。通过编制指数数列,可以反映现象在较长时间的发展变化趋势。

(4)运用统计指数可以对社会经济现象进行综合评价和测定。

随着指数在实际应用中的发展,许多经济现象都可以运用统计指数进行综合评价和判断。例如,利用指数可以进行地区经济的综合评价、对比分析等。

第二节　综合指数

一、综合指数的概念和特点

综合指数与平均指数是总指数的两种重要形式。综合指数是总指数的基本形式。

综合指数是由两个不同时期的总量指标对比而形成的指数。凡是一个总量指标可以分解为两个或两个以上的因素指标,将其中一个或一个以上的因素指标固定下来,研究另一个因素指标的变动,这种指数即为综合指数。

综合指数有其鲜明的特点。

第一,先综合后对比,即首先将不可直接加总的多种事物(如多种产品或多种商品),借助同度量因素,使之过渡到能够进行加总;所谓同度量因素是指把不能直接加总的总现象体过渡到可以加总的现象总体的因素。例如,要计算社会商品零售价格总指数,由于商品的价格不能直接加总而无法计算,用同度量因素销售量把价格过渡到销售额即可加总。同样,要计算社会商品销售量指数,由于实物量计量单位不同不能加总,用同度量因素价格把它过渡到销售额即可。同度量因素不是随意选定的,它是从现象的经济联系中选择的,具有权数和同度量的作用。

第二,将同度量因素固定在同一时期,以测定所要研究的因素。

第三,必须以全面资料为基础,且分子、分母所包含的范围必须一致。

二、综合指数的编制

综合指数的编制,关键是要在现象的经济联系中寻找同度量因素,再把它固定下来以反映所要研究现象总体某种因素的变化情况。具体分为三个步骤:

(1)确定同度量因素,将不可相加的现象总体过渡到可相加现象总体。

(2)固定同度量因素的时期。例如,要反映两个不同时期物价的变动情况,在用销售量乘以价格转化为销售额过程中,必须将销售量这个同度量因素固定在某一个时期,然后再进行比较,以反映物价的变动情况。

(3)进行指标的对比。将所计算的两个总量指标进行对比,即得综合指数的计算公式。

前面提到,指数按其表明现象的数量特征不同分为数量指标指数和质量指标指数。综合指数也有两种,即数量指标综合指数和质量指标综合指数,下面分别说明其编制方法。

(一)数量指标综合指数的编制

数量指标综合指数是说明现象总体在数量上变动情况的动态相对数。

【例 9-1】 以商品销售量指数为例,假设某商店某年 5 月份三种商品的销售量及价格资料如表 9-1 所示。

表 9-1　某商店某年 5 月份三种商品的销售量及价格资料

商品	计量单位	价 格(元)		销 售 量		销 售 额(元)			
		基期 p_0	报告期 p_1	基期 q_0	报告期 q_1	$p_0 q_0$	$p_1 q_1$	$p_0 q_1$	$p_1 q_0$
甲	件	2.00	4.00	120	100	240	400	200	480
乙	支	0.40	0.60	800	1000	320	600	400	480
丙	个	0.15	0.15	100000	120000	15000	18000	18000	15000
	—	—	—	—	—	15560	19000	18600	15960

要反映三种商品的销售量变动情况,若计算各种商品的个体销售量指数,可直接利

用每种商品的报告期销售量与基期销售量对比即 q_1/q_0。但是,若要计算三种商品销售量综合指数以综合反映其销售量的综合变动情况,显然不能简单地加总比较,其方法是:

第一,确定指数化指标。在这里,指数化指标为销售量。

第二,确定同度量因素,将三种商品的销售量由不可直接加总过渡到能够加总。由于指数化指标为销售量,故我们选择价格作为同度量因素,两者相乘即为可相加的销售额指标。

第三,将同度量因素固定在同一时期,即将价格固定在同一时期,以单纯反映销售量的变动情况。由于同度量因素的权数作用,即不同时期的价格对指数的影响是不相同的,所以,作为同度量因素的价格可以固定在基期,也可以固定在报告期。由此得出三种商品的销售量指数的两种计算方法:

(1)以基期价格作为同度量因素时:

$$K_q = \frac{\sum q_1 p_0}{\sum q_0 p_0} \tag{9-1}$$

上式是德国经济学家拉斯佩雷斯(E. Laspeyres)在 1864 年提出的,因此称为拉氏指数。

据表 9-1 资料计算三种商品销售量的综合指数为:

$$K_q = \frac{18600}{15560} = 119.54\%$$

计算结果表明在物价水平不变的情况下,三种商品的销售量增长了 19.54%。由于销售量的增长使销售额增加了:

$$\sum q_1 p_0 - \sum q_0 p_0 = 18600 - 15560 = 3040(\text{元})$$

(2)以报告期价格作为同度量因素时:

$$K_q = \frac{\sum q_1 p_1}{\sum q_0 p_1} \tag{9-2}$$

上式是德国的另一位经济学家帕舍(H. Paasche)在 1874 年提出的,因此称为帕氏指数。

根据表 9-1 资料计算三种商品销售量综合指数为:

$$K_q = \frac{19000}{15960} = 119.05\%$$

计算结果表明在报告期价格水平下,三种商品的销售量增长了 19.05%。由于销售量的增长使销售额增加了:

$$\sum q_1 p_1 - \sum q_0 p_1 = 19000 - 15960 = 3040(\text{元})$$

在统计实践中,计算数量指标综合指数时多选用公式(9-1),即选择拉氏指数。根据以上的计算可得出数量指标综合指数的编制原则:编制数量指标指数时应将做同度量因素的质量指标固定在基期水平。

(二)质量指标综合指数的编制

质量指标综合指数是说明总体内涵质量水平变动情况的指数。以商品物价指数为例,资料见表 9-1。

要反映三种商品的价格变动情况,若计算其个体价格指数,容易理解与计算。但若要计算三种商品价格的综合指数以综合反映其价格的总变动情况,亦不能简单加总比较。其方法是:

第一,确定指数化指标。在此,指数化指标为价格。

第二,确定同度量因素,将三种商品的价格由不可直接加总过渡到能够加总。由于指数化指标为价格,故我们选择销售量作为同度量因素,两者相乘即为可相加的销售额指标。

第三,将同度量因素固定在同一时期,即将销售量固定在同一时期,以单纯反映价格的变动情况。由于同度量因素的权数作用,即不同时期的销售量对指数的影响是不相同的,所以,作为同度量因素的销售量可以固定在基期,也可以固定在报告期。由此同样得出三种商品价格指数的两种计算公式:

(1)以基期销售量作为同度量因素时:

$$K_p = \frac{\sum p_1 q_0}{\sum p_0 q_0} \qquad (9\text{-}3)$$

上式称为拉氏指数公式。

根据表 9-1 资料计算三种商品价格综合指数为

$$K_p = \frac{15960}{15560} = 102.57\%$$

计算结果表明在销售量不变的情况下,三种商品的价格上涨了 2.57%。由于价格的上涨,使销售额增加了:

$$\sum p_1 q_0 - \sum p_0 q_0 = 15960 - 15560 = 400(元)$$

(2)以报告期销售量作为同度量因素时:

$$K_p = \frac{\sum p_1 q_1}{\sum p_0 q_1} \qquad (9\text{-}4)$$

上式称为帕氏指数公式。

根据表 9-1 资料计算三种商品价格综合指数为:

$$K_p = \frac{19000}{18600} = 102.15\%$$

计算结果表明在按报告期销售量计算时,三种商品的价格上涨了 2.15%。由于价格的上涨,使销售额增加了:

$$\sum p_1 q_1 - \sum p_0 q_1 = 19000 - 18600 = 400(元)$$

在统计实践中,计算质量指标综合指数时多选用公式(9-4),即选择帕氏指数。根据以上的计算可得出质量指标综合指数的编制原则:编制质量指标指数时应将做同度量因素的数量指标固定在报告期水平。

第三节 平均指数

一、平均指数的概念和特点

平均指数是总指数的又一重要形式。运用综合指数法编制总指数,要求掌握总体的全面统计资料,但是,有时候却难以取得。而平均指数则弥补了综合指数的这一不足,它是以个体指数为基础,通过对个体指数的加权平均得到的总指数。即先计算个别单位(如个别产品或个别商品)的个体指数,然后以基期或报告期的总量指标为权数进行加权平均来测定现象的变动程度。

平均指数有三个特点:第一,先对比后综合;第二,权数可以是基期或报告期总量指标,也可采用固定权数;第三,可以采用总体的非全面资料计算,也可以采用总体的全面资料。特别是在全面资料不易取得的场合有其特定的使用价值。平均指数有加权算术平均指数、加权调和平均指数、固定权数的平均指数等形式。本节主要介绍加权算术平均指数、加权调和平均指数两种形式,固定权数的平均指数将在第五节中介绍。

二、平均指数的编制

(一)加权算术平均指数

加权算术平均指数是将个体指数采用加权算术平均的形式求得的,其编制步骤是:

第一,计算个体指数,包括个体数量指标指数或个体质量指标指数。

第二,取得基期的总量指标 $p_0 q_0$ 资料。

第三,以个体指数为变量,基期的总量指标 $p_0 q_0$ 为权数,加权算术平均求得总指数。

加权算术平均指数以 $p_0 q_0$ 为权数,实质上相当于拉氏综合指数。其公式为:

数量指标指数:

$$\bar{K}_q = \frac{\sum \frac{q_1}{q_0} \cdot p_0 q_0}{\sum p_0 q_0} = \frac{\sum K_q \cdot p_0 q_0}{\sum p_0 q_0} = \frac{\sum q_1 p_0}{\sum q_0 p_0} \tag{9-5}$$

质量指标指数:

$$\bar{K}_p = \frac{\sum \frac{p_1}{p_0} \cdot p_0 q_0}{\sum p_0 q_0} = \frac{\sum K_p \cdot p_0 q_0}{\sum p_0 q_0} = \frac{\sum p_1 q_0}{\sum p_0 q_0} \tag{9-6}$$

【例 9-2】 已知某企业三种产品的有关资料如表 9-2 所示。

表 9-2 某企业三种产品的产量资料

品种	计量单位	产量		基期产值(万元) $q_0 p_0$	个体指数 q_1/q_0(%)	$\frac{q_1}{q_0} q_0 p_0$
		基期 q_0	报告期 q_1			
甲	件	4500	5000	315	111.11	350
乙	吨	5000	5200	175	104.00	182
丙	套	9600	12000	48	125.00	60
合计	—	—	—	538	—	592

根据表 9-2 资料计算如下：

$$\overline{K}_q = \frac{\sum \frac{q_1}{q_0} \cdot p_0 q_0}{\sum p_0 q_0} = \frac{592}{538} = 110.04\%$$

计算结果表明，三种产品产量报告期比基期增长了 10.04%，绝对增加 592−538＝54(万元)的产值。

需要说明的是：计算加权算术平均指数，只要掌握了有关的个体指数和基期的数值 $p_0 q_0$ 即可计算，不必掌握全面资料，也不用计算假定指标，所以极易取得有关资料。

(二)加权调和平均指数

加权调和平均指数是对个体指数采用加权调和平均的形式求得的。其编制步骤是：

第一，计算个体指数，包括个体数量指标指数或个体质量指标指数。

第二，取得报告期的总量指标 $p_1 q_1$ 资料。

第三，以个体指数为变量，报告期的 $p_1 q_1$ 为权数，加权调和平均求得总指数。

加权调和平均指数以 $p_1 q_1$ 为权数，实质上相当于帕氏综合指数。其公式为：

数量指标指数：

$$\overline{K}_q = \frac{\sum p_1 q_1}{\sum \frac{p_1 q_1}{q_1/q_0}} = \frac{\sum p_1 q_1}{\sum \frac{1}{K_q} p_1 q_1} \tag{9-7}$$

质量指标指数：

$$\overline{K}_p = \frac{\sum p_1 q_1}{\sum \frac{p_1 q_1}{p_1/p_0}} = \frac{\sum p_1 q_1}{\sum \frac{1}{K_p} p_1 q_1} \tag{9-8}$$

【例 9-3】 已知某企业两种产品的有关资料如表 9-3 所示。

表 9-3 某企业两种产品的有关资料

产品	计量单位	价格(元)		报告期产值 $p_1 q_1$	个体指数 $\frac{p_1}{p_0}$(%)	$\frac{p_1 q_1}{p_1/p_0}$(万元)
		基期 p_0	报告期 p_1			
A	吨	1000	1054	4200	105	4000
B	件	500	450	3600	90	4000
合计	—	—	—	7800	—	8000

根据表 9-3 中资料计算如下：

$$\overline{K}_p = \frac{\sum p_1 q_1}{\sum \dfrac{p_0}{p_1} p_1 q_1} = \frac{7800}{8000} = 97.5\%$$

计算结果表明：两种产品的价格报告期比基期降低了 2.5%，产值减少了 200 万元（7800 −8000＝200）。

需要说明的是：计算加权调和平均指数，只要掌握了个体指数和报告期的价值量 $p_1 q_1$ 即可计算，不需掌握全面资料，也不用计算假定指标，资料的取得简便、易行。

综上所述，对于平均指数有关公式的应用要根据掌握的不同资料和实际情况加以选择。若掌握了个体指数和 $p_0 q_0$，一般采用加权算术平均指数；若掌握了个体指数和 $p_1 q_1$，一般采用加权调和平均指数。另外，若计算数量指标指数，一般采用加权算术平均指数；若计算质量指标指数，一般应采用加权调和平均指数。当然，在不同的国家或地区采用的方法有一定差别。

第四节　指数体系与因素分析

一、指数体系的意义及其作用

社会经济现象之间的联系是普遍的，统计中可以通过相应的指数体系将这种联系表现出来。例如，工业总产值指数＝产品产量指数×产品价格指数，商品销售额指数＝商品销售量指数×商品价格指数等等。通常我们把由三个或三个以上相互联系的指数构成的体系称为指数体系。指数体系的作用主要有：第一，它是因素分析的依据，即利用指数体系可以分析复杂现象总体数量总变动中各因素变动影响的程度和方向；第二，利用各指数之间的联系可以进行指数间的相互换算；第三，可以分析总平均数的变动及受各因素变动影响的程度和方向。

借助于指数体系分析社会经济现象数量总变动中各种因素的变动对总体数量变动的影响程度和绝对效果的分析方法称为因素分析法。因素分析的内容主要包括两方面：一是从相对数和绝对数两个方面分析现象总体总量指标的变动受各因素变动影响的情况，所用体系是综合指数体系；二是从相对数和绝对数两个方面分析现象总体平均指标的变动受各种因素变动的影响情况，所用体系是平均指标指数体系。

利用指数体系进行因素分析，一般要经过三步：首先，对现象总体进行定性分析，从现象和过程的固有联系中找出因素现象与复杂现象总体间及因素现象之间的联系。其次，将上述联系通过一定经济方程式表达出来。必须注意：要根据不同的分析任务建立不同的表达式。最后，依次分析每个因素的变动对总变动的影响情况。为此，各因素的排列应有一定顺序，因素现象中的指标有数量指标和质量指标，数量指标是基础，是前提，质量指标是数量指标的派生指标。所以，应按照先数量指标后质量指标的顺序排列。另外，在多因素分析中，相邻排列的两因素相乘应具有经济意义。

二、总体总量指标变动的因素分析

(一)总体总量指标变动的两因素分析

1. 简单现象变动的两因素分析

例如:总产值指数＝职工人数指数×劳动生产率指数

设 T 代表职工人数;q 代表劳动生产率;0、1 分别代表基期和报告期。

总产值指数体系用公式表示为:

$$\frac{T_1 q_1}{T_0 q_0} = \frac{T_1 q_0}{T_0 q_0} \times \frac{T_1 q_1}{T_1 q_0} \tag{9-9}$$

绝对分析:

$$T_1 q_1 - T_0 q_0 = (T_1 q_0 - T_0 q_0) + (T_1 q_1 - T_1 q_0) \tag{9-10}$$

需要说明的是,在此相对数分析可以不考虑同度量因素,绝对数分析则必须加入同度量因素。

【例 9-4】 已知某企业总产值、职工人数、劳动生产率资料如表 9-4 所示。

表 9-4　某企业总产值、职工人数、劳动生产率资料

统计指标	基　期	报　告　期	指数(%)
总产值(万元) Tq	1200	1515	126
职工人数(人) T	500	505	101
劳动生产率(万元/人) q	2.4	3.0	125

总产值指数为:$\dfrac{T_1 q_1}{T_0 q_0} = \dfrac{1515}{1200} = 126\%$;

增加的绝对额:$T_1 q_1 - T_0 q_0 = 1515 - 1200 = 315$(万元)。

其中:(1)职工人数指数为:$\dfrac{T_1 q_0}{T_0 q_0} = \dfrac{1212}{1200} = 101\%$;

增加的绝对额:$T_1 q_0 - T_0 q_0 = 1212 - 1200 = 12$(万元)。

(2)劳动生产率指数 $= \dfrac{T_1 q_1}{T_1 q_0} = \dfrac{1515}{1212} = 125\%$;

增加的绝对额:$T_1 q_1 - T_1 q_0 = 1515 - 1212 = 303$(万元)。

则:$126\% = 101\% \times 125\%$;

　　315 万元 $= 12$ 万元 $+ 303$ 万元。

计算结果表明:该企业总产值报告期比基期增长 26%,增加的绝对额为 315 万元。其中:由于职工人数增长 1%,使产值增加 12 万元,由于劳动生产率增长 25%,使产值增加 303 万元。

2. 复杂现象总体总量指标变动的因素分析

对复杂现象总体总量指标的变动进行因素分析,需借助于综合指数体系。

例如:销售额指数＝销售量指数×价格指数

用符号表示为:

$$\frac{\sum q_1 p_1}{\sum q_0 p_0} = \frac{\sum q_1 p_0}{\sum q_0 p_0} \times \frac{\sum q_1 p_1}{\sum q_1 p_0} \tag{9-11}$$

绝对额分析：

$$\left(\sum q_1 p_1 - \sum q_0 p_0\right) = \left(\sum q_1 p_0 - \sum q_0 p_0\right) + \left(\sum q_1 p_1 - \sum q_1 p_0\right) \tag{9-12}$$

【例 9-5】已知某区三种商品流转情况假定资料如表 9-5 所示。

表 9-5　某区三种商品流转情况假定资料

商品	计量单位	销售量		价格(元/个)		销售额(万元)		
		基期 q_0	报告期 q_1	基期 p_0	报告 p_1	$p_0 q_0$	$p_1 q_1$	$p_0 q_1$
甲	万件	400	480	0.80	0.82	320	393.6	384
乙	万台	80	88	1.15	1.05	92	92.4	101.2
丙	万套	50	60	1.20	1.38	60	82.8	72
合计	—	—	—	—	—	472	568.8	557.2

根据表 9-5 中资料计算如下：

$$销售额指数 = \frac{\sum q_1 p_1}{\sum q_0 p_0} = \frac{568.8}{472} = 120.51\%$$

增加的绝对额：$568.8 - 472 = 96.8$（万元）。

其中：(1)销售量指数 $= \dfrac{\sum q_1 p_0}{\sum q_0 p_0} = \dfrac{557.2}{472} = 118.05\%$；

增加的绝对额：$\sum q_1 p_0 - \sum q_0 p_0 = 557.2 - 472 = 85.2$（万元）。

(2)价格指数 $= \dfrac{\sum q_1 p_1}{\sum q_1 p_0} = \dfrac{568.8}{557.2} = 102.08\%$；

增加的绝对额：$\sum q_1 p_1 = \sum q_1 p_0 = 568.8 - 557.2 = 11.6$（万元）。

则：$120.51\% = 118.05\% \times 102.08\%$；$96.8$ 万元 $= 85.2$ 万元 $+ 11.6$ 万元。

计算结果表明：该地区这三种商品的销售额报告期比基期增长 20.51%，增加的绝对额为 96.6 万元。其中：由于销售量增长 18.05%，使销售额增加 85.2 万元；由于价格上涨 2.08%，使销售额增加 11.6 万元。

(二)总体总量指标变动的多因素分析

总量指标指数体系可以由更多(三个或三个以上)的指数组成，用以分析多因素变动对现象总体变动影响程度，说明总体现象变动的具体原因。例如，工业企业原材料支出总额的变动可以分解为产品产量，单位产品原材料消耗量和单位原材料价格三个因素的变动影响，因此，需要编制原材料支出总额指数及其包括的三个因素指数形成的总量指标指数体系，来进行多因素变动的分析。

多因素现象的指标体系，由于所包含的现象因素较多，指数的编制过程比较复杂，所以，因此应注意以下几个问题。

(1)各因素的排列顺序。一般是数量指标在前,质量指标在后;主要指标在前,次要指标在后。总之,要根据所研究现象的经济内容,依据各因素之间的内在联系加以具体确定。

(2)注意相邻因素之间的经济含义。例如,下例中研究工业生产原材料支出额变动时,影响原材料支出额变动的各因素的排列顺序为产品产量、单位产品原材料消耗量和单位原材料价格,相邻的两个因素相乘都应有明确的经济意义。

(3)在编制多因素指标所组成的综合指数时,为测定某一因素指标的变动影响,要把其中两个或两个以上的因素固定不变。原则上仍须遵循综合指数编制的一般要求,但由于指数体系中往往会有多个数量指标或多个质量指标,在具体操作时可采取逐项固定的方法,即未变动的因素做同度量因素时固定在基期,已变动的因素做同度量因素时固定在报告期。

以工业生产原材料支出额的变动为例。

工业生产原材料支出额=产品产量×单位产品原材料消耗量×单位原材料价格

由此建立的指数体系为:

原材料支出额指数=产品产量指数×单耗指数×原材料单价格指数

用符号表示为:

$$\frac{\sum q_1 m_1 p_1}{\sum q_0 m_0 p_0} = \frac{\sum q_1 m_0 p_0}{\sum q_0 m_0 p_0} \times \frac{\sum q_1 m_1 p_0}{\sum q_1 m_0 p_0} \times \frac{\sum q_1 m_1 p_1}{\sum q_1 m_1 p_0} \tag{9-13}$$

绝对额为:

$$\sum q_1 m_1 p_1 - \sum q_0 m_0 p_0$$
$$= \left(\sum q_1 m_0 p_0 - \sum q_0 m_0 p_0\right) + \left(\sum q_1 m_1 p_0 - \sum q_1 m_0 p_0\right) \tag{9-14}$$
$$+ \left(\sum q_1 m_1 p_1 - \sum q_1 m_1 p_0\right)$$

其中:q 代表产品产量;m 代表单位产品原材料消耗量;p 代表单位原材料价格;0、1分别代表基期和报告期。

【例 9-6】 设有某企业三种产品的产量,单耗和原材料单价的有关资料,以及原材料支出总额的计算资料分别如表 9-6 和表 9-7 所示。

表 9-6 三种产品的产量和单耗情况

| 产品名称 | 产量（台） | | 材料名称 | 单位产品原材料消耗量（公斤） | | 单位原材料价格（元） | |
	基期 q_0	报告期 q_1		基期 m_0	报告期 m_1	基期 p_0	报告期 p_0
甲	50	60	A	150	145	3	3.2
乙	50	50	B	62	65	1.5	1.8
丙	150	200	C	90	90	0.5	0.85

表 9-7　三种产品原材料支出总额计算表

	A	B	C	D	E
1	产品名称	原材料支出总额(元)			
2		$q_0m_0p_0$	$q_1m_1p_1$	$q_1m_0p_0$	$q_1m_1p_0$
3	甲	22500	27840	27000	26100
4	乙	4650	5850	4650	4875
5	丙	6750	15300	9000	9000
6	合　计	33900	48990	40650	39975

根据表 9-6 和表 9-7 资料，可以分析原材料支出总额的变动情况及其原因。

原材料支出总额的变动情况，即

原材料支出总额指数：$I_{qmp} = \dfrac{\sum q_1 m_1 p_1}{\sum q_0 m_0 p_0} = \dfrac{48990}{33900} = 144.51\%$

原材料支出实际总差额：

$$\sum q_1 m_1 p_1 - \sum q_0 m_0 p_0 = 48990 - 33900 = 15090$$

它说明该工厂报告期原材料支出总额比基期增加了 44.51%，支出总额增加了 15090 元。

其中：

（1）产量指数：$I_q = \dfrac{\sum q_1 m_0 p_0}{\sum q_0 m_0 p_0} = \dfrac{40650}{33900} = 119.91\%$；

增加的绝对额：$\sum q_1 m_0 p_0 - \sum q_0 m_0 p_0 = 40650 - 33900 = 6750$（元）。

它说明由于产量增加使原材料支出额增加了 19.91%，多支出费用 6750 元。

（2）单位产品原材料消耗量变动的影响。

产品单耗指数：$I_m = \dfrac{\sum q_1 m_1 p_0}{\sum q_1 m_0 p_0} = \dfrac{39975}{40650} = 98.34\%$；

增加的绝对额：$\sum q_1 m_1 p_0 - \sum q_1 m_0 p_0 = 39975 - 40650 = -675$（元）。

它说明由于单位产品原材料消耗量的降低使原材料支出额下降 1.66%，少支出 675 元。

（3）单位原材料价格变动的影响。

原材料价格指数：$I_p = \dfrac{\sum q_1 m_1 p_1}{\sum q_1 m_1 p_0} = \dfrac{48990}{39975} = 122.55\%$；

增加的绝对额：$\sum q_1 m_1 p_1 - \sum q_1 m_1 p_0 = 48990 - 39975 = 9015$（元）。

它说明由于原材料价格提高，使原材料支出额增加 22.55%，绝对额增加 9015 元。

以上各指数之间的关系如下：

$$144.51\% = 119.91\% \times 98.34\% \times 122.55\%$$

其因素影响差额之间的关系为：

$$15090 = 6750 - 675 + 9015$$

可见，原材料支出总额增加 44.51%（绝对额为 15090 元）是由于产量、单耗、原材料价格三个因素分别影响增加支出 19.91%（绝对额为 6750 元），－1.66%（绝对额为－675 元），22.55%（绝对额为 9015 元)共同变动共同作用而造成的。

三、平均指标变动的因素分析

在资料分组条件下，平均指标的变动受两个因素的影响：一是受各组指标变动的影响，二是受各组单位数在总体中所占比重变动的影响。这样，我们可以运用指数因素分析方法来分析这两个因素变动对平均指标变动的影响方向和影响程度，即进行平均指标的两因素分析。

根据指数因素分析方法的要求，对于平均指标变动进行两因素分析，首先必须建立一个平均指标指数体系。其通用公式为：

$$可变构成指数＝固定构成指数 \times 结构影响指数$$

上式用符号可以表示为：

$$\frac{\sum x_1 f_1}{\sum f_1} \div \frac{\sum x_0 f_0}{\sum f_0} = \left(\frac{\sum x_1 f_1}{\sum f_1} \div \frac{\sum x_0 f_1}{\sum f_1} \right) \times \left(\frac{\sum x_0 f_1}{\sum f_1} \div \frac{\sum x_0 f_0}{\sum f_0} \right) \quad (9\text{-}15)$$

而因素影响差额之间的关系为：

$$\frac{\sum x_1 f_1}{\sum f_1} - \frac{\sum x_0 f_0}{\sum f_0} = \left(\frac{\sum x_1 f_1}{\sum f_1} - \frac{\sum x_0 f_1}{\sum f_1} \right) + \left(\frac{\sum x_0 f_1}{\sum f_1} - \frac{\sum x_0 f_0}{\sum f_0} \right) \quad (9\text{-}16)$$

上述各项指数的具体涵义说明如下：

(1)可变构成指数(I_{xf})。统计上把在分组条件下包含各组平均水平及其相应的单位数结构这两个因素变动的总平均指标指数，称为可变构成指数。其计算公式为：

$$I_{xf} = \frac{\bar{x}_1}{\bar{x}_0} = \frac{\sum x_1 f_1}{\sum f_1} \div \frac{\sum x_0 f_0}{\sum f_0} \quad (9\text{-}17)$$

式中，$\bar{x}$ 代表总平均指标，x 为各组标志值即平均水平，f 为各组单位数。

(2)固定构成指数(I_x)。为了单纯反映各组平均水平的变动影响，就需要消除总体中各组单位数所占比重变化的影响，即需要将总体内部结构固定下来计算平均指标指数，这样的指数叫固定构成指数。它只反映各组平均水平对总平均指标变动的影响。其计算公式可表示为：

$$I_x = \frac{\sum x_1 f_1}{\sum f_1} \div \frac{\sum x_0 f_1}{\sum f_1} \quad (9\text{-}18)$$

(3)结构影响指数(I_f)。为了单纯反映总体结构变动的影响，就需要把各组平均水平固定下来，这样计算的平均指标指数叫结构影响指数。它只反映总体结构变动对总平均指标变动的影响。其计算公式为：

$$I_f = \frac{\sum x_0 f_1}{\sum f_1} \div \frac{\sum x_0 f_0}{\sum f_0} \quad (9\text{-}19)$$

【例 9-7】 设有某公司员工人数和月平均工资的分组资料如表 9-8 所示，试对该公司员工平均工资的变动进行因素分析。

表 9-8 某公司员工工资情况表

工人类别	工人数（人）		月均工资（元）		工资总额（元）		
	基期 f_0	报告期 f_1	基期 x_0	报告期 x_1	$x_0 f_0$	$x_1 f_1$	$x_0 f_1$
技工	300	400	280	300	84000	120000	112000
辅工	200	600	180	190	36000	114000	108000
合计	500	1000	—	—	120000	234000	220000

根据表 9-8 资料，具体分析步骤如下：

$$\overline{X}_1 = \frac{\sum x_1 f_1}{\sum f_1} = \frac{234000}{1000} = 234(\text{元}); \overline{X}_n = \frac{\sum x_0 f_1}{\sum f_1} = \frac{220000}{1000} = 220(\text{元});$$

$$\overline{X}_0 = \frac{\sum x_0 f_0}{\sum f_0} = \frac{234000}{500} = 240(\text{元})$$

(1)可变构成指数 $= \dfrac{\overline{X}_1}{\overline{X}_0} = \dfrac{234}{240} = 97.5\%$；

变动的绝对额：$\overline{X}_1 - \overline{X}_0 = 234 - 240 = -6(\text{元})$。

由表中资料知：两组工人的月均工资都增加，而总平均工资则下降了 2.5%，减少 6 元。显然是受工人月均工资和工人人数变动的影响。为进一步分析，需分别计算固定构成指数和结构影响指数。

(2)固定构成指数 $= \dfrac{\overline{X}_1}{\overline{X}_n} = \dfrac{234}{220} = 106.36\%$；

变动的绝对额：$\overline{X}_1 - \overline{X}_n = 234 - 220 = 14(\text{元})$。

计算结果表明：由于工人月平均工资增长 6.36%，使总平均工资增加 14 元。

(3)结构影响指数 $= \dfrac{\overline{X}_n}{\overline{X}_0} = \dfrac{220}{240} = 91.67\%$；

变动的绝对额：$\overline{X}_n - \overline{X}_0 = 220 - 240 = -20(\text{元})$。

计算结果表明：由于职工人数结构的变动使总平均工资降低 20 元。

以上各指数之间的关系为：$97.5\% = 106.36\% \times 91.67\%$；

其因素影响差额之间的关系为：$-6 = 14 - 20$。

上述结果表明：虽然各组工人月均工资上升，但是由于报告期与基期比较，工人人数的结构发生了较大变化，低收入的辅助工人数占全部工人数的比重由基期的 40%（300/500），上升到报告期的 60%（600/1000），从而使总平均工资下降了 2.5%。

第五节 常用的经济指数

统计指数的应用范围相当广泛，下面介绍几种常用的经济指数。

一、居民消费价格指数

居民消费价格指数在国外称之为消费者价格指数（Consumer Price Index，简记 CPI），是度量一组代表性消费品及服务项目价格水平随时间而变动的指数，反映居民家庭所购买的消费品和服务价格水平综合变动的情况。通常被用来作为反映通货膨胀或通货紧缩程度的指标，借以观察和分析价格水平的变动对居民货币工资的影响，为研究居民生活、进行宏观经济分析与决策和进行价格总水平的监测和调控提供依据。我国现行居民消费价格指数主要是采用固定加权算术平均指数方法编制的。固定权数的平均指数是计算总指数的一种独立形式，它简便灵活，使用方便，适合利用市场调查的资料进行计算。其计算公式为：

$$固定加权算术平均指数 = \frac{\sum KW}{\sum W}$$

式中：K 代表类指数；W 代表固定权数。

居民消费价格指数的编制程序如下：

(1)消费品分类和代表性商品的选择。

居民消费价格指数包括居民用于日常生活的全部消费品和服务项目。现行国家统计制度固定，将居民消费的商品分为八大类：①食品；②衣着；③家庭设备用品；④交通和通信工具；⑤娱乐教育文化用品；⑥医疗保健用品；⑦居住；⑧服务项目。每个大类包括若干个中类，中类之下又有基本分类，基本分类中包括若干代表性商品。由于社会商品的种类繁多，要编制包括所有商品的价格指数客观上是不可能的，因此必须从全部商品中选择一些购销量较大的商品作为代表性商品。用这些代表性商品的价格升降情况来综合反映全部商品价格变动的趋势和程度。

(2)编制居民消费价格指数。

①计算代表性商品的环比价格指数。$K_P = \dfrac{P_1}{P_0}$

式中：K_P 是代表性商品的环比价格指数，如果所属代表性商品有 n 种，则需分别计算 n 个环比价格指数。

②计算各代表性商品环比价格指数的几何平均数，形成基本分类指数。

$$\overline{K}_p = \sqrt[n]{k_{p1} k_{p2} \cdots k_{pn}}$$

式中：$\overline{K}_p$ 代表基本分类指数。

③计算中类指数。$\overline{K_{类}} = \dfrac{\sum KW}{\sum W}$。

④计算大类指数。

⑤计算总指数。

注：中类指数、大类指数和总指数的编制公式均采用固定加权算术平均指数的公式。

下面以表9-9中数据为例作一说明：

表 9-9　居民消费价格指数的编制与计算

商品类别及品名	代表规格品	计量单位	平均价格		权数 W	指数(%) $K = p_0/p_1$	KW
			p_0	p_1			
一、食品					{45}	100.3	4513.5
(二)粮食类					[25]	102.1	2552.5
1. 大米					(60)	102.4	6144.0
基本分类							
	早米	千克	2.2	2.2	40	100.0	4000.0
	东北米	千克	2.93	3.00	40	102.4	4096.0
	月牙米	千克	2.29	2.40	20	104.8	2096.0
2. 面粉					(10)	104.4	1044.0
基本分类	精粉	千克	2.3	2.4	20	104.4	2088.0
3. 粮食					(20)	101.8	2036.0
基本分类							
4. 其他					(10)	98.2	982
(二)副食品类					[48]	98.5	4728.0
(三)烟酒类					[13]	103.5	1345.5
(四)其他食品					[14]	100.0	1400.0
二、衣着					{8}	98.7	789.6
三、家庭设备用品					{6}	97.8	586.8
四、交通和通信工具					{7}	118.6	830.2
五、娱乐教育文化用品					{2}	100.8	201.6
六、医疗保健用品					{10}	99.6	996.0
七、居住					{12}	100.1	1201.2
八、服务项目					{10}	110.5	1105.0

(1)根据基本分类所属各规格品的报告期和基期的平均价格,计算环比价格指数。如:东北米价格指数＝3.00÷2.93＝102.4%

(2)计算各规格品环比价格指数的几何平均数。如大米基本分类指数:

$$\overline{K_p} = \sqrt[n]{k_{p1}k_{p2}\cdots k_{pn}} = 102.4\%$$

(3)计算中类指数,如粮食中类指数:

$$\overline{K_{中类}} = \frac{\sum KW}{\sum W}$$

$$= \frac{102.4\% \times 60 + 104.4\% \times 10 + 101.8\% \times 20 + 98.2\% \times 10}{100} = 102.1\%$$

(4)计算大类指数,如食品类指数:

$$\overline{K_{大类}} = \frac{\sum KW}{\sum W}$$

$$= \frac{102.1\% \times 25 + 98.5\% \times 48 + 103.5\% \times 13 + 100\% \times 14}{25 + 48 + 13 + 14} = 100.3\%$$

(5)计算居民消费价格指数:

$$\overline{K_{总}} = \frac{\sum KW}{\sum W}$$

$$= \frac{100.3\% \times 45 + 98.7\% \times 8 + 97.8\% \times 6 + 118.6\% \times 7 \cdots\cdots + 110.5\% \times 10}{45 + 8 + 6 + 7 + 2 + 10 + 12 + 10}$$

$$= 102.24\%$$

计算结果表明,该地区居民消费价格指数为102.24%,报告期与基期相比消费品价格综合上升了2.24%。

二、工业生产指数

工业生产指数概括地反映一个国家或一个地区各种产品产量的综合变动情况,它是衡量经济增长水平的指标。工业生产指数的编制方法有多种,下面介绍常见的两种方法。

1.固定权数的综合指数

这种方法是新中国成立以来长期采用的方法,它是以不变价格作为同度量因素来计算产量综合指数。公式如下:

$$\overline{K_q} = \frac{\sum q_1 p_n}{\sum q_0 p_n}$$

式中:p_n代表不变价格。我国先后采用的有1952年、1957年、1970年、1980年、1990年的不变价格。

2. 工业生产指数法

目前,许多国家都十分重视编制综合反映工业发展变化的指数,以表明国家的经济发展状况,称为工业生产指数。编制工业生产指数一般采用基期固定权数。公式为:

$$\overline{K_q} = \frac{\sum k_q q_0 p_0}{\sum q_0 p_0}$$

式中k为部门重点产品或代表产品的个体指数,$q_0 p_0$为相应产品基期的增加值。

在实际工作中,为了简化指数的编制工作,常常以各种工业品的增加值比重作为权数,并将其相对固定下来,运用固定加权算数平均指数编制工业生产指数。计算公式为:

$$\overline{K_q} = \frac{\sum KW}{\sum W}$$

下面以表9-10中的数据为例作一说明:

表9-10　工业生产指数的编制与计算

生产部门	代表性产品数	部门权数 $W = \frac{q_0 p_0}{\sum q_0 p_0}$	部门指数 $K = \frac{q_1}{q_0}$	各部门指数×权数 KW
(甲)	(乙)	(1)	(2)	(3)=(1)×(2)
矿业	9	97.5	65.5	6386.25

生产部门	代表性产品数	部门权数 $W = \dfrac{q_0 p_0}{\sum q_0 p_0}$	部门指数 $K = \dfrac{q_1}{q_0}$	各部门指数×权数 KW
制造业	523	122.3	9934.5	1214989.35
合计	532	—	10000.0	1221375.60

工业生产指数 $\overline{K_q} = \dfrac{\sum KW}{\sum W} = \dfrac{1221375.60}{10000} = 122.1\%$

三、股票价格指数

股票价格指数简称股价指数,是用来反映股票市场价格变动的一种专用经济指标。股价指数可按年、季、月来编制,但因股价涨跌迅速,一般要求按日编制。股价指数的编制方法有算术平均法和加权综合指数法两种形式。

1.算术平均股票价格指数

例如:假设某一证券市场基期有 4 种股票,其收市价格分别为:$A = 6$ 元,$B = 8$ 元,$C = 12$ 元,$D = 34$ 元,则该市场基期股票价格平均数为:

$$\overline{p_0} = \frac{\sum p_0}{n} = \frac{6+8+12+34}{4} = 15$$

再假定该市场的股票价格有升有降,股票品种也有所增加,各种股票的每股收市价格分别为:$A = 10$ 元,$B = 7$ 元,$C = 11$ 元,$D = 39$ 元,$E = 27$ 元,$F = 26$ 元,则该市场报告期股票价格平均数为:

$$\overline{p_1} = \frac{\sum p_0}{n} = \frac{10+7+11+39+27+26}{6} = 20$$

所以,该市场的股票价格指数为:

$$\overline{K_P} = \frac{\overline{p_1}}{\overline{p_0}} = \frac{20}{15} = 133.33\%$$

计算结果表明,该市场的股票价格平均水平上涨了 33.33% 点。

2.加权综合股票价格指数

它一般以股票发行量作为权数,也可以成交量为权数对股票价格进行加权综合计算的指数。以某年某月某一日的股价作为基期股价,这一日称为基日,基日指数通常定为100,以后各日的股价同基日股价相比计算出百分数,即为各日股价指数。其计算公式为:

$$\overline{K_p} = \frac{\sum p_1 q_0}{\sum p_0 q_0}$$

式中:p_0 为基期股票价格;p_1 为报告期股票价格;q_0 为基期股票发行量。

这种股票价格指数也是以"点"作为它的单位。

四、货币购买力指数

货币购买力是指单位货币所能购买商品或非商品性劳务的数量。货币购买力的变化对城乡居民生活具有直接的意义:当居民的生活费收入不变,而货币购买力提高时,居民消费水平就会提高;相反,当货币购买力降低时,居民消费水平也随之降低。因此,居民消费水平与货币购买力的变化成正比。货币购买力与商品价格和劳务价格的变动成反比,当消费品与劳务价格降低,单位货币所能购买的商品和服务的数量增加;若消费品与劳务价格提高,单位货币所能购买的商品和服务的数量则减少。由此可见,货币购买力与消费品价格及劳务价格是倒数关系。利用这种关系可推算货币购买力指数为:

$$货币购买力指数 = \frac{1}{居民消费价格指数}$$

货币购买力指数反映的是每单位货币中商品及劳务含量的变化,居民消费价格指数反映的是每单位商品及劳务中货币含量的变化,两者分别从两个不同的侧面反映商品、劳务与货币的关系。

思考与练习

一、思考题

1. 指数有哪些作用?

2. 编制综合指数时确定同度量因素的一般原则是什么?

3. 区分综合指数和平均数指数?

二、练习题

1. 已知某商店三种商品价格及销售量资料如下表所示:

品名	计量单位	销量		价格(元)	
		基期	报告期	基期	报告期
A	个	400	600	25	25
B	包	500	600	40	36
C	米	200	180	50	60
合计					

试从相对数和绝对数两方面对商品销售额的变动进行因素分析。

2. 某企业产量和产值资料如下表所示:

产品	计量单位	产量指数(%)	基期总产值
甲	件	98	315
乙	台	110	175
丙	吨	86	48
合计	——	120	538

要求:根据上述资料计算该企业三种产品产量总指数。

3.某企业产品单位成本和总成本资料如下:

产品	单位	价格指数(%)	报告期总产值(万元)
甲	件	98	4200
乙	台	110	3600
合计	——	86	7800

要求:根据上述资料计算该企业价格总指数。

4.利用指数体系之间的关系回答下列问题:

(1)某企业 2012 年同 2011 年相比,各种产品的产量增长了 8%,总生产费用增长了 12%,该企业 2012 年的单位成本有何变化?

(2)某地区今年用同样多的人民币只能购买去年商品的 90%,求物价指数?若同样多的人民币比去年可多购买 10% 的商品,物价指数是多少?

(3)某企业 2012 年比 2011 年职工人数增加了 2%,工业总产值增长了 17.3%。试计算该企业全员劳动生产率提高程度。

(4)某市 2011 年社会商品零售额为 8600 万元,2012 年增加为 12890 万元,零售物价上涨 11.5%。试计算该市零售额变动中零售量和价格两因素变动的影响程度和绝对值。

(5)报告期产量同基期比较增加 15%,生产总费用增加 12%。试分析报告期单位成本同基期比较的变动情况。

(6)某产品生产总费用 2012 年为 12.9 万元,比 2012 年多 9000 元,单位产品成本比 2012 低 3%。试确定:(1)生产总费用指数;(2)产品物量指数;(3)由于成本降代而节约的绝对量。

5.给出某城市三个市场上有关同一种商品的销售资料如下表所示。

	A	B	C	D	E
1		销售价格(元/公斤)		销售量(公斤)	
2	市场	基期	报告期	基期	报告期
3	A市场	2.5	3	740	560
4	B市场	2.4	2.8.	670	710
5	C市场	2.2	2.4	550	820
6	合计	-	-	1960	2090

要求:

(1)分别编制该商品总平均价格的可变构成指数、固定构成指数和结构变动影响指数;

(2)建立指数体系,从相对数的角度进行总平均价格变动的因素分析;

(3)进一步综合分析销售总量变动和平均价格变动对该种商品销售总额的影响。

6.某厂生产两种产品,某产量和原材料消耗的有关资料如下表所示。

产品	产 量 (件)		每件原材料消耗量 (公斤)		每公斤原材料价格 (元)	
	基期	报告期	基期	报告期	基期	报告期
甲	20	22	5	4	50	58
乙	9	10	8	8	95	100

要求:分析原材料消耗总额的变动及各因素的影响程度和影响绝对额。

7.已知某企业工资统计资料如下表所示:

指标 分组	工人人数 (人)		工资总额 (万元)		平均工资 (元/人)		工资指数 (%)
	基期	报告期	基期	报告期	基期	报告期	
老职工	1000	1200	66.48	84.24	664.8	702	105.6
新职工	200	800	9.72	42.08	486	526	108.23
合计	1200	2000	76.2	126.32	635	631.6	99.46

从上表可以看出,新老职工报告期的平均工资分别比基期增加了5.6%和8.23%,但全部职工的总平均工资反而下降了0.54%。试计算分析说明。

8.已知某企业所有产品生产费用2012年为300万元,比上年增加了50万元;单位产品成本平均比上年降低2%。试确定:(1)产品产量指数;(2)由于成本降低而节约的生产费用额。

第十章　统计分析报告

【统计知识 ABC】

[A]绿色 GDP

人类的经济活动包括两方面的活动。一方面在为社会创造着财富,即所谓"正面效应",但另一方面又在以种种形式和手段对社会生产力的发展起着阻碍作用,即所谓"负面效应"。这种负面效应集中表现在两个方面:其一是无休止地向生态环境索取资源,使生态资源从绝对量上逐年减少;其二是人类通过各种生产活动向生态环境排泄废弃物或砍伐资源使生态环境从质量上日益恶化。现行的国民经济核算制度只反映了经济活动的正面效应,而没有反映负面效应的影响,因此是不完整的,是有局限性的,是不符合可持续发展战略的。

改革现行的国民经济核算体系,对环境资源进行核算,从现行 GDP 中扣除环境资源成本和对环境资源的保护服务费用,其计算结果可称之为"绿色 GDP"。

绿色 GDP 这个指标,实质上代表了国民经济增长的净正效应。绿色 GDP 占 GDP 的比重越高,表明国民经济增长的正面效应越高,负面效应越低,反之亦然。

(资料来源:http://baike.baidu.com/view/41440.htm? fromId=199625)

[B]幸福指数

幸福感是一种心理体验,它既是对生活的客观条件和所处状态的一种事实判断,又是对于生活的主观意义和满足程度的一种价值判断。它表现为在生活满意度基础上产生的一种积极心理体验。而幸福感指数,就是衡量这种感受具体程度的主观指标数值。

如果说 GDP、GNP 是衡量国富、民富的标准,那么,百姓幸福指数就可以成为一个衡量百姓幸福感的标准。

作为社会心理体系一个部分的幸福感,受到许多复杂因素的影响,主要包括:经济因素,如就业状况、收入水平等;社会因素,如教育程度、婚姻质量等;人口因素,如性别、年龄等;文化因素,如价值观念、传统习惯等;心理因素,如民族性格、自尊程度、生活态度、个性特征、成就动机等;政治因素,如民主权利、参与机会等。

2012 年联合国发布了首份《全球幸福指数报告》。根据这份报告,丹麦成为全球最幸福的国家;美国仅排在第 11 名;中国香港第 67 名,中国内地则排名第 112。评价标准极其复杂,财富并非决定性因素,全球总体比以前幸福。

最不幸福国家集中于受贫穷和战火洗礼的非洲国家。较幸福国家倾向较富裕,但收入与幸福并无必然关系;良好精神及身体健康、稳定家庭和婚姻、工作保障等为幸福要素。

(资料来源:http://baike.baidu.com/view/1298996.htm? fromId=497223)

[C]景气指数

将反映各行业运行状况的定量指标,如价格、成交量、开工率等或定性指标,如预期、信心等指数化,来反映经济或行业的景气变化。

常见的景气指数有企业景气指数、经济景气指数。通常景气指数在0~200,100为中间值,高于100视为景气状态,越接近200反映行业经济运行越景气;低于100则是不景气,越接近0景气越低迷。

(资料来源:http://baike.baidu.com/view/1369057.htm)

企业景气指数(企业综合生产经营景气指数):是根据企业负责人对本企业综合生产经营情况的判断与预期而编制的指数,用以综合反映企业的生产经营状况。

企业景气指数=0.4×即期企业景气指数+0.6×预期企业景气指数

即期企业景气指数=(企业负责人对本季度本企业综合经营状况回答良好比重
　　　　　　　　　　—回答不佳的比重)×100+100

预期企业景气指数=(企业负责人对预计下季度本企业综合经营状况回答良好比重
　　　　　　　　　　—回答不佳的比重)×100+100

企业景气指数划分标准为:180以上为"非常景气"区间,[180,150)为"较强景气"区间,[150,120)为"较为景气"区间,[120,110)为"相对景气"区间,[110,100)为"微景气"区间,100为景气临界点,(100,90)为"微弱不景气"区间,(90,80]为"相对不景气"区间,(80,50]为"较为不景气"区间。

(资料来源:http://baike.baidu.com/view/1369057.htm)

经济景气指数来源于企业景气调查,它是西方市场经济国家建立的一项统计调查制度。它是通过对企业家进行定期的问卷调查,并根据企业家对企业经营情况及宏观经济状况的判断和预期来编制的,由此反映企业的生产经营状况,经济运行状况,预测未来经济的发展变化趋势。

经济景气指数目前主要通过两个指标来反映:一是企业家信心指数,是根据企业家对企业外部市场经济环境与宏观政策的认识看法、判断与预期(主要是通过对"乐观"、"一般"、"不乐观"的选择)而编制的指数,用以综合反映企业家对宏观经济环境的感觉与信心。二是企业景气指数,是根据企业家对本企业综合生产经营情况的判断与预期(主要是通过对"好"、"一般"、"不佳"的选择)而编制的指数,用以综合反映企业的生产经营状况。景气指数的表示范围为0~200。100为景气指数的临界值,表明景气状况变化不大;100~200为景气区间,表明经济状况趋于上升或改善,越接近200越景气;0~100为不景气区间,表明经济状况趋于下降或恶化,越接近0越不景气。

(资料来源:http://baike.baidu.com/view/1104719.htm)

第一节 统计分析报告概述

一、统计分析报告的含义

所谓统计分析是运用统计方法对客观现象的状态、规律、前景进行认识的一种活动。

统计分析报告是根据统计学的原理和方法,运用大量统计数据来反映、研究和分析社会经济活动的现状、成因、本质和规律,并做出结论,提出解决问题的办法的一种统计应用文体。

统计分析报告是统计分析过程中所形成的论点、论据、结论的集中表现。它不同于一般的总结报告、议论文、叙述文和说明文,更不同于小说、诗歌和散文,它是运用统计资料和统计方法、数字与文字相结合,对客观事物进行分析研究结果的表现。统计分析结果可以通过表格、图形和文章等多种形式表现出来。文章是统计分析报告的主要形式。它是所有表现形式中最完善的,这种形式可以综合而灵活地运用表格、图形等形式,可以表现出单纯表格形式、图形形式难以充分表现的情况,可以使分析结果鲜明、生动、具体,可以进行深刻的定性分析。因此,统计分析报告是对研究过程进行表述的文章,是统计分析结果的最终形式。

二、统计分析报告的特点

1、统计分析报告以统计数据为主体

统计分析报告主要以统计数字语言,来直观地反映事物之间的各种复杂的联系,以确凿的数据来说明具体时间、地点、条件下社会经济领域的成就和经验、问题与教训、各种矛盾及其解决办法。它不同于用艺术形象刻画的文艺作品,也不同于旁征博引进行探讨研究的各种论文,而是以统计数字为主体,用简洁的文字来分析叙述事物量的方面及其关系,进行定量分析。

2.统计分析报告以统计分析为基础,更注重定量分析

统计分析报告运用一整套统计特有的科学分析方法(如对比分析法,动态分析法,因素分析法、统计推断等),结合统计指标体系,全面、深刻地研究和分析社会经济现象的发展变化。同时,利用统计部门的优势,从数量方面来表现事物的规模、水平、构成、速度、质量、效益等情况,并把定量分析与定性分析结合起来。

3.统计分析报告具有很强的针对性和实用性

统计分析报告一般针对各级党政领导和社会各界普遍关心的难点、热点、焦点问题进行分析,有的放矢,针对性强。

统计分析报告不但包含了统计数据反映的信息,更为重要的是,它还能进行分析研究,能进行预测,能指出工作中的不足和问题,能提出有益于今后工作的措施和建议,从而直接满足党政领导和社会各界在了解形势、制定政策、编制计划,经营管理、检查监督、

总结评比、科研教学等方面的实际需要。

4.统计分析报告注重准确性和时效性

准确是统计分析报告乃至整个统计工作的生命。统计分析报告的准确性除了数字准确,不能有丝毫差错,情况真实,不能有虚假之外,还要求论述有理,不能违反逻辑;观点正确,不能出现谬误;建议可行,不能脱离实际。

同时,统计分析报告具有很强的时效性。失去了时效性,也就失去了实用性,统计分析报告写得再好也成了无效劳动。因此,统计分析报告要提供在领导决策之前和社会各界需要之时。

5.统计分析报告具有独特的表达方式和结构

统计分析报告属于应用文体中的说明文,基本表达方式是以事实来叙述,让数字说话,在阐述中议论,在议论中分析。在表现事物时,不是用夸张、虚构、想象等手法,而是用较少的文字,精确的数据,言简意赅,精练准确地表达丰富的内涵。

统计分析报告在结构上的突出特点是脉络清晰、层次分明。一般是先摆数据、事实,进行各种科学的分析,进而揭明问题,亮出观点,最后有针对性地提出建议、办法和措施。统计分析报告的行文,通常是先后有序,主次分明,详略得当,联系紧密,做到统计资料与基本观点统一,结构形式与文章内容统计,数据、情况、问题和建议融为一体。

三、统计分析报告的作用

1.统计分析报告是衡量统计工作水平的综合标准

统计分析报告是统计工作的最终成果。在一定意义上也就是统计设计、统计调查、统计整理、统计分析与统计分析写作全部工作水平的综合。前面几个环节是统计的基础工作,统计分析才是出成果的阶段。一般来说,高质量的统计分析报告,来自高质量的统计设计、统计调查、统计整理、统计分析和统计分析写作。但是,如果仅有较好的写作水平,统计设计、统计调查、统计整理和统计分析都是低质量的,也不可能产生高质量的统计分析报告。因此,统计分析报告写不好,当然是统计工作水平不高的表现。更重要的是,还要具备方方面面的科学文化知识,包括统计专业知识。需要掌握党和国家的方针政策,需要具备较强的观察能力、思维能力、创新能力、组织能力等等。所以,统计分析报告的质量如何也就反映了统计工作水平如何,这是一个非常重要的综合标准。另外,统计分析的结果虽可以用多种形式表达(如表格式、图形式、文章式等),但只有文章形式的统计分析报告为最好,也最为常用。因此,统计分析报告也是表现统计成果的好形式。

2.统计分析报告是传播统计信息的有效工具

现代社会是信息时代,信息已成为重要资源。统计信息又是社会信息的主体,而且是最全面、最稳定、较准确的信息。统计信息要通过载体传播,而统计分析报告是主要载体之一,适合于报纸杂志上发表,传播条件比较简便,具有较大的信息覆盖面,是传播统计信息的有效工具。

3.统计分析报告是党政领导和社会各界决策的重要依据

现代社会经济管理必须科学决策,而科学的决策又必须依据准确、真实的统计数据。统计分析报告把原始资料信息加工成决策信息,它比一般的统计资料更能深入地反映客观实际，更便于党政领导和社会各界接受利用。因而，统计分析报告是党政领导和社会各界决策的重要依据。

4.统计分析报告是统计服务与统计监督的主要手段

统计分析报告把数据、情况、问题、建议等融为一体，既有定量分析又有定性分析，比一般的统计数据更集中、更系统、更鲜明、更生动地反映了客观实际，又便于人们阅读、理解和利用，是表现统计成果的好形式与传播统计信息的有效工具，自然也就成了统计服务与统计监督的主要手段。

5.统计分析报告是增进社会了解，提高统计社会地位的主要窗口

由于历史、体制等原因，一般大众缺乏统计知识，对统计不够了解，对统计工作不够重视，认为"统计是三分统计，七分估计"，"统计工作只是加加减减，填个表而已"，把统计置于可有可无的地位。要改变这种状况，一方面要加强统计宣传工作，扩大统计的影响，提高人们的认识；另一方面，则要提高统计工作水平，写好统计分析报告，做好统计服务和统计监督工作，提高统计工作的社会地位。

6.统计分析报告有利于促进统计工作自身的发展

统计分析报告的质量，反映了统计工作的水平。在统计分析报告的写作过程中，能有效地检验统计工作各个环节的工作质量，发现问题及时改进，使统计工作得到改善、加强和提高。另外，经常撰写统计分析报告，能综合锻炼提高写作人员的素质，全面增长统计人员的才干。

总之，统计分析报告十分重要，那种认为"统计报表是硬任务，统计分析是软任务"的说法，是完全错误的，是万万要不得的。

四、统计分析报告的种类

统计分析报告可以从不同角度来划分种类。

1.按统计分析报告的内容和作用不同来划分

（1）统计公报。

统计公报是政府统计机构通过报刊向社会公众公布一个年度国民经济和社会发展情况的统计分析报告。一般是由国家、省一级以及计划单列的省辖市一级的统计局发布的。如《国家统计局关于 2012 年国民经济和社会发展统计公报》。

（2）进度统计分析报告。

进度统计分析报告主要以定期报表为依据，反映社会经济的发展情况，分析其影响和形成的原因。如月度分析、季度分析和年度分析。从时间上看，它可分为定期和不定期的、期中的和期末的统计分析报告；从内容上看，它又可分为专题和综合统计分析报告两种。

进度统计分析报告必须讲究时效，力求内容短小精悍，结构简单规范，看后一目了然。

（3）综合统计分析报告。

综合统计分析报告是从客观的角度，利用大量丰富的统计资料，对国民经济和社会发展的规模、水平、结构和比例关系、经济效益以及发展变化状况，进行综合分析研究所

形成的一种统计分析报告。

（4）专题统计分析报告。

专题统计分析报告是对社会经济现象的某一方面或某一问题进行专门的、深入研究的一种分析报告。它的目标集中，内容单一，不像综合分析报告那样，要反映事物的全貌。正因为如此，专题统计分析报告更要求突破时间和空间的限制，根据领导和社会公众的需要灵活选题，做到重点突出，认识深刻。

（5）典型调查报告。

典型调查报告，是根据调查的目的、要求，有意识地选择少数有代表性的单位进行深入实际调查后所写成的报告。深入实际，进行调查研究，是各级领导、各部门了解情况，指导工作经常采用的一种工作方法。习惯上称为"解剖麻雀"，统计上叫做典型调查。

2.按写作类型不同来划分

（1）说明型统计分析报告。

这是对统计报表进行说明的统计分析报告，亦称为"文字说明"，也就是我们通常所说的报表说明。这种说明，主要是对报表的数据作文字的补充叙述，配合报表进一步反映社会经济情况。这种补充叙述主要是针对报表中某些变化较大的统计数字，也可以帮助本单位领导审查报表，以保证数字的质量。这是说明型统计分析报告的基本作用。

严格地说，说明型统计分析报告，因为它只是附属统计报表，所以不能独立成篇，也无完整的文章形式。但由于它也具备统计分析报告的基本特点，我们可以把它看成是统计分析报告的雏形。

（2）快报型统计分析报告。

这是一种期限短、反映快的统计分析报告。一般按日、周、旬、半月写作的定期统计分析报告。快报型统计分析报告的突出特点是一个"快"字。按日写作的统计分析报告，常在第二天上午上班不久就要递交主管领导，其他以此类推。由于这种快的特点，快报型统计分析报告常用于反映生产进度、工程进度等，便于管理层了解情况，对生产和工作进行及时指导，所以快报型统计分析报告在企业用得比较普遍。

（3）计划型统计分析报告。

这是检查计划执行情况的统计分析报告，按月、季、半年和年度检查计划执行情况的定期统计分析报告都属于这种类型。

（4）总结型统计分析报告。

这是对一定时期社会经济发展情况进行总结分析的统计分析报告。通过分析总结，可以全面认识一个地区、部门或单位的社会经济形势，或某个方面的情况，以便发扬成绩，总结经验教训，制订新的措施，为今后工作创造更好的条件。

总结型统计分析报告大多是半年、一年或三五年的统计分析报告。从内容上看，有综合总结、部门总结及专题总结。综合总结，是对地区的整个社会经济或企业整个生产经营的总结；部门总结，是对部门经济（农业、工业、商业）或某个车间的总结；专题总结，是对某些方面进行的专题总结。

（5）公报型统计分析报告。

这是政府统计机关向社会公告重大社会经济情况的统计分析报告。统计公报是政府的一种文件,一般应由级别较高的统计机关发布。级别较低的统计机关不宜发表公报,但是可以采用统计公报的写作形式公布本地的社会经济发展情况,也应列入公报型。

(6)调查型统计分析报告。

这是通过非全面的专门调查来反映部分单位社会经济情况的统计分析报告。其基本特点是只反映部分单位的社会经济情况,一般不直接反映和推断总体情况。而且它的资料和情况来源于非全面调查(即抽样调查、重点调查和典型调查等),并不主要来自全面统计调查。

(7)分析型统计分析报告。

这是通过分析着重反映社会经济现象具体状态的统计分析报告。它同调查型统计分析报告的主要区别是它既反映部分单位的情况,也反映总体的情况,并以总体情况为主。而且它的资料和情况来源是多方面的,可以是部分单位的调查资料,也可以是全面统计报表资料、历史资料的横向对比资料等,其中又以全面统计中的报表资料较多。目前,统计人员写作的统计分析报告,大多属于这种类型。

(8)研究型统计分析报告。

这是着重研究解决问题的办法和进行理论探讨的统计分析报告。它同分析型统计分析报告的主要区别是:分析型统计分析报告对社会现象的认识仍停留在具体状态,而研究型统计分析报告则是对具体的状态上升理论的高度,提出理论性的见解或新的观点。所以,研究型统计分析报告比分析型的意义又进一步,是一种高层次的统计分析报告。

(9)预测型统计分析报告。

这是评估社会经济发展前景的统计分析报告。它与研究型统计分析报告的主要区别是:研究型统计分析报告着重对趋势性、规律性进行定型研究,而预测型统计分析报告是在认识趋势及规律的基础上,着重对前景进行具体的定性和定量的研究。通过预测,人们可以超前认识社会经济发展前景,对制订方针、发展策略、编制计划、搞好管理具有很大的帮助。因此,预测型分析报告的作用很大,也属于高层次的统计分析报告。

(10)资料型统计分析报告。

这是着重提供统计资料的统计分析报告。主要有两种形式:一是数字式(也就是数字文字化)。数字式虽以数字资料为主,但它有文章的形式,也有观点和简要的分析。历史资料、年报资料、横向对比资料等,都可以写成这种统计分析报告。二是概况式。例如地方概况、部门概况、行业概况、企业概况等。这种概况式资料,是通过数字和文字提供简要而全面的基本情况,以使读者对某个地方、某个部门、某个行业或某个企业单位的概貌有所了解。

(11)信息型统计分析报告。

这是以信息方式反映社会经济情况的统计分析报告。它有内容简要,篇幅短小,传递快速,读者面广等特点。信息型统计分析报告不只在报刊上发表,也可以写成党政领导的内部参阅材料,自治区统计局编发的"经济要情"和自治区"重大信息"就属于信息型的统计分析报告。

(12)综合型统计分析报告。

这是综合多项内容的统计分析报告。有情况、有分析、有预测、有建议等多项内容。

(13)系列型统计分析报告。

这是运用系列形式写作的一组统计分析报告。常用于反映和研究范围较广、层次较多、情况较复杂,又很重要的社会经济问题。

此外,按统计领域不同,又可分为工业、农业、商业、科技、教育、文化、卫生、体育、人口、财政、金融、政法、人民生活、国民经济综合、核算等统计分析报告。按写作对象的层次划分,可分为微观、中观和宏观统计分析报告。按照时间长度分,可分为定期与不定期的统计分析报告。定期统计分析报告,一般是利用当年的定期统计报表制度的统计资料来定期研究和反映社会经济情况。根据期限不同,定期统计分析报告又可分为日、周、旬、半月、月度、季度、上半年、年度等统计分析报告。不定期统计分析报告,主要是用于研究和反映不需要经常性定期调查的社会经济情况。

第二节 统计学分析报告的撰写

一、统计分析报告的质量要求

统计分析报告的质量好坏,一般从两个方面来衡量:一是统计分析报告的深度和广度。即报告的内容是否丰富,对资料的分析和写作技巧如何;二是统计分析报告的时效性及产生的社会影响。即分析报告在实际工作中发挥的作用如何,也就是它的社会效益。后者是衡量分析报告质量的主要标准。国家及地方统计局每年组织评选优秀统计分析报告时提出四条评比标准,即基本质量要求:

(1)选题准确,能够紧密结合经济形势,配合党的中心任务,反映方针、政策的执行情况和效果,对党政领导的决策能起积极的作用。

(2)资料可靠,观点鲜明,分析深刻,提出一定的见解。

(3)时效性强,反映情况及时。

(4)主题突出,结构严谨,条理清晰,文字简洁。

这四条标准可概括为统计分析报告的"四性",即准确性、时效性、针对性、逻辑性。当然,要写出一篇高质量的统计分析报告,还应在求"新"和求"深"上下工夫。

所谓"新",是指创新。不仅内容有新意,形式也要新颖。要有所创新,就要树立新观念,研究新课题,挖掘新事物、新思想,选择新视角,反映新情况、新特点、新动态,写出新成就、新问题,分析新原因,总结新经验,提出新建议。所谓"深",是指深入透彻,要掌握丰富的资料,进行深入的分析,达到对研究对象有深刻、透彻的认识。

二、统计分析报告的选题

1.选题的意义和原则

统计分析报告的写作,首先要解决写什么题目的问题,确定题目对统计分析报告写作很重要:第一,它关系到统计分析报告是否具有实用性,是否"产品对路"。如果没有实用性,写得再好也是不会有人需要的。第二,关系到写作过程是否能顺利进行。如果选的题目难度超过了作者本身的能力和条件,写作也不会成功,不但不能实现写作目的,而且造成人力、物力、财力和时间的浪费。人们常说,"选好了题目就成功了一半",这句话是很有道理的。

统计分析报告的题目有三种:一是任务题,这是领导交办或上级布置的题目;二是固定题,这是结合定期报表制度进行分析的题目,这种题目一般不变化;三是自选题,这是作者自己选择的题目。所以,我们所说的选题就是针对自选题而言的。

统计分析报告的选题应同时具备两个基本条件:一是有实用价值;二是有新颖性,必须有新的内容或新的见解。

选择题目应该遵循以下几条原则:

(1)选具有现实意义的课题,或是与中心工作、全局性工作有密切联系的课题。

(2)选国民经济发展中带有苗头性、动向性、突发性的问题。

(3)选改革开放和社会主义现代化建设中出现的新情况、新问题、新经验。

(4)选各方面有不同看法的重大问题。

(5)选配合中心工作、重要会议提供材料的课题。

一般情况下,最好是结合自己的专业工作,选择自己熟悉的适合自己业务水平的、各项资料也比较齐全的课题来写。这样,成功的把握较大。切不可好高骛远,选题过大过难,以至力不从心,半途而废,即使勉强写出来了,也不会有较好的质量。

2.选题的方法

统计分析报告的课题虽然很多,但不等于随便什么都可以写,而是抓住党政领导和社会各界需要知道了解他们尚未认识或充分认识的社会经济情况。这是主观与客观应该结合的点,常常表现为"注意点"、"矛盾点"和"发生点"。统计分析报告的选题应该抓住这"三点"。

所谓"注意点",就是党政领导和社会各界比较关注的热点问题。比如"物价上涨过快"、"食品安全"、"看病难、看病贵"等问题都是人们比较关注的社会热点问题。所谓"矛盾点"就是问题比较集中,影响比较大,争议比较多,但长期得不到很好解决的社会难点问题。比如"三农问题"、"房价过高过快"、"收入分配"问题等。

所谓"发生点",就是我们常说的新情况、新问题、新联系和新趋势。比如社会主义新农村建设问题、新型城镇化建设问题等。抓住"发生点"来写作统计分析报告,意义是很大的。

那么在实际工作中如何才能发现"注意点"、"矛盾点"和"发生点"呢?可以采取以下一些方法:

(1)经常深入实际、深入群众、深入生产第一线。只有经常下到基层去,下到实际工作中去,才能掌握丰富、生动、真实、具体的第一手材料,就可以发现问题、研究问题。这样脑子里积累的问题多了,材料多了,写起文章来就会深刻得多,不至于枯燥贫乏,空洞无力。

(2)经常了解国家及地方政策制定部门的意图和工作动向。主要是多关注有关部门的一些会议,如党的"十八大",深入研读分析必要的文件。

（3）经常研究统计资料。统计报表、统计年鉴、统计历史资料等，包含了丰富的社会经济信息，比较全面反映社会经济活动的过程，并能暴露一些问题，因此细心地研究这些资料，并有意识地进行一些纵向、横向比较，并注意剖析其中的内部结构以及各种联系的变化，这些统计数据也往往能提示社会经济活动的"注意点"、"矛盾点"和"发生点"。

（4）加强理论学习，经常阅读报纸杂志。

3.选题的内容

在写作统计分析报告时，可以参考以下内容来选题：

（1）围绕方针政策选题。可以从以下几个方面来选择题目：一是研究社会经济发展中的新苗头、新动向和新情况，为制订新的政策提供依据；二是研究政策贯彻执行情况，反映新成就、新经验；三是研究政策执行中的新问题，分析原因，提出建议，为检验和校正政策提供依据。

（2）围绕中心工作选题。所谓中心工作，就是国家在一段时间内集中力宣开展的某项工作。应该看到，在不同时期、不同地区、不同部门和单位，其中心工作是不同的，比如转变经济发展方式是当前比较大的中心工作。

（3）围绕重点选题。所谓重点，就是在全局中处于举足轻重地位的某些部位或某项工作。

（4）围绕经济效益选题。提高经济效益是经济发展的重要问题，应当作为写作统计分析报告的经常课题。

（5）围绕民生选题。民生问题，简单地说，就是与百姓生活密切相关的问题，最主要表现在吃穿住行、养老就医、子女教育等生活必需上面。民生问题也是人民群众最关心、最直接、最现实的利益问题。关注民生、重视民生、保障民生、改善民生，同党的性质、宗旨和目标一脉相承。教育是民生之基，就业是民生之本，收入分配是民生之源，社会保障是民生之安全网。这四大问题都是民生的基本问题。

（6）围绕民意选题。对党和政府的方针政策，出台的一些重大问题的看法和意见，真实地表达人民群众的意向和要求。

三、统计分析报告的写作步骤

1.拟定提纲

统计分析报告应在明确主题的基础上，提出说明主题的各种观点和依据，说明形成主题观点的主要因素有哪些，与主题相矛盾的有哪些，最后找出解决问题的办法（建议）。

应形成以主题思路为主导的完整的、有结构的、分层的、较为具体的统计分析报告提纲框架。

提炼主题观点的常用方法有：

（1）演绎归纳法。从一般到特殊是演绎，从特殊到一般是归纳。在写统计分析时，凡是先下结论后摆材料的叫演绎法，如：现状（结论）→原因→建议；先摆材料后根据材料而下结论的叫归纳法，即：分析材料→得出结论。在一篇分析报告中，要灵活运用以上两种方法，全篇可以用演绎法，分段可以运用归纳法。

（2）纵横对比法。在统计上把时间连续叫做"纵"，把地区联系叫做"横"。要说明发展情况就必须和去年"同期"比,和各个历史时期比,这就是纵的对比法;要说明各单位某一指标的高低,就必须把各单位和各单位进行对比,这就是横的对比法。横的对比法能起到"泼点凉水"的清醒剂作用,使领导居安思危,采取积极措施,克服弱点,赶上先进地区。

采用纵横对比法时要注意可比性,一是要注意时间、地点、条件的可比性;二是要注意统计指标的计算口径、范围、计算方法要有可比性。

(3)层层剖析法。也叫层层剥笋法,就是对事物要寻根问底,把问题弄个水落石出。即:皮→肉→骨→骨髓。道理简单,但要熟练运用是件极不容易的事。

(4)相互联系法。把相关的资料或指标联系起来进行综合分析。如工农业比例关系、国民生产总值中一、二、三产业之间的比例关系问题、积累与消费的关系问题等待。把所掌握的资料与客观实际情况或者说活情况联系起来分析。要把所分析的问题与理论数据或者经验数据联系起来分析。如人口出生率中新生婴儿的男女性别比为 105:100,在国内生产总值中投资约占 GDP 的 30% 以内,财政收入占 GDP 的比重等。联系党在各个时期的方针政策进行分析。

(5)沙里淘金法。这种方法主要解决如何选用最好的材料。材料用得好,用得恰当,就能起到观点和材料的统一,即水乳交融;材料选得不好,就很难说明观点,象油水分离,甚至造成观点和材料的矛盾。有时两个相似的材料都很好,我们也只能忍痛割爱,舍弃其中一个。

2.准备资料

从内容上看,需要准备反映和表现主题特征的材料,形成主题特征的各种要素材料,以及显示主题一般特征的典型材料。

从类别上看,统计分析报告撰写统计分析报告所需搜集的材料有如下几种:

(1)统计资料。这是写作统计分析报告用得最多,也是最主要的材料,可分为以下几种材料:

①定期报表资料:这主要指当年的定期报表数字资料,也包括定期的原始记录资料。

②一次性调查资料:这里指统计普查抽样调查、重点调查典型调查的数字资料。

③统计整理资料:这里主要指历史统计资料和统计年鉴资料,仍是数字资料。

④统计分析资料:这是指已经印发的各种统计分析素材及统计分析报告。

⑤统计图表资料:这是指各种形式的统计图、统计表。

⑥统计书刊:这是指统计部门编印的有统计资料内容的书刊,如《统计年鉴》、《中国统计》杂志、《统计研究》杂志、《统计月报》等。

(2)调查资料。这是在特定的统计调查中所取得的情况或资料,是指在统计报表之外的,尚未写成统计分析资料的情况。主要有以下主要方法:观察法、访谈法、问卷法、座谈法等。

(3)业务材料。这是反映社会经济有关业务活动情况的文字材料。这些材料大多来自各业务部门以及有关的业务会议。比如财政会议、经济工作会议等。

(4)见闻材料。这是通过非统计调查的日常见闻所取得的活情况。这种活情况,一是指有文字记载的,如报刊发表的一些社会现象;二是指没有文字记载的是作者耳闻目睹的某些社会现象(如在街上发生的一些突发事件等)这些并非特意调查的见闻,有时也成为统计分析报告的材料。

(5)政策法规。这是党和政府的有关方针、政策、法律、条例、规定、决定、决议等文件材料。

(6)有关言论。这是革命导师、领袖、党政领导、古今中外的专家、学者的有关言论。这也是统计分析报告论事说理的重要材料。

(7)书籍材料。这是有关的教科书、论著、专著、资料书与参考性的工具书等等。在书籍材料中,主要是理论材料。

(8)报刊材料。这是报纸、期刊发表的各类材料,其中包括内部的,不定期的报刊材料。

(9)横向材料。这是指同类地区以及市际、省际、国际之间的材料。有了这种材料,在写作统计分析报告时就便于进行横向比较。

此外,还要掌握一些必要的文学材料,如诗歌、成语、典故、谚语等。这些文学材料若在写作中运用得好,必能增加统计分析报告的生动性与可读性。

3.确定统计分析报告的结构

所谓结构,就是文章的内部组织、内部构造,是对文章内容进行安排的形式。统计分析报告的结构,在过去有个俗成约定的格式,就是"一情况、二问题、三建议"这种三段式。还有一种就是:提出问题—分析问题—解决问题。这是最常见的也是经常用的两种格式。但统计分析报告的格式应该是多样化的,例如:有的统计分析报告是情况、问题、根源、预测建议五个部分组成。有的是情况、问题、根源、建议四个部分组成。有的虽然也是三段式,但组成部分是情况、问题、根源或者是问题、根源、建议。还有的是两部分:情况、问题,或问题、根源,或问题、建议,或情况、建议。也有的则专门写情况,或专门写问题,或专门写建议。总之统计分析报告的结构应该不局限于三段式,应该是多种形式。

(1)结构形式。

统计分析报告的常用结构形式主要有以下三类:

①递进结构。

按照事物的因果关系、逻辑关系展开。报告各部分之间一层一层,层层深入地衔接。

如:现状—原因—结果;

现状—问题—对策;

历史—现状—未来。

②并列结构。

将所要表述的情况,分成并列的几个部分。如分析进口商品检疫状况时,分国别美国、日本、德国等分别进行叙述。

③序时结构。

按照事物发展的经过和时间先后进行表述。如改革开放前、改革开放后等。序时结构要注意精心取材,突出重点切忌平铺直叙。

(2)标题。

标题也称为题目。俗话说:"看人是先看脸,看脸先看眼"。人们阅读文章,第一眼是看标题,加之标题常常是文章中心内容、基本思想的集中体现,因而标题也就成了文章的"眼睛",在文章的结构中占有重要的地位。

在统计分析报告写作中,有相当作者不重视标题,这方面的通病有以下三点:一是标题元变化,格式老一套。例如:《关于××××的分析》或《关于××××的调查》,这类标题大家可用,年年可用,这种公文式的标题,显得十分呆板;二是题文不一致。往往是题意过宽或题意过窄;三是缺乏吸引力。由于标题无变化、格式陈旧,对读者没有吸引力。

制作好标题,一般来说有正题和辅题。正题(也叫主题或大标题),辅题包括引题和副题。引题(也叫肩题、眉题或小题),是正题的引子;副题(也叫次题或提要题)是正标题的辅助标题,用于进一步补充和说明正题,使正题的意思更完整。要使标题新颖醒目,扣人心弦,增加吸引力,引起人们的重视,可以采取以下一些方法:

①多用"论点题"和"事实题"少用"对象题"。试比较以下两题(乡镇工业大有作为;关于乡镇工业的调查);

②适当采用"设问题",试比较以下两题(商品库存为什么升高;商品库存情况的分析);

③用具体事实做标题。试比较以下两题(我县夏粮增产四千万斤;我县夏粮获得丰收);

④用突出的事实做标题。试比较以下两题(我区工业总产值突破一千亿大关;我区工业生产大幅度增长);

⑤加重语气。试比较以两题(我市蔬菜价格猛涨 26%;我市蔬菜价格上涨 26%)

⑥运用对比手法。试比较以下两题(改革前长期亏损,改革后一年盈利上百万;改革后我厂扭亏为盈全年盈利过百万);

⑦适当运用比喻。试比较以下两题(××地区大力营造"绿色宝库";××地区开展植树造林情况);

⑧适当运用诗词、成语、古语、警句。试比较下面两题(安得广厦千万间,黎民百姓尽开颜;我区房地产情况调查);

⑨适当运用副题。试比较以下两题(××县葡萄生产情况——今年全县葡萄产量可达 25 万吨,比上年增长 24%;××县葡萄生产情况);

⑩适当运用提示语和有强调作用的语句。试比较以下两对标题(请注意:我区耕地面积大量减少;我区耕地面积大量减少)。

3. 开头

人们常说:写文章是"头难起,尾难收"。统计分析报告的开头,有如下三种方法:

(1)开门见山,直叙主题,使之看了开头的话就能领悟到题旨。这是最常用的一种开头方法,具体的使用方式有:

①起笔点题。一开始就点出基本事实。

②亮出观点。开门见山,提出一个大家关心的问题,引出文章的主要内容和基本观点。

③强调意义。通过议论说明事件的重要性、突出该文章的中心内容、作用和意义。

④总说全文。这种开头,把全文所要阐述的内容作概括的介绍。使读者在开始即能

了解总的情况,也为全文的论述定下基本的格局。

(2)造成悬念。先提出一个问题,为什么会这样? 引起读者的注意和思考。

(3)交代动机。如:"为了……"。

4.正文

正文是报告的中心。用几个论点来阐述主题,每个大的论点有哪些小论点,大小论点如何连贯,问题如何排列等等。统计分析报告一般由四个部分构成:

(1)现状(问题、矛盾、难点);

(2)原因;

(3)对国民经济的影响;

(4)政策性建。

5.结束语

统计分析报告的结束语,大致有以下几种写法:

(1)总结全文深化主题;

(2)表明态度,提出建议;

(3)展望前景,提出看法;

(4)强调问题引起重视;

(5)水到渠成得出结论;

(6)呼应开头首尾圆合;

(7)事物未来做出预测。

四、统计分析报告的写作要求

1.主题要突出

主题是统计分析报告的中心思想或基本论点。它像一根红线贯穿于全文,是文章的灵魂与统帅。统计分析报告要根据统计研究的任务,抓住要解决的主要矛盾及矛盾的主要方面,开展分析工作。内容要紧扣主题,从统计资料反映的复杂社会经济现象中,抓住重点问题,突出主题思想加以阐述。

2.材料和观点要统一

统计分析报告必须以统计资料为依据,但不能搞资料堆砌,要用统计资料来说明观点。这就要求编写统计分析报告必须处理好材料与观点的关系。统计资料要支持报告所说明的观点,而观点要依据统计资料,做到材料与观点的辩证统一。如果材料与观点脱节,便失去统计分析报告的说服力。

3.判断推理要符合逻辑

统计分析报告的准确性,不仅是运用的统计数字要准确可靠,而且要准确地说明社会经济现象的本质和发展变化的规律。这就要求编写统计分析报告要在统计资料的基础上进行深入分析,运用推理和判断的逻辑方法。判断是以准确的统计数字为依据的;推理是以充分的依据为前提的。正确的判断和推理,从事物发展上说,就是要有根有据,符合客观的规律性;从思维发展上说,就是要实事求是,合乎事物的逻辑性。判断和推理的结果,前后不能矛盾,左右不能脱节,要如实反映客观事物的内在联系。

4.结构要严谨

结构要严谨,是指统计分析报告内容的组织、构造精当细密,无懈可击,甚至达到"匠心经营,天衣无缝"的地步。这就要求首先要思想周密,没有"挂一漏万","顾此失彼";其次要组织严谨,没有"颠三倒四"、"破绽百出"。因此,结构能否严谨,首先取决于作者思想认识和思路是否清晰、严密。作者只有充分认识与掌握事物发展的内在规律,才能把它顺理成章地表达出来。

5.语言要生动、简练

统计分析报告的质量高低,首先在于内容正确;其次还要讲究辞章问题。如果用词烦琐,语言不通,词不达意,就不能较好地表述分析的结果。所以,写一篇较好的分析报告,要善于用典型的事例、确凿的数据、简练的辞藻、生动的语言来说明问题。切忌文字游戏、词句堆砌,形式排比、华而不实。

6.报告要反复研究、修改

写统计分析报告与其他文章一样,必须反复研究和反复修改,做到用词恰当,符合实际。统计分析报告要进行反复研究和修改的目的,是为了检查观点是否符合政策,材料是否真实可靠,文章结构是否严密,文字是否言简意明,表达是否准确得当。只有反复修改,才能写出好的统计分析报告。

第三节　统计分析报告的举例

实例一：

耕地　粮食　人口—— 一个不可忽视的问题

"人以食为天,粮以地为本",这句话道出了粮、地、人之间的利害关系。新中国成立以来,我县耕地面积、粮食产量和人口数量不断发生变化,三者之间的不平衡状况起来越明显,现已成为一个不可忽视的严重问题。

一、耕地面积逐年下降,粮食播种面积减少

翻开我县耕地面积记载史册,1950 年全县有 122 万亩耕地,以后每年都在减少,到1988 年只剩 81 万亩,减少了 33.6%,平均每年减少 10513 亩。

我国目前农业生产技术水平还比较落后,粮食单产低且不稳,主要还是依赖于足够的耕地规模,来解决众多人口的吃饭问题。换句话说,耕地是粮食生产之根本。从我县看,由于耕地面积逐年减少,粮食作物播种在薄弱的基础上继续减少。建国初全县粮食播种面积 105.8 万亩,1988 年减少到 53.3 万亩,减少了 49.3%。

二、粮食产量下滑,征购减少,返销增加

受耕地面积逐年减少的影响,我县粮食产量在波动中呈下降趋势。1988 年全县粮豆产量为 7.6 万吨,比 1949 年减少 4.5 万吨,下降 37%。40 年来粮食产量发生过 11 次升降变化。年产量最高的 1975 年达到 22.3 万吨,之后虽有升降,但总的是趋向下滑。

1985 年仅产出 6.63 万吨,比 1975 年下降 70.3%,1988 年比 1975 年下降 60%。

由于粮食产量不稳,并且在波动中不断下降,全县粮食征购减少、返销增加,连年给国家造成困难。1988 年全县征购粮食为 0.7 万吨,返销粮食为 4 万吨。与 1970 年相比,征购粮减少 1 万吨,返销粮增加 3.8 万吨,增长 17.4 倍。

三、人口增加,人均耕地、粮食生产每况愈下

新中国成立 40 年来,全县人口除 4 个年度下降外,其余 36 个年度都是增加的。40 年中平均每年增加 6084 人,等于每三年增加一个弟兄山镇。1988 年年末,全县人口是 59.98 万人,是 1949 年的 1.7 倍。没实行计划生育的 1970 年前,平均每年增加 9542 人。1971 年后虽实行计划生育,但平均每年仍增加 2387 人。

人口不断增加,耕地减少,粮食减产,人均占有耕地和粮食每况愈下。1949 年全县人均耕地 3.2 亩,1988 年减少到 1.3 亩,1949 年人均粮食产量 339 公斤,1988 年仅有 127 公斤。

四、耕地、粮食、人口比例关系严重失调

新中国成立 40 年来,我县的耕地面积以每年 0.9% 的速度下降,粮食产量以每年 1.1% 的速度减少,人口总数却以每年 1.3% 的速度递增,人均耕地和人均产量以每年 2.2%、2.4% 的速度递减。如果今后耕地面积、粮食产量、人口数量仍然保持前 40 年的平均变动速度,我县的耕地面积到 2066 年将全部被非农用地占用,人口将发展到 106 万人,粮食无处可种。这是一个非常严峻和亟待解决的大问题,应当引起各级领导和有关部门的高度重视,决不可掉以轻心。从现在起应当果断采取有效措施,控制人口数量,制止乱占耕地,发展粮食生产。否则后果不堪设想。

简析:

这篇统计分析报告是作者深入到几个乡镇了解到农村占用土地情况十分严重的情况下,出于高度负责的精神写出的。作者发现,农村新建房屋连片,耕地被大量吞食,粮食产量低而不稳,而人口有增无减,粮少人多的矛盾日趋尖锐。而在极为严峻的问题面前,作者在了解情况的基础上,科学整理了 40 年的全县人口、耕地、粮食的全部统计数据,调整了指标范围和口径,并经过多方面鉴别、核对,又做了统计分析表,从中引出了自己的观点,形成对所分析问题的明确认识,写出了有理有据、观点鲜明、材料充实、结构严谨、层次清晰、文字简练的分析报告。

由于作者抓住了一个极为严峻而亟待解决的问题,提供一份优秀的引人注意的分析报告,引起了有关部门和县领导的重视。该县的县长批示建议将此件以政府简报或办公室文件形式转发县直各部门及各乡镇政府。向全县各部门敲响了警钟。

(摘自:http://baike.baidu.com/view/6442559.htm)

实例二:

人口总量平稳增长就业局势保持稳定

——从"十六"大到"十八"大经济社会发展成就系列报告之三

来源:国家统计局人口司

"十六"大以来,我国人口总量低速平稳增长,人口生育继续稳定在低水平,人口文化

素质不断改善,城镇化水平进一步提高,人口婚姻、家庭状况保持稳定。积极就业政策的确立和实施,有力地促进了就业总量的稳步增加和就业结构的进一步优化,就业质量有所提高,城镇失业得到了有效控制,全国就业局势整体上保持基本稳定。

一、人口总量低速平稳增长,人口素质进一步提高

（一）人口总量低速平稳增长

"十六"大以来,我国人口继续保持低速平稳增长。2011 年年末中国大陆人口总量为134735 万人,比 2002 年增加 6282 万人,年均增长率为 0.53%。人口自然增长率逐年下降,由 2002 年的 6.45‰降至 2011 年的 4.79‰,比 2002 年下降了 1.66 个千分点。人口增长的绝对数量在逐年减少,年增加人口由 2002 年的 826 万人减少至 644 万人。我国大陆人口占世界人口的比重继续下降,由 2002 年的 20.3%降至 2011 年的 19.5%,为世界人口的健康发展作出了积极贡献。分地区看,东中西仍然保持"东多西少"的人口格局。2011 年年末,东部[1]人口为 55445 万人,占各省（自治区、直辖市）人口合计的 41.4%;中部人口为 42374 万人,占 31.6%,西部人口为 36222 万人,占 27.0%,西部地区人口增长略快于中部地区。

人口生育继续稳定在较低水平。2011 年我国的人口出生率为 11.93‰,全年出生人口为 1604 万人,出生率比 2002 年下降了 0.93 个千分点。2002－2011 年我国平均每年出生人口为 1603 万人（见表 1、图 1）。

表 1 2002－2011 年全国总人口变动情况

指标	总人口 （万人）	出生率 （‰）	死亡率 （‰）	自然增长 率（‰）	出生人口 （万人）	死亡人口 （万人）	人口自然 增长（万人）
2002	128453	12.86	6.41	6.45	1647	821	826
2003	129227	12.41	6.40	6.01	1599	825	774
2004	129988	12.29	6.42	5.87	1593	832	761
2005	130756	12.40	6.51	5.89	1617	849	768
2006	131448	12.09	6.81	5.28	1584	892	692
2007	132129	12.10	6.93	5.17	1594	913	681
2008	132802	12.14	7.06	5.08	1608	935	673
2009	133450	11.95	7.08	4.87	1591	943	648
2010	134091	11.90	7.11	4.79	1592	951	641
2011	134735	11.93	7.14	4.79	1604	960	644

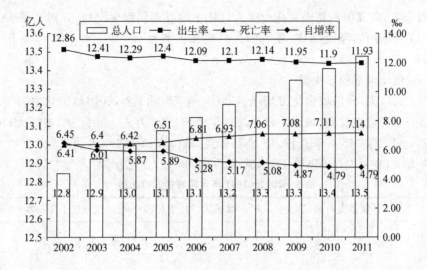

图1 2002—2011年全国总人口及自然变动情况

从全国总人口的年龄结构来看,2011年全国15～64岁人口首次超过十亿,达到100283万人,占总人口的74.4%,比2002年增加了9981万人,比重增加了4.1个百分点。2002—2011年,15～64岁人口总量逐年增加,平均增长速度为1.17%(见表2、图2)。

表2 2002年和2011年全国人口年龄结构

年龄段	人口数(万人)		比重(%)	
	2002年	2011年	2002年	2011年
0—14岁	28774	22164	22.4	16.5
15—64岁	90302	100283	70.3	74.4
65岁及以上	9377	12288	7.3	9.1

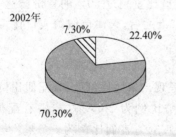

图2 2002年、2011年人口结构图

(二)人口素质进一步提高

从各种受教育程度人口占总人口比重看,2010年大专及以上受教育程度人口比重为8.9%,比2002年提高了4.5个百分点,小学文化程度人口占26.8%,比2002年降低了

5.96 个百分点,而高中和初中文化程度人口比重均有不同程度提高,分别达到 14.0％和 38.8％。文盲率继续降低,2010 年我国人口粗文盲率为 4.08％,比 2002 年的 9.16％下降了 5.08 个百分点。

(三)城镇化水平稳步提高

"十六"大以来,我国城镇化发展迅速,2002 年至 2011 年,我国城镇化率以平均每年 1.35 个百分点的速度发展,城镇人口平均每年增长 2096 万人。2011 年,城镇人口比重达到 51.27％,比 2002 年上升了 12.18 个百分点,城镇人口为 69079 万人,比 2002 年增加了 18867 万人;乡村人口 65656 万人,减少了 12585 万人(见表 3)。

表 3   2002－2011 年全国城镇人口比重

年份	城镇人口数(万人)	城镇人口比重(%)	比重比上年提高(百分点)
2002	50212	39.09	1.43
2003	52376	40.53	1.44
2004	54283	41.76	1.23
2005	56212	42.99	1.23
2006	58288	44.34	1.35
2007	60633	45.89	1.55
2008	62403	46.99	1.10
2009	64512	48.34	1.35
2010	66978	49.95	1.61
2011	69079	51.27	1.32

分地区看,西部城镇化发展速度快于东部,中部又快于西部。2011 年,东部地区城镇人口比重 61.0％,中部和西部城镇人口比重分别为 47.0％和 43.0％,与 2010 年相比,东中西分别上升 1.1、1.7 和 1.6 个百分点。中西部地区近年来城镇化发展速度较快,但与东部地区的差距仍然较大。至 2011 年底,城镇人口比重超过 50％的省份已达 15 个,湖北、山东、海南三省首次超过 50％;继上海市、北京市之后,天津市城镇人口比重 2011 年首次超过 80％。

(四)人口婚姻、家庭状况保持稳定

2011 年我国人口婚姻状况仍保持相对稳定,呈现出未婚比例低、有配偶比例高、离婚比例低等基本特征。在 15 岁及以上人口中,未婚比例为 20.8％,初婚有配偶比例为 70.8％,再婚有配偶比例为 1.6％,离婚比例仅为 1.3％,丧偶比例为 5.5％。与 2002 年相比,有配偶比例、丧偶比例分别降低 1.2 和 0.4 个百分点,未婚比例、离婚比例分别增加了 1.3 和 0.3 个百分点。

家庭户规模继续保持平稳下降的趋势,2011 年,我国平均家庭户规模为 3.02 人,比 2002 年减少了 0.37 人。分城乡看,城镇平均家庭户规模不足 3 人,小于乡村平均家庭户规模。随着家庭户规模的缩小,以父母与未婚子女组成的核心家庭为主的"二代户"是目前最典型的家庭户类型,其占家庭户比重接近 50％,其次是一代户和三代户,分别为

35.4％和16.9％，四代及以上户占家庭户的0.7％。

二、积极就业政策取得成效，就业保持基本稳定

(一)就业人员总量稳步增加

2011年年末，我国就业人员总量达到76420万人，比2002年的73280万人增加3140万人，年均增加348.9万人。其中，全国城镇就业人员总量由2002年的25159万人增加到35914万人，累计增加10755万人，年均增长超过4％；2011年年末，全国乡村就业人员总量由2002年的48121万人减少到40506万人，累计减少7615万人，年均减少1.9％(见图3)。

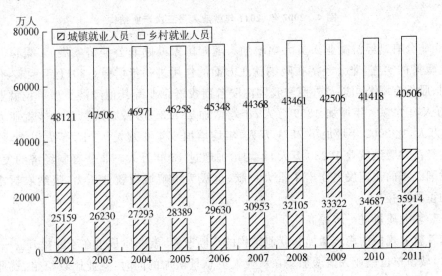

图3　就业人员变化情况

(二)就业结构更加合理

随着就业人员总量进入稳定增长期，就业结构优化步伐明显加快。

(1)城镇就业比重迅速上升。随着城市化和工业化进程的不断推进，城镇吸纳就业的能力持续增强，有力地促进了乡村富余劳动力向城镇地区的转移。"十六"大以来，我国城镇就业人员保持快速增长，城镇就业人员占全国就业人员总量的比重从2002年的34.3％上升到2011年的47.0％。

(2)二、三产业就业人员比重持续提高。随着非农产业的迅速发展，我国二、三产业就业比重持续提高。"十六"大以来，我国第一产业就业人员从2002年的36640万人减少到2011年的26594万人，年均减少1116.2万人；第二产业就业人员从2002年的15682万人增加到2011年的22544万人，年均增加762.4万人；第三产业就业人员从2002年的20958万人增加到2011年的27282万人，年均增加702.7万人。我国三次产业就业人员的比重由2002年的50:21.4:28.6转变为2011年的34.8:29.5:35.7。第一产业年均下降约1.7个百分点，第二产业年均上升0.9个百分点，第三产业年均上升0.8个百分点(见图4)。

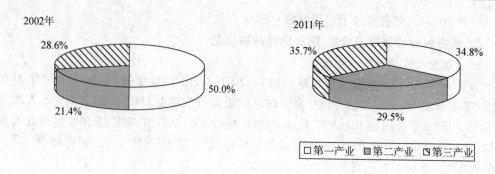

图 4　2002 年、2011 年就业人员三次产业结构

(3)非公有制经济就业人员大幅增加。随着国家鼓励非公经济发展、多渠道开发就业岗位政策的实施,非公经济在吸纳就业方面的作用进一步增强。2011 年年末,有限责任公司、股份有限公司以及外商和我国港澳台商投资企业等其他经济类型单位就业人员6536 万人,比 2002 年增加 4359 万人,年均增加 484.3 万人;城镇私营个体就业人员为12139 万人,比 2002 年增加了 7871 万人,年均增加 874.6 万人。"十六"大以来,城镇非公有制经济共吸纳就业 12230 万人,年均增加超过 1300 万人。非公有制经济的发展,不仅为我国经济的快速发展作出了重大贡献,也成为缓解城镇就业压力,吸纳农村富余劳动力的重要途径。

(三)就业质量进一步提高

随着就业规模的稳步增加和就业结构的不断改善,就业质量也在不断提升。

(1)城镇单位就业人员增加。在就业人员总量增加的同时,就业比较稳定、就业质量较高的城镇非私营单位[2]就业人员也呈逐年增加态势。截至 2011 年年末,我国城镇非私营单位就业人员已经达到 14413 万人,比 2002 年年末增加 3428 万人,年均增加 381 万人。

(2)劳动合同签订率上升。随着企业管理的逐步规范,特别是《劳动合同法》的实施,企业就业人员的劳动合同签订率逐步提高。根据劳动力调查数据测算,2011 年,我国各类企业就业人员的劳动合同签订率已经达到 59.7%,比 2005 年提高 10 个百分点。分企业类型看,国有及国有控股企业为 91.3%,提高 11 个百分点;集体企业为 76.6%,提高26.7 个百分点;私营企业为 46.9%,提高 18 个百分点;其他类型企业为 61.6%,提高 5个百分点。

(四)城镇失业得到有效控制

"十六"大以来,我国正值劳动年龄人口增长高峰,农村劳动力转移速度明显加快,就业总量矛盾突出,结构性矛盾加剧。特别是 2008 年的国际金融危机,更对我国就业形势产生了较大冲击,使我国就业面临着较大的压力。

面临巨大的就业压力,我国政府实施了更加积极的就业政策,采取多种措施努力扩大就业,同时加强了对失业的调控力度,积极稳妥地应对各种就业矛盾和国际金融危机对我国就业工作带来的不利影响,保持了就业形势的基本稳定。据统计,自 2002 年以来,我国城镇登记失业率始终保持在 4.0%~4.3%的较低水平,城镇登记失业人数维持在 1000 万人以下(见图 5),为创建和谐稳定的社会环境,推动经济社会持续、稳定、健康发展发挥了重要作用。

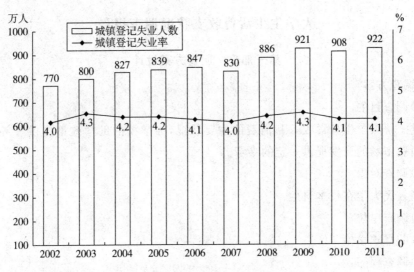

图 5 城镇登记失业人数和失业率

注:本图数据来源于人力资源和社会保障部

(五)公共就业服务体系日益完善

积极就业政策的实施,有力地促进了我国公共就业服务体系的建设和发展。2007 年颁布的《就业促进法》及一系列配套法规,强化了政府促进就业的责任,明确了促进就业的工作机制,为积极就业政策的长期实施提供了制度保障。

我国公共就业服务体系基本形成,初步构建了覆盖中央、省、市、区县、街道(乡镇)、社区(行政村)五级管理、六级服务的公共就业和人才服务网络,免费为劳动者提供政策咨询、就业信息发布、职业指导和职业介绍等就业服务。到 2011 年年底,全国共有县区以上公共就业服务机构 1 万多个,街道、乡镇服务窗口 3.9 万多个,覆盖了 98% 的街道和 96% 的乡镇,7.8 万个社区(占全部社区的 95%)和部分行政村聘请了专职或兼职的工作人员。2002 年以来,各级公共就业和人才服务机构累计为各类求职者成功介绍工作 17868.2 万人次。各类职业培训机构 26284 所,累计组织技能、转岗、创业等各类培训 9554 万人次。

"十六"大以来,我国的人口和就业工作取得了长足的进步。我们应继续优化人口结构,提高人口素质,促进人口资源环境与经济社会的协调发展。坚定不移地实施更加积极的就业政策,促进就业总量增长,促进就业结构优化,促进就业质量提高,不断开创中国特色社会主义事业新局面。

(摘自:国家统计局 http://www.stats.gov.cn/tjfx/ztfx/sbdcj/t20120817_402828530.htm)

实例三:

大学生生活费收支状况调查报告

第一部分　调查方案设计

一、调查方案

（一）调查目的

通过了解大学生日常收入和消费的主要状况,为学校的助学政策提供参考,同时为大学生消费市场的开发提供一定的参考。

（二）调查对象

中国人民大学在校本科生

（三）调查单位

抽取的样本学生

（四）调查程序:

1.设计调查问卷,明确调查方向和内容。

2.分发调查问卷。随机抽取中国人民大学大一、大二、大三、大四在校本科生男、女各 30 人左右作为调查单位。

3.根据回收有效问卷进行分析,具体内容如下:

（1）根据样本的生活费来源、分布状况的均值、方差等分布的数字特征,推断人大大学生总体分布的相应参数。

（2）根据性别进行男女两个总体生活费均值之差的比较以及方差比的区间估计。

（3）根据大一、大二、大三、大四进行四个总体生活费均值之差及方差比的区间估计。

（4）绘制统计图形使样本数据直观化并对统计量进行分析。

（五）调查时间

2013 年 4 月 20 日～2013 年 6 月 10 日。

二、问卷设计

在经过我们共同的研究制定问卷雏形并征询老师的意见后,我们最终设计的问卷如下:

大学生收支调查问卷

××同学:

您好,请配合我们完成以下调查问卷,请在符合您的实际情况的选项下画"√"

Q1.您的性别:A.男　　B.女

Q2.您的年级:

　　A.大一　　B.大二　　C.大三　　D.大四

Q3.您的月生活费支出在:

A. 300 元以下　　B. 300 元～400 元　　C. 400 元～500 元　　D. 500 元～600 元

E. 600 元～700 元　　F. 700 元以上

Q4. 您的生活费主要来源依次是：□→□→□→□

A. 父母　　　B. 勤工俭学　　　C. 助学贷款　　　D. 其他_____（请注明）

请排序：

Q5. 您的各项开支为（单位：元）

A. 伙食费　　　B. 衣着　　　C. 书本资料及其他学习用品　　　D. 娱乐休闲

E. 日化用品（包括护肤、洗涤用品及其他日用小百货）　　　F. 其他

请排出你本学期支出的前三项：□→□→□

非常感谢您的合作！

三、问卷发放

本次调查我们采取分层抽样，对在校本科生各个年级男、女生各发放问卷 30 份左右。

我们在大一、大二、大三、大四共发放问卷 300 份，回收问卷 291 份，其中有效问卷共 265 份。现将各年级男女生回收有效问卷具体情况介绍如下：

大一：　　　（男生）26 份　　　（女生）31 份

大二：　　　（男生）34 份　　　（女生）40 份

大三：　　　（男生）31 份　　　（女生）32 份

大四：　　　（男生）41 份　　　（女生）30 份

总计：　　　（男生）132 份　　　（女生）133 份

四、数据整理

为了便于用计算机进行数据处理，我们用数字代码来表示问卷信息，为了便于统一，对于问卷答案"A"、"B"、"C"、"D"、"E"、"F"，我们分别用"1"、"2"、"3"、"4"、"5"、"6"表示（答案缺省项为空项），例如：我们用"1"表示男性，用"2"表示女性；各个年级也分别用"1"、"2"、"3"、"4"来表示。

数据具体整理情况见附件 1。

第二部分　数据分析

根据以上整理的数据，我们进行数据分析。我们设样本一为抽样总体，样本二为男生的抽样总体，样本三为女生的抽样总体。

一、生活费水平的分析

1. 对样本一的分析

由整理后输入计算机的数据，我们绘制出样本一生活费水平的频数分布表（表 1）和直方图（见图 1），结果如下：

表 1 样本一生活费水平的频数分布表

按支出分组/元	频率	累积/％
300 以下	4	1.51％
300～400	41	16.98％
400～500	74	44.91％
500～600	62	68.30％
600～700	33	80.75％
700 以上	51	100.00％
合计	265	100.00％

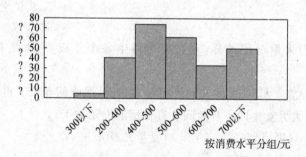

图 1 样本一消费水平的直方图

由上图可以看出:样本一(即本科生抽样全体)月生活费 400 元～500 元所占频数最高。

我们进一步分析月生活费的平均水平,得出结果如下(表 2):

表 2 样本一(总体)平均月生活费置信区间的构造表

月生活费水平/元	频数统计	组中值		
300 元以下	4	250	样本数据个数	265
300～400	41	350	样本标准差	138.57
400～500	74	450	样本均值	537.55
500～600	62	550	置信水平	95％
600～700	33	650	自由度	264
700 元以上	51	750	t-值	1.968992365
			抽样平均误差	8.512287434
			误差范围	16.76062896
			置信下限	520.789371
			置信上限	554.310629

从上述分析可知：我们有 95％ 的把握认为人大本科生的月生活费平均水平在 520.79 元～554.31 元。

2．对样本二的分析

由整理后输入计算机的数据，我们绘制出样本二月生活费水平的频数分布表（表3）和直方图（见图2），结果如下：

表3　样本二月生活费水平的频数分布表

		接收	频率	累积/％
1	300 元以下	1	1	0.76％
2	300 元～400 元	2	24	18.94％
3	400 元～500 元	3	38	47.73％
4	500 元～600 元	4	30	70.45％
5	600 元～700 元	5	17	83.33％
6	700 元以上	6	22	100.00％
		其他	0	100.00％

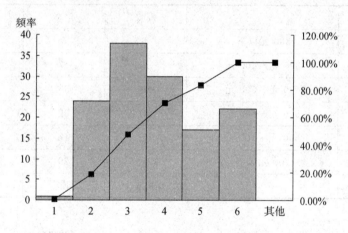

图2　样本二月生活费分布直方图

由上图可以看出：样本二（即男生抽样全体）月生活费 400 元～500 元所占频数最高，是月生活费的众数。分析众数后，我们进一步分析月生活费的平均水平，结果如表4 所示：

表4　样本二（男生）平均月生活费置信区间的构造表

月生活费水平/元	频数统计	组中值		
300 元以下	1	250	样本数据个数	132
300～400	24	350	样本标准差	135.93
400～500	38	450	样本均值	528.79
500～600	30	550	置信水平	95％

（续表）

月生活费水平/元	频数统计	组中值		
600～700	17	650	自由度	131
700 元以上	22	750	t一值	1.978237
			抽样平均误差	11.83119
			误差范围	23.4049
			置信下限	505.3851
			置信上限	552.1949

从上述分析可知:我们有 95% 的把握认为人大本科生男生的月生活费平均水平在 505.39 元～552.19 元。

3. 对样本三的分析

由整理后输入计算机的数据,绘制出样本三月生活费水平的频数分布表(表 5)和直方图(见图 3),结果如下:

表 5　样本三月生活费水平的频数分布表

		接收	频率	累积/ %
1	300 元以下	1	3	2.26%
2	300 元～400 元	2	17	15.04%
3	400 元～500 元	3	36	42.11%
4	500 元～600 元	4	32	66.17%
5	600 元～700 元	5	16	78.20%
6	700 元以上	6	29	100.00%
		其他	0	100.00%

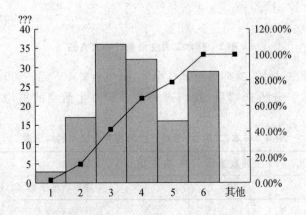

图 3　样本三月生活费分布直方图

由上图可以看出:样本三(即女生抽样全体)月生活费400元~500元所占频数最高。

我们进一步分析月生活费的平均水平,得出结果如下(表6):

表6 样本三(女生)平均生活费置信区间的构造表

月生活费水平/元	频数统计	组中值		
300元以下	3	250	样本数据个数	133
300~400	17	350	样本标准差	141.1
400~500	36	450	样本均值	546.24
500~600	32	550	置信水平	95%
600~700	16	650	自由度	132
700元以上	29	750	t-值	1.97796
			抽样平均误差	12.23492
			误差范围	24.20019
			置信下限	522.0398

从上述分析可知:我们有95%的把握认为人大本科生女生的月生活费平均水平在522.04~570.44元。

4.对各个年级的分析

(1)对大一平均月生活费水平的分析。

由整理后输入计算机的数据,绘制出大一月生活费水平的频数分布表(表7)和直方图(见图4),结果如下:

表7 大一月生活费水平的频数分布表

		接收	频率	累积/%
1	300元以下	1	1	1.75%
2	300元~400元	2	9	17.54%
3	400元~500元	3	19	50.88%
4	500元~600元	4	15	77.19%
5	600元~700元	5	5	85.96%
6	700元以上	6	8	100.00%
		其他	0	100.00%

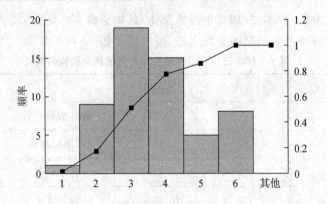

图 4 大学一年级月生活费分布直方图

由上图可以看出:大一抽样全体的月生活费众数为 400 元~500 元。

我们进一步分析月生活费的平均水平,得出结果如下(表 8):

表 8 大一平均月生活费置信区间的构造表

	组中值	频数	抽样平均误差	17.22134454
300 元以下	250	1	置信水平	0.95
300 元~400 元	350	9	自由度	56
400 元~500 元	450	19	t 值	2.003239388
500 元~600 元	550	15	误差范围	34.49847568
600 元~700 元	650	5	置信下限	482.1682243
700 元以上	750	8	置信上限	551.1651757
			样本均值	516.6667
			样本标准差	130.0183

从上述分析可知:我们有 95% 的把握认为大一的月生活费平均水平在 522.04 元~570.44 元。

(2)对大二平均月生活费水平的分析。

由整理后输入计算机的数据,绘制出大二月生活费水平的频数分布表(表 9)和直方图(见图 5),结果如下:

表 9 大二月生活费水平的频数分布表

		接收	频率	累积/%
1	300 元以下	1	1	1.35%
2	300 元~400 元	2	10	14.86%
3	400 元~500 元	3	16	36.49%
4	500 元~600 元	4	20	63.51%
5	600 元~700 元	5	13	81.08%
6	700 元以上	6	14	100.00%
		其他	0	100.00%

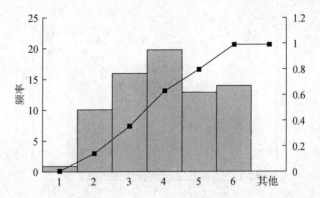

由上图可以看出:大二抽样全体的月生活费众数为 500 元~600 元。

我们进一步分析月生活费的平均水平,得出结果如下(表 10):

表 10 大二平均月生活费置信区间的构造表

	组中值	频数	抽样平均误差	15.74662615
300 元以下	250	1	置信水平	0.95
300 元~400 元	350	10	自由度	73
400 元~500 元	450	16	t 值	1.992998477
500 元~600 元	550	20	误差范围	31.38300194
600 元~700 元	650	13	置信下限	521.3196981
700 元以上	750	14	置信上限	584.0857019
		74	样本均值	552.7027
			样本标准差	135.4576

从上述分析可知:我们有 95% 的把握认为大二的月生活费平均水平在 521.32 元~584.09 元。

(3)对大三平均月生活费水平的分析。

由整理后输入计算机的数据,绘制出大三月生活费水平的频数分布表(表 11)和直方图(见图 6),结果如下:

表 11 大三月生活费水平的频数分布表

		接收	频率	累积 %
1	300 元以下	1	1	1.41%
2	300 元~400 元	2	14	21.13%
3	400 元~500 元	3	21	50.70%
4	500 元~600 元	4	12	67.61%
5	600 元~700 元	5	10	81.69%
6	700 元以上	6	13	100.00%
		其他	0	100.00%

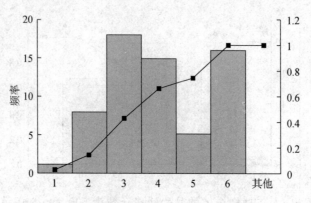

图 6　大学三年级月生活费分布直方图

由上图可以看出:大三抽样全体的月生活费众数为 400 元~500 元。

我们进一步分析月生活费的平均水平,得出结果如下(表 12):

表 12　大三平均月生活费置信区间的构造表

	组中值	频率	抽样平均误差	18.10250764
300 元以下	250	1	置信水平	0.95
300 元~400 元	350	8	自由度	62
400 元~500 元	450	18	t 值	1.99896931
500 元~600 元	550	15	误差范围	36.18635722
600 元~700 元	650	5	置信下限	513.8136428
700 元以上	750	16	置信上限	586.1863572
		63	样本均值	550
			样本标准差	143.6842

从上述分析可知:我们有 95% 的把握认为大二的月生活费平均水平在 513.81 元~586.19 元。

(4)对大四平均月生活费水平的分析。

由整理后输入计算机的数据,绘制出大四月生活费水平的频数分布表(表 13)和直方图(见图 7),结果如下:

表 13　大四月生活费水平的频数分布表

		接收	频率	累积 / %
1	300 元以下	1	1	1.41%
2	300 元~400 元	2	14	21.13%
3	400 元~500 元	3	21	50.70%
4	500 元~600 元	4	12	67.61%
5	600 元~700 元	5	10	81.69%
6	700 元以上	6	13	100.00%
		其他	0	100.00%

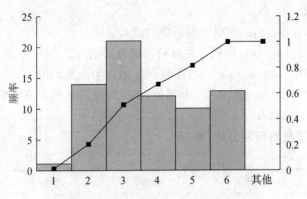

图7 大学四年级月生活费分布直方图

由上图可以看出:大四抽样全体的月生活费众数为 400 元～500 元。

我们进一步分析月生活费的平均水平,得出结果如下(表14):

表14 大四平均月生活费置信区间的构造表

	组中值	频率	抽样平均误差	17.04499728
300 元以下	250	1	置信水平	0.95
300 元～400 元	350	14	自由度	70
400 元～500 元	450	21	t 值	1.994435479
500 元～600 元	550	12	误差范围	33.99514732
600 元～700 元	650	10	置信下限	493.4696527
700 元以上	750	13	置信上限	561.4599473
		71	样本均值	527.4648
			样本标准差	143.6237

从上述分析可知:我们有 95% 的把握认为大二的月生活费平均水平在 493.47 元～561.46 元。

5.关于大学生生活费均值双因素方差分析

在对各个样本生活费均值进行区间估计和描述统计的基础上,我们进一步对影响生活费均值的各个因素(性别、年级)进行方差分析。具体分析过程如表15所示。

表15

	大一	大二	大三	大四
男	496.1538	555.8824	556.45161	506.09756
女	533.871	550	543.75	556.66667

首先建立假设:

对于因素 A: $H_0: \mu_1 = \mu_2$ 性别对生活费均值无影响

$H_1: \mu_1 \neq \mu_2$, 性别对生活费均值有影响

对于因素 B: $H_0: \mu_1 = \mu_2 = \mu_3 = \mu_4$, 年级对生活费均值无影响

$H_1: \mu_1, \mu_2, \mu_3, \mu_4$, 不全相等, 年级对生活费均值有影响

2. Excel 输出的结果如下:

方差分析:无重复双因素分析(表 16)

表 16

SUMMARY	计数	求和	平均	方差
行 1	4	2114.585	528.64633	1026.381972
行 2	4	2184.288	546.07191	93.97767781
列 1	2	1030.025	515.012385	711.2924564
列 2	2	1105.882	552.941175	17.30102076
列 3	2	1100.202	550.100805	80.6654483
列 4	2	1062.764	531.382115	1278.617443

方差分析

差异源	SS	df	MS	F	P-value	F crit
行	607.3017	1	607.3016767	1.230539087	0.348229816	10.12796
列	1880.504	3	626.8347524	1.270117791	0.424428733	9.276619
误差	1480.575	3	493.5248973			
总计	3968.381	7				

由表可知,对于因素 A,因为:$F_A < F crit$,故接受原假设,说明性别对生活费没有显著影响;

对于因素 B,因为:$F_B < F crit$,故接受原假设,说明年级对生活费没有显著影响

二、对生活费来源的分析

1. 对抽样总体的分析(见表 17、图 8)

表 17　样本一生活费主要来源图示

接收	频率	累积/%
1.父母	229	86.42%
2.勤工俭学	21	94.34%
3.助学贷款	12	98.87%
4.其他	3	100.00%
合计	265	—

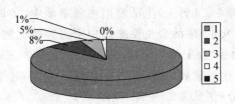

图 8 样本二与样本三生活费主要来源

由图 8 可以看出：样本一的生活费主要来源中，父母所占频数比例最高，为 86%。

2. 对样本二样本三的分析（见表 18、表 19、图 9）

表 18 样本二生活费主要来源—频数分布

接收	频率	累积 %
1.母	229	86.42%
2.工俭学	21	94.34%
3.学贷款	12	98.87%
4.其他	3	100.00%
合计	265	—

表 19 样本三生活费主要来源—频数分布图

接收	频率	累积 %
1.父母	120	90.23%
2.勤工俭学	6	94.74%
3.助学贷款	7	100.00%
4.其他	0	100.00%
合计	0	100.00%

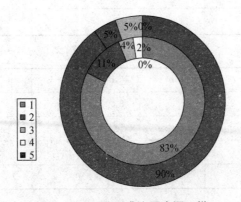

图 9 样本一生活费主要来源一样

由图 10 可以看出:样本二(男生)生活费的主要来源中,父母所占频数比例最高,为 83%;与此相比,样本三(女生)生活费主要来源中所占频数比例最高的父母一项的比例为 90%,此外,样本二(男生)勤工俭学频数比例(11%)较样本三(女生)频数比例(5%)高出许多;样本二(男生)其他源频数比例(2%)较样本三(女生)其他源频数比例(0%)高。

3.年级收入来源的分析(见表 20~表 23、图 10)

表 20　大一

来源	频率	累积/%
父母	55	96.49%
勤工俭学	1	98.25%
助学贷款	1	100.00%
其他	0	100.00%

表 21　大二

来源	频率	累积/%
父母	65	87.84%
勤工俭学	5	94.59%
助学贷款	4	100.00%
其他	0	100.00%

表 22　大三

来源	频率	累积/%
父母	56	88.89%
勤工俭学	2	92.06%
助学贷款	4	98.41%
其他	1	100.00%

表 23　大四

来源	频率	累积/%
父母	53	74.65%
勤工俭学	13	92.96%
助学贷款	3	97.18%
其他	2	100.00%

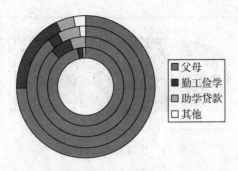

图 10　四个年级学生生活费主要来源结构图

注:从内到外依次是大一、大二、大三、大四

由图 11 可以看出:各个年级的同学生活费的大部分来自于父母,其中大一年级同学生活费来自于父母的比例最高,占到了 96.49%;大四年级同学生活费来自于父母的比例最低,为 74.65%。另外,勤工俭学也成为学生生活费来源中不可忽视的一项,在大四年级中所占比例最高,达到了 18.31%,也就是 1/5 弱,其次是大二年级,所占比例为 6.75%,比例最低的为大一年级,只占到了生活费比例总数的 1.96%。伴随着助学贷款政策的逐步深入,在大学生生活费中所占的比例也令人瞩目,在各个年级学生生活费众所占比例由大到小依次为:大三 6.35%、大二 5.41%、大四 4.22%、大一 1.75%。值得注意的是,学生生活费来源,除了我们所估计的父母、勤工俭学、助学贷款三项外,还有其他来源,并且随年级的升高,所占比例也越来越大,分别为大四 2.82%、大三 1.59%、大二 0%、大一 0%。

三、对生活费主要支出结构的分析

1. 对不同性别的生活费主要支出的分析

(1)对样本一的分析(见表 24、图 11)。

表 24　样本一的生活费主要支出结构

	接收	频率	累积/%
伙食费	1	228	86.04%
衣着	2	18	92.83%
学习用品	3	8	95.85%
日化用品	4	1	96.23%
娱乐休闲	5	9	99.62%
其他	6	1	100.00%
合计		0	100.00%

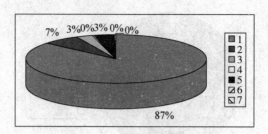

图 11　生活费支出结构图

由以上图表可以看出:样本一生活费主要支出中,伙食费所占频数比例最高,为 87%。

(2)对样本二和样本三的分析(见表 25、表 26、图 12)。

表 25　样本二生活费主要支出—频率分布图

	接收	频率	累积/%
1	伙食费	120	90.91%
2	衣着	5	94.70%
3	学习用品	4	97.73%
4	日化用品	0	97.73%
5	娱乐休闲	3	100.00%
6	其他	0	100.00%
	合计	0	100.00%

表 26　样本三生活费主要支出—频率分布图

	接收	频率	累积/%
1	伙食费	108	81.20%
2	衣着	13	90.98%
3	学习用品	4	93.98%
4	日化用品	1	94.74%
5	娱乐休闲	6	99.25%
6	其他	1	100.00%
	合计	0	100.00%

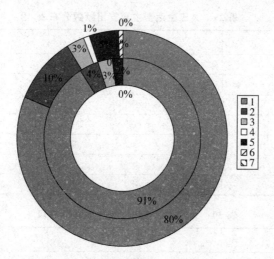

图 12　样本二与样本三生活费主要开支一对照

注:外环为样本三,内环为样本二

由上图可以看出:样本二(男生)生活费的主要支出中,伙食费所占频数比例最高为91%;同时,样本三(女生)生活费中伙食费所占频数比例最高为80%,此外,样本三(女生)的衣着费用频数比例4%。

2.对不同年级生活费主要支出的分析(见表27～表30、图13)

表 27　大一生活费主要支出频数分布表

支出项目	频率	累积 /%
1.伙食费	52	91.23%
2.衣着	3	96.49%
3.学习用品	0	96.49%
4.日化用品	0	96.49%
5.娱乐休闲	2	100.00%
6.其他	0	100.00%
合计	57	100.00%

表 28　大二生活费主要支出频数分布表

支出项目	频率	累积 %
伙食费	66	89.19%
衣着	3	93.24%
学习用品	3	97.30%
日化用品	0	97.30%
娱乐休闲	2	100.00%
其他	0	100.00%
合计	74	100.00%

表 29　大三生活费主要支出频数分布表

支出项目	频率	累积/%
伙食费	59	93.65%
衣着	1	95.24%
学习用品	2	98.41%
日化用品	1	100.00%
娱乐休闲	0	100.00%
其他	0	100.00%
合计	63	100.00%

表 30　大四生活费主要支出频数分布表

支出项目	频率	累积/%
伙食费	51	71.83%
衣着	11	87.32%
学习用品	3	91.55%
日化用品	0	91.55%
娱乐休闲	5	98.59%
其他	1	100.00%
合计	71	100.00%

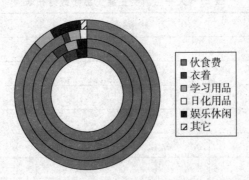

图 13　各年级主要开支结构图

注:从内到外依次为大一、大二、大三、大四

从上图可以看出,在调查对象中,四个年级以伙食费为主要开支的人数分别占各个年级样本容量的 91.23%、89.19%、93.65%、71.83%。大四学生中以衣着为主要开支的人数比例在四个年级中占到最多,达到 15.49%

四、总结

通过以上的统计分析,我们基本得出以下结论:

第一、对于生活费均值的分析结果:

1.通过对人大全体本科生生活费均值的区间估计,发现全体本科生总体的生活费均值在 520.79 元~554.31 元;

2. 各个分类总体而言,我们以不同年级、不同性别为分类标准对总体又进行了划分,估计出全体本科生中各个年级以及男女生分别的生活费均值。方差分析的结果表明,年级以及性别对生活费均值没有显著影响,即不同年级,不同性别的生活费基本一致。

第二、对于生活费来源的分析结果:

1. 描述统计的结果显示,生活费的主要来源都集中在父母供给中,其他来源依次是:勤工俭学、助学贷款及其他。

2. 男女生而言,男生的生活费主要来源中来自父母的比女生稍低,而勤工俭学的比女生稍多,助学贷款比例相差不大。

3. 不同年级而言,高年级生活费来自父母的比例比低年级的稍低,而勤工俭学的比例比低年级的稍高,助学贷款比例相差不大。

4. 以上结果表明助学贷款政策的实施面不够广,人大本科生还是传统的以靠父母读书为主。

第三、对于生活费主要支出的分析结果:

1. 就抽样总体而言,生活费的主要支出集中在伙食费上,其他支出依次是:衣着、娱乐休闲、学习用品、日化用品。

2. 男女生而言,男生中以伙食费为主要支出的比例比女生高,而女生中以衣着为主要支出的比例比男生高。

3. 不同年级而言,大四学生中以衣着为主要支出的比例明显高过其他年级。

4. 由恩格尔系数表明,学生伙食费占支出的绝大部分,学生的生活刚刚达到温饱水平而已。

附录:调查的原始数据

(每一行表示一张问卷结果):

序号	性别	年级	生活费	主要来源1	主要来源2	主要来源3	主要来源4	主要开支1	主要开支2	主要开支3
1	1	1	3	1	2	3	4	1	2	3
2	1	1	4	1	2			1	2	5
3	1	1	6	1				1	2	5
4	1	1	4	1				1	5	3
5	1	1	4	1				1	3	2
6	1	1	3	1				1	2	3
7	1	1	6	1	4			5	1	
8	1	1	3	1	4			1	3	2
9	1	1	4	1	2	3		2	1	3
10	1	1	4	1	2	4		1	5	6
11	1	1	3	1				2	5	1
12	1	1	4	1				1	3	5

续表

序号	性别	年级	生活费	主要来源1	主要来源2	主要来源3	主要来源4	主要开支1	主要开支2	主要开支3
13	1	1	3	1	2			1	3	2
14	1	1	2	1	2			1	3	4
15	1	1	2	1				1	3	4
16	1	1	4	1				1	3	2
17	1	1	3	1	4			1	3	2
18	1	1	2	1				1	3	5
19	1	1	5	1	4			1	3	5
20	1	1	2	1	4			1	3	4
21	1	1	3	1	2			1	5	2
22	1	1	4	1	2	4	3	1	3	4
23	1	1	3	1				1	2	3
24	1	1	4	1	2			1	2	3
25	1	1	4	1				1	4	2
26	1	1	2	1	3			1	2	3
27	1	2	5	1	3	2	4	1	2	
28	1	2	3	1	4	3	2	1		
29	1	2	4	2	3	1	4	1	5	3
30	1	2	2	1	3	2		1	2	3
31	1	2	3	1	2			1	2	3
32	1	2	2	1	3			1	3	4
33	1	2	2	1	2	3		1	2	3
34	1	2	6	1	4			1	5	
35	1	2	4	3	1	2		1	6	
36	1	2	5	2	1	4		1	2	3
37	1	2	2	1	2			1	2	3
38	1	2	5	1	2	4	3	1	2	3
39	1	2	6	1	2			1	5	2
40	1	2	3	1	2	3	4	1		
41	1	2	6	1				1	5	6
42	1	2	3	2	1	3	4	3	1	

续表

序号	性别	年级	生活费	主要来源1	主要来源2	主要来源3	主要来源4	主要开支1	主要开支2	主要开支3
43	1	2	5	1				1	2	6
44	1	2	3	1	2	4	3	1	2	3
45	1	2	3	1	2	3				
46	1	2	6	1				1	5	
47	1	2	5	1	3	2		1		
48	1	2	3	1						
49	1	2	4	1				1	6	3
50	1	2	4	1				5	1	2
51	1	2	5	1	3			1	2	5
52	1	2	6	1				1	2	6
53	1	2	4	1				1	2	3
54	1	2	4	1	2	4	3	1	2	4
55	1	2	5	1	3	2	4	1	2	5
56	1	2	4	1	3			1	2	3
57	1	2	5	1				1	2	5
58	1	2	5	1	4			1	5	
59	1	2	2	2	1	3	4	1	2	5
60	1	2	4	1	4			1	5	3
61	1	3	6	1	2	4		1	3	2
62	1	3	5	2	1			1	5	6
63	1	3	3	1	2			1	3	2
64	1	3	6	2				1	3	5
65	1	3	3	1				1		
66	1	3	4	1	3	2	4	1	5	6
67	1	3	2	4	2	3	1	1		
68	1	3	4	1	2	4	3	1		
69	1	3	4	1	2			1		
70	1	3	4	3	1	2		1	5	
71	1	3	6	1	2			1	2	3
72	1	3	6	1	2	4	3	1	5	2

续表

序号	性别	年级	生活费	主要来源1	主要来源2	主要来源3	主要来源4	主要开支1	主要开支2	主要开支3
73	1	3	6	1	2			1	2	5
74	1	3	6	1	2			1	5	6
75	1	3	5	1	2	4		1	5	3
76	1	3	5	1				1		
77	1	3	1	1	2	3		1	3	4
78	1	3	3	1	2			1	3	2
79	1	3	3	1	2	4	3	1		
80	1	3	4	1	3	2		1	2	3
81	1	3	4	1	4			1		
82	1	3	2	1				1	5	2
83	1	3	4	1	2	3		1	2	
84	1	3	6	1	2			1	2	3
85	1	3	2	3	2			1	2	3
86	1	3	3	1	2	3	4	1	2	3
87	1	3	4	1	3	2	4	1	3	2
88	1	3	3	1	2	3	4	1	5	3
89	1	3	3	1				1	5	
90	1	3	4	3	1	2	4	1		
91	1	3	6	1				1	3	5
92	1	4	6	2	1	3	4	3	1	2
93	1	4	4	1	2	3	4	2	1	5
94	1	4	6	1	2			1	2	3
95	1	4	2	2	3	1	4	1	3	2
96	1	4	3	1	2	3	4	1	3	2
97	1	4	3	1	2			1	2	6
98	1	4	2	2	3	1		1	3	2
99	1	4	3	1				1	2	3
100	1	4	2	1	2	4	3	1	3	2
101	1	4	2	4				1	3	4
102	1	4	3	2	1	3		5	1	3

续表

序号	性别	年级	生活费	主要来源1	主要来源2	主要来源3	主要来源4	主要开支1	主要开支2	主要开支3
103	1	4	2	1	2	4	3	1	4	5
104	1	4	2	2	3	1	4	1	4	6
105	1	4	3	2	3	4	1	1	3	2
106	1	4	2	2	4	1		1	5	3
107	1	4	2	1	3	2	4	1	3	6
108	1	4	4	1				1	3	5
109	1	4	5	1	4			1	3	4
110	1	4	3	1				2	1	5
111	1	4	4	1	4	2	3	1	5	3
112	1	4	5	1	2	3		1	3	5
113	1	4	3	1	2	4	3	1	2	4
114	1	4	3	2	3	1		1	2	5
115	1	4	6	1				1	5	2
116	1	4	3	1	3			1	3	4
117	1	4	2	1	2	3		3	4	5
118	1	4	6	1				1	5	3
119	1	4	3	1	2			3	1	5
120	1	4	3	2	3	1		1	2	4
121	1	4	2	1	3	2	4	2	3	5
122	1	4	4	1	4	2	3	1	3	2
123	1	4	6	1	2			1	5	2
124	1	4	3	1				1	2	5
125	1	4	3	1	3	2	4	1	3	4
126	1	4	5	1	2			1	5	2
127	1	4	6	1				1	2	5
128	1	4	5	3	2	1		1	3	4
129	1	4	2	1	2	4	3	1	3	2
130	1	4	3	1	2			1	3	2
131	1	4	6	1				1	5	
132	1	4	4	4	2			1	2	3

序号	性别	年级	生活费	主要来源 1	主要来源 2	主要来源 3	主要来源 4	主要开支 1	主要开支 2	主要开支 3
133	2	1	1	1	2			1	3	
134	2	1	4	1	2	3		1	2	5
135	2	1	3	1	2	4		1	2	
136	2	1	3	1	2			1	3	
137	2	1	5	1				1	2	4
138	2	1	5	1				1	5	3
139	2	1	2	1	2	4	3	1	3	
140	2	1	2	1	2	4	3	1	3	
141	2	1	6	1	2	3		1	2	
142	2	1	6	1	2			1	2	6
143	2	1	3	1	2			1	2	3
144	2	1	4	1	2			1		
145	2	1	4	1				5	1	3
146	2	1	5	1				1	6	2
147	2	1	3	1				1	2	
148	2	1	4	1	2	4		1	2	6
149	2	1	6	1	2			1	2	4
150	2	1	3	1				1		
151	2	1	3	1	2			1	2	
152	2	1	3	1				1	2	3
153	2	1	5	1	4	2		1	2	4
154	2	1	3	3	2	1		1	2	3
155	2	1	2	2	1	3		2	1	3
156	2	1	3	1	2			1	3	4
157	2	1	3	1	2			1	2	5
158	2	1	4	1				1	3	6
159	2	1	2	1				1	3	5
160	2	1	6	1	2			1	6	2
161	2	1	6	1				1		
162	2	1	4	1				1	6	

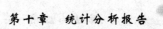

续表

序号	性别	年级	生活费	主要来源1	主要来源2	主要来源3	主要来源4	主要开支1	主要开支2	主要开支3
163	2	1	6	1				1	6	2
164	2	2	3	1				1	2	3
165	2	2	2	1	2	3		1	2	3
166	2	2	5	1				1	2	4
167	2	2	6	1				1	2	
168	2	2	3	3	1	4	2	1	3	4
169	2	2	4	3	1	2		1	2	4
170	2	2	4	1	3	2		1	2	5
171	2	2	3	3	1	2		1	2	3
172	2	2	5	1	2	3	4	1	2	4
173	2	2	6	1	2	3		3	2	4
174	2	2	6	1				2	1	5
175	2	2	6	1				2	4	1
176	2	2	6	1				1	2	5
177	2	2	6	1				1	2	5
178	2	2	2	1	2	4	3	1	2	5
179	2	2	4	1	2			1	2	3
180	2	2	4	1	2			2	1	4
181	2	2	6	1				1	2	4
182	2	2	3	1	2			1	3	4
183	2	2	6	1	3	4	2	1	2	4
184	2	2	4	1				1	4	5
185	2	2	5	1				1	2	3
186	2	2	3	2	1	3	4	1	2	4
187	2	2	4	1	2			1	3	4
188	2	2	3	1				1	2	4
189	2	2	4	1	2			5	1	3
190	2	2	3	1	2			1	2	3
191	2	2	3	1	3	2		1	3	2
192	2	2	3	1	2			1	2	4

续表

序号	性别	年级	生活费	主要来源 1	主要来源 2	主要来源 3	主要来源 4	主要开支 1	主要开支 2	主要开支 3
193	2	2	2	1				1	2	3
194	2	2	1	1	2	3		1	3	2
195	2	2	4	1	4			1	4	3
196	2	2	5	1	2			1	2	3
197	2	2	4	1	2			1	5	2
198	2	2	4	1				1	2	4
199	2	2	4	1	2	3	4	1	5	3
200	2	2	2	1				1	3	6
201	2	2	2	1	2			1	3	2
202	2	2	4	1				1	3	4
203	2	2	6	1	2			3	2	1
204	2	3	6	1				1	2	
205	2	3	3	1	2	4	3	1	3	
206	2	3	3	1				1		
207	2	3	3	1	2			1	4	5
208	2	3	3	1	2			1	6	
209	2	3	4	1		4	3	1	3	5
210	2	3	3	1	2	4	3	1		
211	2	3	2	1	2			1	3	2
212	2	3	4	1	2			1	2	
213	2	3	3	1	2			1		
214	2	3	2	1	2			1		
215	2	3	6	1	2	3		1	2	
216	2	3	4	1				1	2	4
217	2	3	4	1	2	3		1		
218	2	3	3	1	2	4		1	2	3
219	2	3	6	1	4			1	3	
220	2	3	2	1	2			1	2	3
221	2	3	3	1	2	3	4	1	3	2
222	2	3	6	1				1	4	2

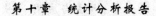

序号	性别	年级	生活费	主要来源1	主要来源2	主要来源3	主要来源4	主要开支1	主要开支2	主要开支3
223	2	3	5	1				1	3	5
224	2	3	4	1	2	3		4	2	3
225	2	3	6	1				1	2	4
226	2	3	4	1	2			1	2	4
227	2	3	2	1				3	4	2
228	2	3	5	1				1	4	5
229	2	3	2	1				1	2	4
230	2	3	6	1				3	4	1
231	2	3	6	1	2			2	3	1
232	2	3	3	1	2	4	3	1	2	3
233	2	3	4	1	2			1	4	3
234	2	3	3	3	1	2	4	3	4	
235	2	3	6	1	2			1	4	5
236	2	4	6	1	2	4	3	1	2	4
237	2	4	3	2	1			1		
238	2	4	3	1	3	2	4	1	2	5
239	2	4	6	1				6	1	5
240	2	4	4	1				1	2	3
241	2	4	4	1	2	4		1		
242	2	4	5	1				1	2	6
243	2	4	6	2				5	2	4
244	2	4	6	1				1	2	4
245	2	4	4	1				1	2	4
246	2	4	4	2	4	1		5	2	1
247	2	4	3	2	3	1		1	3	2
248	2	4	5	1	2			5	1	4
249	2	4	3	1				2	3	1
250	2	4	4	1				1	3	6
251	2	4	2	1	2	4	3	2	1	3
252	2	4	3	3	1	2		1	4	3

续表

序号	性别	年级	生活费	主要来源1	主要来源2	主要来源3	主要来源4	主要开支1	主要开支2	主要开支3
253	2	4	5	1	2			1	2	4
254	2	4	1	3	2	1		1	3	2
255	2	4	4	1	2			2	1	3
256	2	4	3	1	2			2	1	4
257	2	4	3	1	2	3	4	1	4	3
258	2	4	5	1	2			1	2	5
259	2	4	6	1	2			2	5	1
260	2	4	2	1	2			2	4	1
261	2	4	6	1				5	3	1
262	2	4	5	1	2			1	5	4
263	2	4	4	1	2			2	4	3
264	2	4	5	1	2			1	4	6
265	2	4	2	1				2	1	3

(摘自:贾俊平《统计学》教学案例和教学项目汇编,中国人民大学出版社,2004)

思考与练习

一、思考题

1.统计分析报告的类型?

2.统计分析报告的选题?

3.统计分析报告的写作要求?

二、练习题

1.登陆山东统计信息网,查阅资料,写一篇统计分析报告。

2.了解一个企业,就企业数据写一篇统计分析报告。

3.利用假期进行社会调查写一篇调查分析报告。

参考文献

[1] 凌明雁,柳秀春.统计学[M].2版.北京:高等教育出版社,2008.

[2] 管于华.统计学[M].2版.北京:高等教育出版社,2009.

[3] 徐国祥.统计学[M].上海:上海人民出版社,2007.

[4] 曾五一.统计学导论[M].北京:科学出版社,2006.

[5] 黄良文,朱建平.统计学[M].北京:中国统计出版社,2008.

[6] 贾俊平.统计学[M].北京:清华大学出版社,2006.

[7] 吴喜之.统计学——从数据到结论[M].北京:中国统计出版社,2006.

[8] 耿修林.商务经济统计学[M].北京:科学出版社,2003.

[9] 曾五一.统计学[M].北京:北京大学出版社,2006.

[10] 袁卫,庞皓,曾五一,贾俊平.统计学[M].北京:高等教育出版社,2005.

[11] 于洪彦.Excel统计分析与决策[M].北京:高等教育出版社,2001.

[12] 张勇,林军强.财会统计业务基本技能训练教程[M].北京:中国人民大学出版社,2004.

[13] [美]布莱克,埃尔德雷奇.以Excel为决策工具的商务与经济统计[M].张久琴,等,译.北京:机械工业出版社,2003.

[14] 姜诗章.统计学教程[M].北京:清华大学出版社,2006.

[15] 余华银.统计学[M].长春:吉林大学出版社,2006.

[16] 曲岩,刘继运.统计学[M].北京:北京大学出版社、中国林业出版社,2007.

[17] 刘馨.统计学[M].成都:四川大学出版社,2006.

[18] 孙炎.应用统计学[M].北京:机械工业出版社,2007.

[19] 黎东升.统计学原理[M].北京:中国农业出版社,2007.

[20] 加拿大统计局《调查技能》项目组.调查技能教程[M].北京:中国统计出版社,2002.

[21] 编写组.社会经济统计学原理教科书[M].北京:中国统计出版社,1984.

[22] 柯惠新,丁立宏.市场调查与分析[M].北京:中国统计出版社,2000.

[23] 金玉国.计量经济学[M].北京:经济科学出版社,2006.

[24] 刘思峰,吴和成,管利荣.应用统计学[M].北京:高等教育出版社,2007.

[25] 徐国祥.统计预测与决策[M].上海:上海财经大学出版社,2005.

[26] 宋廷山,郝克宁,张占涛.经济计量模型:方法与应用——以统计应用软件为分析工具[M].成都:西南交通大学出版社,2012.

[26] 宋廷山,王坚,姜爱萍.应用统计学——以 Excel 为分析工具[M].北京:清华大学出版社,2012.

[27] 宋廷山,葛金田,王光玲.统计学——以 Excel 为分析工具[M].2 版.北京:北京大学出版社,2012.